应用型本科院校"十二五"规划教材/经济管理类

Financial Theory

财务通论

主　编　宋海涛　吴云飞
副主编　王　静　李　迪　刘　沓

哈尔滨工业大学出版社
HARBIN INSTITUTE OF TECHNOLOGY PRESS

内 容 简 介

本书是应用型本科院校规划教材,编者系统阐述了企业财务活动过程中的筹资活动、投资活动、资金营运活动及分配活动,并以此构成全书的理论体系。教材侧重企业财务管理的基本理论讲解,为工商管理及经济类专业学生进一步学习公司财务知识夯实基础。全书共分为十一章,各章配有学习目标、案例导入、案例分析、本章小结、自测题、阅读资料等内容。其主要特点是:突出应用型能力培养,具有较强的适用性;注重理论联系实际,便于学生理解与掌握;由案例导入理论,再由自测题检验基本理论知识,并由阅读资料、案例分析证实理论的实用性。有利于学生运用所学知识解决实际问题,突出能力培养。

本教材适用于管理类专业学生,也可作为在职人员培训教材和自学教材的参考书。

图书在版编目(CIP)数据

财务通论/宋海涛,吴云飞主编. —哈尔滨:哈尔滨工业大学出版社,2012.7

应用型本科院校"十二五"规划教材

ISBN 978 – 7 – 5603 – 3690 – 9

Ⅰ.①财… Ⅱ.①宋… ②吴… Ⅲ.①企业管理 – 财务管理 – 教材 Ⅳ.①F275

中国版本图书馆 CIP 数据核字(2012)第 163279 号

策划编辑	杜燕 赵文斌 李岩
责任编辑	李广鑫
出版发行	哈尔滨工业大学出版社
社　　址	哈尔滨市南岗区复华四道街 10 号 邮编 150006
传　　真	0451 – 86414749
网　　址	http://hitpress.hit.edu.cn
印　　刷	哈尔滨工业大学印刷厂
开　　本	787mm×960mm 1/16 印张 21.25 字数 460 千字
版　　次	2012 年 8 月第 1 版 2012 年 8 月第 1 次印刷
书　　号	ISBN 978 – 7 – 5603 – 3690 – 9
定　　价	38.80 元

(如因印装质量问题影响阅读,我社负责调换)

《应用型本科院校"十二五"规划教材》编委会

主　　任　修朋月　竺培国

副主任　王玉文　吕其诚　线恒录　李敬来

委　　员　（按姓氏笔画排序）

丁福庆　于长福　马志民　王庄严　王建华

王德章　刘金祺　刘宝华　刘通学　刘福荣

关晓冬　李云波　杨玉顺　吴知丰　张幸刚

陈江波　林　艳　林文华　周方圆　姜思政

庹　莉　韩毓洁　臧玉英

序

哈尔滨工业大学出版社策划的《应用型本科院校"十二五"规划教材》即将付梓,诚可贺也。

该系列教材卷帙浩繁,凡百余种,涉及众多学科门类,定位准确,内容新颖,体系完整,实用性强,突出实践能力培养。不仅便于教师教学和学生学习,而且满足就业市场对应用型人才的迫切需求。

应用型本科院校的人才培养目标是面对现代社会生产、建设、管理、服务等一线岗位,培养能直接从事实际工作、解决具体问题、维持工作有效运行的高等应用型人才。应用型本科与研究型本科和高职高专院校在人才培养上有着明显的区别,其培养的人才特征是:①就业导向与社会需求高度吻合;②扎实的理论基础和过硬的实践能力紧密结合;③具备良好的人文素质和科学技术素质;④富于面对职业应用的创新精神。因此,应用型本科院校只有着力培养"进入角色快、业务水平高、动手能力强、综合素质好"的人才,才能在激烈的就业市场竞争中站稳脚跟。

目前国内应用型本科院校所采用的教材往往只是对理论性较强的本科院校教材的简单删减,针对性、应用性不够突出,因材施教的目的难以达到。因此亟须既有一定的理论深度又注重实践能力培养的系列教材,以满足应用型本科院校教学目标、培养方向和办学特色的需要。

哈尔滨工业大学出版社出版的《应用型本科院校"十二五"规划教材》,在选题设计思路上认真贯彻教育部关于培养适应地方、区域经济和社会发展需要的"本科应用型高级专门人才"精神,根据黑龙江省委书记吉炳轩同志提出的关于加强应用型本科院校建设的意见,在应用型本科试点院校成功经验总结的基础上,特邀请黑龙江省9所知名的应用型本科院校的专家、学者联合编写。

本系列教材突出与办学定位、教学目标的一致性和适应性,既严格遵照学科体系的知识构成和教材编写的一般规律，又针对应用型本科人才培养目标及与之相适应的教学特点，精心设计写作体例，科学安排知识内容，围绕应用讲授理论，做到"基础知识够用、实践技能实用、专业理论管用"。同时注意适当融入新理论、新技术、新工艺、新成果，并且制作了与本书配套的PPT多媒体教学课件，形成立体化教材，供教师参考使用。

《应用型本科院校"十二五"规划教材》的编辑出版，是适应"科教兴国"战略对复合型、应用型人才的需求，是推动相对滞后的应用型本科院校教材建设的一种有益尝试，在应用型创新人才培养方面是一件具有开创意义的工作，为应用型人才的培养提供了及时、可靠、坚实的保证。

希望本系列教材在使用过程中，通过编者、作者和读者的共同努力，厚积薄发、推陈出新、细上加细、精益求精，不断丰富、不断完善、不断创新，力争成为同类教材中的精品。

黑龙江省教育厅厅长

前　言

企业财务管理活动是随着市场经济的建立与发展，并紧密依赖于金融市场的发展以及公司治理结构的健全而逐步完善的。现阶段，在欧债危机持续蔓延、国内企业出口锐减、内需不旺、消费能力有限的情况下，财务管理在企业管理中的地位日渐凸显。如何加强企业财务管理工作，提高筹资能力以降低筹资成本和风险、增强投资能力以提高投资报酬率和降低投资风险、加速资金运转以提高资金使用效率、控制内部成本以提高利润率、控制财务风险转化为财务危机等成为财务工作的重心。

为了适应应用型本科院校工商管理类及经济类专业教学及实践的需要，我们编写了《财务通论》教材。目前应用型本科院校采用的财务通论教材包括两种：一种为重点财经院校组织编写的教材，此类教材要求学生有坚实的基础知识、较高的自学能力；另一种为面向社会广大读者发行的普及性教材，体系较差，知识更新较慢，内容陈旧。

以上两类教材都缺乏实践教学内容，很少涉及或不涉及案例分析，没有突出应用性，且两种教材的内容、体系和难易程度都不适用于应用型本科院校的工商管理类或经济类专业学生使用。本教材为突出学生的能力培养，每章都有配套案例导入、案例分析、自测题、阅读资料，加深学生对理论知识的理解和增强学生运用理论知识解决实际问题能力。同时，注重基础知识的阐述和应用，使教材的难易程度与应用型本科院校学生的学习能力和培养目标相匹配，突出对学生实践能力的培养，从而不断提升财务管理专业水平、执业能力和专业创新能力。

本教材由哈尔滨商业大学博士生导师周航教授担任主审，由哈尔滨德强商务学院、黑龙江外国语学院、哈尔滨广厦学院、哈尔滨华德学院四所院校的七位教师共同编写。宋海涛、吴云飞担任主编，王静、李迪、刘沓担任副主编。各章的编写分工如下：宋海涛编写第一、二章；吴云飞编写第五、八章；王静编写第九、十章；李迪编写第四、七章；刘沓编写第六章；刘福波编写第三章；张敏思编写第十一章。本教材在编写过程，参考了大量的国内外财务管理专家和学者的著作，吸收了它们很多创造性的观点，在此，真诚对他们表示感谢。还要感谢哈尔滨德强商务学院的张宇、刘胜达和马志远、谢庆磊、武迪,他们也为本书的顺利出版付出了辛勤的劳动。

针对应用型本科院校编写的《财务通论》教材,是一次有意义的尝试,希望通过我们的努力,能激发读者的学习兴趣,提高实践能力。由于时间和水平有限,书中难免有疏漏和不当之处,恳请各位读者批评与指正。

编者
2012 年 5 月

目 录

第一章 财务管理总论 ... 1
- 第一节 财务管理概述 ... 2
- 第二节 财务管理的目标 ... 7
- 第三节 财务管理的原则与环节 ... 13
- 第四节 财务管理体制与规范 ... 16
- 本章小结 ... 26
- 自测题 ... 27

第二章 财务管理环境 ... 31
- 第一节 财务管理环境概述 ... 31
- 第二节 宏观财务管理环境 ... 33
- 第三节 微观财务管理环境 ... 37
- 本章小结 ... 43
- 自测题 ... 43

第三章 财务管理的价值观念 ... 46
- 第一节 货币时间价值 ... 46
- 第二节 投资风险价值 ... 67
- 本章小结 ... 79
- 自测题 ... 79

第四章 财务预测 ... 85
- 第一节 财务预测概述 ... 86
- 第二节 销售收入预测 ... 92
- 第三节 成本预测 ... 97
- 第四节 目标利润预测 ... 102
- 第五节 资金需要量预测 ... 108
- 本章小结 ... 112
- 自测题 ... 112

第五章 筹资管理 ... 115
- 第一节 资金筹集的概述 ... 116

第二节　权益资金筹集 …………………………………… 119
　　第三节　长期负债资金筹集 ……………………………… 126
　　第四节　短期融资 ………………………………………… 132
　　本章小结 …………………………………………………… 138
　　自测题 ……………………………………………………… 138

第六章　资金成本和资本结构 ………………………………… 142
　　第一节　资金成本 ………………………………………… 142
　　第二节　杠杆原理 ………………………………………… 155
　　第三节　资本结构 ………………………………………… 162
　　本章小结 …………………………………………………… 170
　　自测题 ……………………………………………………… 171

第七章　项目投资管理基本理论 ……………………………… 175
　　第一节　项目投资管理概述 ……………………………… 175
　　第二节　项目投资现金流量及其计算 …………………… 179
　　第三节　项目投资决策评价指标及其计算 ……………… 185
　　本章小结 …………………………………………………… 196
　　自测题 ……………………………………………………… 196

第八章　营运资金管理 ………………………………………… 201
　　第一节　营运资金概述 …………………………………… 202
　　第二节　现金管理 ………………………………………… 204
　　第三节　应收账款管理 …………………………………… 211
　　第四节　存货管理 ………………………………………… 220
　　本章小结 …………………………………………………… 230
　　自测题 ……………………………………………………… 230

第九章　利润分配管理 ………………………………………… 238
　　第一节　利润分配概述 …………………………………… 239
　　第二节　股利政策概述 …………………………………… 241
　　第三节　股票分割与股票回购 …………………………… 248
　　本章小结 …………………………………………………… 252
　　自测题 ……………………………………………………… 252

第十章　财务分析 ……………………………………………… 256
　　第一节　财务分析概述 …………………………………… 257
　　第二节　财务分析方法 …………………………………… 258
　　第三节　财务指标分析 …………………………………… 265

第四节　财务综合分析 ·· 281
　　本章小结 ·· 285
　　自测题 ··· 286
第十一章　财务评价与财务咨询 ·· 291
　　第一节　责任中心及其业绩考评 ······································· 292
　　第二节　财务咨询 ·· 303
　　本章小结 ·· 308
　　自测题 ··· 308
附表 ·· 312
参考文献 ··· 328

第一章 Chapter 1

财务管理总论

【学习要点】

通过本章学习,要求掌握企业财务管理的概念,财务活动及其内容,财务关系及其内容;掌握企业财务管理目标的四种观点;掌握财务管理的环节;理解财务管理的原则;了解财务管理的体制与规范。

【案例导入】

退市的PT水仙(股票代码600625),是我国证券市场上第一个被摘牌的股票。昔日曾经辉煌的水仙为何走到这一步,值得我们思考。

水仙电器上市之初,曾一度轻而易举地从证券市场募集到1.57亿元人民币和2 504万美元,但这些资金的利用却以彻底失败而告终。水仙电器将募集资金主要投向了技改和与外方合资建厂,而水仙电器的技改并没有推出能在未来的家电市场站稳脚跟的产品,与惠而浦合资的企业更是累计亏损了7 400多万元。1997年年底,水仙电器的管理层出让25%合资公司的股份后,惠而浦水仙有限公司1998、1999年的亏损又使水仙电器增加了5 278万元的债务。

截止到2001年,PT水仙已经积重难返。公司在财务管理上存在的种种问题是水仙电器失败的主要原因。

那么财务管理是什么呢? 首先,企业经营的目的是获利。企业一旦成立,在经营中就会面临竞争,并始终处于生存和倒闭、发展和萎缩的矛盾之中。企业必须生存下去才可能获利,只有不断发展才能求得生存。财务管理就是研究企业在经营中资金运动的规律性,并使其产生最大效益的一门科学。它将告诉你如何融通资金、如何评价投资、如何聚财生财……

获利的企业一定是由谙熟财务管理基本理念和方法的企业家经营管理的企业。经商不懂理财,就如同捕鱼不知收网,终至一无所获。

第一节 财务管理概述

企业的财务管理活动是随着大型企业的诞生和发展及金融市场的建立和完善而逐步形成体系的,并在实践工作中不断丰富其内容。近十几年,大型跨国公司的产生更使得国际企业的财务管理活动成为财务管理理论和实务界研究的重点内容。国际金融危机的阴霾还没有完全散去,欧债危机、美债危机又此起彼伏,新的经济形势与危机深刻地影响着每一个企业的财务管理活动。

财务管理是对财务活动和财务关系的管理。企业的财务活动是围绕资金运动开展的,并在财务活动过程中体现各种财务关系。因此,要理解财务管理的含义,首先必须弄清什么是资金和资金运动,然后进一步理解企业的主要财务活动,最后分析企业资金运动过程中体现的财务关系。

一、财务管理的含义

在市场经济中,企业的一切财产物资都是有价值的,都凝结着相同的社会必要劳动,这种社会必要劳动的货币量化就是资金。资金是企业开展一切经济活动的血液和灵魂,没有资金企业就无法存在。企业资金的实质就是生产经营过程中运动着的价值。资金转化成实物商品,一般需经过采购、生产和销售三个基本环节,最终又回复到资金形态,其实物形态依次从原材料转化为在产品、产成品,其过程如图1.1所示。

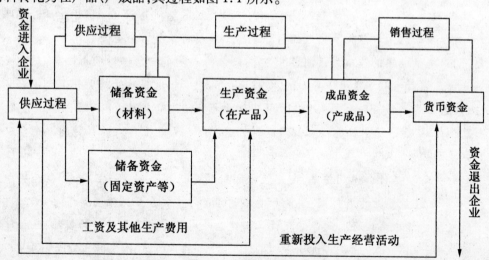

图 1.1 资金运动过程

企业的再生产过程是一个不断循环和发展变化的过程。这一过程的开始总是通过各种渠道取得资金,如投资者投入或借入资金,我们把企业取得资金的活动称为资金投入。从静态来看，企业所取得的资金总是表现为一定的财产物资，但从动态分析，企业资金总是不断从一种形态转化成另一种形态，也就是说企业的资金总是处于不断的运动之中，企业正是在资金运动中提供各种商品和服务，从而不断发展壮大。在企业再生产过程中，资金从货币形态开始，依次通过供应、生产和销售三个阶段，分别表现为不同的形态，最终又回到货币形态，这就是资金的循环。企业的资金循环是周而复始，不断重复进行的，这就是资金周转。有时，部分资金并不直接参与企业再生产过程，而是投资到其他单位，成为对外投资；还有部分资金并不总是处于企业再生产过程中，而是退出企业的资金循环和周转，如上缴税费、分配利润、归还债务等，我们称之为资金退出。我们把企业资金的投入、资金循环和周转以及资金的退出等统称为企业的资金运动。资金运动是企业生产经营过程的价值方面，它以价值形式综合地反映着企业的生产经营过程。企业的资金运动构成企业生产经营活动的一个独立方面，具有自己的运动规律，这就是企业的财务活动。企业的财务活动离不开人与人之间的经济利益关系。

一言以蔽之，企业财务是指企业在生产经营过程中客观存在的资金运动及其所体现的经济利益关系。前者称为财务活动，后者称为财务关系。

财务管理是企业组织财务活动、处理财务关系的一项综合性的管理工作。

二、财务活动

企业财务活动构成了企业财务管理的内容，就是企业组织资金运动过程中的各种经济活动，包括筹资活动、投资活动、资金营运活动和分配活动四个方面。

（一）筹资活动

筹资是指企业为了满足投资和资金营运的需要，筹集所需资金的行为。

在筹资过程中，一方面，企业需要根据战略发展的需要和投资计划来确定各个时期企业总体的筹资规模，以保证投资所需的资金；另一方面，要通过筹资渠道、筹资方式或工具的选择，合理确定筹资结构，降低筹资成本和风险，提高企业价值。

企业筹集来的资金按其来源分为两类：一是企业自有资金。自有资金也叫权益资金，在资产负债表上构成股东权益部分。筹集自有资金有向投资者吸收直接投资、发行股票、企业内部留存收益等方式。其投资者包括国家、法人、个人等。二是企业债务资金，是通过企业向银行借款、发行债券、应付款项等方式取得，在资产负债表上构成负债部分。

（二）投资活动

投资是企业根据项目资金需要投出资金的行为。企业投资可分为对内投资和对外投资两种，企业将资金用于购建固定资产、无形资产、流动资产等称为对内投资，企业将资金用于购买其他企业的股票、债券，或与其他企业联营，或投资于外部项目称为对外投资。

企业在投资过程中，必须考虑投资规模（即为确保获取最佳投资效益，企业应投入的资金数额）；同时还必须通过投资方向和投资方式的选择，来确定合适的投资结构，提高投资效益，降低投资风险。

(三) 资金营运活动

企业在日常生产经营活动中,会发生一系列的资金收付行为。首先,企业需要采购材料或商品,从事生产和销售活动,同时,还要支付工资和其他营业费用;其次,当企业把商品或产品售出后,便可取得收入、收回资金;最后,如果资金不能满足企业经营需要,还要采取短期借款方式来筹集所需资金。为满足企业日常营业活动的需要而垫支的资金,称为营运资金。因企业日常经营而产生的资金收支,便是企业的资金营运活动。

在一定时期内,营运资金周转速度越快,资金的利用效果就越高,企业就可能生产出更多的产品,取得更多的收入,获取更多的利润。

企业需要确定营运资金的持有政策、合理的营运资金融资政策以及合理的营运资金管理策略,包括:现金和交易性金融资产持有计划的确定,应收账款的信用标准、信用条件和收账政策的确定,存货周期、存货数量、订货计划的制订等。

(四) 分配活动

资金分配活动就是对企业取得的各种生产经营收入,依照现行的法规、制度和决议进行分配。企业资金分配的结果,表现为把企业净收入分配给职工、经营者、所有者、债权人及其他投资者和国家。如果这种分配公平合理,便能够调动各方面积极性,增强企业凝聚力,从而有助于提高企业的生产经营业绩。反之,如果分配上有意倾斜,厚此薄彼,弄虚作假,必将严重损害企业形象,使损失方对企业失去信心。因此,企业需要依据法律的有关规定,合理确定分配规模和分配方式,确保企业取得最大的长期利益。

三、财务关系

财务关系是指企业在进行财务活动过程中与各方面所发生的经济利益关系。企业的财务关系概括起来主要包括以下几个方面:

(一) 企业与投资者之间的关系

企业与投资者之间的关系主要指企业与其投资者之间发生取得企业资本与利润分配的经济关系,是各种财务关系中最根本的关系。企业的投资者主要有国家、法人和个人等。

(二) 企业与债权人之间的关系

企业与债权人之间的关系是指企业向债权人借入资金,并按合同的规定支付利息和归还本金所形成的经济关系。企业的债权人主要有债券持有者、贷款机构、商业信用提供者等。

(三) 企业与被投资者之间的财务关系

企业与被投资者之间的财务关系主要是指企业与其被投资单位之间发生的投资与利润分配的关系。企业通常以购买或直接投资的形式向其他单位投资,并依据出资份额参与受资者的经营管理和利润分配。

(四)企业与债务人之间的财务关系

企业与债务人之间的财务关系主要是指企业将其资金以购买债券、提供借款或商业信用等形式出借给其他单位所形成的经济关系。

(五)企业与政府之间的财务关系

企业与政府之间的财务关系是指政府作为社会管理者,通过收缴各种税款的方式与企业形成的经济关系。这种关系体现一种强制和无偿的关系。政府无偿参与企业的利润分配,企业按照税法规定向中央政府和地方政府缴纳各种税款。

(六)企业与供货商、企业与客户之间的财务关系

企业与供货商、企业与客户之间的财务关系主要是指企业购买供货商的商品或接受其服务,以及企业向客户销售商品或提供服务过程中形成的经济关系。

(七)企业内部各单位之间的财务关系

企业内部各单位之间的财务关系是指企业内部各职能单位和生产单位既分工又合作,共同形成一个完整的企业系统。企业内部各单位之间,相互提供产品和劳务所形成的资金结算关系,体现了企业内部各单位之间的财务关系。

(八)企业与职工之间的财务关系

企业与职工之间的财务关系主要是指企业向职工支付劳动报酬过程中所形成的经济利益关系。企业在处理这种关系时,要遵照国家有关劳动法规,充分保证劳动者的经济利益,充分调动劳动者的积极性。

四、财务管理的特点

财务管理区别于其他管理活动的特点在于,它是一种价值管理,主要利用资金、成本、收入、利润等价值指标,运用财务预测、财务决策、财务预算、财务控制、财务分析等手段来组织企业中价值的形成、实现和分配,并处理这种价值运动中的经济关系。财务管理具有很强的综合性,既涉及生产经营活动各方面的质量和效果,及时组织资金供应,有效使用资金,严格控制生产耗费,大力增加收入,合理分配收益,又能够促进企业有效开展生产经营活动,不断提高经济效益。

五、财务管理的产生与发展

财务管理是社会经济管理发展的必然要求,并随着社会经济管理而产生和发展,财务管理概念、理论和方法的形成经历了较为漫长的过程。

(一)西方财务管理的产生与发展

在西方,财务管理的萌芽可以追溯到15~16世纪。那时,地中海沿岸的一些城市商业已迅速发展,商业企业的产生和发展需要商业资本,因此出现了一些商业组织,向社会公众筹资

入股,按股分红,这就是原始的企业财务活动。

17~18 世纪,随着资本的原始积累和生产规模的不断扩大,股份公司逐渐发展成为一种典型的企业组织,尤其是 19 世纪 50 年代以后,随着西方国家产业革命的完成,制造业的迅速崛起,企业规模不断扩大,企业生产经营发展所需的资金越来越多,股份公司迅速发展,专业化的财务管理应运而生。财务管理实践的发展,促使财务管理的理论和方法逐渐成形。1897 年,美国著名财务管理学家格林出版了《公司财务》专著,标志着财务管理理论的初步形成。西方国家的财务管理发展主要经历了三个阶段,如表 1.1 所示。

表 1.1 西方财务管理发展的三个阶段

发展阶段	时间划分	财务环境	财务管理重点	财务理论贡献
初级阶段	1890~1930 年	企业规模不断扩大,公司设立、合并重组	如何筹资,满足扩充需要	筹资财务分析
中期阶段	1930~1950 年	经济危机、政府管制	公司如何生存	破产财务证券管理
近期阶段	20 世纪 50 年代以后	环境频繁变化	20 世纪 50 年代的公司内部管理,60 年代的资本结构与投资组合,70 年投资评估,80 年代通货膨胀财务与国际财务	资金规划、资本结构理论、CAPM、期权定价

(二)我国财务管理的历史沿革

我国财务管理理论与实践同样也有一个逐步演变的过程,总体而言,1978 年以前,企业财务管理工作是在高度集中的计划经济体制和相应的财政体制下建立和发展起来的,政府对企业财务管理工作的开展实行直接管理;而在 1978 年之后,随着经济体制和企业经营机制改革的不断深化,财务管理逐步回归企业,财务管理的内容也日益丰富。我国财务管理的发展历史具体又可划分为三个阶段,如表 1.2 所示。

表 1.2 我国财务管理发展的三个阶段

发展阶段	时间划分	财务环境	财务管理重点	财务理论贡献
建国初期阶段	1949~1956 年	社会主义改造完成	引入苏联企业管理制度和财务管理模式	初步建立社会主义的财务管理体系
	1956~1966 年	社会主义建设开始	高度集中的计划和财政体制下的国营企业财务管理体制	全面推行经济核算制
发展停滞阶段	1966~1976 年	"文化大革命"十年	缓慢发展甚至停滞	无

续表1.2

发展阶段	时间划分	财务环境	财务管理重点	财务理论贡献
迅速发展阶段	1978~1991年	有计划商品经济体制下的财务管理阶段	政企分开,扩大企业理财自主权	完善金融市场,对企业筹资进行改革
	1992年至今	社会主义市场经济体制下的财务管理阶段	学习和吸收西方财务管理的理念、方法,不断完善我国财务管理理论与方法	结合我国国情,完善企业财务管理的筹资、投资与分配。财务管理理论向纵深发展

第二节 财务管理的目标

企业是在国家宏观调控下,按照市场需求自主组织生产经营,以提高经济效益、劳动生产率和实现保值增值为目的的经济组织。企业财务管理的目标离不开企业的总目标,并受财务管理自身特点的制约。

一、企业的目标及对财务管理的要求

企业是指从事商品生产、流通或者服务活动,在法律上具有一定独立地位的营利性经济组织。它的生存与发展必须以获得利润为基础。可见,获取利润是企业的最终目标。任何企业一旦成立,就会面临竞争,并且始终处于生存与倒闭、发展与萎缩的矛盾之中。企业必须获利,才能生存并不断发展。因此,企业目标可以具体细分为生存、发展和获利。

(一)生存

企业生存的土壤是市场。一方面,企业付出货币从市场上获取资源;另一方面,企业必须向市场提供商品或劳务换回货币。由此可见,企业在市场中生存的基本条件是:以收抵支。否则,企业将萎缩。如果企业长期亏损,扭亏无望,最终会被市场淘汰。

企业生存的另一个基本条件是到期偿债。企业为了扩大业务规模或满足经营周转的临时需要,可以对外借债。国家为了维持市场经济秩序,从法律上保证债权人的利益,要求企业到期必须偿还本金和利息。否则,就可能被债权人接管或法院判定破产。

由此可见,企业生存的威胁主要来自两个方面:一是长期亏损,它是企业终止的根本原因;二是不能偿还到期债务,它是企业终止的直接原因。亏损企业为了维持营运被迫进行偿债性融资,借新债还旧债,如不能扭亏为盈,迟早会因借不到钱而无法周转,从而不能偿还到期债务。

力求以收抵支,具备偿还到期债务的能力,减少破产的风险,使企业能够长期、稳定地生存下去,是对财务管理的第一个要求。

（二）发展

企业是在发展中求得生存的。在科技不断进步的现代经济中,产品不断更新换代,企业必须不断推出更好、更新、更受顾客欢迎的产品,才能在市场经济中立足。在竞争激烈的市场上,各个企业此消彼长、优胜劣汰。一个企业如不能发展,不能提高产品和服务的质量,不能扩大自己的市场份额,就会被其他企业排挤出去,企业的停滞是其死亡的前奏。

企业的发展集中表现在扩大收入,扩大收入的根本途径是提高产品的质量、扩大销售的数量,这就要求不断更新设备、提高技术和改进工艺,并不断提高各种人员的素质。在市场经济中,各种资源的取得都需要付出货币,提高企业的发展离不开资金。因此,筹集企业发展所需要的资金,是对财务管理第二个要求。

（三）获利

企业只有获利,才有存在的价值,建立企业的目的就是为了赢利。已经建立起来的企业,虽然有改善职工收入、改善劳动条件、扩大市场份额、提高产品质量、减少环境污染等多种目标,但赢利是最具综合能力的目标。赢利不但体现了企业的出发点和归宿,而且包括其他目标的实现程度,并有助于其他目标的实现。

从财务上看,赢利就是使资产获得超过其投资的回报。在市场经济中,资金都有其成本。每项资产都是投资,都应当是生产性的,要从中获得回报。

综上所述,企业的目标是生存、发展和获利。企业的这些目标要求财务管理完成筹措资金并有效地投放和使用资金的任务。企业的成功,在很大程度上取决于它过去和现在的财务政策。财务管理不仅与资产的获得及合理使用的决策有关,而且与企业的生产、销售管理有直接关系。

为了实现企业管理的目标,在财务管理上应力求保持以收抵支和偿还到期债务的能力,使企业生产经营活动能继续进行下去;合法筹集企业发展所需的资金,使企业能在生存中求得发展;通过合理有效地使用资金,使企业获利来实现企业的最终目标。

二、企业财务管理目标

企业财务管理有以下几种具有代表性的目标:

（一）利润最大化目标

利润最大化目标就是假定在投资预期收益确定的情况下,财务管理行为将朝着有利于企业利润最大化的方向发展。以追逐利润最大化作为财务管理的目标,其主要原因有三个:

(1)人类从事生产经营活动的目的是为了创造更多的剩余产品,在商品经济条件下,剩余产品的多少可以用利润这个价值指标来衡量。

(2)在自由竞争的资本市场中,资本的使用权最终属于获利最多的企业。

(3)只有每个企业都最大限度地获得利润,整个社会的财富才可能实现最大化,从而带来社会的进步和发展。

在社会主义市场经济条件下,企业作为自主经营的主体,所创利润是企业在一定期间全部收入和全部费用的差额,是按照收入与费用配比原则计算的。它不仅可以直接反映企业创造剩余产品的多少,而且也从一定程度上反映出企业经济效益的高低和对社会贡献的大小。同时,利润是企业补充资本、扩大经营规模的源泉。因此,以利润最大化为理财目标是有一定道理的。

利润最大化目标在实践中存在以下难以解决的问题:
(1)这里的利润是指企业一定时期实现的税后净利润,它没有考虑资金时间价值。
(2)没有反映创造的利润与投入的资本之间的关系。
(3)没有考虑风险因素,高额利润往往要承担过大的风险。
(4)片面追求利润最大化,可能导致企业短期行为,与企业发展的战略目标相背离。

(二)每股收益最大化目标

所有者作为企业的投资者,其投资目标是取得资本收益,具体表现为净利润与出资额或股份数(普通股)的对比关系,这种关系可以用每股收益这一指标来反映。每股收益是指归属于普通股股东的净利润与发行在外的普通股股数的比值,它的大小反映了投资者投入资本获得回报的能力。

每股收益最大化的目标将企业实现的利润额同投入的资本或股本数进行对比,能够说明企业的盈利水平,可以在不同资本规模的企业或同一企业不同期间之间进行比较,揭示其盈利水平的差异。与利润最大化目标一样,该指标仍然没有考虑资金时间价值和风险因素,没有反映创造的利润与投入的资本之间的关系,也不能避免企业的短期行为,可能会导致与企业的战略目标相背离。

(三)股东财富最大化

股东财富最大化是指企业财务管理以实现股东财富最大化为目标。在上市公司,股东财富是由其所拥有的股票数量和股票市场价格两个方面决定的。在股票数量一定时,股票价格达到最高,股东财富也就达到最大。

与利润最大化相比,股东财富最大化的主要优点是:
(1)考虑了风险因素,因为通常股价会对风险做出较为敏感的反应。
(2)在一定程度上能避免企业短期行为,因为不仅目前的利润会影响股票价格,预期未来的利润同样会对股价产生重要影响。
(3)对上市公司而言,股东财富最大化目标比较容易量化,便于考核和奖惩。

以股东财富最大化作为财务管理目标也存在以下缺点:
(1)通常只适用于上市公司,非上市公司难于应用,因为非上市公司无法像上市公司一样随时准确获得公司股价。

(2)股价受众多因素影响,特别是企业外部的因素,有些还可能是非正常因素。股价不能完全准确反映企业财务管理状况,如有的上市公司处于破产的边缘,但由于可能存在某些机会,其股票市价可能还在走高。

(四)企业价值最大化目标

投资者建立企业的重要目的,在于创造尽可能多的财富。这种财富首先表现为企业的价值。企业价值就是企业的市场价值,是企业所能创造的预计未来现金流量的现值,反映了企业潜在的或预期的获利能力和成长能力。未来现金流量的现值这一概念,包含了资金的时间价值和风险价值两个方面的因素。因为未来现金流量的预测包含了不确定性和风险因素,而现金流量的现值是以资金的时间价值为基础对现金流量进行折现计算得出的。企业价值即是未来现金流量的现值,用公式表示为

$$企业价值 = \sum_{t=1}^{n} \frac{企业未来年收益}{(1+贴现率)^t}$$

由于企业未来收益的不确定性,企业价值很难用该公式衡量,而只能是理论公式。对于股份公司来说,股票价格被认为是企业各方面因素的共同作用结果,可以用来衡量企业价值大小。

以企业价值最大化作为财务管理的目标,其优点主要表现在:

(1)该目标考虑了资金的时间价值和风险价值,有利于统筹安排长短期规划、合理选择投资方案、有效筹措资金、合理制定股利政策等。

(2)该目标反映了对企业资产保值增值的要求,从某种意义上说,股东财富越多,企业市场价值就越大,追求股东财富最大化的结果可促使企业资产保值或增值。

(3)该目标有利于克服管理上的片面性和短期行为。

(4)该目标有利于社会资源合理配置。社会资金通常流向企业价值最大化或股东财富最大化的企业或行业,有利于实现社会效益最大化。

以企业价值最大化作为财务管理的目标也存在以下问题:

(1)企业的价值过于理论化,不易操作。

(2)对于非股票上市企业,只有对企业进行专门的评估才能真正确定其价值。而在评估企业的资产时,由于受评估标准和评估方式的影响,这种估价不易做到客观和准确,这也导致企业价值确定的困难。

(五)相关者利益最大化

在现代企业是多边契约关系的总和的前提下,要确立科学的财务管理目标首先就要考虑哪些利益关系会对企业发展产生影响。在市场经济条件下,企业的理财主体更加细化和多元化。企业的利益相关者应当包括股东、债权人、企业经营者、商品购买者、原材料供应商、企业员工、政府等。因此,在确定企业财务管理目标时,不能忽视这些相关利益群体的利益。

1. 相关者利益最大化目标的具体内容

(1) 强调风险与报酬的均衡,将风险限制在企业可以承受的范围内。

(2) 强调股东的首要地位,并强调企业与股东之间的协调关系。

(3) 强调对代理人即企业经营者的监督和控制,建立有效的激励机制以便企业战略目标顺利实施。

(4) 关心本企业一般职工的利益,创造优美和谐的工作环境和合理恰当的福利待遇,培养职工长期努力地为企业工作。

(5) 不断加强与债权人的关系,培养可靠的资金供应者。

(6) 关心客户的长期利益,以便保持销售收入的长期稳定增长。

(7) 加强与供应商的协作,共同面对市场竞争,并注重企业形象的宣传,遵守承诺,讲究信誉。

(8) 保持与政府部门的良好关系。

2. 相关者利益最大化作为财务管理目标的优点

(1) 有利于企业长期稳定发展。

(2) 体现了多赢的价值理念,有利于实现企业经济效益和社会效益的统一。

(3) 这一目标本身是一个多元化、多层次的目标体系,较好地兼顾了各利益主体的利益。

(4) 体现了前瞻性和可操作性的统一。

正因为如此,相关者利益最大化是现代企业财务管理的理想目标。企业应在相关者利益最大化的基础上,确立现代企业财务管理的理论体系和方法体系,并在企业实际工作中,围绕这个目标开展各项生产经营活动。

三、不同利益主体财务管理目标的矛盾与协调

企业从事财务管理活动,必然发生企业与各个方面的经济利益关系,在企业财务关系中最为重要的关系是所有者与经营者、债权人之间的关系。企业必须处理、协调好这三者之间的矛盾与利益关系。

(一) 所有者与经营者的矛盾与协调

企业是所有者的企业,企业价值最大化代表了所有者的利益。现代公司制企业所有权与经营权完全分离,经营者不持有公司股票或部分持有股票,其经营的积极性就会降低,因为经营者拼命付出的所得不能全部归自己所有。经营者与所有者的主要矛盾就是经营者希望在提高企业价值和股东财富的同时,能更多地增加享受成本,而所有者和股东则希望以最小的享受成本支出带来更高的企业价值和股东财富。解决这一矛盾主要采取让经营者的报酬与绩效相联系的办法,并辅之以一定的监督措施。主要的措施有以下三种:

1. 解聘

解聘是一种通过所有者约束经营者的办法。所有者对经营者予以监督,如果经营者未能

使企业价值达到最大,就解聘经营者,经营者害怕被解聘而被迫实现财务管理目标。

2. 接收

接收是一种通过市场约束经营者的办法。如果经营者经营决策失误、经营不力,未能采取一切有效措施使企业价值提高,该公司就可能被其他公司强行接收或吞并,相应经营者也会被解聘。为此,经营者为了避免这种接收,必须采取一切措施提高股东财富和企业价值。

3. 激励

激励是将经营者的报酬与其绩效挂钩,以使经营者自觉采取能提高股东财富和企业价值的措施。激励通常有以下两种基本方式:

(1)"股票期权"方式。它是允许经营者以固定的价格购买一定数量的公司股票,当股票的市场价格高于固定价格时,经营者所得的报酬就越多,经营者为了获取更大的股票涨价益处,就必然主动采取能够提高股价的行动。

(2)"绩效股"形式。它是公司运用每股收益、资产收益率等指标来评价经营者的业绩,视其业绩大小给予经营者数量不等的股票作为报酬。如果公司的经营业绩未能达到规定目标时,经营者也将部分丧失原先持有的"绩效股"。这种方式使经营者不仅为了多得"绩效股"而不断采取措施提高公司的经营业绩,而且为了使每股市价最大化,也采取各种措施使股票市价稳定上升,从而增加股东财富和企业价值。

(二)所有者与债权人的矛盾与协调

所有者的财务目标可能与债权人期望实现的目标发生矛盾。首先,所有者可能要求经营者改变举债资金的原定用途,将其用于风险更高的项目,这会增大偿债的风险,债权人的负债价值也必然会实际降低。若高风险的项目一旦成功,额外的利润就会被所有者独享,但若失败,债权人却要与所有者共同负担由此而造成的损失,这对债权人来说风险与收益是不对称的;其次,所有者或股东可能未征得现有债权人同意,而要求经营者发行新债券或举借新债,致使旧债券的价值降低(因为相应的偿债风险增加)。

为协调所有者与债权人的上述矛盾,通常可采用以下方式:

(1)限制性借债,即在借款合同中加入某些限制性条款,如规定借款的用途、借款的担保条款和借款的信用条件等。

(2)收回借款或停止借款,即当债权人发现公司有侵蚀其债权价值的意图时,采取收回债权和不给予公司增加放款,从而来保护自身的权益。

除债权人外,与企业经营者有关的各方面都与企业有合同关系,都存在着利益冲突和限制条款。企业经营者若侵犯雇员、客户、供应商和所在社区的利益,都将影响企业目标的实现,所以说企业是在一系列限制条件下实现企业价值最大化的。

第三节 财务管理的原则与环节

一、财务管理的原则

财务管理的原则是企业财务管理工作必须遵循的准则。它是从企业财务管理实践中抽象出来的并在实践中证明是正确的行为规范,它反映着财务管理活动的内在要求。企业财务管理的原则一般包括如下内容:

(一)货币时间价值原则

货币时间价值是客观存在的经济范畴,它是指货币经历一段时间的投资和再投资所增加的价值。从经济学的角度看,即使在没有风险和通货膨胀的情况下,一定数量的货币资金在不同时点上也具有不同的价值。因此在数量上,货币的时间价值相当于没有风险和通货膨胀条件下的社会平均资本利润率。今天的一元钱要大于将来的一元钱。货币时间价值原则在财务管理实践中得到广泛的运用。长期投资决策中的净现值法、现值指数法和内含报酬率法,都要运用到货币时间价值原则;筹资决策中比较各种筹资方案的资金成本、分配决策中利润分配方案的制定和股利政策的选择,营业周期管理中应付账款付款期的管理、存货周转期的管理、应收账款周转期的管理等,都充分体现了货币时间价值原则在财务管理中的具体运用。

(二)资金合理配置原则

拥有一定数量的资金,是企业进行生产经营活动的必要条件,但任何企业的资金总是有限的。资金合理配置是指企业在组织和使用资金的过程中,应当使各种资金保持合理的结构和比例关系,保证企业生产经营活动的正常进行,使资金得到充分有效的运用,并从整体上(不一定是每一个部分)取得最大的经济效益。

在企业的财务管理活动中,资金的配置从筹资的角度看表现为资本结构,具体表现为负债资金和所有者权益资金的构成比例、长期负债和流动负债的构成比例,以及内部各具体项目的构成比例。企业不但要从数量上筹集保证其正常生产经营所需的资金,而且必须使这些资金保持合理的结构比例关系。从投资或资金的使用角度看,企业的资金表现为各种形态的资产,各形态资产之间应当保持合理的结构比例关系,包括对内投资和对外投资的构成比例(对内投资中,流动资产投资和固定资产投资的构成比例、有形资产和无形资产的构成比例、货币资产和非货币资产的构成比例等;对外投资中,债权投资和股权投资的构成比例、长期投资和短期投资的构成比例等)以及各种资产内部的结构比例。上述这些资金构成比例的确定,都应遵循资金合理配置原则。

（三）成本－效益原则

成本－效益原则就是要对企业生产经营活动中的所费与所得进行分析比较,将花费的成本与所取得的效益进行对比,使效益大于成本,产生"净增效益"。成本－效益原则贯穿于企业的全部财务活动中。企业在筹资决策中,应将所发生的资本成本与所取得的投资利润率进行比较;在投资决策中,应将与投资项目相关的现金流出与现金流入进行比较;在生产经营活动中,应将所发生的生产经营成本与其所取得的经营收入进行比较;在不同备选方案之间进行选择时,应将所放弃的备选方案预期产生的潜在收益视为所采纳方案的机会成本,与所取得的收益进行比较。在具体运用成本－效益原则时,应避免沉没成本对企业决策的干扰,沉没成本是指已经发生、不会被以后的决策改变的成本。因此,企业在做各种财务决策时,应将其排除在外。

（四）风险－报酬均衡原则

在市场经济的激烈竞争中不可避免地要遇到风险。企业要想获得收益,就不能回避风险。风险－报酬均衡原则是指决策者在进行财务决策时,必须对风险和报酬做出科学的权衡,使所冒的风险与所取得的报酬相匹配,达到趋利避害的目的。在筹资决策中,负债资金成本低,财务风险大;权益资金成本高,财务风险小。企业在确定资本结构时,应在资金成本与财务风险之间进行权衡。任何投资项目都有一定的风险,在进行投资决策时必须认真分析影响投资决策的各种可能因素,科学地进行投资项目的可行性分析,在考虑投资报酬的同时考虑投资的风险。在具体进行风险与报酬的权衡时,由于不同的财务决策者对风险的态度不同,有的人偏好高风险、高报酬,有的人偏好低风险、低报酬,但每一个人都会要求风险和报酬相对等,不会去冒没有价值的无谓风险。

（五）收支积极平衡原则

财务管理实际上是对企业资金的管理,量入为出、收支平衡是对企业财务管理的基本要求。资金不足,会影响企业的正常生产经营,坐失良机,严重时,会影响到企业的生存;资金多余,会造成闲置和浪费,给企业带来不必要的损失。收支积极平衡原则要求企业一方面要积极组织收入,确保生产经营和对内、对外投资对资金的正常合理需要;另一方面要节约成本费用,压缩不合理开支,避免盲目决策。保持企业一定时期资金总供给和总需求动态平衡和每一时点资金供需的静态平衡,要做到企业资金收支平衡,在企业内部,要增收节支,缩短生产经营周期,生产适销对路的优质产品,扩大销售收入,合理调度资金,提高资金利用率;在企业外部,要保持同资本市场的密切联系,加强企业的筹资能力。

（六）利益关系协调原则

企业是由各种利益集团组成的经济联合体。这些经济利益集团主要包括企业的所有者、经营者、债权人、债务人、国家税务机关、消费者、企业内部各部门和职工等。利益关系协调原则要求企业协调、处理好与各利益集团的关系,切实维护各方的合法权益,将按劳分配、按资分配、按知识和技能分配、按业绩分配等多种分配要素有机结合起来。只有这样,企业才能营造一个内外和谐、协调的发展环境,充分调动各有关利益集团的积极性,最终实现企业价值最大化的财务管理目标。

二、财务管理环节

财务管理环节是指财务管理工作的各个阶段,它包括财务管理的各种业务手段。财务管理的基本环节有:财务预测、财务决策、财务计划、财务控制、财务分析。这些管理环节互相配合,紧密联系,形成周而复始的财务管理循环过程,构成完整的财务管理工作体系。

(一)财务预测

财务预测是根据财务活动的历史资料,考虑现实的要求和条件,对企业未来的财务活动和财务成果做出科学的预计和测算。财务预测所采用的方法主要有两种:一是定性预测,是指企业在缺乏完整的历史资料或有关变量之间不存在较为明显的数量关系下,专业人员进行的主观判断与推测;二是定量预测,是指企业根据比较完备的资料,运用数学方法,建立数学模型,对事物的未来进行的预测。实际工作中,通常将两者结合起来进行财务预测。

财务预测环节包括以下工作步骤:

(1)明确预测对象和目的。
(2)收集和整理相关资料。
(3)建立预测模型。
(4)确定财务预测结果。

(二)财务决策

财务决策是根据企业经营战略的要求和国家宏观经济政策的要求,从提高企业经济效益的理财目标出发,在若干个可以选择的财务活动方案中,选择一个最优方案的过程。在市场经济条件下,财务管理的核心是财务决策。在财务预测基础上所进行的财务决策,是编制财务计划、进行财务控制的基础。决策的成功是最大的成功,决策的失误是最大的失误,决策关系着企业的成败兴衰。

财务决策环节包括以下工作步骤:

(1)确定决策目标。
(2)拟订备选方案。
(3)选择最优方案。

(三)财务预算

财务预算是根据财务战略、财务计划和各种预测信息,确定预算期内各种预算指标的过程。它是财务战略的具体化,是财务计划的分解和落实。

财务预算的方法通常包括固定预算与弹性预算、增量预算与零基预算、定期预算和滚动预算。

编制财务预算要做好以下工作：

(1)分析主客观条件,确定主要指标。

(2)安排生产要素,组织综合平衡。

(3)编制计划表格,协调各项指标。

(四)财务控制

财务控制是在生产经营活动的过程中,以计划任务和各项定额为依据,对资金的收入、支出、占用、耗费进行日常的核算,利用特定手段对各单位财务活动进行调节,以便实现计划规定的财务目标。财务控制是落实计划任务、保证计划实现的有效措施。

财务控制要适应管理定量化的需要,做好以下几项工作：

(1)指定控制标准,分解落实责任。

(2)确定执行差异,及时消除差异。

(3)评价单位业绩,搞好考核奖惩。

(五)财务分析

财务分析是以核算资料为主要依据,对企业财务活动的过程和结果进行评价和分析的一项工作。借助于财务分析,可以掌握各项财务计划指标的完成情况,有利于改善财务预测、决策、计划工作,还可以总结经验,研究和掌握企业财务活动的规律性,不断改进企业财务管理工作。企业财务人员要通过财务分析提高业务工作水平,搞好业务工作。

进行财务分析的一般程序是：

(1)收集资料的掌握情况。

(2)指标对比,揭露矛盾。

(3)因素分析,明确责任。

(4)提出措施,改进工作。

第四节　财务管理体制与规范

一、企业的组织类别

企业的组织形式是各种各样的,其中最主要的三种类型分别是独资企业、合伙企业和公司。

(一)独资企业

个人独资企业是指依法设立,由一个自然人投资,财产为投资人个人所有,投资人以其个人财产对企业债务承担无限责任的经营实体。个人独资企业的特点是：

(1) 只有一个出资者。

(2) 出资人对企业债务承担无限责任。在个人独资企业中,投资人直接拥有企业的全部资产并直接负责企业的全部债务,也就是说,出资人承担无限责任。

(3) 独资企业不作为企业所得税的纳税主体。一般而言,独资企业并不作为企业所得税的纳税主体,其收益纳入所有者的其他收益一并计算交纳个人所得税。

独资企业具有结构简单、容易开办、利润独享、限制较少等优点,但也存在无法克服的缺点:一是出资者负有无限偿债责任;二是筹资困难,个人财力有限,企业往往会因信用不佳、信息不对称而存在筹资障碍。

(二) 合伙企业

合伙企业是指依法设立,由各合伙人订立合伙协议,共同出资、合伙经营、共享收益、共担风险,并对合伙企业债务承担无限连带责任的营利性组织。合伙企业的法律特征是:

(1) 有两个以上合伙人,并且都是具有完全民事行为能力、依法承担无限责任的自然人。

(2) 有书面合伙协议,合伙人依照合伙协议享有权利,承担责任。

(3) 有各合伙人实际缴付的出资。合伙人可以用货币、实物、土地使用权、知识产权或者其他属于合伙人的合法财产及财产权利出资,经全体合伙人协商一致,合伙人也可以用劳务出资,其评估作价由全体合伙人协商确定。

(4) 有关合伙人企业改变名称、向企业登记机关申请办理变更登记手续、处置不动产或财产权利、为他人提供担保、聘任企业经营管理人员等重要事务,均须经全体合伙人一致同意。

(5) 合伙企业的利润和亏损,由合伙人依照合伙协议约定的比例分配和分担;合伙协议未约定利润分配和亏损分担比例的,由各合伙人平均分配和分担。

(6) 各合伙人对合伙企业债务承担无限连带责任。

合伙企业具有容易开办、信用相对较佳的优点,但也存在责任无限、权力不易集中,有时决策过程过于冗长等缺点。

(三) 公司

公司是指依照公司法登记设立,以其全部法人财产,依法自主经营、自负盈亏的企业法人。公司享有股东投资形成的全部法人财产权,依法享有民事权利,承担民事义务。公司股东作为出资者按投入公司的资本额享有所有者的资产收益、重大决策和选择管理者等权利,并以其出资额或所持有股份为限对公司承担有限责任。我国公司法所称公司是指有限责任公司和股份有限公司。

1. 有限责任公司

有限责任公司是指由2个以上50个以下股东共同出资、每个股东以其所认缴的出资额为限对公司承担有限责任,公司以其全部资产对其债务承担责任的企业法人。其特征有:

（1）公司的资本总额不分为等额的股份。
（2）公司向股东签发出资证明书，不发股票。
（3）公司股份的转让有较为严格的限制。
（4）限制股东人数，不得超过一定限额。
（5）股东以其出资比例享有权利、承担义务。
（6）股东以其出资额为限对公司承担有限责任。

2. 股份有限公司

股份有限公司是指其全部资本分为等额股份，股东以其所持有股份为限对公司承担责任，公司以其全部资产对公司的债务承担责任的企业法人。其特征有：

（1）公司的资本划分为股份，每一份的金额相等。
（2）公司的股份采取股票的形式，股票是公司签发的证明股东所持股份的凭证。
（3）同股同权，同股同利；股东出席股东大会，所持每一份股份有一份表决权。
（4）股东可以依法转让持有的股份。
（5）股东数不得少于规定的数目，但没有上限限制。
（6）股东以其所持有股份为限对公司债务承担有限责任。

与独资企业和合伙企业相比，股份有限公司的特点是：

（1）有限责任。股东对股份有限公司的债务承担有限责任，倘若公司破产清算，股东的损失以其对公司的投资额为限；而对于独资企业和合伙企业，其所有者可能损失更多，甚至损失个人的全部财产。

（2）永续存在。股份有限公司的法人地位不受某些股东死亡或转让股份的影响，因此，其寿命较之独资企业和合伙企业更有保障。

（3）可转让性。一般而言，股份有限公司的股份比独资企业和合伙企业的权益转让更为容易。

（4）易于筹资。就筹集资本的角度而言，股份有限公司是最有效的企业组织形式。因其永续存在以及举债和增股的空间大，股份有限公司具有更大的筹资能力和弹性。

（5）对公司的收益重复纳税。作为一种企业组织形式，股份有限公司也有不足，最大的缺点是对公司的收益重复纳税。公司的收益先要缴纳公司所得税；税后收益以现金股利分给股东后，股东还要缴纳个人所得税。

公司这一组织形式已经成为西方大企业普遍采用的形式，也是我国建立现代企业制度过程中选择的企业组织形式之一。

二、财务管理体制

集权型财务管理体制是明确企业各财务层级财务权限、责任和利益的制度，其核心问题是如何配置财务管理权限,企业财务管理体制决定着企业财务管理的运行机制和实施模式。

(一)企业财务管理体制的一般模式

企业财务管理体制概括地说,可分为三种类型。

1. 集权型财务管理体制

集权型财务管理体制是指企业对各所属单位的所有财务管理决策都进行集中统一,各所属单位没有财务决策权,企业总部财务部门不但参与决策,在特定情况下还直接参与各所属单位的执行过程。

集权型财务管理体制下企业内部的主要管理权限集中于企业总部,各所属单位执行企业总部的各项指令。他的优点在于:企业内部的各项决策均由企业总部制定和部署,企业内部可充分展现其一体化管理优势。利用企业的人才、智力、信息资源,努力降低资金成本和风险损失,使决策的统一化、制度化得到有力的保障。采用集权型财务管理体制,有利于在整个企业内部优化配置资源,有利于实现内部调拨价格,有利于内部采取避税措施及防范汇率风险等。它的缺点是:集权过度会使各所属单位缺乏主动性、积极性,丧失活力,也可能因为决策程序相对复杂而失去适应市场的弹性,丧失市场机会。

2. 分权型财务管理体制

分权型财务管理体制是指企业将财务管理决策权与管理权完全放到各所属单位,各所属单位只须对一些决策结果报请企业总部备案即可。

分权型财务管理体制下企业内部权限分散于各所属单位,各所属单位在人、财、物、供、产、销等方面有决定权。它的优点是:由于各所属单位负责人有权对影响经营成果的因素进行控制,加之身在基层,了解情况,有利于针对本单位存在的问题及时做出有效的决策,因地制宜地搞好各项业务,也有利于分散经营风险,促进所属单位管理人员及财务人员的成长。它的缺点是:各所属单位大都从本位利益出发,安排财务活动,缺乏全局观念和整体意识,从而可能导致资金管理分散,资金成本增大,费用失控,利润分配无序。

3. 集权与分权结合型财务管理体制

集权与分权结合型财务管理体制,其实质就是集权下的分权,企业对各所属单位在所有重大问题的决策与处理上实行高度集权,各所属单位则对日常经营活动具有较大的自主权。

集权与分权结合型财务管理体制意在以企业发展战略和经营目标为核心,将企业内重大决策集中在企业总部,而赋予各所属单位自主经营权。其主要的特点为:

(1)在制度上,企业内应制定统一的内部管理制度,明确财务权限及收益分配方法,各所属单位应遵照执行,并根据自身特点加以补充。

(2)在管理上,利用企业的各项优势,对部分权限集中管理。

(3)在经营上,充分调动各所属单位的生产经营积极性。各所属单位围绕企业发展战略和经营目标,在遵守企业统一制度的前提下,可自主制定生产经营的各项决策。为避免配合失误,明确责任,凡需要由企业总部决定的事项,在规定时间内,企业总部应明确答复,否则,各所属单位有权自行处置。

正因为具有以上特点,因此集权与分权结合型财务管理体制,吸收了集权型与分权型财务管理体制各自的优点,避免了各自的缺点,从而具有较大的优越性。

（二）集权与分权的选择

企业的财务管理特征决定了分权的必然性,而企业的规模效益、风险防范又要求集权。集权和分权各自有特点,各自有利弊。对集权与分权的选择,分权程度的把握历来是企业管理的一个难点。

从聚合资源优势,贯彻实施企业发展战略经营目标的角度看,集权型财务管理体制虽然具有保障力,但是,企业意欲采用集权型财务管理体制,除了企业高层必须具备高度素质和能力外,在企业内部还是必须有一个能及时、准确地传递信息的网络系统,并通过信息传递过程的严厉控制以保障信息的质量。如果这些要求能够达到的话,集权型财务管理体制的优势有了充分发挥的可能性。但与此同时,信息传递及过程控制有关的成本问题也会随之产生。此外,随着集权程度的提高,集权型财务管理体制的优势可能会不断强化,但各所属单位或组织机构的积极性、创造性与应变能力却可能在不断削弱。

分权型财务管理体制实质上是把决策管理在不同程度上下放到比较接近信息源的各所属单位或组织机构,这样便可以在相当程度上缩短信息传递的时间,减小信息传递过程中的控制问题,从而使信息传递与控制过程等的相关成本得以节约,并能大大提高信息的决策价值与利用效率。但随着权力的分散,就会产生企业管理目标换位问题,这是采用分权型财务管理体制通常无法完全避免的一种成本或代价,是企业给予环境约束与发展战略顺势而定的权变性策略。

依托环境预期与战略发展规划,要求企业总部必须根据企业的不同类型、发展的不同阶段以及不同阶段的战略目标去向等因素,对不同财务管理体制及其权力的层次结构做出相应的选择与安排。

财务决策的集中与分散没有固定的模式,并且选择的模式也不是一成不变的。财务管理体制的分权与集权,需要考虑企业与各所属单位之间的资本关系和业务关系的具体特征,以及集权与分权的成本和利益。作为实体的企业,各所属单位之间往往具有某种业务上的联系,特别是那些实施纵向一体化战略的企业,要求各所属单位保持密切的业务联系。各所属单位之间业务联系越密切,就越有必要采用相对集中的财务管理体制。反之,则相反。如果说各所属单位之间业务联系的必要程度是企业有无必要实施相对集中的财务管理体制的一个基本因素。那么,企业与各所属单位之间的资本关系特征则是企业能否采取相对集中的财务管理体制的一个基本条件。只有当企业掌握了各所属单位一定比例有表决权的股份(50%以上)之后,企业才可能通过指派较多董事去有效地影响各所属单位的财务决策,也只有这样,各所属单位的财务决策才有可能相对"集中"于企业内部。

事实上,考虑财务管理体制的集中和分散,除了受制于以上两点外,还取决于集中与分散的"成本"和"利益"差异。集中的"成本"主要是各所属单位积极性的损失和财务决策效率的下降,分散的"成本"主要是可能发生的各所属单位财务决策目标及财务行为与企业整体财务目标的背离以及财务资源利用效率的下降。集中的利益主要是提高财务决策效率和调动各所属单位的积极性。

此外,集权分权应该考虑的因素还包括环境、规模和管理者的管理水平。由管理者的素质、管理方法和管理手段等因素所决定的企业及各所属单位的管理水平,对财权的集中和分散也具有重要影响。较高的管理水平,有助于企业更多地集中财权,否则,财权过于集中只会导致决策效率的低下。

(三)企业财务管理体制的设计原则

一个企业如何选择适应自身需要的财务管理体系,如何在不同的发展阶段更新财务管理模式,在企业管理中占据重要地位。从企业的角度出发,其财务管理体制的设定或变更应当遵循如下四个原则:

1. 与现代企业制度的要求相适应的原则

现代企业制度是一种产权制度,它是以产权为依托,对各种经济主体在产权关系中的权利、责任、义务进行合理有效地组织、调节的制度安排,它具有"产权清晰、责任明确、政体分开、管理科学"的特征。

企业内部相互间关系的处理应以产权制度安排为基本依据。企业作为各所属单位的股东,根据产权关系享有作为股东的基本权利,特别是对所属单位资产的受益权、管理者的选择权、重大事项的决策权等,但是,企业各所属单位往往不是企业的分支机构或分公司,其经营权是其行使民事责任的基本保障,它以自己的经营与资产对其盈亏负责。

企业与各所属单位之间的产权关系确认了两个不同主体的存在,这是现代企业制度特别是现代企业产权制度的根本要求。在西方,在处理母子公司关系时,法律明确要求保护子公司权益,其制度安排大致如下:

(1)确定与规定董事的诚信义务与法律责任,实现对子公司的保护。

(2)保护子公司不受母公司不利指标的损害,从而保护子公司权益。

(3)规定子公司有权向母公司起诉,从而保护自身利益与权利。

明确企业对各所属单位管理中的决策权、执行权与监督权三者分立原则。现代企业要做到管理科学,必须首先要求从决策与管理程序上做到科学、民主,因此,决策权、执行权与监督权三权分立的制度必不可少。这一管理原则的作用就在于加强决策的科学性与民主性,强化决策执行的刚性和可考核性,强化监督的独立性和公正性,从而形成良性循环。

2. 明确财务综合管理和分层管理思想的原则

现代企业制度要求管理是一种综合管理、战略管理,因此,企业财务管理不是也不可能是企业总部财务部门这一单一职能部门的财务管理,当然也不是各所属单位财务部门的财务管理,它是一种战略管理。这种管理要求:

(1)从企业整体角度对企业的财务战略进行定位。

(2)对企业的财务管理行为进行统一规范,做到高层的决策结果能被低层战略经营单位完全执行。

(3)以制度管理代替个人的行为管理,从而保证企业管理的连续性。

(4)以现代企业财务分层管理思想指导具体的管理实践(股东大会、董事会、经理人员、财务经理及财务部门各自的管理内容与管理体系)。

3. 与企业组织体制相对应的原则

企业组织体制大体上有U型组织、H型组织和M型组织三种形式。U型组织仅存在于产品简单、规模较小的企业,实行管理层级的集中控制;H型组织实质上是企业集团的组织形式,子公司具有法人资格,分公司则是相对独立的利润中心。由于在竞争日益激烈的市场环境中不能显示其长期效益和整体活力,因此20世纪70年代后它在大型企业的主导地位逐渐被M型组织结构所代替。M型结构由三个相互关联的层次组成。第一个层次是由董事会和经理班子组成的总部,它是企业的最高决策层。它既不同于U型结构那样从事所属单位的日常管理,又不同于H型结构那样基本上是一个空壳。它的主要职能是战略规划和关系协调。第二个层次是由职能和支持、服务部门组成的。其中计划部是公司战略研究和执行部门。它应向企业总部提供经营战略的选择和相应配套政策的方案,指导各所属单位根据企业的整体战略制定中长期规划和年度的业务计划。M型结构的财务是中央控制的,负责整个企业的资金筹措、运作和税务安排。第三层次是围绕企业的主导或核心业务,相互依存又相互独立的各所属单位,每个所属单位又是一个U型结构。可见,M型结构集权程度较高,突出整体优化,具有较强的战略研究、实施功能和内部关系协调能力。它是目前国际上大的企业管理体制的主流形式。M型的具体形式有事业部制、矩阵制、多维结构等。

M型组织中,在业务经营管理下放权限的同时,更加强化财务部门的职能作用。事实上,西方多数控股型公司,在总部不对其子公司的经营过分干预的情况下,其财务部门的职能更为重要,它起到指挥资本运营的作用。有资料表明,英国的控股型公司,财务部门人数占到管理总部人员的60%~70%,而且主管财务的副总裁在公司中起到着核心作用。他一方面是母子公司的"外交部长",行使对外处理财务事务的职能;另一方面,又是各子公司的财务总管,各子公司的财务主管是"外交部长"的派出人员,充当"外交部长"的当地代言人。

（四）集权与分权相结合型财务管理体制的一般内容

总结中国企业的实践,集权与分权相结合型财务管理体制的核心内容是企业总部应做到制度统一、资金集中、信息集成和人员委派。具体应集中制度制定权、筹资、融资权,投资权,担保权,固定资产购置权,财务机构设置权,收益分配权,分散经营主权,人员管理权,业务定价权,费用开支审批权。

1. 集中制度制定权

企业总部根据国家法律、法规和《企业会计准则》、《企业财务通则》的要求,结合企业自身的实际情况和发展战略、管理需要,制定统一的财务管理制度,在全企业范围内统一施行。各所属单位只有制度执行权,而无制度制定权和解释权。但各所属单位可以根据自身需要实施细则和补充规定。

2. 集中筹资、融资权

资金筹集是企业资金运动的起点,为了使企业内部筹资风险最小,筹资成本最低,应由企业总部统一筹集资金,各所属单位有偿使用。如需银行贷款,可由企业总部办理贷款总额,各所属单位分别办理贷款手续,按规定自行付息;如需发行短期商业票据,企业总部应充分考虑企业资金占用情况,并注意到期日存足款项,不要因为票据到期不能兑现而影响企业信誉;如需利用海外兵团筹集外资,应统一由企业总部根据国家现行政策办理相关手续,并严格审查贷款合同条款,注意汇率及利率变动因素,防止出现损失。企业总部对各所属单位进行追踪审查现金使用状况,具体做法是各所属单位按规定时间向企业总部上报"现金流量表",动态地描述各所属单位现金增减状况和分析各所属单位资金存量是否合理,遇到部分所属单位资金存量过多,运用不畅,而其他所属单位又急需资金时,企业总部可调动资金,并应支付利息。企业内部应严禁各所属单位之间放贷,如需临时拆借资金,在规定金额之上的,应报企业总部批准。

3. 集中投资权

企业对外投资必须遵守的原则有:效益性、分散风险性、安全性、整体性及合理性。无论企业总部还是各所属单位的对外投资都必须经过立项、可行性研究、论证、决策的过程,其间除专业人员外,必须有财务人员参与。财务人员应会同有关专业人员,通过仔细调查了解、开展可行性分析、预测今后若干年内市场变化趋势及可能发生风险的概率、投资该项目的建设期、投资回收期、投资回报率等,写出财务报告,发送领导参考。

为了保证投资效益实现,分散及减少投资风险,企业内对外投资可实行限额管理,超过的投资其决策权属于企业总部。被投资项目一经批准确立,财务部门应协助有关部门对项目进行跟踪管理,对出现的与可行性报告的偏差,应及时报有关部门予以纠正。对投资效益不能达到预期目的的项目应及时清理解决,并应追究有关人员的责任。同时应完善投资管理,企业可根据自身特点建立一套具有可操作性的财务考核指标体系,规避财务风险。

4. 集中用资、担保权

企业总部应加强资金使用安全性的管理,对大额资金拨付要严格监督,建立审批手续,并严格执行。这是因为各所属单位财务状况的好坏关系到企业所投资本的保值和增值问题,同时各所属单位因资金受阻导致获利能力下降,会降低企业的投资回报率。因此,各所属单位用于经营项目的资金,要按照经营规划范围使用,用于资本项目上的资金支付,应履行企业规定的报批手续。

担保不慎,会引起信用风险。企业内部对外担保权应归企业总部管理,未经批准,各所属单位不得为外部企业提供担保,企业内部各所属单位相互担保,应经企业总部同意。同时企业总部为各所属单位做贷款担保,同时要求各所属单位向企业总部提供"反担保",保证资金的使用合理及按时归还,使贷款得到监控。

同时,企业对逾期未收贷款,应作硬性规定。对过去的逾期未收货款,指定专人,统一步调,积极清理,谁经手,谁批准,由谁去收回贷款。

5. 集中固定资产购置权

各所属单位需要固定资产必须说明理由,提出申请报企业总部审批,经批准后,方可购置。各所属单位资金不得自行用于资本性支出。

6. 集中财务机构设置权

各所属单位财务机构设置必须报企业总部批准,财务人员由企业总部统一招聘,财务负责人员或财务主管人员由企业总部统一委派。

7. 集中收益分配权

企业内部应统一收益分配制度,各所属单位应客观、真实、及时地反映其财务状况及经营成果。各所属单位收益的分配,属于法律、法规明确规定的按规定分配,剩余部分由企业总部本着长远利益与现实利益相结合的原则,确定分留比例。各所属单位留存的收益原则上可自行分配,但应报企业总部备案。

8. 分散经营自主权

各所属单位负责人主持本企业的生产经营管理工作,组织实施年度经营计划,决定生产和销售,研究和考虑市场周围的环境,了解和注意同行业的经营情况和战略措施,按所规定时间向企业总部汇报生产管理工作情况。对突发的重大事件,要及时向企业总部汇报。

9. 分散人员管理权

各所属单位负责人有权任免下属管理人员,有权决定员工的聘用与辞退,企业总部原则上不应干预,但其财务主管人员的任免应报经企业总部批准或由企业总部统一委派。一般财务人员必须获得"上岗证",才能从事财会工作。

10. 分散业务定价权

各所属单位所经营的业务均不相同,因此,业务的定价应由各所属单位经营部门自行拟定,但必须遵守加速资金流转、保证经营质量、提高经济效益的原则。

11. 分散费用开支审批权

各所属单位在经营中必然发生各种费用,企业总部没必要进行集中管理,各所属单位在遵守财务制度的原则下,由其负责人批准各种合理的用于企业经营管理的费用开支。

三、财务管理规范

现代企业制度下的经营者被赋予了许多财务自主权,如自主筹资权、自主投资权、资产处置权、资本调度权等。企业在运用这些财务自主权时,除重大财务决策需要所有者决定外,还需要遵守财务规范的要求和约束。我国现行的财务规范体系由财务法律规范、《企业财务通则》、行业财务制度构成。为使企业财务活动有序进行、有章可循,各企业还要制定内部财务管理制度。

(一) 财务法律规范

目前,我国财务法律规范主要由《中华人民共和国公司法》、《中华人民共和国所得税法》和《中华人民共和国证券法》以及其他税收法规等组成。

《中华人民共和国公司法》中与公司财务的有关规定主要有:

(1) 公司的最低注册资本。
(2) 股东投入资本的形式及无形资产投资比例限制。
(3) 股票发行事宜(包括发行的数量、种类、价格、程序、条件等)。
(4) 股票上市程序、条件、停牌等方面的规定。
(5) 发行公司债券的条件、程序、规模等规定。
(6) 利润分配程序方面的规定。
(7) 有关公司合并、分立、破产等方面的财务事宜。

《中华人民共和国所得税法》中对公司财务的规定主要涉及公司利润分配方面,内容有公司所得税的课税对象、纳税地点、纳税期限、缴纳办法、税收优惠政策、税率、应纳税额的确定、亏损弥补方法、利润分配程序等。

(二)《企业财务通则》

《企业财务通则》是各类企业进行财务活动、实施财务管理必须遵循的基本规范,对其他财务法规制度起统领作用。经国务院批准,我国财政部于1992年11月颁布了《企业财务通则》,并于1993年7月1日起在全国正式施行。我国的《企业财务通则》既总结了我国财务管理的实践经验,又充分借鉴了国际财务管理的通行做法;既保证了国家宏观调控的总体需要,又赋予了企业必要的财务管理自主权;同时,对各类企业的财务活动做出统一的要求,为各类企业提供了公平竞争和发展的财务环境。

《企业财务通则》主要做出了如下规定:

(1)建立企业资本金制度。

(2)建立固定资产折旧制度。

(3)建立成本开支范围制度。

(4)建立利润分配制度。

但是,随着我国市场经济的不断发展和完善,经济体制改革的不断进行,国家对国有资本管理方式发生了重大改变,所以,《企业财务通则》有待于进一步的修改与完善。

(三)行业财务制度

按照《企业财务通则》的规定,我国财政部还制定了分行业的企业财务制度,以适应不同行业的特点和管理要求。目前,分行业的财务制度包括工业、运输、商品流通、邮电、金融、旅游和饮食服务、农业、对外经济合作、施工和房地产开发、电影和新闻出版等十个行业的制度。它是《企业财务通则》规定的进一步具体化。

(四)企业内部财务管理制度

企业可按照《企业财务通则》和行业财务制度的规定,根据本企业内部管理的需要,结合本企业的实际情况,制定内部财务管理制度,如企业可以制定企业内部的资金管理办法、成本管理办法、折旧管理办法及各项财产的分工管理办法等。内部财务管理制度的建立,其目的是加强企业财务管理,增强企业活力,提高企业经济效益。

【案例1.1】

如果我无意于成为一名财务经理,那么我为什么还要学习财务管理知识呢?

一个很好的理由是"为未来的工作环境而准备"。越来越多的企业正在削减经理职位,而把公司金字塔的各个层次糅合在一块,这是为了降低成本和提高劳动生产率。结果,剩下的经理的职责范围变得很宽。未来的成功经理应该是一名团队首领,他的知识和能力保证他既能在组织内纵向流动,又能横向流动,即从事复合型的工作。所以,在不久的未来,掌握基本的财务管理知识将是你工作环境中不可缺少的关键要素。

问题:

1. 现代企业管理人员职位在如何变革?

2. 掌握基本的财务管理知识是你今后工作不可缺少的关键因素吗?

本 章 小 结

1.财务管理是企业组织财务活动、处理财务关系的一项综合性的管理工作。具体包括两部分内容:(1)组织企业财务活动,财务活动构成了企业财务管理的内容,包括筹资活动、投资活动、资金营运活动及分配活动四个方面。(2)处理企业与有关各方面的财务关系,财务关系构成了企业财务管理的本质。

2. 财务管理的目标的四种表述是:(1)利润最大化。(2)每股收益最大化。(3)企业价值最大化。(4)相关者利益最大化。其中,企业价值最大化考虑了资金的时间价值和风险价值,为企业最适合的财务管理目标;相关者利益最大化为企业最理想的财务管理目标。

3. 财务管理的原则是企业财务管理工作必须遵循的准则。它是从企业财务管理实践中抽象出来的并在实践中证明是正确的行为规范,它反映着财务管理活动的内在要求。财务管理环节是指财务管理工作的各个阶段,它包括财务管理的各种业务手段。财务管理的基本环节有财务预测、财务决策、财务计划、财务控制、财务分析。

4. 企业财务管理体制是明确企业各财务层级财务权限、责任和利益的制度,其核心问题是如何配置财务管理权限,企业财务管理体制决定着企业财务管理的运行机制和实施模式。财务管理规范包括:财务法律规范、《企业财务通则》、行业财务制度、企业内部财务管理制度。

自 测 题

一、单项选择题

1. 在以下各项中,财务的本质表现是 （　　）
 A. 财务活动　　　　　　　　B. 财务关系
 C. 财务体制　　　　　　　　D. 财务制度

2. 现代企业制度下,作为企业财务管理财务目标,比较理想的是 （　　）
 A. 企业利润最大化　　　　　B. 相关者利益最大化
 C. 股东财富最大化　　　　　D. 企业价值最大化

3. 在资本市场上向投资者出售金融资产,比如发行股票和债券等,从而取得资金的活动,属于 （　　）
 A. 筹资活动　　　　　　　　B. 投资活动
 C. 收益分配活动　　　　　　D. 扩大再生产活动

4. 在财务管理的环节中哪一环节是财务预测和财务决策的具体化,同时又是财务控制和财务分析的依据 （　　）
 A. 财务预测　　　　　　　　B. 财务预算
 C. 财务控制　　　　　　　　D. 财务决策

二、多项选择题

1. 公司的财务活动包括 （　　）
 A. 筹资活动　　　　　　　　B. 投资活动
 C. 股利分配活动　　　　　　D. 清产核资活动

2. 利润最大化作为财务管理目标的缺点是 （　　）

A. 片面追求利率最大化,可能导致公司的短期行为

B. 没有反映投入与产出之间的关系

C. 没有考虑风险因素

D. 没有考虑货币的时间价值

3. 企业财务管理的环节包括 （　　）

A. 财务预测、决策　　　　　　B. 财务预算

C. 财务控制　　　　　　　　　D. 财务分析

4. 财务管理的原则包括 （　　）

A. 货币时间价值原则和资金合理配置原则

B. 成本-效益原则和风险-报酬均衡原则

C. 收支积极平衡原则

D. 利益关系协调原则

三、判断题

1. 折旧被一些财务工作者认为是一条企业内部的筹资渠道,因此,提取的折旧越多,企业可动用现金越多。 （　　）

2. 财务预测是财务管理循环的起点,为了做好这项工作,财务预测应当独立进行。 （　　）

3. 财务管理循环的关键在于协调企业利益相关者的经济利益关系,从而为提高管理效率创造良好的机制。 （　　）

4. 在财务决策的相关内容中,筹资决策的影响重于股利分配决策的影响,投资决策的影响重于筹资决策的影响。 （　　）

四、简答题

1. 财务管理的概念。

2. 企业的财务关系主要有哪些?应如何处理好企业与各方面的财务关系?

3. 企业财务管理的目标有哪些?你认为企业最佳财务管理目标是什么?

4. 企业财务管理的环节有哪些?最主要的是哪一环节?

5. 企业财务管理体制包括哪三种类型?请简述其主要内容。

【阅读资料一】

郑百文现象

郑百文是河南省最早实行股份制改造并面向社会公开发行股票的公司。自1996年4月上市以来,它曾有过骄人的业绩,随后不久又跌入了因资不抵债被债权人申请破产的境地。郑百文所经历的大起大落,已成为当时的一个热点问题,即"郑百文现象"。郑百文问题之所以典型,一是因为它由盛到衰太迅速,即从1997年的主营业务规模和资产收益率均居全国商业类上市公司排序第一,到1998年的亏损5.02亿元,1999年亏

损 9.57 亿元;二是因为资不抵债数额巨大,据该公司 1999 年公布的财务报表数据显示,当年资不抵债 8.28 亿元,有人测算郑百文每存在一天都要亏掉 274 万元。

郑百文前身为郑州文化用品批发供应站,1988 年 12 月经郑州市政府批准改制为股份制试点企业,并面向社会公开发行股票筹集资金;1992 年 12 月,公司又进行了增资扩股;1996 年 4 月郑百文 5 109 万 A 股正式在沪上市交易。郑百文在改制的初期,其经营状况和资产运营状况是良好的,也正是因为其自身的实力和经营业绩才获得了公开发行股票募集资金的资格。但是,在公开发行股票募集资金以后,由于有银行做后盾,经营者不顾企业的基础和发展条件,在 1996 年到 1998 年间,冒着单一经营的风险,在没有一份可行性论证的情况下,投入上亿元资金建立营销网络,建起了 40 多个分公司,最后把 1998 年的配股资金 1.26 亿元也提前花完。遍布全国各大中心城市的一幢幢楼房和一辆辆汽车,形成了大量的资金沉淀,使企业积重难返。

在郑百文曾经是"绩优股"的 1996、1997 两年中,其负债比率已分别高达 84.26% 和 87.86%,这一水平已远远高于同时期我国上市公司的平均负债比率 51.65% 和 48.15%。到 1998 年,由于家电市场的竞相降价和银行紧缩银根等多方面的原因,郑百文面临前所未有的经营风险。当公司经销的主要产品电视机的销售额从 1997 年的 34 亿元降低到 1998 年的 7.39 亿元时,不仅使公司当年发生巨额的经营亏损,同时使其负债比率上升为 98.15%,公司当年按有效资产计算实际上已经资不抵债;在 1999 年公司又发生巨额亏损的情况下,其资不抵债的数额即达 8 亿多元。

郑百文的总资产在短短两年时间内迅速膨胀,即从 1995 年末上市前的 7.31 亿元增长到 1997 年末的 32.64 亿元,增长速度之迅速是同类商业公司上市无法可比的。同时,郑百文下设 5 家进出口公司、20 家专业分公司、120 个商品经营部、40 多家外地分公司及两家合资企业,这些分支机构的形成使郑百文成为当时全国商业批发行业的龙头企业。但是,在公司规模迅速扩张的同时,其内部的管理和控制则出现了严重的问题。郑百文在企业内部管理上实行的是"总公司一级法人、分公司二级核算、经营部三级核算"的管理模式,并制定了"四定一包"(定销售额、毛利率、费用额、资金周转次数、包利润)的管理制度。这种管理模式和管理制度,在原来公司规模较小的情况下尚可进行相应的控制,但是,在经营规模急剧扩张以后,一些分公司和经营部出现了使用资金无度的现象,总公司则处于一种被动的、失控的局面。

问题:

"郑百文现象"的特征有哪些?涉及哪些财务管理问题?产生的原因是什么?

【阅读资料二】

方太公司与家族企业的传承交接难题

同绝大多数家族企业一样,方太公司也是一个 100% 的家族所有企业。其创始人、现任公司董事长茅理翔早年是教书先生,改革开放后,他率先投入商品经济大潮。1985~1995 年,超过 10 年创业,单打独拼,茅理翔把一个濒临倒闭的镇办工厂发展成世界最大的点火枪生产基地。1996 年,公司已粗具规模,一方面,政策环境改善,私有经济社会地位得到法律确认,有利于企业明晰产权;另一方面,发展压力加大,点火枪产品市场陷于恶性竞争,生产厂家竞相压价,市场混乱,利润空间严重缩水。在此背景下,茅理翔带领独子茅忠群创建方太公司,正式明晰家族企业产权,并放弃原主产品点火枪,专门生产抽油烟机,很快打开市场。从 1996 年方太公司成立至今,每年以 30% 的增幅发展。现在,方太公司作为集厨具技术和产品的研究、开发、生产与销售为一体的专业化厂家,已成为中国厨具领域的著名品牌,并成功进入全球厨房电器市场,是中国厨卫电器制造的龙头企业之一。

2001年，宁波方太厨具有限公司因在家族制管理模式上的一系列超常实践和理论，在理论界刮起了一股"方太旋风"，在股权结构和内部管理方面，方太公司采取了两级的方式。对此茅理翔的解读是："坚持家族所有，淡化家族经营，为家族企业嫁接现代企业制度。"

从股权结构上看，方太公司为100%家族所有。茅理翔育有一子一女，其女儿目前拥有14%的公司股权，但除享受股东权益外，与公司一切事务无干。其余股权为茅氏夫妻和儿子所有。儿子茅忠群为公司总经理，钦定接班人。在子承父业这个家族企业敏感的继承问题上，方太公司的做法同样是相当的传统和独特。在方太公司成立之初，茅理翔即把儿子推上总经理的位置，自己置于辅佐地位，且绝非让儿子当木偶，自己幕后遥控，而是真正赋予并尊重儿子的决策权。一个典型的事例是，接受儿子的建议更改公司名字。尽管原有的公司名"飞翔"承载了茅理翔创业的艰辛，又隐含着他和女儿的名字，具有纪念意义。但儿子一上来就认为，一个富有创业又同时与商标合一的新名字，会比原有的名字对企业发展更有利。茅理翔听后，忍痛割爱，于是"方太"诞生了。转产抽油烟机是儿子决定的，请我国香港地区著名烹饪节目主持人方太做广告也是儿子提出来的，茅理翔起初坚决不同意，认为风险太大，但儿子用科学的市场分析说话，在痛苦思索之后父亲决定放手让儿子去尝试，结果成功了。在继承权方面，茅理翔有他独特的见解。他认为，当处于平等竞争条件时，老到、经验无疑会使其他资深管理层人士捷足先登，即便创业者认定的一位年轻人才华过人，也会由于得不到管理层的认可和拥戴，而不能使其有效开展工作。但作为所有者之一的继承人，则可以因产权关系而轻易越过这一障碍。如果继承人有得天独厚的继承机会，就应该让他尽早尝试、锻炼。问题的关键在于，在评判继承人的继承资格时，要坚持公正，不被亲情所左右。

方太模式打造出的企业形态是：一方面，股权是绝对家族集中、家族控制，企业创始人茅理翔任方太公司董事长，其子茅忠群任副董事长兼总经理，夫人是监事会主席，全家拥有80%的股份，俨然一个典型的家族制企业。另一方面，除此3人外，公司领导层和管理层不再允许任何茅氏及姻亲家族内的人士进入，而全部通过招聘从外部引进。公司组织机构为事业部制，完全按照股份公司的管理模式运行，各主要事业部长，包括总经理助理均由外聘人士担任，其中绝大多数管理人员都曾有过在合资企业和国有企业相关的任职经历。同时，方太公司大力推行现场管理、项目负责制、现代营销战略及民主决策等现代企业制度。总经理的5个助理均是MBA出身。方太公司的思路是采取中庸之道，将现代企业制度与传统家族企业制度嫁接，缔造出一种被其称之为"现代家族企业制度"的新管理模式。

今天的方太公司，除了对家族控制的坚守，与我们传统意义上理解的家族企业已相去甚远，而给人更多现代企业的感觉。它的中长期发展战略、人力资源管理、营销方式与网络、科技先导与产品创新、国际化拓展思路等理念，都毫无疑问地走在同行业的前列。

第二章 Chapter 2

财务管理环境

【学习要点】

通过本章学习,要求重点掌握企业财务管理环境中的经济环境、金融环境及微观环境中的生产经营特点。了解企业宏观财务管理环境中的法律环境、政府经济政策及微观财务管理环境中的企业组织形式、企业机构和管理制度以及人员环境对理财活动的重要影响。

【案例导入】

目前国际金融危机影响仍未消退,世界经济下行风险明显加大,国内通胀预期较强,原材料等要素价格刚性上涨。中山市针对企业生产经营困难较多的现状,坚持以政策扶持和公共服务为保障,营造有利于转型升级的优良环境。该市在贯彻落实广东省政府2012年扶持中小微企业发展的若干政策措施外,又结合当地企业的实际困难,从增加财政投入、减免税费负担、加大融资支持、帮助开拓市场、强化公共服务等层面出台了31条补充措施,力争做好"加减乘除"法,大力扶持企业发展。

中山市工业发展专项资金统筹3 000万元人民币用于扶持中小微企业,重点资助中小微企业在工业设计、技术改造、技术创新、转型升级、电子商务、现代物流、节能减排、清洁生产等领域的项目建设,加快建立中小微企业综合服务体系和融资体系。中山市科技计划项目专项资金统筹3 000万元用于支持中小微企业高新产品研制、研发以及服务等活动。而在扶持困难中小微企业方面,中山市除了安排5 000万元设立中小企业融资发展基金、安排金融创新补贴600万元等各类融资支持外,还安排促进就业专项资金,为"保证不裁员或少裁员的困难中小微企业"的在岗职工支付社会保险、岗位补贴和职业培训补贴。

第一节 财务管理环境概述

一、认识财务管理环境的意义

财务管理环境作为企业财务管理赖于生存的土壤,是企业开展财务管理的舞台。企业财务决策的制定离不开对环境的认识和把握。

首先，财务管理是一项复杂多变的工作。其之所以复杂多变，是因为它处于一个多元冲击、竞争激烈、复杂多变的动态环境中。

其次，财务管理所做出的决策和所采取的措施，必须最大限度地适应不断变化着的环境，并牢牢地把握环境所提供的机会，避开环境中所隐藏的危机。

再次，财务管理能否成功，在很大程度上取决于对环境认识的深度和广度，对环境的认识越深刻、越广泛，就越能遵守特定环境所固有的规律，从而把握机会，避开危机，获得成功，免于失败。

可见，现代企业欲获得财务管理成功，必须深刻认识或认真研究所面临的环境。

二、财务管理环境的内涵

从系统论的观点看，所谓环境，是存在于研究系统的外部，对研究系统有影响作用的企业系统的总和。财务管理环境又称为理财环境，是对财务决策产生影响的企业内外的各种因素，是财务管理系统之外但与财务管理系统有着直接或间接联系的各种因素的综合。在一定的时间和空间范围内，企业财务决策以企业外部环境和内部环境为条件，企业财务决策更多的是适应其要求和变化。企业内外的生产、技术、供销、市场、物价、金融、税收、人员素质以及企业组织形式、企业治理等因素，对企业财务活动都将产生重大影响；企业成本持续上升、利润急剧下降、资金需求迅速增加、支付能力严重窘困等，往往与财务管理环境的变化有着千丝万缕的联系。从长期来看，企业可以营造有利于自己发展的财务管理环境。

三、财务管理环境的分类

（一）按照层次不同，企业财务管理环境可以分为宏观财务环境与微观财务环境

宏观财务环境是在宏观范围内广泛作用于各个部门、地区的各类企业的财务行为，产生导向作用的各种条件和因素。企业作为整个社会经济体系的一个基层系统，社会是其赖于运行的土壤，无论社会经济状况的变化、市场的变动，还是经济体制、经济政策的调整、国际经济的变化，以及法律规范程度，文化、教育程度等，都会对企业财务活动产生直接或间接的作用，甚至产生严重影响。宏观财务环境十分广阔，一般包括经济、政治、法律、文化和教育等因素。

微观财务环境是在某一特定范围内，对企业财务行为产生导向作用的客观条件和因素，一般包括企业组织结构、企业治理、财务状况、生产状况和人员素质等。

宏观财务环境不仅在时空条件和规模上，而且在观念上都影响和制约企业财务行为的规划和选择；微观财务环境不仅要影响企业财务行为的选择，也影响财务管理自身目标的实现。

（二）按照范围不同，企业财务管理环境可以分为内部财务环境与外部财务环境

企业内部财务管理环境是企业内部影响财务管理活动的各种因素，一般属于微观财务管

理环境。

企业外部财务管理环境是企业外部影响财务管理活动的各种因素,有的属于宏观财务管理环境,如国家政治、经济形势、金融市场等;有的属于微观财务管理环境,如企业的组织形式、企业治理等。

第二节　宏观财务管理环境

外部环境是指那些对企业财务活动产生影响和约束的各种外部因素,通常包括经济环境、法律环境、金融环境、宏观政策环境、税收环境等几个方面。

一、经济环境

经济环境是指影响企业财务管理活动的各种经济因素,如经济发展水平、经济周期、通货膨胀、政府的经济政策等。

(一)经济发展水平

经济发展水平制约并决定着财务管理水平的高低,经济越发达,财务管理水平也越高。同时在不同经济发展水平下,财务管理的内涵和要求也有较大差异。随着我国经济的高速发展,企业财务管理水平日益提高,财务管理内容也更加丰富,方法也更加多样化。因此,企业财务管理工作者必须积极探索与经济发展水平相适应的财务管理模式。

(二)经济周期

市场经济总是在周期性波动中运行,并依次经历萧条、复苏、繁荣和衰退四个不同阶段,这就是经济周期。而在不同阶段企业理财的方法、原则、具体措施等都会有很大差异。例如,在繁荣阶段企业一般会增加投资、扩大生产,而在萧条阶段通常会收缩投资、加速资金回笼。另外,作为一个高水平的理财人员,总是要对经济的周期性波动做出预测,并适时调整理财策略和方法。

(三)通货膨胀

通货膨胀是指流通中的货币供应量超过商品流通所需量而引起价格普遍和持续上升的一种经济现象。通货膨胀会引起价格不断上升,货币贬值,严重影响企业经济活动,如成本上升、商品滞销、企业资金周转困难、成本补偿不足、虚盈实亏、企业资金流失等,企业必须采用积极主动的措施来减少通货膨胀所造成的负面影响,如使用套期保值、签订长期合同等办法。

(四)政府的经济政策

我国经济体制改革的目标是建立社会主义市场经济体制,以进一步解放和发展生产力。在这个总目标的指导下,我国已经并正在进行财税体制、金融体制、外汇体制、外贸体制、计划体制、价格体制、投资体制、社会保障制度、会计准则体系等各项改革。所有这些改革措施,深刻地影响着我国的经济生活,也深刻地影响着我国企业的发展和财务活动的运行。如金融政策中货币的发行量、信贷规模等都能影响企业投资的资金来源和投资的预期收益;财税政策会影响企业的资金结构和投资项目的选择等;价格政策能影响资金的投向和投资的回收期及预期收益;会计准则的改革会影响会计要素的确认和计量,进而对企业财务活动的事前预测、决策以及事后的评价产生影响等。可见,经济政策对企业财务的影响是非常大的,这就要求企业财务人员必须把握经济政策,更好地为企业的经营理财活动服务。

二、法律环境

法律环境对企业的影响是多方面的,影响范围包括企业组织形式、公司治理结构、投融资活动、日常经营、收益分配等。《公司法》规定,企业可以采用独资、合伙、公司制等企业组织形式。企业组织形式不同,业主(股东)权利责任、企业投融资、收益分配、纳税、信息披露等不同,公司治理结构不同。影响企业理财活动的法律规范很多,主要包括以下三个方面。

(一)企业组织法规

企业组织必须依法设立。企业通过依法设立,才能取得相应的法人地位,获得合法身份,得到国家法律的认可和保护。组建不同的企业,需要依照不同的法律规范。我国的企业组织法律规范主要包括:《公司法》、《全民所有制工业企业法》、《个人独资企业法》、《中外合资经营企业法》、《中外合作经营企业法》、《外资企业法》等,这些法律法规对各种不同类型企业设立、组织结构、活动需求等方面分别做出了细致全面的规定,既是企业的组织法,又是企业的行为法,企业除筹资、设立以外,投资经营以及变更或终止等经营活动都必须依法进行,否则就要受到法律的制裁。

(二)税务法规

企业应依法纳税。税收是国家财政收入的重要保证,但税金对企业来说是一项费用,会增大企业的现金流出。因此,税务法规对企业理财活动有着重要的影响。税务法规主要包括所得税的法规、流转税的法规和其他地方税的法规等内容。精通税法,对企业财务管理人员来说是有着重要意义。财务管理人员首先必须保证遵守税收法规的规定,履行纳税义务,避免偷税漏税,在此前提下,可以通过分析和研究税收政策及其变动对企业产生的影响,做出精心的安排和筹划,使企业合理地减少税负,从而保持良好的财务状况。企业的财务管理人员在作决策时,应将税务法规因素作为一个重要的参数加以考虑。

(三)财务法规

财务法规主要是企业财务通则和行业财务制度。1994年7月1日起开始实施的《企业财务通则》是各类企业进行财务活动、实施财务管理的基本规范,它对企业建立资本金制度、计提固定资产折旧、成本的开支范围、利润的分配等问题做出规定。2005年8月,财政部发布了

《企业财务通则(征求意见稿)》,对前《企业财务通则》进行了修改,从企业财务管理体制、成本费用管理、收益分配管理、企业重组清算管理、财务监督等几个方面对企业的财务管理行为进行了规范。行业财务制度是根据《企业财务通则》制定的,它适应不同行业的具体特点和要求。财务法规对企业财务管理的规范性提出要求,财务人员必须清楚地了解这些行业规范,才能够确保企业财务管理合法合规地开展。

三、金融环境

企业总是需要资金从事投资和经营活动。而资金的取得,除了自有资金外,主要从金融机构和金融市场取得。金融政策的变化必然影响企业的筹资、投资和资金运营活动,所以,金融环境是企业最为主要的环境因素之一。财务管理的金融环境主要包括金融机构、金融工具、金融市场和利率四个方面。

(一)金融机构

社会资金从资金供应者手中转移到资金需求者手中,大多要通过金融机构。金融机构包括银行业金融机构和其他金融机构。银行业金融机构主要包括各种商业银行和政策性银行。商业银行包括国有商业银行(中国工商银行、中国农业银行、中国银行和中国建设银行)和其他商业银行(如交通银行、广东发展银行、招商银行、光大银行等);国家政策性银行主要包括中国进出口银行、国家开发银行等;其他金融机构包括金融资产管理公司、信托投资公司、财务公司和金融租赁公司等。

(二)金融工具

金融工具是能够证明债权债务关系或所有权关系并据以进行货币资金交易的合法凭证,它对于交易双方所应承担的义务与享有的权利均具有法律效力。金融工具一般具有期限性、流动性、风险性和收益性四个基本特征。

(1)期限性。期限性是指金融工具规定了偿还期,也就是规定债务人必须全部归还本金之前所经历的时间。

(2)流动性。流动性是指金融工具在必要时迅速转变为现金而不致遭受损失的能力。

(3)风险性。风险性是指购买金融工具的本金和预定收益遭受损失的可能性。一般包括信用风险和市场风险两个方面。

(4)收益性。收益性是指持有金融工具所能够带来的一定收益。

金融工具若按期限不同可分为货币市场工具和资本市场工具,前者主要有商业票据、国库券(国债)、可转让大额定期存单、回购协议等;后者主要是股票和债券等。

(三)金融市场

金融市场是指资金供应者和资金需求者双方通过金融工具进行交易的场所。从企业财务管理角度来看,金融市场作为资金融通的场所,是企业向社会筹集资金必不可少的条件。

财务管理人员必须熟悉金融市场的各种类型和管理规则,有效地利用金融市场来组织资金的筹措和进行资本投资等活动。金融市场的要素主要有市场主体、金融工具、交易价格和组织形式。金融市场按不同的标准有不同的分类:

(1)按期限划分为短期金融市场和长期金融市场。短期金融市场又称货币市场,是指以期限一年以内的金融工具为媒介,进行短期资金融通的市场;长期金融市场是指以期限一年以上的金融工具为媒介,进行长期性资金交易活动的市场,又称资本市场。

(2)按证券交易的方式和次数分为初级市场和次级市场。初级市场,也称一级市场或发行市场,是指新发行证券的市场,这类市场使预先存在的资产交易成为可能。次级市场,也称二级市场或流通市场,是指现有金融资产的交易场所。初级市场我们可以理解为"新货市场",次级市场我们可以理解为"旧货市场"。

(3)按金融工具的属性分为基础性金融市场和金融衍生品市场。

除上述分类外,金融市场还可以按交割方式分为现货市场、期货市场和期权市场;按交易对象分为票据市场、证券市场、衍生工具市场、外汇市场、黄金市场等;按交易双方在地理上的距离而划分为地方性的、全国性的、区域性的金融市场和国际金融市场。

(四)利率

利率也称利息率,是利息占本金的百分比指标。从资金的借贷关系看,利率是一定时期内运用资金资源的交易价格。资金作为一种特殊商品,以利率为价格标准的融通,实质上是资源通过利率实行的再分配,因此利率在资金分配及企业财务决策中起着重要作用。利率可按照不同的标准进行分类:

(1)按利率之间的变动关系,分为基准利率和套算利率。

(2)按利率与市场资金供求情况的关系,分为固定利率和浮动利率。

(3)按利率形成机制不同,分为市场利率和法定利率。

正如任何商品的价格均由供应和需求两方面来决定一样,资金这种特殊商品的价格——利率,也主要是由供给与需求来决定。但除这两个因素外,经济周期、通货膨胀、国家货币政策和财政政策、国际经济政治关系、国家利率管制程度等,对利率的变动均有不同程度的影响。因此,资金的利率通常由三部分组成:①纯利率;②通货膨胀补偿率(或称通货膨胀贴水);③风险收益率。利率的一般计算公式可表示为

$$利率 = 纯利率 + 通货膨胀补偿率 + 风险收益率$$

纯利率是指在没有风险和通货膨胀情况下的社会平均资金利润率;通货膨胀补偿率是指由于持续的通货膨胀会不断降低货币的实际购买力,为补偿其购买力损失而要求提高的利率;风险收益率包括违约风险收益率、流动性风险收益率和期限风险收益率。其中,违约风险收益率是指为了弥补因债务人无法按时还本付息而带来的风险,由债权人要求提高的利率;流动性风险收益率是指为了弥补因债务人资产流动性不好而带来的风险,由债权人要求提高的利率;期限风险收益率是指为了弥补因偿债期长而带来的风险,由债权人要求提高的利率。

四、宏观政策环境

国家政策的宏观调控对经济发展具有重大的影响。国民经济的发展规划、国家的产业政策、经济体制改革的措施、政府的行政法规等,对各类企业的财务活动都有重大的影响。

国家对某些地区、某些行业、某些经济行为的优惠、鼓励和有利倾斜构成了政府政策的主要内容。反过来看,政府的这些政策也是对另外一些地区、行业和经济行为的限制。公司在进行财务决策时,要认真研究政府政策,只有按照政策导向行事,才能趋利避害,获得最大报酬。

由于经济状况的变化必然会影响政府政策的调整,因此,公司在进行财务决策时,要为这种变化留有余地,甚至预见其变化的趋势,这会给公司理财活动带来有利的影响。

五、税收环境

税收是国家经济行为,是一种重要的宏观调控手段。税收是国家财政收入的重要来源,国家通过各种税种的设置、税率的调整,来调节公司的经营活动。财务决策必须适应税收政策的导向,合理安排生产经营活动,以追求最佳经济效益。

税负是公司的一项费用,会增加公司的现金流出。因此,税负在财务决策中居于重要的地位。任何公司都会希望在不违反税法的前提下减少税务负担。但是,税负的减少不允许采取偷税、漏税的方式,而只能靠投资、筹资和利润分配等财务决策的精心安排和筹划来合理避税。对一个公司来说,其资本和债务的筹集,房产和设备的购买,特定投资的选择、联营或合并等决策,无一不受税负因素的影响。因此,精通税法是对财务管理人员的必然要求。

第三节 微观财务管理环境

微观财务管理环境通常与某些企业的内部条件直接或间接相关,从而决定着某种或某类企业所面临的特殊问题。企业财务活动的状况和结果同微观财务管理环境密切相关。研究企业的微观财务管理环境的意义在于指导企业根据自身特点,分别采取不同的财务管理措施,做好财务管理工作。

企业财务管理的微观环境主要包括以下几个方面。

一、企业资本实力

企业资本实力决定于企业所拥有的资本总量以及与之相应的资产总量。资本实力在一定程度上反映了企业的生产规模、生产经营的复杂程度以及财务管理的难易程度。大企业资本实力雄厚,信用状况良好,筹资相对容易,但大企业的投资项目往往是大型的,决策难度大,所需筹集资金多,盈利分配途径多,处理各方面财务关系复杂。小企业资本实力较弱,融资相对较难,投资项目一般规模小,决策简单,盈利分配决策容易。

二、企业经营管理水平

财务管理作为整个企业经营管理的一部分,其职能的充分发挥与企业管理基础工作、其他专业管理的水平及相互之间的协调等方面密切相关。如果企业管理的基础工作较差,其他专业管理水平不高,各职能部门之间缺乏沟通与理解,再好的财务决策也难以顺利实施。因此,企业在进行财务决策时,必须准确评价自身的经营管理水平,使决策能顺利执行。

三、市场环境

市场环境的构成要素主要包括市场交易行为的生产者和销售者数量以及参加市场交易商品的差异程度。进入市场的生产者和消费者数量越多,企业间的竞争就越激烈;进入市场的同类商品的差异程度越小,企业间的竞争就越激烈。在市场经济条件下,每个企业都面临着不同的市场环境。不同的市场环境对企业财务活动产生不同的影响。

企业所处的市场环境,按其完全竞争程度不同,可以分为完全竞争市场、不完全竞争市场、寡头市场和完全垄断市场。处于完全竞争市场的企业,商品销售价格完全由市场决定,价格波动较大,风险较大,企业利润波动也较大,因而要慎重利用债务资金;处于不完全竞争和寡头市场的企业,关键要使自己的商品超越其他企业的商品,创出特色,创出名牌,所以应在科研、开发、营销服务等方面投入较多资金;处于完全垄断市场的企业,商品销售顺畅,价格波动不大,利润稳定,风险较小,可以较多地利用债务资金。

四、采购环境

采购环境是指企业在市场上采购物资时影响采购数量和采购成本的有关条件。这些条件也对企业财务活动产生影响。采购环境按价格变动情况可分为价格上涨的采购环境和价格下降的采购环境。在物价上涨的采购环境下,企业应尽量提前订货,以防物价进一步上涨而遭受损失,这就要求对存货投入较多的资金;反之,在物价下降的环境里,应尽量随用随购,以便从价格下降中获得好处,也可以尽量减少存货占用资金。采购环境按物资供应是否充裕可分为稳定的采购环境和波动的采购环境。稳定的采购环境中,物资供应充足,运输条件正常,能保证生产经营的需要,企业可少储备物资,减少资金占用。在波动的采购环境中,物资供应时多时少,运输条件也不太正常,为维持生产经营的正常进行,企业往往需要加大采购批量,建立保险储备,增加资金占用。

五、生产环境

生产环境主要是指由人力资源、物质资源、技术资源所形成的生产条件和企业产品的寿命周期。

就生产条件而言,企业可分为劳动密集型企业、技术密集型企业和资源开发型企业。劳动密集型企业的劳动工人较多,需要支付大量的工资费用,大部分资金处于流动状态,企业可以较多地利用短期资金;技术密集型企业要较多地使用技术设备、固定资产等,长期资产投资较大,因而企业需要筹集大量的长期资金;资源开发型企业进行资源勘探,开发时间长,资金投资回收期长,因而企业也需要筹集大量的长期资金。

就产品的寿命周期而言,一般可分为导入期、成长期、成熟期和衰退期四个阶段。在产品的不同寿命周期阶段,收入的多少、成本的高低、收益的大小、资金周转速度的快慢都有很大差异。企业在组织财务活动时,不仅要针对现实所处的阶段采取适当措施,还要有预见性地进行投资。

六、企业机构设置及管理制度

科学的管理能提高企业的理财能力,而企业管理水平的高低主要由企业的机构设置、管理制度及管理人员素质等因素来决定。

企业管理机构是企业管理的组织形式,它是企业为实现其经营目标而确定的由企业内部权力、责任、控制和协调关系组成的一种形式。它往往是在综合考虑企业的生产经营规模及特点、管理人员素质和水平等有关因素的基础上结合自身特点建立的,一般而言,包括财务、会计、生产、销售、信用、人事、内部审计、监督等职能部门。合理的组织结构,不仅会提高管理效率,降低企业管理的成本,而且便于管理信息分类整理、权责分明。发挥财务管理在企业内部管理中的核心作用,合理的组织结构是前提,财务部门与企业其他管理机构之间的协调工作、积极配合是手段。

企业的管理制度主要由企业领导制度和内部管理制度构成。在企业的管理制度中,其核心是企业领导制度。董事会领导下的总经理负责制是现代企业制度下的一种科学的领导制度,它的权利机构、决策机构、执行机构和监督机构相互制约又权责分明,是一种高效的管理制度。企业的内部管理制度也是企业管理制度的重要组成部分,内部管理制度是企业根据有关法规和企业自身具体情况而制定的有关指导、约束和规范生产、营销、工程技术、财务、会计、采购等方面活动的规章制度。从财务管理的角度来看,如果企业内部有完备健全的管理制度并能得到严格执行,这就意味着企业理财有着较好的基础,有章可循,企业理财工作起点较高,容易走上规范化的轨道并带来理想的理财效果。反之,若企业内部管理制度不健全,或者即使有制度但没有严格执行,就必然给企业财务管理工作带来困难。

七、人员环境

人员环境是指与企业财务管理活动产生相关利益的人员,包括自然法人、社会法人以及相关组织共同构成企业理财的重要环境。现代企业制度下企业的具体人员环境的构成要素主要有以下几个方面：

（一）股东

股东是公司的所有者，他们与代理人形成委托－代理关系，股东享有重大财务决策权、最终处置财产和选择经营管理人员的权利等，因而对企业理财有重大影响。

（二）债权人

债权人是企业资金的重要提供者，他们的利益要求决定了企业筹集和使用资金成本的高低。除此而外，债权人还对企业的筹资决策、投资决策和利润分配决策有直接影响。他们通过与企业签订具有保护性条款的契约的方式对企业所有者和经营者的财务决策施加影响，以促使企业保持较强的偿债能力、变现能力。在企业无力偿还债务时，债权人还可取得对企业的财务控制权。

（三）供应商和顾客

供应商包括原材料、机器设备等生产资料的提供者，顾客则是吸收本企业产出的主体。与供应商和顾客的良好关系是企业增加价值的重要源泉，其对企业降低成本、赢得竞争起着举足轻重的作用，是企业最重要的经济资源。与供应商和顾客的不同类型的关系所导致的成本、利润、存货、应收账款、现金流量等有显著的差异。因此，供应商和顾客是企业营运资金管理、成本管理、利润管理以及战略管理等需要考虑的最重要的环境因素。20世纪90年代以来，风靡全球的业务流程再造、供应链管理、客户关系管理等管理理论和方法的出现，则是企业管理主动营造良好财务管理环境的典型例证。

（四）政府

政府对企业理财活动的直接影响主要体现在两个方面：一是作为社会管理者所制定的政策法规、管理制度直接限定了企业作为财务主体开展财务活动的范围；二是作为征税者运用税收手段直接参与企业的利益分配，取得税收收入。作为征税者的政府与投资者、供应商、顾客等一样，其对企业管理的目的是为了足额征收企业应交的税金，满足作为征税者的政府自身的利益。从这一意义上说，作为征税者的政府也是企业的利益相关者之一，是公司治理的重要参与主体，是企业微观财务环境中一个非常重要的组成部分。

（五）管理层与员工

人员素质尤其是管理层的素质往往是决定一个企业经营成败的关键。一支高素质、精通业务、勇于开拓、敢担风险的企业领导层是提高企业经济效益的充分必要条件。企业员工则是财富创造者，他们的素质、能力、工作态度直接影响着企业的理财能力。如果企业员工能够齐心协力，努力工作，与企业荣辱与共，就会大大改变企业的理财状况。

【案例2.1】

2012年3月28日，温州市金融综合改革试验区获批设立，成为我国首个金融综合改革试验区。有关人士评价：此次温州市金融综合改革试验区获批，既是"温州模式"在转型期的一次重要机遇，也为疏导浙江民间资本开辟了重要渠道，必将成为中国民间金融史的一次制度转折点。

当然，也有人认为，此次试点有突破，但不大。尤其是利率市场化、开设民营银行等热点领域，未能获得试点，有些失望。但不管怎么说，对温州、对浙江而言，此次获准试点，是长久努力、争取的结果，是来之不易的。"浙江人民倍感振奋，倍感鼓舞"这样的说法也许并不夸张。它的意义、影响力或许超过之前的"浙江海洋经济发展示范区"、"义乌国际贸易综合改革试点"、"舟山群岛新区"等三大国家战略。因为它不仅对温州、对浙江的健康发展至关重要，"而且对全国的金融改革和经济发展具有重要的探索意义"。

温州市金融综合改革是否"具有里程碑式的重要意义"，取决于能否达到两大目标：较好解决了民间借贷的阳光化、规范化出路；推动了实体经济的发展。

从现有确定的12项主要任务看，重点之一是规范发展民间融资，即民间借贷的阳光化、规范化；之二是加快发展新型金融组织，即小额贷款公司、村镇银行等。这其中有些容易操作，有些则可做但效果如何实难预料。比如民间借贷登记，是否有些一厢情愿？地下钱庄、高利贷真的会减少或消失了？当然，去尝试总比睁一眼闭一眼好。在温州民间借贷信用坍塌之际，相信随着正规的民间金融类金融机构的大量涌现，温州多数民间资本或许会由此走上正途。

温州人是否天生具有金融头脑？起码，温州人"钱生钱"的本事是很大的。悲剧人物立人集团董顺生，早先他的公司被喻为当地"第五大银行"，信用比一些商业银行还好。温州早点试验，这样的悲剧或许可以避免？

金融改革后，资金能不能进入实体经济，重振温州实业？这取决于两方面，一是实体经济本身。目前各地逃离实业的心态浓厚，温州更甚。二是金融机构的意愿。客观上民间金融机构多了以后，应该有更多的资金借给中小企业，但融资成本一定降低了？不见得！因为民间小型金融组织，利益冲动应该比商业银行更甚，他们借给中小企业的钱，成本比高利贷可能低一些，但绝对比国有商业银行高出不少。从这个意义上说，对实体经济的好处很有限。

重振实体经济，不能仅寄希望于民间金融改革；而温州金融改革，也不能把做实业的，都吸引去做金融，否则事与愿违：缺乏实业支持，金融一旦成为空中楼阁，迟早要出问题。这是温州金融改革令人担心的一个问题。

所以，国家不仅要改革现有金融体制，建立与中小企业发展相配套的金融体系，更要紧的是还要有扶持实体经济的政策，这样才能相得益彰，良性互动。

问题：

国家为什么要对温州进行金融试点改革？这对企业财务管理的宏观和微观环境会产生怎样的影响？为什么需要重振温州地区的实体经济，防止"做实业的，都吸引去做金融"？

【案例 2.2】

资料一： 沃尔沃中国人才战略

沃尔沃汽车高级副总裁兼中国区董事长沈晖在接受中国经济时报记者采访时表示，为保证 2015 年 20 万辆销售目标的完成，沃尔沃将努力把国产比例提至 50% 以上，同时需要进一步完善经销商网络和提高国产化率，而"找到合适的人才共同为这一目标奋斗才是我们最大的挑战"。

与其他豪华车品牌把政策、产能、产品、营销策略等当做完成销量目标的重要因素相比，沃尔沃则把人才提升至相当重要的地位，沈晖和施瑞祥均表示人力资源体系的调整和构建是保证沃尔沃未来完成销量目标的重要挑战。

上海车展期间，沃尔沃创造性地在现场举办人才招聘会，不仅吸引了数以万计的应聘者投简历，更成为上海车展的一大亮点。

沈晖介绍说，沃尔沃选择人才培养和对外招聘同步进行，在人才培养周期，希望能快速引入更多优秀的研发、管理等方面的人才来支撑沃尔沃事业的发展。中国工程师能接受到沃尔沃核心的技术研发理念和体系，这也意味着我们与其他所有公司对研发人才的需求都有所不同，我们更需要能到生产一线去参与到整个车型技术研发工作中去的优秀人才，而营销、品牌方面的专业管理人才我们同样需要尽快补足。

施瑞祥介绍说，除了研发和管理人才之外，随着沃尔沃经销商网络由目前的 100 家提升至 2015 年 200 家这一目标的制定，同样需要大量的销售顾问和技术人才引入。

资料二： 苹果、谷歌、英特尔等被指串通一气压低员工薪酬

北京时间 2011 年 5 月 5 日消息，据国外媒体报道，美国律师事务所 Lief, Cabraser, Heimann & Bernstein 宣布，该公司已代表卢卡斯影业前员工希德哈斯·哈里哈兰向加利福尼亚州阿拉梅达郡高级法院提起集体诉讼，指控苹果、谷歌、英特尔、Adobe、Intuit、皮克斯动画工作室及卢卡斯影业等公司参与共谋，"携手抑制公司员工薪酬上涨"。

哈里哈兰此前曾是卢卡斯影业的一位软件工程师。他表示，"我和我的同事，使用我们的技能、知识和创造力，让卢卡斯影业成为业内领军人物。但是令人失望的是，尽管我们辛勤的工作，创造出了无与伦比的产品，给卢卡斯影业带来了巨大的经济效益，但是公司高管却与其他高科技公司达成了秘密协议，消除了市场竞争，抑制了熟练员工的薪酬增长。"

诉讼称，这种"共谋行为"降低了竞争企业之间的劳动力竞争力。原告方辩护律师约瑟夫·沙弗里表示，"劳动力市场的竞争能够给员工带来更高的工资，增强员工的就业机遇，并向消费者提供更好的产品。我们认为由于上述被告参与共谋，导致这些企业的员工收入减少了 10% 至 15%。这些企业以员工辛劳的工作以及牺牲员工利益为代价，获得了巨大的成功，他们必须为自己的不当行为负责。"

2009年曾有消息称,苹果与谷歌签署了一份协议,两家公司不能相互挖角。当时,谷歌时任首席执行官埃里克·施密特曾在两家公司的董事会同时任职。谷歌与苹果签署的"君子协议"阻止招募各自的员工,但员工却可以在其他公司申请职位。这最终导致美国反垄断机构对苹果和谷歌展开调查。

问题:
(1)简述影响企业人力资源管理的内部环境。
(2)结合资料一和资料二分析人才在企业财务管理中的重要作用。

本章小结

1. 财务管理环境又称为理财环境,是对财务决策产生影响的企业内外的各种因素,是财务管理系统之外的但与财务管理系统有着直接或间接联系的各种因素的综合。

2. 宏观财务管理环境包括:经济环境、法律环境、金融环境、宏观政策环境及税收环境,其中经济环境和金融环境是影响企业理财活动的重要的外部环境。

3. 微观财务管理环境包括:企业资本实力、企业经营管理水平、市场环境、采购环境、生产环境、企业机构设置及管理制度及人员环境。

自 测 题

一、单项选择题

1. 没有风险和通货膨胀情况下的利率是指 ( )
   A. 固定利率 B. 浮动利率
   C. 纯利率 D. 名义利率

2. 在无风险报酬的情况下,某证券利率为3.2%,纯利率为4%,则通货膨胀率为 ( )
   A. 0.8% B. -0.8%
   C. -0.08% D. 8%

3. 各类银行、证券交易公司、保险公司等均可称为 ( )
   A. 金融市场 B. 金融机构
   C. 金融工具 D. 金融对象

4. 将金融市场划分为初级市场和二级市场的划分标准是 ( )
   A. 金融市场活动的目的 B. 市场级次的不同
   C. 金融工具的组织方式 D. 金融工具的种类

二、多项选择题

1. 在以下各项中,决定可以上市流通的国债利率的因素有 ( )
   A. 纯利率 B. 通货膨胀溢酬
   C. 变现力溢酬 D. 违约风险溢酬

2. 在金融市场上,利率的组成因素包括 ( )
   A. 纯利率 B. 通货膨胀溢酬
   C. 违约风险溢酬 D. 变现力溢酬及到期风险溢酬
3. 影响企业微观财务管理环境中的生产经营特点的内容包括 ( )
   A. 生产经营规模 B. 采购环境
   C. 生产环境 D. 产品生命周期
4. 金融市场与企业理财的关系,主要表现在 ( )
   A. 金融市场是企业投资和筹资的场所
   B. 企业通过金融市场可以转换长、短期资金
   C. 企业是金融市场的主体
   D. 金融市场为企业理财提供有意义的信息

三、判断题

1. 企业的权益资本筹资与负债资金筹集的作用相同,因为,无论资金来自何方,其购买力都不存在差异。 ( )
2. 从方便计算的角度,违约风险溢酬＝公司债券利率－政府债券利率,但是,如果存在通货膨胀,就不能这样计算。 ( )
3. 企业筹资活动中,如果市场利率上升,证券价格下降,会使企业筹资发生困难。( )
4. 财务管理环境是指对企业财务活动和财务管理产生影响作用的企业各种外部条件的统称。 ( )

四、简答题

1. 对企业财务管理产生重要影响的宏观因素有哪些?他们是如何产生影响的?
2. 试述对企业财务管理产生重要影响的微观环境因素。

【阅读资料】

2012年4月26日,据市场研究公司IHS iSuppli和Strategy Analytics发表的研究报告称,三星手机销售量已经超过诺基亚,有效地结束了诺基亚长达14年的全球手机市场的领先地位。标准普尔周五把诺基亚的债券等级降为"垃圾等级"的BB+/B。

在手机行业,14年的领先地位毫无疑问给人留下了深刻印象。但是,由于许多具体原因,诺基亚的领先地位在过去的几年里一直下降。下面是诺基亚犯的错误和三星做的正确的事情。这种情况导致一家公司的衰落和另一家公司的崛起。下面是诺基亚手机市场失败被降为垃圾等级的五个原因。

1. 诺基亚发展速度太慢

诺基亚是智能手机市场的先驱,在2002年就向消费者推出了搭载其最初的Symbian Series 60操作系统的智能手机。在后来的五年里,Symbian手机轻松地保持了智能手机市场的领先地位。

但是，在 2007 年，苹果推出了 iPhone。iPhone 以其完全的触控屏和基于应用的操作系统改变了智能手机的概念。

然而，诺基亚没有对 iPhone 以及消费者需求随着 iPhone 的改变做出回应。几年之后，Symbian 平台老化了。Symbian 与 iOS 和后来的 Android 操作系统相比确实陈旧了。同时，智能手机市场爆炸式增长，越来越多的消费者选择智能手机，而不是带有乏味的 WAP 浏览器的功能手机。

IHS iSuppli 分析师韦恩·兰姆（Wayne Lam）表示，现在回想起来，诺基亚当初应该迅速对 iPhone 做出回应。诺基亚在 2011 年之前还不信任 Windows Phone。现在，诺基亚为其反应迟缓付出了代价。

2. Android 为三星带来回报，而 Windows Phone 没有给诺基亚带来回报

三星不仅反应迅速，而其为了保证成功还把赌注押在多个平台上，包括 Android、Windows Phone 和自己开发的 Bada 操作系统。Android 最终得到了回报并且得到了极好的回报。

Strategy Analytics 分析师亚历克斯·斯贝克特（Alex Spektor）称，三星在恰当的时候选择了 Android 并且从这个平台的成熟中受益。由于三星一直是 Android 领域占统治地位的厂商，三星能够一直借助这个平台取得成功。

另一方面，诺基亚把时间重点放在 Symbian 系统方面，直到最近才与微软合作。但是，诺基亚的旗舰手机 Lumia Windows Phone 还没有得到回报，诺基亚一季度的财报就是证明。

3. 高端和低端市场均遭挫折

诺基亚不仅在智能手机市场行动速度太慢，而且诺基亚也没有料到低端市场的竞争。HTC、华为和中兴通讯在中国及其他对发展中国家市场从低端市场向诺基亚发起了攻击。

分析师斯贝克特称，诺基亚在低端市场受到了小型厂商的挤压。这些小型厂商每个都不大，但是，当这些厂商联合在一起的时候，他们就对低端市场构成了威胁。

4. 诺基亚没有潇洒的派头

经典的诺基亚直板手机和那种手机上运行的"蛇"游戏给人们带来许多怀旧感。但是，这就是一个问题。消费者(特别是发展中国家的消费者)把诺基亚的名字与一个不同时代的技术联系了起来。在当今的世界，拥有最新和最漂亮的手机才最重要。

分析师兰姆称，诺基亚是一个比较老的品牌，没有新的潇洒的派头。三星被人们看做是一个创新者的品牌。诺基亚有历史遗留的包袱，诺基亚给人的印象是传统直板式手机制造商。

诺基亚没有把自己当做创新者。坦率地说，诺基亚也没有做许多创新的事情。至少在它进入 Windows Phone 领域之前是如此。

5. 执行是关键

三星和许多其他厂商比诺基亚更闪光的地方就是执行。三星模仿苹果的策略在自己的高端 Galaxy S Android 智能手机中向消费者提供了令人眼花缭乱的新功能。

斯贝克特称，如果你观察苹果做得非常好的地方，那就是苹果把自己的手机都组织在 iPhone 品牌之下。这是消费者期待的容易记忆和识别的品牌。三星的旗舰手机采取了类似的策略。每一年，消费者都知道将有新的 Galaxy S 手机推出。这有助于建立人们的期待和推动消费者的需求。

而诺基亚最近几年的执行一直很糟糕，但是，这并不意味着诺基亚不能利用 Windows Phone 东山再起。

然而，诺基亚现在陷入财务困境之中，削减许多开支并且确实正在把重点放在公司的改造方面。从短期看，诺基亚将渡过困难的时光。

第三章

Chapter 3

财务管理的价值观念

【学习要点】

通过本章学习,要求掌握财务管理的价值观念,它包括货币时间价值和投资风险价值两种基本价值观念,主要包含货币时间价值的定义及计算、投资风险价值的含义及计算等基本内容。

【案例导入】

富兰克林利用放风筝而感受到电击,从而发明了避雷针。这位美国著名的科学家死后留下了一份有趣的遗嘱:

"……1 000英镑赠给波士顿的居民,如果他们接受了这1 000英镑,那么这笔钱应该托付给一些挑选出来的公民,他们得把这些钱按每年5%的利率借给一些年轻的手工业者去生息。这些款过了100年增加到131 000英镑。我希望那时候用100 000英镑来建立一所公共建筑物,剩下的31 000英镑拿去继续生息100年。在第二个100年末了,这笔款增加到4 061 000英镑,其中1 061 000英镑还是由波士顿的居民来支配,而其余的3 000 000英镑让马萨诸塞州的公众来管理。过此之后,我可不敢多作主张了!"

区区的1 000英镑遗产,竟立下几百万英镑财产分配的遗嘱,是"信口开河",还是"言而有据"呢?事实上,只要借助于复利公式,同学们完全可以通过计算而做出自己的判断。

第一节 货币时间价值

货币时间价值是分析资本支出、评价投资经济效果、进行财务决策的重要依据,是企业财务管理的一个重要概念,在企业筹资、投资、利润分配中都要考虑货币的时间价值。任何企业的财务活动,都是在特定的时空中进行的,因而货币时间价值是一个影响财务活动的基本因素。如果财务管理人员不了解时间价值,就无法正确衡量、计算不同时期的财务收入与支出,也无法准确地评价企业是处于赢利状态还是亏损状态。

而时间价值原理,正确地揭示了不同时间上等量及不等量资金之间的换算关系,从而为财务决策提供了可靠的依据,所以财务人员必须了解时间价值的概念和计算方法。

一、货币时间价值的定义

(一)货币时间价值的含义

货币时间价值又称资金时间价值,简称时间价值,是指在不考虑通货膨胀和风险性因素的情况下,资金在其周转使用过程中随着时间因素的变化而变化的价值,其实质是资金周转使用后带来的利润或实现的增值。或者说,是指资金经历一定时间的投资和再投资所增加的价值。它具有增值性的特点,是一定量的资金在不同的时间上具有的不同的价值,即今天的一定量资金比未来的同量资金具有更高的价值。例如,今天你将100元钱存入银行,假定利息率为6%,一年后的今天,你将会得到106元。其中的100元是本金,6元的利息就是这100元钱经过一年时间的投资所增加的价值,该利息就是货币时间价值。换一种理解,现在的100元钱和1年后的100元钱经济价值不相等,或者说它们的经济效用不同。但并非所有货币都具有时间价值,货币具有时间价值的前提条件是货币只有当做资本投入生产和流通后才能产生增值。

(二)货币时间价值本质

在西方经济学中关于时间价值的论述主要有如下观点:

一种观点认为:时间价值是牺牲当前消费的代价和报酬。这种观点认为:即使在没有风险和通货膨胀的条件下,今天的100元钱也会大于以后的100元钱。投资者投入或投出这100元钱,他就牺牲了当时使用或消费这100元钱的权利和机会,这种牺牲不是无偿的,它要获得补偿,因此,按照牺牲时间来计算的这种补偿,就是它的代价或报酬,就叫做时间价值。这种观点在西方各国十分盛行,也是一种传统观点。

另外一种观点认为:心理因素决定时间价值。英国经济学家凯恩斯从资本家和消费者心理出发,而高估现在货币的价值、低估未来货币的价值。他认为,时间价值在很大程度上取决于灵活偏好、消费倾向等心理因素。

总之,西方经济学中关于时间价值的概念认为:对投资者推迟消费的耐心应该给以报酬,该报酬量应该与推迟的时间成正比例关系,因此,单位时间的这种报酬对投资的百分比称为时间价值。显而易见,西方经济学家的这些概念只是说明了时间价值的一些现象,并没有说明其本质。在此,十分有必要对时间价值的来源、产生、计算标准和计算方法做出科学的解释。

首先,这些概念都没有揭示时间价值的真正来源。根据马克思的劳动价值理论,在发达的商品经济条件下,资本流通的公式是:$G-W-G'$,其中 $G'=G+\triangle G$,即原来预付的货币额 G 加上一个增值的货币额 $\triangle G$。处于两端的属于同一性质的货币,若两个货币量完全相等,投资行为就失去了实际意义。所以,资本流通的结果不仅要保持原有资本的价值,而且还要取得更多的价值即增值。由此可见,货币时间价值的真正来源是工人创造的剩余价值的一部分。

其次,马克思认为:货币只有当做资本投入生产和流通才能增值。"如果把它从流通中取出来,那它就凝固为储藏货币,即使藏到世界末日,也不会增加分毫。"

最后,在《资本论》中,马克思精辟地论述了剩余价值如何转化为利润,利润又如何转化为平均利润,等量的资金投入不同的行业,会获得大体相当的社会平均资金利润率或平均投资报酬率,这个率数就是计算时间价值的基础。马克思还指出了时间价值应该按复利的方法来计算,他认为:在利润不断资本化的条件下,资本的积累要用复利方法计算,资本将按几何级数增长。

综上所述,货币时间价值的真正来源是在经济活动中剩余价值的一部分,并且随着资本的积累按几何级数增长。

(三)货币时间价值的表现形式

货币时间价值有两种表现形式:一种是相对数(时间价值率),它是指在没有风险和没有通货膨胀条件下的社会平均资金利润率或平均报酬率;另一种是绝对数(时间价值额),它是指资金在生产经营过程中带来的增值额,它等于投资额与时间价值率的乘积。

在财务管理实务中,人们习惯于使用相对数来表示资金的时间价值,即用增加价值占投入资金的百分数来表示:

$$资金时间价值 = \frac{增加价值}{投入资金} \times 100\%$$

在没有通货膨胀和风险的特定情况(静态)下,银行存款利率、贷款利率、各种债券的利率以及股票的股利,都是投资报酬率,它们就相当于时间价值率。

(四)货币时间价值的意义

货币的时间价值是客观存在的经济范畴。任何企业的财务活动都是在特定的时空中进行的。离开了时间价值因素,就无法正确计算不同时期的财务收支,也无法正确评价企业盈亏。因此,货币的时间价值是企业进行财务决策的基础。

(1)货币时间价值是企业筹资决策的重要依据。在筹资活动中,筹资时机的选择、举债期限的选择、资金成本的确定以及资本结构的决策等都要考虑时间价值因素。

(2)货币时间价值是企业投资决策的重要依据。在投资活动中,树立货币时间价值理念,能够从动态上比较投资项目的各种方案在不同时期的投资成本、投资报酬,提高投资决策的正确性;能够使投资者有意识地加强投资经营管理,降低投资成本,缩短投资项目建设期,提高投资效益。

(3)货币时间价值是企业经营决策的重要依据。在企业经营活动中,分期付款销售的定价决策、商品发运结算时间的决策、积压物资的降价处理决策以及流动资金周转速度的决策等都要考虑时间价值因素。

二、货币时间价值的计算

由于货币资金具有时间价值,因此同一笔资金,在不同的时间,其价值是不同的。计算资金的时间价值,其实质就是不同时间点上资金价值的换算。为了研究问题的方便,采用抽象分析法,有一个假设条件,假设在没有风险和通货膨胀的情况下,单独考虑时间价值的问题。

在这种情况下,货币时间价值=利率。

在考虑货币时间价值,分析资本运动和现金流量时应明确现值和终值两个基本概念。

(1)现值又称本金,是指在未来某一时点上的一定数额的资金折合成现在的价值。通常记作 P 或 PV。

(2)终值又称本利和,是指一定数额的资金经过若干时期后包括本金和时间价值在内的未来价值。通常记作 F 或 FV。

终值与现值是一定数额的资金在前后两个时点上对应的价值,其差额就是货币时间价值。

例如:今天的 100 元 $\xrightarrow[1\text{年}]{\text{年利率}=6\%}$ 106 元

现值　　　　　终值
本金　　　　　本利和

差额 6 元→利息即货币时间价值

在现实生活中,计算利息时的本金、本利和相当于货币时间价值理论中的现值和终值。通常有单利终值与现值、复利终值与现值、年金终值与现值。

(一)单利的计算

单利是指计算利息时只按本金计算利息,其所生利息不再加入本金重复计算利息,即本能生利,利不能生利。目前我国银行存贷款一般都采用单利计算利息。

1. 单利终值计算

单利终值是本金与未来利息之和,其计算公式为

$$F = P + I = P \times (1 + i \times n)$$

式中　I——利息;
　　　F——终值,即本利和;
　　　P——现值,即本金;
　　　i——利率(或折现率);
　　　n——期数。

【例 3.1】　将 10 000 元存入银行,利率假设为 10%,一年后、两年后、三年后的终值是多少?(单利计算)

解:一年后:10 000×(1+10%)=11 000(元)
　　两年后:10 000×(1+10%×2)=12 000(元)
　　三年后:10 000×(1+10%×3)=13 000(元)

2. 单利现值计算

单利现值是资金现在的价值或在未来某一时点上的一定量资金折合成现在的价值。单利现值的计算就是确定未来终值的现在价值。

由单利终值计算公式,可得单利现值的计算公式为

$$P = F \times \frac{1}{1+i \times n}$$

例如,公司商业票据的贴现。商业票据贴现时,银行按一定利率从票据的到期值中扣除自借款日至票据到期日的应计利息,将余款支付给持票人。贴现时使用的利率称为贴现率,计算出的利息称为贴现息,扣除贴现息后的余额称为贴现值即现值。

【例3.2】 某公司持有一张带息期票,面值为1 200元,票面利率为4%,出票时间为6月15日,8月14日到期。

要求:

(1)计算票据到期的利息。

(2)计算票据到期的终值。

(3)因公司急需用款,于6月27日贴现,贴现利息率为6%,问银行应付给企业多少钱?

解:

(1)票据到期的利息 $I = P \times i \times n = 1\ 200 \times 4\% \times (60/360) = 8(元)$

(2)票据到期的终值 $F = P + I = 1\ 200 + 8 = 1\ 208(元)$

(3)银行应付给企业

$$P = F - I = F(1 - i \times n) = 1\ 208[1 - 6\% \times (48/360)] = 1\ 198.34(元)$$

注意:本公式中的 I、i 均为银行的贴现利息和贴现利率。

【例3.3】 假设银行存款利率为10%,为使3年后获得20 000元现金,某人现在应存入银行多少钱?

解: $P = 20\ 000 \times (1 - 10\% \times 3) = 14\ 000(元)$

所以,现在应存入银行14 000元现金,3年后会获得20 000元现金。

(二)复利的计算

复利是指不仅本金要计算利息,利息也要计算利息。即每经过一个计息期,要将所生利息加入本金再计利息,逐期滚算,俗称"利滚利"。其中所说的计算期,一般是指相邻两次计算利息的时间间隔,如年、季、月、日等,除非特别指明的以外,计息期均指一年。由于计算复利的方向不同,复利的计算包括复利终值和复利现值计算。货币时间价值通常是按复利计算的。

1. 复利终值计算

复利终值又称复利值,是指现在的一定量资金按复利计算的未来价值。计算复利终值时,每期期末计算的利息应加入下期的本金形成新本金,再计算下期的利息,逐期滚算,如图3.1所示。

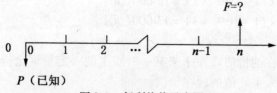

图3.1 复利终值示意图

其计算如表 3.1 所示。

表 3.1 复利终值计算公式的推导过程

	期末终值 F(本利和)
1	$F_1 = P + I_1 = P(1+i)$
2	$F_2 = F_1(1+i) = P(1+i)^2$
⋮	⋮
$n-1$	$F_{n-1} = F_{n-2} \cdot (1+i) = F(1+i)^{n-1}$
n	$F_n = F_{n-1} \cdot (1+i) = P(1+i)^n$

由表可得：n 期复利终值的计算公式为

$$F = P(1+i)^n$$

式中　F——终值，即本利和；
　　　P——现值，即本金；
　　　i——利率（或折现率）；
　　　n——期数。

式中，$(1+i)^n$ 为"复利终值系数"，记为 $(F/P, i, n)$ 或 $FVIF_{i,n}$，例如 $(F/P, 8\%, 5)$，表示利率为 8%、5 期的复利终值系数。

复利终值系数可查"复利终值系数表"求得，见附表 1。通过复利系数表，还可以在已知 F, i 的情况下查出 n；或在已知 F, n 的情况下查出 i。

上式也可以写为

$$F = P(F/P, i, n)$$

或者

$$F = P \cdot FVIF_{i,n}$$

即　　　　　　　　复利终值 = 现值 × 复利终值系数

【例 3.4】　将 100 元存入银行，利率假设为 10%，1 年后、2 年后、3 年后、5 年后的终值是多少？（复利计算）

解：
1 年后：$100 \times (1+10\%) = 110$（元）
2 年后：$100 \times (1+10\%)^2 = 121$（元）
3 年后：$100 \times (1+10\%)^3 = 133.1$（元）
5 年后：$100 \times (1+10\%)^5 = 161.1$（元）

为了简化和加速 $(1+i)^n$ 的计算，可利用复利终值系数表，该表见书后附表 1，表 3.2 是其简表。

表3.2 复利终值系数表

利息率(i) 时间(n)	5.00%	6.00%	7.00%	8.00%	9.00%	10.00%
1	1.050	1.060	1.070	1.808	1.090	1.100
2	1.102	1.124	1.145	1.166	1.188	1.260
3	1.158	1.191	1.225	1.260	1.295	1.331
4	1.216	1.262	1.311	1.360	1.412	1.464
5	1.276	1.338	1.403	1.469	1.539	1.611
6	1.340	1.419	1.501	1.587	1.667	1.772
7	1.407	1.504	1.606	1.174	1.828	1.949
8	1.477	1.594	1.718	1.851	1.993	2.144
9	1.551	1.689	1.828	1.990	2.172	2.385
10	1.629	1.791	1.967	2.159	2.367	2.594

$(F/P,10\%,5)$

如前例第 5 年后复利终值可查表计算如下：

$$F = 100 \times (1+i)^5 = 100 \times (F/P,10\%,5) = 100 \times 1.611 = 161.1(元)$$

【例 3.5】 某公司从银行取得贷款 30 万元,年利率为 6%,贷款期限 3 年,第 3 年末一次偿还,贷款到期时公司应向银行偿还多少钱？

解：已知 $P = 30$ 万元, $i = 6\%$, $n = 3$. 贷款到期时公司应向银行偿还的本利和为

$$F = P(1+i)^n = P(F/P,i,n) = 30 \times (F/P,6\%,3) = 30 \times 1.191 = 35.73(万元)$$

注意:查表方法——"复利终值系数表"的第一行是利率 i, 第一列是计息期数 n, 相应的 $(F/P,i,n)$ 在其纵横相交处。

2. 复利现值计算

复利现值是指未来一定时间的特定资金按复利计算的现在价值,即为取得未来一定本利和现在所需要的本金。例如,将 n 年后的一笔资金 F, 按年利率 i 折算为现在的价值,这就是复利现值,如图 3.2 所示。

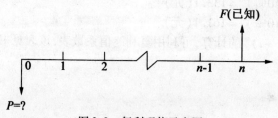

图 3.2 复利现值示意图

第三章 财务管理的价值观念

由终值求现值,称为折现,斜算时使用的利率称为折现率。由复利终值公式 $F = P(1+i)^n$ 推导可得复利现值的计算公式为

$$P = \frac{F}{(1+i)^n} = F \cdot (1+i)^{-n}$$

式中 　F——终值,即本利和;
　　　P——现值,即本金;
　　　i——利率(或折现率);
　　　n——期数。

公式中 $(1+i)^{-n}$ 称为复利现值系数,用符号 $(P/F, i, n)$ 或 $PVIF_{i,n}$ 表示。例如 $(P/F, 5\%, 4)$,表示利率为5%、4期的复利现值系数。与复利终值系数表相似,通过现值系数表在已知 i, n 的情况下查出 P;或在已知 P, i 的情况下查出 n;或在已知 P, n 的情况下查出 i。

复利现值的计算公式可写成

$$P = F(P/F, i, n) \text{ 或者 } P = F \cdot PVIF_{i,n}$$

即　　　　　　　　　　　复利现值 = 终值 × 复利现值系数

为了简化计算,可利用复利现值系数表。该表见书后附表2,表3.3是其简表。

表3.3　复利现值系数表

时间(n) \ 利息率(i)	5.00%	600%	7.00%	8.00%	9.00%	10.00%
1	0.952	0.943	0.935	0.926	0.917	0.909
2	0.907	0.890	0.873	0.857	0.842	0.826
3	0.864	0.840	0.816	0.794	0.772	0.751
4	0.823	0.792	0.763	0.735	0.708	0.683
5	0.784	0.747	0.713	0.681	0.650	0.621
6	0.746	0.705	0.666	0.630	0.596	0.564
7	0.711	0.665	0.623	0.583	0.547	0.573
8	0.677	0.627	0.582	0.540	0.502	0.467
9	0.645	0.592	0.514	0.500	0.460	0.424
10	0.614	0.508	0.508	0.463	0.422	0.386

$(P/F, 8\%, 3)$

【例3.6】 若计划在3年以后得到4 000元,银行存款利息率为8%,现在应一次存入的

金额可计算如下:

$$P = F \times \frac{1}{(1+i)^n} = 4\,000 \times \left[\frac{1}{(1+8\%)^3}\right] = 3\,176(元)$$

或查复利现值系数表计算如下:

$$P = F \times (P/F, 8\%, 3) = 4\,000 \times 0.794 = 3\,176(元)$$

复利终值系数$(1+i)^n$与复利现值系数$\frac{1}{(1+i)^n}$二者互为倒数关系。复利终值表明一定量的货币的未来价值,复利现值表明未来一定量的货币的现在价值。所以,在i和n相同的前提条件下,复利终值系数与复利现值系数互为倒数,因此可分别利用两个系数来解决同一个问题。

【例3.7】 某人在18年后上大学需要一次缴纳10 000元,按年利率6%复利计算,目前需要一次在银行存入多少钱?

解法一:利用复利现值系数计算如下。

$$P = \frac{10\,000}{(1+6\%)^8} = 10\,000 \times (P/F, 6\%, 8) = 10\,000 \times 0.627 = 6\,270(元)$$

解法二:利用复利终值系数计算如下。

$$P = \frac{10\,000}{(1+6\%)^8} = \frac{10\,000}{(F/P, 6\%, 8)} = \frac{10\,000}{1.594} = 6\,270(元)$$

在财务管理实务中,习惯上把现金流量往前计算,即已知现值求终值称为复利计算,其中的"i"称利率;把现金流量往回计算,即已知终值求现值称贴现计算,其中的"i"称贴现率。

3. 利用复利现值系数计算借款的实际利率

假设从某机构借入5 000万元,代价是4年后还给该机构6 802万元,同期银行贷款利率为6%,是否该借此贷款。

$$P = F \cdot (P/F, i, 4)$$
$$5\,000 = 6\,802 \times (P/F, i, 4)$$
$$(P/F, i, 4) = \frac{5\,000}{6\,802} = 0.735$$

查复利现值系数表$n=4$行,可知$i=8\%$。因为贷款的实际利率为8%,高于同期银行贷款利率(6%),所以不借此贷款。

4. 利用复利现值系数计算收益的增长率

某公司2006年股票的每股收益为3.50元,在2011年年底每股收益增长到6.45元。求5年间该公司的收益增长率?

$$P = F \cdot (P/F, i, 5)$$
$$3.5 = 6.45 \times (P/F, i, 5)$$
$$(P/F, i, 5) = \frac{3.50}{6.45} = 0.543$$

查复利现值系数表$n=5$行,可知$i=13\%$,即该公司5年间的收益增长率为13%。

(三)年金的计算

年金是指一定时期内每期相等金额的收付款项。简单地说,年金就是等额定期的系列收支。因此,企业财务活动中的分期付款赊购、分期偿还贷款、发放养老金、分期支付工程款,每年相同的销售收入等,也都属于年金的收付形式。年金按照付款方式和支付时间可划分为:普通年金(也称后付年金)、预付年金(也称先付年金)、递延年金(也称延期年金)和永续年金四种。他们之间的区别如下。

1. 普通年金

普通年金又称后付年金,指每期期末有等额收付款项的年金。在现实经济生活中由于这种年金最常见,所以称做普通年金,又由于它发生在每期的期末,因此又称做后付年金。

如图3.3,横轴代表时间,用数字标出各期的顺序号,竖线的位置表示支付的时刻,竖线下端数字表示支付的金额。图3.3表示4期内每年100元的后付年金或叫做普通年金。

图3.3 普通年金示意图

根据计算的方向的不同,普通年金分为普遍年金终值和普通年金现值。

(1)普通年金终值,简称年金终值,是指一定时期内每期期末收付款项的复利终值之和。它相当于银行储蓄中定期零存整取的本利和。普通年金终值的计算过程可以用图3.4直观显示出来。

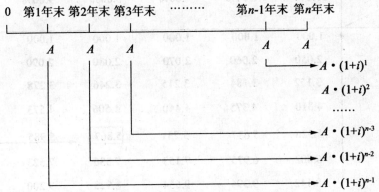

图3.4 普通年金终值计算示意图

由图3.4可以得出计算公式如下:

$$F = A \cdot (1+i)^0 + A \cdot (1+i)^1 + A \cdot (1+i)^2 + \cdots + A \cdot (1+i)^{n-2} + A \cdot (1+i)^{n-1} \quad ①$$

式①两边同时乘以$(1+i)$得

$$(1+i)F = A \cdot (1+i)^1 + A \cdot (1+i)^2 + A \cdot (1+i)^3 \cdots + A \cdot (1+i)^{n-1} + A \cdot (1+i)^n \quad ②$$

通过②-①并化简得

$$F = \sum_{t=1}^{n} A \cdot (1+i)^{t-1} = A \cdot \frac{(1+i)^n - 1}{i}$$

式中　F——年金终值；

　　　A——年金；

　　　i——利息率；

　　　n——计息期。

【例3.8】 5年中每年年底存入银行1 000元,若利息率为8%,求第5年末的年金终值。

$$F = A \cdot \frac{(1+i)^5 - 1}{i} = 1\,000 \times \frac{(1+8\%)^5 - 1}{8\%} = 5\,867(元)$$

其中 $\frac{(1+i)^n - 1}{i}$ 称为年金终值系数,又称年金终值,可写成 $(F/A, i, n)$ 或者 $FVIFA_{i,n}$,年金终值计算公式可写成

$$F = A \cdot \frac{(1+i)^n - 1}{i} = A \cdot (F/A, i, n) = A \cdot FVIFA_{i,n}$$

即　　　　　　　　普通年金终值 = 年金 × 普通年金终值系数

为了简化计算,可利用年金终值系数表。该表见书后附表3,表3.4是其简表。

表3.4　年金终值系数表

时间(n) \ 利息率(i)	5.00%	6.00%	7.00%	8.00%	9.00%	10.00%
1	1.000	1.000	1.000	1.000	1.000	1.000
2	2.050	2.060	2.070	2.080	2.090	2.100
3	3.152	3.184	3.215	3.246	3.278	3.310
4	4.310	4.375	4.440	4.506	4.573	4.641
5	5.526	5.637	5.751	5.867	5.985	6.105
6	6.802	6.975	7.153	7.336	7.523	7.746
7	8.142	9.394	9.654	8.923	9.200	9.487
8	9.549	9.897	10.260	10.637	11.028	11.436
9	11.027	11.491	11.978	12.488	13.021	13.579
10	12.578	13.181	13.816	14.478	15.193	15.937

$(F/A, 8\%, 5)$

【例3.9】 可查表计算如下：
$$F = 1\,000 \times (F/A, 8\%, 5) = 1\,000 \times 5.867 = 5\,867(元)$$

【例3.10】 某公司计划在8年后改造厂房,预计需要400万元,假设银行存款利率为4%,该公司在这8年中每年年末要存入多少万元才能满足改造厂房的资金需要?

解：
$$F = A \cdot (F/A, i, n)$$
$$400 = A(F/A, 4\%, 8)$$
$$400 = A \times 9.214$$
$$A = 43.41(万元)$$

该公司在银行存款利率为4%时,每年年末存入43.41万元,8年后可以获得400万元用于改造厂房。

利用普通年金系数可以解决偿债基金的问题。偿债基金,是指为使年金终值达到既定金额,每年应支付的年金数额。

【例3.11】 某企业准备在5年后还清2 000万元的债务,从现在起需每年等额存入银行一笔款项,若银行存款利率为8%,求每年需存入多少钱?

解：由于有利息的存在,每年存入的金额肯定要小于400万元(2 000/5),5年后的本利和正好达到2 000万元,用来清偿债务,根据年金终值的计算公式

$$F = A \cdot \frac{(1+i)^n - 1}{i}$$

可得

$$A = F \cdot \frac{i}{(1+i)^n - 1} = 2\,000 \cdot \frac{8\%}{(1+8\%)^5 - 1} = 340.90(万元)$$

式中的 $\frac{i}{(1+i)^n - 1}$ 是年金终值系数的倒数,称偿债基金系数,可写为 $\frac{1}{(F/A, i, n)}$ 或者 $\frac{1}{FVIFA_{i,n}}$,因此,偿债基金的计算公式可写成

$$A = F \cdot \frac{i}{(1+i)^n - 1} = F \cdot \frac{1}{(F/A, i, n)} = 2\,000 \cdot \frac{1}{(F/A, 8\%, 5)} = 340.90(万元)$$

(2)普通年金现值,简称年金现值,是指一定期间内每期期末等额的系列收支款项的复利现值之和。也可以表述为在每期期末取得相等金额的款项或现在需要投入的金额。

则普通年金现值的计算过程可以用图3.5直观显示出来：

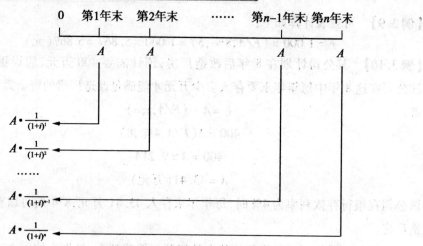

图 3.5 普通年金现值计算示意图

由图 3.5 可知,普通年金现值的计算公式及其推导如下:

$$P = A \cdot (1+i)^{-1} + A \cdot (1+i)^{-2} + \cdots + A \cdot (1+i)^{-n+1} + A(1+i)^{-n} \quad ①$$

等式两边同时乘以 $(1+i)$ 得

$$(1+i)P = A + A \cdot (1+i)^{-1} + A \cdot (1+i)^{-2} + \cdots + A \cdot (1+i)^{-n+1} + A \cdot (1+i)^{-n+1} \quad ②$$

通过 ② - ① 计算可以得出

$$P = \sum_{t=1}^{n} A \cdot (1+i)^{-t} = A \cdot \frac{1-(1+i)^{-n}}{i}$$

式中 P——年金现值;

A——年金;

i——贴现率;

n——计息期。

计算年金现值公式中的 $\frac{1-(1+i)^{-n}}{i}$ 称为普通年金现值系数,记为 $(P/A,i,n)$ 或者 $PVIFA_{i,n}$,可查"普通年金的现值系数表"求得,此表见附录 4。

上式也可以写为

$$P = A \cdot PVIFA_{i,n} = A \cdot (P/A,i,n)$$

即　　　　　普通年金现值 = 年金 × 普通年金现值系数

【例 3.12】 某企业向银行借款购入一台设备,预计利用该设备 5 年内每年可获得利润 1 000 万元,若银行借款年利率为 10%,求该设备每年获得利润的总现值。

解：$P = A \cdot \frac{1-(1+i)^{-5}}{i} = 1\,000 \times \frac{1-(1+10\%)^{-5}}{10\%} = 3\,791(元)$

为了简化计算,可利用年金现值系数表。该表见书后附表 4,表 3.5 是其简表。

表3.5 年金现值系数表

利息率(i) 时间(n)	5.00%	6.00%	7.00%	8.00%	9.00%	10.00%
1	0.952	0.943	0.935	0.926	0.917	0.909
2	1.859	1.833	1.808	1.783	1.759	1.736
3	2.723	2.673	2.624	2.577	2.531	2.487
4	3.546	3.465	3.387	3.312	3.240	3.170
5	4.336	4.212	4.100	3.993	3.890	3.791
6	5.076	4.917	4.766	4.623	4.486	4.355
7	5.786	5.582	5.389	5.206	5.033	4.868
8	6.463	6.210	5.971	5.747	5.535	5.335
9	7.108	6.802	6.515	6.247	5.995	5.759
10	7.722	7.360	7.024	6.710	6.418	6.145

$(P/A, 10\%, 5)$

前例可查表计算如下:

$$P = A \cdot (P/A, i, w) = 1\,000 \times (P/A, 10\%, 5) = 1\,000 \times 3.791 = 3\,791(元)$$

利用年金现值系数,可以解决投资回收资金的问题,投资回收资金,是指在一定期间内为收回初始投资额每期期末收回的相等金额。

【例3.13】 某企业以10%的年利率借得1 000万元,投资于某个寿命为10年的项目,求每年保证收回多少资金才是有利的。

解:根据普通年金现值的计算公式

$$P = A \cdot \frac{1-(1+i)^{-n}}{i}$$

可得

$$A = P \cdot \frac{i}{1-(1+i)^{-n}} = 1\,000 \times \frac{10\%}{1-(1+10\%)^{-5}} = 1\,627(万元)$$

式中$\frac{i}{1-(1+i)^{-n}}$是年金现值系数的倒数,称投资回收系数,可写为$\frac{1}{(P/A,i,n)}$,因此,投资回收资金的计算公式可写成

$$A = P \cdot \frac{i}{1-(1+i)^{-n}} = P \cdot \frac{1}{(P/A,i,n)} = 1\,000 \cdot \frac{1}{(P/A,10\%,5)} = 1\,627(万元)$$

由此可见,因为有借款利息的存在,每年实际收回的金额要大于100万元(1 000/10)。

2. 预付年金的计算

预付年金也称先付年金或即付年金,是指一定期间内,各期期初等额的系列收付款项。

即在每期期初支付的年金,如图 3.6 所示。

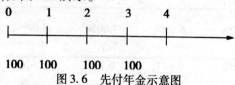

图 3.6　先付年金示意图

图 3.6 横轴代表时间,用数字标出各期的顺序号,竖线的位置表示支付的时刻,竖线下端数字表示支付的金额。图 3.6 表示 4 期内每年 100 元的预付年金。

由于计算的方向不同,预付年金分为预付年金终值和预付年金现值。预付年金与普通年金的区别,仅仅在于付款时间不同。由于年金终值系数表和年金现值系数表都是按普通年金编制的,所以在计算预付年金的终值和现值时,可以在普通年金的基础上用终值和现值的计算公式进行调整。

(1)预付年金终值,是指一定时期内每期期初等额系列收付款项的复利终值之和。其根据普通年金终值计算公式进行调整的计算公式有两个。

n 期预付年金与 n 期普通年金相比,付款次数相同,期数相同,但由于付款时间不同,一个在期初,一个在期末,所以,预付年金终值比普通年金终值多得一期利息,n 期预付年金终值和 n 期普通年金终值之间的关系如图 3.7 所示。

方法一:用 n 期普通年金终值乘以 $(1+i)$,便可得出预付年金终值,计算公式为

$$F = A \cdot \frac{(1+i)^n - 1}{i}(1+i) = A \cdot (F/P, i, n)(1+i)$$

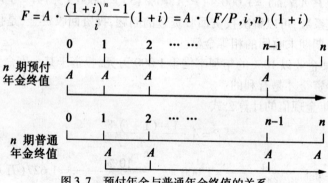

图 3.7　预付年金与普通年金终值的关系

方法二:n 期预付年金与 $n+1$ 期普通年金的计息期数相同,但比 $n+1$ 期普通年金少付一次款项 A,因此,将 $n+1$ 期普通年金终值减去一期付款额 A,便可得出预付年金终值,计算公式为

$$F = A \cdot \left[\frac{(1+i)^{n+1}}{i} - 1 \right] = A \cdot \left[(F/P, i, n+1) - 1 \right]$$

【例 3.14】　某人每年年初存入银行 200 元,银行存款年利率为 8%,求第 10 年末的本利和。

解：利用方法一公式解得

$$F = A \cdot (F/A, 8\%, 10) \cdot (1 + 8\%) = 200 \times 14.487 \times 1.08 = 3\,129.19(元)$$

利用方法二公式解得

$$F = A \cdot [(F/A, 8\%, 11) - 1] = 200 \times (16.645 - 1) = 3\,129.0(元)$$

其中尾数的误差为系数表四舍五入所致。

(2) 预付年金现值，是指一定时期内每期期初等额系列收付款项的复利现值之和。其根据普通年金公式进行调整的计算公式也有两个。

n 期预付年金与 n 期普通年金相比，在计算现值时，n 期普通年金比 n 期预付年金多贴现一期，其关系如图 3.8 所示。

方法一：可以用 n 期普通年金现值乘以 $(1+i)$ 来求出预付年金现值，其计算公式为

$$P = A \cdot \frac{(1+i)^n - 1}{i}(1+i) = A \cdot (P/A, i, n)(1+i)$$

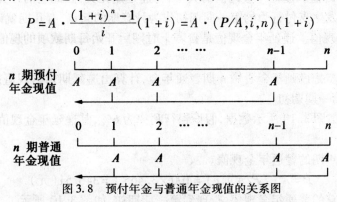

图 3.8 预付年金与普通年金现值的关系图

方法二：根据 n 期预付年金与 $n-1$ 期普通年金的关系可推出另一个公式。n 期预付年金现值与 $n-1$ 期普通年金的贴现期数相同，但 n 期预付年金比 $n-1$ 期普通年金多一期不用贴现的付款额 A，因此，可以先计算 $n-1$ 期普通年金的现值，再加上一期不需贴现的付款额 A，即可求出 n 期预付年金的现值，其计算公式为

$$P = A \cdot \frac{1 - (1+i)^{-(n-1)}}{i} + A = A \cdot [P/A, i, (n-1)] + A = A \cdot \{[P/A, i, (n-1)] + 1\}$$

【例 3.15】 某企业租用一台设备，在 10 年中每年要支付租金 800 元，年利息率为 8%，问这些租金的现值为多少？

解：利用方法一公式解得

$$P = A \cdot (P/A, i, n) \cdot (1 + 8\%) = 800 \times (P/A, 8\%, 5) \cdot (1 + 8\%) = 800 \times 6.71 \times 1.08 = 5\,797.44(元)$$

利用方法二公式解得

$$P = A \cdot [(P/A, 8\%, 5 - 1) + 1] = 800 \times (6.427 + 1) = 5\,797.60(元)$$

其中尾数的误差为系数表四舍五入所致。

3. 递延年金

递延年金也称延期年金，是指在最初若干期没有收付款发生，后面若干期有等额系列收

付款项发生的年金形式。一般来讲,递延年金是指第一次收付发生在第二期或第二期以后的普通年金,一般用 m 表示递延期数,用 n 表示收付期数,总期数为 $m+n$ 期。递延年金的收付形式如图 3.9 所示。

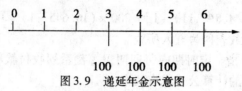

图 3.9 递延年金示意图

从图 3.9 可以看出,递延年金是普通年金的特殊形式,第一期和第二期没有发生收付款项,递延期数 $m=2$。从第三期开始连续 4 期发生等额的收付款项,$n=4$。

(1)递延年金终值。递延年金终值的大小,与递延期无关,因此它的计算方法与普通年金终值相同,只要把发生支付行为的第一期期初作为计算期的起点,有几期就计算几期。

(2)递延年金现值。递延年金现值是自若干时期后开始每期款项的现值之和。其现值计算方法有两种:

方法一:第一步把递延年金看做 n 期普通年金,计算出递延期末的现值;第二步将已计算出的现值折现到第一期期初。

【例 3.16】 如图 3.10 所示数据,假设银行利率为 6%,其递延年金现值为多少?

解:方法一:

第一步,计算 4 期的普通年金现值。

$$P = A \cdot (P/A, i, n) = 100 \times 3.4651 = 346.51(元)$$

第二步,已计算的普通年金现值,折现到第一期期初,如图 3.10 所示。

$$P = 346.51 \times (P/F, 6\%, 2) = 346.51 \times 0.89 = 308.39(元)$$

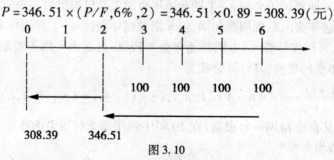

图 3.10

方法二:第一步计算出 $(m+n)$ 期的年金现值;第二步,计算 m 期年金现值;第三步,将计算出的 $(m+n)$ 期扣除递延期 m 期的年金现值,得出 n 期年金现值的计算步骤为:

$$P_{(m+n)} = 100 \times (P/A, 6\%, 6) = 100 \times 4.9173 = 491.73(元)$$
$$P_{(m)} = 100 \times (P/A, 6\%, 2) = 100 \times 1.8334 = 183.34(元)$$
$$P_{(n)} = P_{(m+n)} - P_{(m)} = 491.73 - 183.34 = 308.39(元)$$

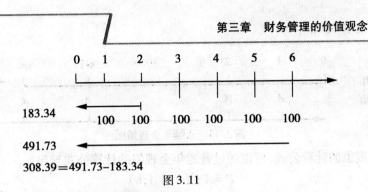

图 3.11

综上,递延年金可表示为如图 3.12 所示。

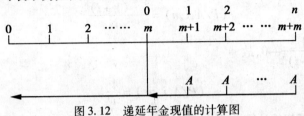

图 3.12 递延年金现值的计算图

综上所述,根据普通年金现值计算公式来调整计算递延年金现值的计算方法有两种:

方法一:把递延年金作为 n 期普通年金看待,求出 n 期末到 m 期末的年金现值,然后再把这个现值作为终值,再求其在 m 期初的复利现值,这个复利现值就是递延年金的现值。计算公式如下:

$$P = A \cdot (P/A, i, n) \cdot (P/F, i, m)$$

方法二:把递延年金视为 $m+n$ 期普通年金,即假设递延期中也有收付额发生。先求出 $m+n$ 期普通年金现值,然后再减去并没有收付额发生的递延期(m 期)的普通年金现值,最终求出的二者之差即是要求的递延年金现值。计算公式如下:

$$P = A \cdot (P/A, i, m+n) - A \cdot (P/A, i, m) = A \cdot [(P/A, i, m+n) - (P/A, i, m)]$$

4. 永续年金

永续年金是指无限期支付的年金。永续年金可视为普通年金的特殊形式,即期限趋于无穷的普通年金。其现值的计算公式可由普通年金现值公式推出。

在我国现实生活中,最常见的是银行存款中的存本取息。在西方某些债券采取了终身年金的形式,持有者凭它可在每期取得等额的资金,直到无限长的时间,永远不会期满,即是说,发行者没有义务在将来的任何时候以债券的票面值赎回这些债券。此外,优先股股票因为有固定的股利而又无到期日,因而优先股的股利也可以看做是这种永续年金。

由于永续年金没有终止的时间,所以也就不存在终值,因此,在永续年金的计算中只涉及现值计算的问题。如图 3.13 所示。

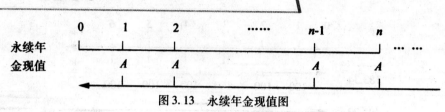

图 3.13 永续年金现值图

永续年金现值的计算公式,可以通过普通年金现值的计算公式导出

$$P = A \cdot (P/A, i, n)$$

其中

$$(P/A, i, n) = \frac{1 - \frac{1}{(1+i)^n}}{i}$$

当 $n \to \infty$ 时,$\frac{1}{(1+i)^n} \to 0$,故

$$(P/A, i, \infty) = \frac{1}{i}$$

因此,永续年金现值的计算公式为

$$P = A \cdot \frac{1}{i}$$

【例 3.17】 某永续年金每年年底的收入为 800 元,利息率为 8%,求该项永续年金的现值。

解:
$$P = 800 \cdot \frac{1}{8\%} = 10\,000(元)$$

【例 3.18】 某学院拟建立一项永久性奖学金,每年计划颁发 20 000 元奖学金,若利息率为 10%,现在应一次存入银行多少钱?

解:
$$P = 20\,000 \cdot \frac{1}{10\%} = 200\,000(元)$$

(四)复利计息频数

复利计息频数是指利息在一年中复利多少次。在前面的终值与现值的计算中,都是假定利息是每年支付一次的,因为在这样的假设下,最容易理解货币的时间价值。但是在实际理财中,常出现计息期以半年、季度、月,甚至以天为期间的计息期,相应复利计息频数为每年 2 次、4 次、12 次、360 次。如贷款买房按月计息,计息为 12 个月。如果给出年利率,则计息期数和计息率均可按下列公式进行换算:

$$r = \frac{i}{m}$$

$$t = m \cdot n$$

式中 r——期利率;

i——年利率;

m——每年的计息次数；

n——年数；

t——换算后的计息期数。

其终值和现值的计算公式分别为

$$F = P \cdot (1+r)^t = P \cdot \left(1 + \frac{i}{m}\right)^{m \cdot n}$$

$$P = F/(1+r)^t = F/\left(1 + \frac{i}{m}\right)^{m \cdot n}$$

【例3.19】 某人存入银行1 000元，年利率为12%，分别计算按年、半年、季、月的复利终值。

解：

按年复利的终值：

$$F = 1\,000 \times (1 + 12\%) = 1\,120(元)$$

按半年复利的终值：

$$F = 1\,000 \times [1 + (12\%/2)]^2 = 1\,123.6(元)$$

按季复利的终值：

$$F = 1\,000 \times [1 + (12\%/4)]^4 = 1\,125.51(元)$$

按月复利的终值：

$$F = 1\,000 \times [1 + (12\%/12)]^{12} = 1\,126.83(元)$$

从以上计算可以看出，按年复利终值为1 120元，按半年复利终值为1 123.6元，按季复利终值为1 125.51元，按月复利终值为1126.83元。

结论：一年中计息次数越多，其终值就越大。一年中计息次数越多，其现值越小。这二者的关系与终值和计息次数的关系恰好相反。

(五) 贴现率、期数的推算

1. 贴现率的推算

(1) 一次性收付款项贴现率的推算。对于一次性收付款项，根据其复利终值(或现值)的计算公式可得贴现率的计算公式为

$$i = (F/P)^{1/n} - 1$$

因此，若已知F,P,n，不用查表便可直接计算出一次性收付款项的贴现率。

(2) 永续年金贴现率的推算。当已知P和A，则可根据永续年金现值的计算公式得出贴现的计算公式为

$$i = A/P$$

(3) 普通年金贴现率的推算。普通年金贴现率的推算比较复杂，无法直接套用公式，必须利用有关的系数表，有时还要利用插值法。

下面利用年金现值介绍一下其具体计算步骤：

①根据普通年金现值的计算公式,可推算出年金现值系数
$$(P/A,i,n) = P/A = \alpha$$
②根据查年金现值系数表,可找到恰好等于 α 的系数值,则这一数值对应的 i 值,即为所求的贴现率 i。如果未能找到这一数值,则应用插值法求 i。

即在表中找到与上述数值最接近的两个左右临界值,设为 $\beta_1,\beta_2(\beta_1<\alpha<\beta_2)$,其所对应的贴现率分别为 i_1,i_2,假设贴现率 i 同相关系数在较小范围内线性相关,因而可根据临界系数和相应的贴现率,其公式为

$$i = i_1 + \frac{\beta_1 - \alpha}{\beta_1 - \beta_2}(i_2 - i_1)$$

【例 3.20】 某企业某年年初借款 2 000 万元,银行要求每年年末提出还本付息的金额为 500 万元,需要 9 年还清。则借款利率为多少?

解:根据题意,$P = 2\,000, A = 500, n = 9$,则
$$(P/A,i,q) = P/A = 2\,000/400 = 5$$

查普通年金现值系数表,在 $n = 9$ 的一行上无法找到恰好等于 5 的系数,于是在该列上找到大于和小于 5 的临界系数值,分别为 $\beta_1 = 5.328\,2$ 和 $\beta_2 = 4.916\,4$,其对应的临界利率为 $i_1 = 12\%$ 和 $i_2 = 14\%$。则

$$i = i_1 + \frac{\beta_1 - \alpha}{\beta_1 - \beta_2}(i_2 - i_1) = 12\% + \frac{5.328\,2 - 5}{5.328\,2 - 4.916\,4}(14\% - 12\%) \approx 13.59\%$$

2. 期数的推算

期数的推算,其原理和步骤同贴现率的推算相似。现以普通年金为例,说明已知 P, A 和 i 的情况下期数 n 的推算。

【例 3.21】 某企业现有一次性借款 1 500 万元,若在年利率 10% 的情况下,每年年末提出 300 万元作为偿债准备需要多长时间才能提足偿债款项?

解:根据题意,$P = 1\,500, A = 300, i = 10\%$,则
$$(P/A,10\%,n) = P/A = 1\,500/300 = 5$$

查普通年金现值系数表,在 $i = 10\%$ 的一列上无法找到恰好等于 5 的系数,于是在该列上找到大于和小于 5 的临界系数值,分别为 4.868 4 和 5.334 9,其对应的临界期间为 7 和 8。然后假设 n 为实际年限,则可用插值法求出实际年限。

插值法的结果是:$\dfrac{n-7}{8-7} = \dfrac{5 - 4.868\,4}{5.334\,9 - 4.868\,4}$,所以 $n = 7 + 0.282\,1 \approx 7.28$(年)。

最后总结一下各种系数的表达:

复利终值系数 $(1+i)^n$ 或 $(F/P,i,n)$ 或 $FVIF_{i,n}$;

复利现值系数 $1/(1+i)^n$ 或 $(P/F,i,n)$ 或 $PVIF_{i,n}$;

年金终值系数 $\dfrac{(1+i)^n - 1}{i}$ 或 $(F/A,i,n)$ 或 $FVIFA_{i,n}$;

年金现值系数 $\frac{1-(1+i)^{-n}}{i}$ 或 $(P/A,i,n)$ 或 $PVIFA_{i,n}$。

第二节 投资风险价值

投资风险是市场经济的一个重要特征,而企业的财务管理活动常常都是在有风险的情况下进行的,冒风险就要求获得额外的报酬,否则就不值得去冒险。因此,离开了风险因素,就不可能正确地评价报酬的高低。风险报酬原理也就是风险价值原理正确地提示了风险和报酬之间的关系,进而为进行财务决策提供了可靠的依据。

一、投资风险价值的含义

风险是现代企业财务管理环境的一个重要特征,在企业财务管理的每一个环节都不可避免地要面对风险。这是因为在财务管理活动中避免不了投融资活动,投融资活动具有不确定性、周期性、时滞性、投资的测不准性等风险特征,因此风险是客观存在的,如何防范和化解风险,来达到风险与报酬的优化配置是非常重要的。首先,我们来了解一下什么是风险。

(一)风险的含义

风险是一个比较难掌握的概念,理论界关于其定义和计量方法有多种表述,概括起来,大致有以下几种:

在韦伯斯特大词典中关于风险的定义是:"灭火、损伤或处于危险处境的可能。"即风险指发生某些不利事件的可能性。

从证券分析或投资项目分析来讲,风险应该是指实际现金流量会少于预期流量的可能。

从投资者的角度来看,风险是指从投资活动中所获收益低于预期收益的概率。

从财务管理的角度来说,风险是指在一定条件下和一定时期内可能发生的各种结果的变动程度。或是指人们事先能够肯定采取某种行为所有可能的后果,以及每种后果出现可能性的状况。

可见,站在不同的角度对风险的含义有不同的理解,风险的实际性质有三个,即客观性、时间性和可测性。

在财务实务领域,不确定性一般作为"风险"来对待,即未来的收益或损失只要不确定,就称做有"风险"。实际上,不确定性是人们事先只知道采取某种行动可能形成的各种结果,但不知道它们出现的概率,或者两者都不知道,只能作粗略的估计。例如,企业试制一种新产品,现在只能肯定该种产品试制会有成功或失败两种可能,但不会知道这两种后果出现可能性的大小。经营决策一般都是在不确定的情况下做出的。因此,为了便于进行定量分析,财务管理中把风险视为不确定性加以计量,将风险理解为可测定概率的不确定性。

概率的测定有两种方法:一种是客观概率,指根据大量历史的实际数据推算出来的概率;

另一种是主观概率,指在没有大量实际资料的情况下,人们根据有限资料和经验合理估计的概率。

(二) 风险的种类

风险的预期结果的不确定性,这种不确定性可以来自于外部环境或整个市场,也可能来自于特定的投资方案或特定的金融资产,前者称做系统性风险或不可分散风险,后者称做非系统性风险或可分散风险。

1. 系统性风险

系统性风险是指由于整个经济的变动而造成的市场全面风险,如社会动荡不安、政局不稳、国民经济的全面衰退、资源危机、社会经济制度变革等。系统性风险是来自于特定投资方案或特定金融资产的外部,作为特定的投资方案或特定的金融资产来说是不可回避的,不能运用一定的理财策略进行分散的风险,所以这种风险又称为不可分散风险。

2. 非系统性风险

非系统性风险是指对于特定的理财项目来说所存在的风险。由于它与理财项目外部因素的变动无关,所以称做非系统性风险,如购买某一股份公司的股票,由于该股份公司的经营破产而为投资方带来的投资损失,或者由于该股份公司的经营情况不稳定为投资方的股票投资收益带来不确定的风险。这类风险可以通过多样化投资策略进行分散,所以非系统性风险又称为可分散风险,又可称其为公司特有风险。

3. 总风险

一个特定的理财项目的风险来自内部和外部两个方面,所以理财风险包括系统性风险和非系统性风险两个部分,一部分是可以通过多样化理财策略进行分散,而另一部分则不能运用多样化理财策略分散。两个方面的风险合并到一起,就构成了特定的理财项目的总风险。即

$$总风险 = 系统性风险 + 非系统性风险$$

(三) 投资风险价值的概念

一般而言,人们都不喜欢风险,而且在投资时都千方百计地回避风险,可是,为什么还是有人"明知山有虎,偏向虎山行"呢?这是因为,一个投资方案的收益与风险往往是相伴而生的,而且风险越大,收益就越高,风险越小,收益就越低。财务决策就是在风险与收益之间进行选择,在收益一定的情况下,谋求最低的风险,在风险一定的情况下,谋求最高的收益,冒的风险越大,收益率就应该越高,就可以得到额外收益——风险报酬即投资风险价值。所谓风险价值,是指投资者因冒风险进行投资而获得的超过时间价值的那部分收益。在财务管理投资活动中习惯称其为投资风险报酬。

(四) 投资风险价值的表示方法

投资风险报酬有两种方法表示:投资风险报酬额和投资风险报酬率。投资风险报酬额是指投资者因冒风险进行投资而获得的超过时间报酬的那部分额外报酬;投资风险报酬率是指

投资者因冒险进行投资而获得的超过时间报酬率的那部分额外报酬率,即投资风险报酬额与原投资额的比率。在财务管理中,投资风险报酬通常用相对数——风险报酬率来加以计量。风险报酬虽然有两种表示方法,但是在实际工作中,并不进行严格的区分,因此,人们在涉及风险报酬这个概念时,有时是指风险报酬率,有时是指风险报酬额。风险越大,补偿越高,即风险和报酬间的基本关系是风险越大,要求的报酬率越高。在投资报酬率相同的情况下,人们都会选择风险小的投资,竞争又会使其风险增加,报酬率下降。风险和报酬的这种联系是市场竞争的结果。

从理论上讲投资报酬是由无风险报酬、风险报酬和通货膨胀贴补三部分组成的。投资报酬可表示为

$$投资报酬(R) = 无风险报酬 + 风险报酬 + 通货膨胀贴补$$

如果把通货膨胀因素抽象掉,投资报酬率就是时间价值率和风险报酬率之和,即

$$期望投资报酬率 = 无风险报酬率 + 风险报酬率$$

无风险报酬率通常就是指货币时间价值率,正因为如此,时间价值和风险报酬就成为影响财务管理的两个基本因素。

下面具体分析一下无风险报酬、风险报酬以及通货膨胀补贴。

1. 无风险报酬

无风险报酬是指将投资投放某一投资项目上能够肯定得到的报酬。在西方国家通常以固定利息公债券所提供的报酬作为无风险报酬。公债券以政府作为债务主体,一般认为这种债券的信用极高,其到期还本付息不存在问题,因而投资的预期报酬几乎是确定的。无风险报酬有以下特征:

(1)预期报酬的确定性,或者说无风险报酬是必要投资报酬中肯定和必然会得到的部分。无风险报酬是投资者所期望的必要投资报酬的基础,也是投资者是否进行投资的必要前提。

(2)衡量报酬的时间性。无风险报酬也称货币时间价值,也就是说,无风险报酬只与投资的时间长短有关。它有两方面的含义:一是同一投资随着投资时间的延长,投资报酬会按指数增长。这与资金的周转价值有关,每一次周转后的利润也要加入周转,即考虑复利的影响,则每一次周转所获得的利润一定会比上一次周转所获得的利润多,投资报酬呈指数增长。二是同一投资会因投资期间不同,而使同一时期所获的无风险投资报酬不相同。例如,长期债券和短期债券的年利率是不相同的,长期债券因其流动性更弱,故必须以更高的利率作为补偿。

2. 风险报酬

风险报酬是指投资者由于冒着风险进行投资而获得的超过货币时间价值的额外报酬,即一种投资风险补偿。通常情况下风险越高,相应所需获得的风险报酬率也就越高。这里超过货币时间价值的额外收益,是剔除了通货膨胀因素的。风险报酬具有以下特征:

(1)预期报酬的不确定性。风险表现为投资报酬的不确定性,故与风险相关的预期报酬就是不确定的。由于存在投资风险,不仅风险报酬是不确定的,它还会在整体上影响投资的

成败,从而导致整个投资报酬都是不确定的。投资风险报酬是就投资风险自身而言,它不是整个投资的总报酬,而只是投资报酬的风险部分。这种划分实际上是一种理论分析的必要。

(2)衡量报酬的风险性,也就是说风险报酬只与风险有关。

3. 通货膨胀贴补

通货膨胀贴补又称通货膨胀溢价,它是指由于通货贬值而使投资受到损失的一种补偿。通货膨胀贴补率有以下特点:

(1)预期贴补率的不确定性。由于通货膨胀率是变动的:当通货膨胀率上升时,投资报酬中的通货膨胀贴补率比例上升,反之则下降;所以必须通过通货膨胀预期来确定通货膨胀贴补率。

(2)通货膨胀贴补的补偿性。由于通货膨胀的存在,投资的必要报酬率可以分为真实报酬率和名义报酬率。真实报酬率就是指不含通货膨胀贴补率的报酬率,它是无风险报酬率和风险报酬率之和。名义报酬率则是指包含通货膨胀贴补率的报酬率。

(3)通货膨胀贴补的货币性。在投资报酬中,只考虑通货膨胀贴补中货币贬值而导致的原始投资贬值和投资收益贬值,是对投资收益实际购买力下降的一种补偿。它与各投资者或各投资项目所实际感受的通货膨胀影响无关。当通货膨胀发生时,有时投资项目所形成的产品售价上升会得到涨价的好处。有时投资项目所形成的产品成本上升,则会遭受损失。尽管存在这种差别,但就投资者的投资收益来说,只要存在通货膨胀,其实际购买力必然下降,因为同样多的货币投资和投资收益不可能代表同样多的实际价值。而要使实际价值不变,只有增加货币量,这个增加的货币量就是通货膨胀贴补。

二、投资风险价值的计算

投资风险价值(以下简称风险报酬)的计量,是财务管理学中的重要内容,由于风险本身的未来结果的不确定性,也就决定了风险报酬的不确定性,可以运用统计学的概率分布来确定,除无风险投资项目(国库券投资)外,其他所有投资项目的预期报酬率都可能不同于实际获得的报酬率。对于有风险的投资项目来说,其实际报酬率可以看成是一个有概率分布的随机变量,可以用两个标准来对风险进行衡量:①期望报酬率;②标准差。只要预计的概率分布中可能的结果不止一个,风险就不可避免。风险报酬的计量可以按以下几个步骤进行。

(一)确定概率分布

在经济活动中,某一事件在相同的条件下可能发生,也可能不发生,这类事件称为随机事件。概率就是用来表示随机事件发生可能性大小的数值。通常,把必然发生的事件的概率定义为1,把不可能发生的事件的概率定义为0,而一般随机事件的概率是介于0与1之间的一个数。概率越大,就表示该事件发生的可能性越大。

如果把所有可能性的事件或结果都列示出来,而且每一事件都给予一种概率,把它们列示在一起,便构成了概率的分布。概率的分布要求有两个:一是所有概率 P_i 都在 0 和 1 之间,即 $0 \leq P_i \leq 1$;二是所有结果的概率之和应等于 1,即 $\sum_{i=1}^{n} P_i = 1$,其中 n 为可能出现结果的个数。

(二)计算期望报酬率

1. 期望报酬率的含义

期望报酬率(也称预期报酬率)是各种可能报酬率的加权平均数。它的权数就是各种可能报酬率发生的概率,它是反映集中趋势的一种量度。其计算公式如下:

$$\overline{K} = \sum_{i=1}^{n} K_i P_i$$

式中 $\overline{K}$——期望报酬率、预期报酬率;

K_i——第 i 种可能结果的报酬率,即第 i 种报酬率;

P_i——第 i 种可能结果的概率,即第 i 种概率;

n——可能结果的个数。

【例3.22】 某企业有两个投资机会,其有关的概率分布及期望报酬率情况如表 3.6 所示。

表 3.6 A、B 项目的概率分布及报酬率

经济情况	概率	A 项目报酬率	B 项目报酬率
繁荣	0.3	80%	30%
正常	0.4	20%	20%
衰退	0.3	-40%	10%

A、B 两个项目的期望报酬率计算如下:

$$\overline{K}(A) = 0.3 \times 80\% + 0.4 \times 20\% + 0.3 \times (-40\%) = 20\%$$

$$\overline{K}(B) = 0.3 \times 30\% + 0.4 \times 20\% + 0.3 \times 10\% = 20\%$$

以上 A、B 两个项目的期望报酬率相同,都是 20%,在这种情况下,如何来判断二者风险的大小呢?可通过考察它们分布离散的情况来进行。

2. 离散型分布

若随机变量(如报酬率)只取有限个值,并且对应于这些值都有确定的概率,则随机变量是离散分布。图 3.14 就属于离散型分布,它有 3 个值。在离散型分布里,随机变量(报酬率)在直角坐标系中越集中,其实现的可能性越大,风险越小;反之,风险越大,该例可绘制如图 3.14 所示。

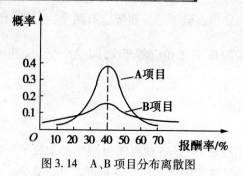

图 3.14 A、B 项目分布离散图

(三)方差、标准差和标准离差率

1. 方差

按照概率论的定义,方差是各种可能的结果偏离期望值的综合差异,是反映离散程度的一种量度。方差可按以下公式计算:

$$\delta^2 = \sum_{i=1}^{n}(K_i - \overline{K})^2 \cdot P_i$$

式中 δ——方差;

$\overline{K}$——期望报酬率;

K_i——第 i 种可能的结果;

P_i——第 i 种结果的概率;

n——可能结果的个数。

2. 标准差

标准差是统计学中的一个概念,又叫标准离差,用于计量一个变量对其平均值的偏离度。标准差也称均方根,是方差的平方根。

标准差可按以下公式计算:

$$\sigma = \sqrt{\sum_{i=1}^{n}(K_i - \overline{K})^2 \cdot P_i}$$

式中 σ——期望报酬率的标准差;

$\overline{K}$——期望报酬率;

K_i——第 i 种可能的结果;

P_i——第 i 种结果的概率;

n——可能结果的个数。

标准差 σ 用来估量一项投资收益的变动情况并由此表示出其中的风险程度。方差或标准差是测定风险大小的有效指标,方差或标准差越大,预计结果的离散程度越高,结果越不确定,风险越大;反之,方差或标准差越小,风险也就越小。标准差主要用来比较期望值或原始投资额相等的项目的风险大小,标准差的值越大,投资收益的变动越大,投资风险也就越大;当标准差为0时,意味着收益稳定,不存在风险。但是,标准差只是反映了几个有限的收益的变动(离散型),若事实上这种变动属于连续型的分布,就应绘制标准离差正态分布图来分析。若正态分布图越陡峭,投资风险就越低,分布越平缓,风险就越高。

A、B两个项目的标准差计算如下：

$\sigma(A) = \sqrt{(80\% - 20\%)^2 \times 0.3 + (20\% - 20\%)^2 \times 0.4 + (-40\% - 20\%)^2 \times 0.3} = 46.48\%$

$\sigma(B) = \sqrt{(30\% - 20\%)^2 \times 0.3 + (20\% - 20\%)^2 \times 0.4 + (10\% - 20\%)^2 \times 0.3} = 7.75\%$

计算结果表明,A项目的标准差为46.48%,B项目为7.75%,二者的期望报酬率相同,都是20%,所以,B项目的标准差小,风险也小。

3. 标准离差率

以上研究的标准差,是对风险的绝对估量,只能用于比较期望报酬率相同的各项投资风险程度。对于期望报酬率不同的项目的估量,标准差是反映随机变量离散程度的一个指标,但我们应当注意到标准差是一个绝对指标,作为一个绝对指标,标准差无法准确地反映随机变量的离散程度。解决这一问题的思路是计算反映离散程度的相对指标,即标准离差率(也称变异系数)。

标准差率是某随机变量标准差相对该随机变量期望值的比率,其计算公式为

$$V = \frac{\delta}{\overline{K}} \times 100\%$$

式中　V——标准离差率;

δ——标准离差;

$\overline{K}$——期望投资报酬率。

A、B两个项目的变异系数如下：

$$V(A) = \frac{46.48\%}{20\%} \times 100\% = 232.40\%$$

$$V(B) = \frac{7.75\%}{20\%} \times 100\% = 38.75\%$$

计算结果表明,B项目的变异系数小,因而风险也小。

当然,在此例中项目A和项目B的期望投资报酬率是相等的,可以直接根据标准差来比较两个项目的风险水平。但如比较项目的期望报酬率不同,则一定要计算标准离差率才能进行比较。

(四)计算风险报酬率

标准差和变异系数虽然能正确评价投资风险程度的大小,但还没有完成计算风险报酬率

的任务,要计算风险报酬率,必须借助一个系数——风险报酬系数。风险报酬率、风险报酬系数和变异系数之间的关系可表示为

$$R_R = b \cdot V$$

式中　R_R——风险报酬率;

　　　b——风险报酬系数;

　　　V——标准离差率。

则在不考虑通货膨胀因素的影响时,投资的总报酬率为

$$K = R_f + R_R = R_f + bV$$

式中　K——投资报酬率;

　　　R_f——无风险报酬率。

在财务管理中通常把某一时期某个国家的政府债券的报酬率视为无风险报酬率。风险价值系数 b 则可以通过对历史资料的分析、统计回归、专家评议获得,或者由政府部门公布。若 A 项目的风险报酬系数为 5%,B 项目的风险报酬系数为 8%,则 A、B 两个项目的风险报酬率计算如下:

$$R_R(A) = 5\% \times 232.40\% = 11.62\%$$
$$R_R(B) = 8\% \times 38.75\% = 3.10\%$$

若无风险报酬率为 10%,则投资总报酬率为

$$K_R(A) = 10\% + 11.62\% = 21.62\%$$
$$K_R(B) = 10\% + 3.10\% = 13.10\%$$

(五)计算风险报酬额

在已知风险报酬率的情况下,求风险报酬额,可以使用以下计算公式:

$$P_R = CR_R$$

式中　P_R——风险报酬额;

　　　C——投资额;

　　　R_R——风险报酬率。

若该企业总投资额为 100 万元,其投资于 A、B 两个项目的风险报酬分别计算如下:

$$P_R(A) = 100 \times 11.62\% = 11.62(万元)$$
$$P_R(B) = 100 \times 3.10\% = 3.10(万元)$$

根据上述计算结果,投资总报酬的计算公式如下:

$$K_K = C \times K_R = C \times (R_f + R_R)$$

A、B 两个项目的投资总报酬额分别计算如下:

$$K_K(A) = 100 \times 21.62\% = 100 \times (10\% + 11.62\%) = 21.62(万元)$$
$$K_K(B) = 100 \times 13.10\% = 100 \times (10\% + 3.10\%) = 13.10(万元)$$

由此可见,A 项目的风险大,其风险报酬额也大,获得的投资报酬额也多。究竟应选择哪个项目,要取决于人们对待风险的态度。不同的人对待风险的态度是有差别的,对于上述两个项目,采取稳健策略的人,会选 B 项目;对于采取冒险策略的人,会选 A 项目。在一般情况下,报酬率相同时,选择风险小的项目;风险相同时,选择报酬率高的项目。问题在于,一些项目正因为风险大,所以相应的报酬率也高,如何决策呢?这就要看报酬率是否高到值得去冒险,以及投资人对风险的态度。

(六)证券组合的风险

前已述及,投资多样化所形成的证券组合的总风险分为两个部分,即系统性风险和非系统性风险。系统性风险,一般是由整个经济的变动而造成的市场全面风险,其影响是全面性的,不可避免的,不能通过投资的多样化来冲减和分散,也称不可分散风险;非系统性风险,是公司特有风险,因而投资者可以通过投资多样化来相对冲减或分散,也称可分散风险。这两类风险可表示如图 3.15 所示。

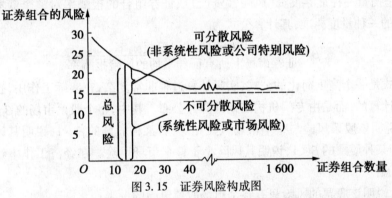

图 3.15　证券风险构成图

从图 3.15 中可以看到,可分散风险随证券组合中股票数量的增加而逐渐减少。有关资料显示,一种股票组成的证券组合的标准差 δ 大约为 28%,由所有股票组成的证券组合叫做市场证券组合,其标准差为 15.1%,即 $\delta = 15.1\%$。有关研究表明,在一个完善的证券市场中,如果一个包含有 40 种股票而又比较合理的证券组合,大部分可分散风险都能消除掉。

1. 可分散风险的分散

证券组合的风险相抵的程度,用相关系数 ρ 来表示。关于证券组合的相关系数,有以下五种情况:

(1)当相关系数 $\rho = +1.0$ 时,为完全正相关,投资组合不发挥作用。两个完全正相关的股票报酬将一起上升或下降,变动方向与程度均一致,这样的组合不能冲减或抵消任何风险。

(2)当相关系数 $0 \leqslant \rho \leqslant 1$ 时,为正相关。此时投资多样化能偶尔起到降低风险的作用。

(3)当相关系数 $\rho = 0$ 时,为不相关,此时投资多样化不能起到降低风险的作用。

(4) 当相关系数 $-1 \leq \rho \leq 0$ 时，为负相关。投资风险虽然不能被完全抵消，但也可以较大地降低证券投资组合的风险。

(5) 当相关系数 $\rho = -1.0$ 时，为完全负相关，风险正好完全抵消。这样的两种股票组成的证券组合是最佳组合，能够组成一个完全无风险的证券组合，这是因为它们的报酬正好成相反方向的变动，即当 A 股票报酬上升时，B 股票报酬正好下降，升降的幅度相互抵消。事实上，在现实生活中完全负相关的两种证券几乎不存在，绝大多数的情况是正相关。

实际证券投资组合过程中，相关系数 $\rho = +0.6$ 时，为最常见的情况，绝大多数两种股票组合的相关系数，都居于正相关的 0.5～0.7 之间。

2. 不可分散风险的分散

即使投资者持有的是经过精心设计、风险适当分散的证券组合，也会遭受到不可分散风险。因此，对投资者来说，这种风险是无法消除的，是必须面对的，但是由于各个企业的实力差异，这种风险对不同企业的影响程度是不同的，对于这种风险的计量，可通过 β 系数来进行。

β 系数是衡量一种证券投资（风险性资产）或证券组合的报酬率对整个资本市场报酬率变动的反应的一种量度标准，其计算公式为

$$\beta = \frac{某种证券的风险报酬率}{证券市场上所有证券平均的风险报酬率}$$

上述公式是一个高度简化的公式，实际计算过程非常复杂，在实际工作中，投资者本身是无法完成其计算的，而是由专门机构定期计算并公布。其中，整个股票市场的 $\beta = 1$；若某种股票的 $\beta = 1$，说明该股票风险与整个市场风险相等；若某种股票的 $\beta > 1$，说明其风险大于整个市场风险；若某种股票的 $\beta < 1$，说明其风险小于整个市场风险。在经济工作中经常使用的标准的 β 值如下：

$\beta = 0.5$，说明该股票的风险只有整个市场股票风险的一半；

$\beta = 1.0$，说明该股票的风险等于整个市场股票风险；

$\beta = 2.0$，说明该股票的风险是整个市场股票风险的 2 倍。

以上是单个股票 β 系数的计算方法，证券组合的 β 系数是单个证券 β 系数的加权平均。权数为各种股票在证券组合中所占的比重，其计算公式为

$$\beta_P = \sum_{i=1}^{n} X_i \beta_i$$

式中　β_P——证券组合的 β 系数；

X_i——证券组合中第 i 种股票所占的比重；

β_i——第 i 种股票的 β 系数；

n——证券组合种股票的数量。

【例 3.23】　若 A、B、C 三种股票投资总额为 10 万元，其中 A 股票为 2 万元，$\beta = 2$；B 股票

为5万元,$\beta=1$;C股票为3万元,$\beta=0.5$。则证券组合的β系数是多少?

解:
$$\beta_P = \frac{2}{10} \times 2.0 + \frac{5}{10} \times 1 + \frac{3}{10} \times 0.5 = 1.05$$

通过以上分析可得出如下结论:

(1)证券投资的总风险由可分散风险和不可分散风险两部分组成。
(2)可分散风险可通过证券组合来消减,消减程度决定于相关系数r。
(3)不可分散风险不能通过证券组合来消减,需要通过β系数来计量。
(4)证券组合的风险程度,决定于综合β系数的大小。

(七)证券组合的风险报酬

证券组合的风险报酬是指投资者因承担不可分散风险而要求的,超过时间价值的那部分额外报酬。在现实生活中,证券组合投资与单项投资一样,都要求对其承担的风险进行补偿,股票的风险越大,要求的报酬率越高。证券组合风险报酬的计算公式为:

$$R_P = \beta_P \cdot (R_m - R_f)$$

式中 R_m——所有股票的平均报酬率,简称市场报酬率;
R_F——无风险报酬率,一般可用政府债券的利息率来衡量。

【例3.24】 某公司持有价值为300万元的股票,是由甲、乙、丙三种股票构成的证券组合,它们的β系数分别为2.0,1.0,0.5,它们在证券组合中所占的比重分别为70%、20%和10%,股票的市场报酬率为15%,无风险报酬率为10%,求这种组合的风险报酬率、风险报酬额和总投资报酬额。

(1)确定证券组合的β系数。
$$\beta_P = 70\% \times 2.0 + 20\% \times 1.0 + 10\% \times 0.5 = 1.65$$

(2)计算证券组合的风险报酬率。
$$R_P = 1.65 \times (15\% - 10\%) = 8.25\%$$

(3)计算证券组合的风险报酬额。
$$R_R = 300 \times 8.25\% = 24.75(万元)$$

(4)计算投资总报酬额。
$$K = 300 \times (10\% + 8.25\%) = 54.75(万元)$$

在其他因素不变的条件下,风险报酬率和风险报酬额的大小,取决于证券组合中的β系数。若β系数越大,风险报酬率就越大,风险报酬额也就越大;反之,就越小。此种情况可通过下面的例子加以说明。

【例3.25】 若该公司重新调整证券组合,卖出部分甲股票,买进部分丙股票,是证券组合的比重变为:甲20%,乙20%,丙60%,求此时的风险报酬率、风险报酬额和投资报酬额。
$$\beta_P = 20\% \times 2.0 + 20\% \times 1.0 + 60\% \times 0.5 = 0.9$$

$$R_P = 0.9 \times (15\% - 10\%) = 4.5\%$$
$$P_R = 300 \times 4.5\% = 13.5(万元)$$
$$K = 300 \times (10\% + 4.5\%) = 43.50(万元)$$

由此可见，调整了甲、乙、丙三种股票在证券组合中的比重，缩小了 β 较大的甲股票的比重，扩大了 β 较小的丙股票的比重，使得综合 β 系数缩小，从而降低了风险同时也降低了风险报酬额和投资报酬额，即投资者在分散风险的同时也分散了收益，因此，在证券组合中，β 系数起关键的作用。

通过上述分析得知，证券组合的风险一般要小于该组合中各项证券的平均风险，这一现象对于研究风险和报酬率之间的关系有重要的意义。西方财务管理学中的资本资产定价模型表明了在证券投资充分多样化的组合中，其风险与要求的报酬率之间存在的均衡关系。用图形表示的资本资产定价模型，称做证券市场线（简称 SML 线），它说明了必要报酬率 K 与计量不可分散风险 β 系数之间的关系，如图 3.16 所示。

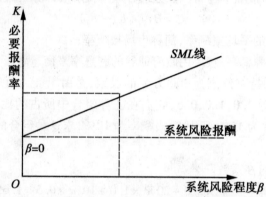

图 3.16　必要报酬率与不可分散风险系数之间的关系

图 3.16 中纵轴代表必要报酬率（K），横轴代表风险程度（β），证券市场线的起点为无风险报酬率，即 β 为 0 的报酬率，从此点向右延伸，报酬率随着风险程度的增加而增加，形成一个倾斜向上的直线，即为证券市场线，反映报酬与风险之间的"均衡"关系。沿着证券市场线的报酬率，就是补偿投资者持有证券承担一定风险所要求的报酬率，所以称为"必要报酬率"。SML 线表明在系统风险一定的前提下，必要报酬率在市场上的变动趋势，平行线所示为无风险报酬率，当风险增加时，报酬增加，必要报酬率也相应提高。资本资产定价模型的公式为

$$K_f = R_f + \beta_i(R_m - R_f)$$

式中　K_i——第 i 种股票或第 i 种证券的必要报酬率；

　　　R_f——无风险报酬率；

　　　β_i——第 i 种股票或第 i 种证券组合的 β 系数；

　　　R_m——所有股票的平均报酬率。

【例 3.26】 若某政府债券的利率为 7%,市场平均报酬率为 16%,某种股票的 β 系数为 1.5,求该股票的必要报酬率。

$$K_i = 7\% + 1.5 \times (16\% - 7\%) = 20.5\%$$

计算结果表明,只有该股票的报酬率达到或超过 20.5%,投资者才能投资购买。

【案例 3.1】

拿破仑 1797 年 3 月在卢森堡第一国立小学演讲时说了这样一番话:"为了答谢贵校对我,尤其是对我夫人约瑟芬的盛情款待,我不仅今天呈上一束玫瑰花,并且在未来的日子里,只要我们法兰西存在一天,每年的今天我将亲自派人送给贵校一束价值相等的玫瑰花,作为法兰西与卢森堡友谊的象征。"时过境迁,拿破仑穷于应付连绵的战争和此起彼伏的政治事件,最终惨败而流放到圣赫勒拿岛,把卢森堡的诺言忘得一干二净。可卢森堡这个小国对这位"欧洲巨人与卢森堡孩子亲切、和谐相处的一刻"念念不忘,并载入他们的史册。1984 年底,卢森堡旧事重提,向法国提出违背"赠送玫瑰花"诺言案的索赔;要么从 1797 年起,用 3 路易作为一束玫瑰花的本金,以 5 厘复利(即利滚利)计息全部清偿这笔玫瑰案;要么法国政府在法国各大报刊上公开承认拿破仑是个言而无信的小人。起初,法国政府准备不惜重金赎回拿破仑的声誉,但却又被电脑算出的数字惊呆了:原本 3 路易的许诺,本息竟高达 1 375 596 法郎。经冥思苦想,法国政府斟词酌句的答复是:"以后,无论在精神上还是物质上,法国将始终不渝地对卢森堡大公国的中小学教育事业予以支持与赞助,来兑现我们的拿破仑将军那一诺千金的玫瑰花信誉。"这一措辞最终得到了卢森堡人民的谅解。

问题:
1. 试从该案例中分析货币时间价值的意义。
2. 按照拿破仑说的话,试计算 1984 年底应归还多少法郎?(1 路易约等于 20 法郎)

本 章 小 结

本章介绍了财务管理两个重要的观念——时间价值观念和风险报酬观念。时间价值观念的核心是时间价值的计量,其计量主要是以复利计算为手段,确定复利的终值与现值、年金终值与现值,旨在研究不同时点上收到或付出的资金价值之间的数量关系,为项目投资及证券投资的科学决策提供技术基础。风险估价主要是通过有关效益指标的期望值、标准差或标准差率,估计风险的大小;对于组合投资风险与收益的衡量,可以借助于资本资产定价模型进行投资的可行性分析。

自 测 题

一、单项选择题

1. 复利的计息次数增加,其现值 ( )

A. 不变 B. 增大
C. 减小 D. 呈正向变化

2. 资金时间价值通常 （　）
A 包括风险和物价变动因素
B 不包括风险和物价变动因素
C 包括风险因素但不包括物价变动因素
D 包括物价变动因素但不包括风险因素

3. 普通年金终值系数的基础上，期数加1，系数减1所得的结果，数值上等于 （　）
A. 普通年金现值系数　　　　　B. 即付年金现值系数
C. 普通年金终值系数　　　　　D. 即付年金终值系数

4. $\dfrac{(1+i)^n - 1}{i}$ 是 （　）
A. 普通年金的终值系数　　　　B. 普通年金的现值系数
C. 预付年金的终值系数　　　　D. 预付年金的现值系数

5. 一项1 000万元的借款，借款期3年，年利率为5%，若每半年复利一次，年实际利率会高出名义利率 （　）
A. 0.16%　　　　　　　　　　B. 0.25%
C. 0.06%　　　　　　　　　　D. 0.05%

6. 从财务的角度来看，风险主要是指 （　）
A. 无法达到预期报酬率的可能性　B. 生产经营风险
C. 筹资决策带来的风险　　　　D. 不可分散的市场风险

二、多项选择题

1. 按照收付的次数和支付的时间划分，年金可以分为 （　）
A. 先付年金　　　　　　　　　B. 普通年金
C. 递延年金　　　　　　　　　D. 永续年金

2. 下列各项中，属于普通年金形式的项目有 （　）
A. 零存整取储蓄存款的整取额　B. 定期定额支付的养老金
C. 年资本回收额　　　　　　　D. 偿债基金

3. 下列说法中正确的是 （　）
A. 一年中计息次数越多，其终值就越大
B. 一年中计息次数越多，其现值越小
C. 一年中计息次数越多，其终值就越小
D. 一年中计息次数越多，其现值越大

4. 甲、乙两种方案的期望报酬率分别为20%和15%，标准差分别为40%和35%，则
（　）

A. 甲方案的风险小于乙方案的风险

B. 甲方案的风险大于乙方案的风险

C. 两个方案的风险无法比较

D. 甲方案的报酬离散程度小于乙方案离散程度

5. 当 A、B 股票组合在一起时 （   ）

A. 可能适当分散风险

B. 当这种股票完全负相关时,可分散全部非系统风险

C. 能分散全部风险

D. 可能不能分散风险

6. 下列关于 β 系数的说法正确的是 （   ）

A. 在其他因素不变的情况下, β 系数越大风险收益就越大

B. 某股票 β 系数小于1,说明其风险小于整个市场的风险

C. β 系数是用来反映不可分散风险的程度

D. 作为整体的证券市场的 β 系数大于1

三、判断题

1. 风险与收益具有匹配性,因此,高风险的投资项目必然会给投资者带来高收益。（   ）

2. 投资者建立证券投资组合是规避系统风险和非系统风险的有效手段。（   ）

3. 资本资产定价模型为计算风险补偿提供了基本思路,但仅仅限于对系统风险的补偿。（   ）

4. 证券投资组合的预期收益率是组合中各个单项证券预期收益率的加权平均数。（   ）

5. 从降低证券投资风险的角度进行证券投资组合,应当寻求证券之间的负相关组合。（   ）

6. 偿债基金系数是年金现值系数的倒数。（   ）

7. 资本回收系数是年金现值系数的倒数。（   ）

8. 在进行无风险投资项目各期投资收益的复利现值的计算中,折现率越大,所计算的现值越大。（   ）

9. 证券市场线用来反应个别资产或组合资产的预期收益率与其所承担的系统风险 β 系数之间的线性关系。（   ）

10. 两种完全正相关的股票组成的证券组合不能抵消任何风险。（   ）

四、简答题

1. 如何理解货币时间价值的内涵及本质？

2. 为什么说现在的 100 元钱与一年以后的 100 元钱是不相等的？
3. 年金有哪几种？
4. 什么是递延年金？在计算过程中应该注意哪些问题？
5. 投资风险价值的含义是什么？投资风险价值如何测量？
6. 资本资产定价模型的基本原理是什么？

五、业务分析题

1. 某公司拟购置一处房产，房地产承销商提出两种付款方案：
(1) 从现在起，每年年初支付 20 万元，连续支付 10 次，共 200 万元。
(2) 从第 5 年开始，每年年初支付 25 万元，连续支付 10 次，共 250 万元。
假设该公司的资金成本，即最低报酬率为 10%，请计算分析该公司应选择哪个方案。

2. 某企业向保险公司借得一笔款项，预计 10 年后还本付息总额为 200 万元，为归还这笔借款，拟在各年末提取相等数额的款项以备还款，若银行的借款利率为 8%，请确定年偿债基金额。

3. 某企业于第一年年初借款 10 万元，每年年末还本付息额均为 2 万元，连续 7 年还清。要求确定借款利率。

4. 某 A 企业向银行贷款 5 000 万元，银行要求必须在未来 3 年每年底偿还相等的金额，而银行按贷款余额的 6% 收取利息。请你编制如下的还本付息表（保留小数点后 2 位）：

年度	支付额	利息	本金偿还额	贷款余额
1				
2				
3				
合计				

5. 某项投资的资产利润率及概率估计情况如下：

可能出现的情况	概率	资产利润率
1. 经济状况好	0.3	20%
2. 经济状况一般	0.5	10%
3. 经济状况差	0.2	−5%

假定企业无负债，且所得税率为 40%。
要求：
(1) 计算资产利润率的期望值。
(2) 计算资产利润率的标准差。
(3) 计算税后资本利润率的标准差。
(4) 计算资产利润率的标准差率。
(5) 确定该项投资盈利与损失的可能性有多大。

6. A 股票的实际收益率为 15%，B 股票的实际收益率为 10%。专家认为，B 股票的实际收益率与市场组合的平均收益率相同。

要求：

(1) 如果将无风险收益率确定为 5%，计算 A 股票的 β 系数；

(2) 如果将 A 股票的 β 系数确定为 1.8，计算无风险收益率 R。

7. 某公司拟进行股票投资，计划购买 A、B、C 三种股票，并设计了甲种投资组合。已知三种股票的 β 系数分别为 1.5、1.0 和 0.5，它们在甲种投资组合下的投资比重为 50%、30% 和 20%。同期市场上所有股票的平均收益率为 12%，无风险收益率为 8%。

要求：

(1) 根据 A、B、C 股票的 β 系数，分别评价这三种股票相对与市场投资组合而言的投资风险大小。

(2) 按照资本资产定价模型计算 A 股票的必要收益率。

(3) 计算甲种投资组合的 β 系数和风险收益率。

8. 某公司持有由甲、乙、丙三种股票构成的证券组合，三种股票的 β 系数分别为 2.0、1.3 和 0.7，它们的投资额分别是 60 万元、30 万元和 10 万元。股票市场平均收益率为 10%，无风险利率为 5%。假定资本资产定价模型成立。

要求：

(1) 确定证券投资组合的预期收益率。

(2) 若公司为了降低风险，出售部分甲股票，使甲、乙、丙三种股票在证券组合中的投资额分别变为 10 万元、30 万元和 60 万元，其余条件不变。试计算此时的风险收益率和预期收益率。

【阅读资料】

黄金市场不断震荡　摸清"门道"再入市

尽管进入 2012 年后，不断的震荡成为黄金市场的主旋律。对于习惯于单向做多或者做空的投资者来说或许少了不少投资机会，但是对于大部分投资人而言，黄金投资仍不失为一个魅力品种，尤其是在这种震荡行情中，入市"淘金"者亦不在少数。

理财专家提醒，随着投资渠道日渐增多，黄金投资者不仅要选择正规渠道，更需要摸清"门道"——只有熟悉了相关产品、了解了投资原理等要素后，投资黄金才能有的放矢。

对于挂钩型黄金理财产品而言，投资者最需要搞清楚的是这些产品的设计结构。总体来说，这类产品和其他结构性理财产品类似，尤其是与挂钩汇率型的结构性理财产品相似，大都分为两大类型：看涨看跌型和区间型。

所谓的看涨看跌型黄金理财产品，具体又可以分为看涨型和看跌型两类。看涨型通常设定一个较期初价格更高的价格水平作为触发水平。当未来黄金价格上涨超过或达到该水平时，投资者将获得预设的较高收益；否则将获得低收益；看涨型产品有时候也会设计成另一种模式，那便是将产品设计成当未来黄金价格上涨未超过或未达到触发水平，投资者将获得较高收益，否则获得低收益。

而看跌型黄金理财产品通常设定一个较期初价格更低的价格水平作为触发水平。当未来黄金价格下跌触及或跌破该水平时，投资者将获得较高的收益，否则获得低收益；相反，另一种看跌型产品则是将产品设计为当未来黄金价格下跌未超过或未达到触发水平，投资者将获得较高收益，否则获得低收益。

而区间型的黄金理财产品，则同时设定一个较期初价格较高和较低的价格水平作为触发水平（相当于一个存在上限和下限的区间），当未来黄金价格上涨（或下跌）达到或突破触发水平时，投资者将获得高收益；当未来黄金价格始终在区间内运行，投资者则获得低收益。当然，也有产品设计思路与之相反，即未来黄金价格始终在区间内运行，投资者将获得较高收益，一旦未来金价突破或触及上限或下限，投资者将只能获得低收益。当然，有部分区间型产品的设计更为特别，比如：有的产品以黄金价格落在其设定的价格区间的天数作为计算收益率的依据，有的则以金价最终涨幅并附带其他条件来作为收益率计算的依据。

因此，面对千变万化的黄金理财产品，投资者不要只看到"挂钩黄金"就盲目入市。"即便是产品的设计符合个人的判断，比如看跌未来的金价，但是也不是所有的看跌型产品都能赚大钱。"交通银行理财师李吉分析，"银行对产品的区间设置，或者是触发价格的设计都很有讲究，一定要研究好那些产品的关键因素，确信产品的入市节点是踩准了市场'节奏'的，投资者才能购买相关产品。"

第四章
Chapter 4

财务预测

【学习要点】

通过本章学习,要求掌握企业财务预测的意义、种类、程序、方法及其所包含的内容;重点掌握销售预测、成本预测、目标利润预测和资金需求量预测所运用的预测方法;各方法的特点及其具体的应用;了解财务预测方法的选择。

【案例导入】

立胜公司资金需求量预测案例

立胜公司是一家销售电风扇的商贸企业,2011年实际销售额为800 000元,净利润为70 000元,当年发放股利16 000元。预计2012年销售额可增至1 000 000元。假定其他条件不变,仍按基期股利发放率支付股利,按折旧计划提取40 000元折旧,其中50%用于改造现有厂房和设备,有关零星资金需求量为16 000元。该企业2011年资产负债表如下:

简要资产负债表
2011年12月31日 单位:元

资产		负债与所有者权益	
流动资产		流动负债	
库存现金	24 000	应付账款	124 000
应收账款	80 000	应付票据	16 000
存货	160 000	非流动负债	120 000
固定资产	300 000	所有者权益	
无形资产	120 000	股本	360 000
		留存收益	64 000
合计	684 000	合计	684 000

2012年立胜公司需要追加多少资金?应如何预测?

第一节 财务预测概述

财务预测是经济预测原理和方法在财务管理中的具体运用,它具有与其他经济预测不同的特点。从预测对象上看,财务预测侧重于企业整个资金运动,是一种价值预测;从预测目的上看,财务预测主要是为财务决策和财务预算提供科学的依据;从预测所用的资料上看,财务预测所需要的信息资料,主要是财会部门提供的历史和现实数据。不难看出,这些特点是由财务管理的要求和特点所决定的。因此,财务预测是财务管理的重要环节,它的准确性是直接影响企业筹资、投资决策成功与否的关键性因素。

财务预测实质上是一种特殊的财务分析,是对企业未来的财务状况进行估算。进行预测的目的,是为了体现财务管理的事先性,即帮助财务人员认识和控制未来的不确定性,使对未来的无知降到最低限度,使财务计划的预期目标同可能变化的周围环境和经济条件保持一致,并对财务计划的实施效果做到心中有数。

一、财务预测的意义

财务预测是根据财务活动的历史资料,考虑现实的要求和条件,采用科学的方法,对企业未来的财务活动和财务成果进行预先的推测和判断。现代企业要想在市场经济激烈的竞争中立于不败之地,企业的经营者必须具有"鉴往知来"的能力,必须能够了解过去、评价现在、推断未来,从而明晰企业各项活动目标,以预防为主,避免决策的盲目性。财务预测作为财务管理的一个重要环节,其意义主要体现在:

(一)财务预测是财务决策的重要依据

管理的关键在于决策,决策的关键在于预测。通过预测为决策的各种方案提供依据,以供决策者权衡利弊,增加决策者对未来的了解,以降低不确定性,从中选择最优的方案,做出正确选择。例如,公司进行经营决策时,必然要涉及成本费用、收益以及资金需要量等问题,而这些大多需要通过财务预测进行估算。凡事预则立,不预则废。因此,财务预测直接影响财务决策的质量。

(二)财务预测是财务预算的前提

要制定出切实可行的财务预算,包括日常生产经营活动所需要的资金及其来源、各项财务收入和支出、财务成果及其分配等,必须根据财务活动的历史和现状预测未来的发展趋势和可能达到的水平,同时将测算出的各项与财务活动有关的数据提供给预算编制部门,使财务预算符合财务发展规律,避免仅凭主观估计或随意推测,从而保证财务计划与财务战略的正确制定与实施。

(三)财务预测是日常财务控制的基础

财务预测是企业管理人员合理安排收支,提高资金使用效益重要基础。企业做好日常的财务管理工作,不仅需要熟知企业过去的财务收支规律和情况,还要善于预测企业未来的资金流量,即企业在计划期内有哪些资金流入和流出,收支是否平衡,要做到瞻前顾后,长远规划,使财务管理工作处于主动地位。

(四)财务预测是提高企业管理水平的重要手段

财务预测不仅为科学的财务决策和财务计划提供支持,也有利于培养财务管理人员的超前性、预见性思维,使之居安思危,未雨绸缪。同时,财务预测中涉及大量的科学方法以及现代化的管理手段,这无疑对提高财务管理人员的素质及企业管理水平起到重要作用。

二、财务预测的特点

财务预测作为企业价值管理的一种形式,具有以下几个特点:

(一)财务预测具有预见性

由于财务预测是对未来资金运动的事先反映,因而它能够突破资金运动的现实规定和历史界限,合乎逻辑地推测其未来,描述现时尚不存在的资金运动轨迹,以便克服财务管理,尤其是财务决策中的盲目性。

(二)财务预测具有不确定性

财务预测是对资金运动未来状态的推测与判断,因此永远是不充分的、不确定的。这种不确定性是因为财务预测不仅取决于当前的条件,更要取决于未来形成的条件;不仅取决于资金运动的内在规律性,也要取决于资金运动的外部环境。但是,值得注意的是财务预测数据的不充分、不确定与正确性并不矛盾,从最终目的看,只要财务预测的结果是有用的,那就应当认为其是正确的。

(三)财务预测具有灵活性

财务预测的预测内容、预测时间、预测方法以及预测达到的最终目的,都可以根据管理当局的需要及条件灵活确定。只要预测结果接近实际,方法比较科学即可。

(四)财务预测具有科学性

财务预测的主要依据是各种财务数据及会计信息,运用的主要方法是数学方法,通过建立科学的模型利用已有的信息进行相关整理,从而生成新的信息的过程。

三、财务预测的种类

企业财务预测的种类繁多,可以按照不同标志进行多种不同的分类:

(一)按预测跨越的时间长度可分为长期预测、中期预测和短期预测

长期财务预测是针对5年以上较长时间的财务变化及其发展趋势进行的预测。长期预测难度较大,精确度低,其主要目的是为编制长期财务计划和进行长期财务决策提供科学依据。例如,当企业考虑长远规划或进行扩大再生产时,需要对投资、费用及新增利润进行长期预测。

中期财务预测是指1年以上5年以下的财务预测。其主要目的是为企业长期规划提供切实可行的措施方案,检查长期计划的执行情况和长期决策的经济效果,以便及时发现问题,纠正偏差,保证长期计划的实现。例如,企业中有关可行性研究、新产品的开发、固定资产更新等财务预测属于中期预测。

短期财务预测是指一个计划年度或年度以内的预测。其主要目的是为编制年度计划、季度计划、月份计划,以及掌握短期计划的执行情况提供信息,为近期财务管理提供较为可靠的数据资料。企业财务预测多为短期预测,例如,销售收入预测、价格预测、资金需要量预测等。

(二)按预测对象范围可分为宏观预测和微观预测

宏观财务预测是在国民经济范围内或一个地区、行业范围内对财务活动各项内容的预测。微观财务预测是在企业范围内对财务活动各项内容的预测。

(三)按预测的方法可以分为定性财务预测和定量财务预测

定性财务预测是指财务预测者直接根据所掌握的信息资料,根据个人的经验进行分析判断来预测企业未来的发展状况和变化趋势。定量财务预测是根据充足的财务数据资料,运用数学方法进行科学的分析处理,对财务活动的未来发展做出定量的测算。

定性预测和定量预测的具体内容将在预测方法中介绍。

四、财务预测的步骤

财务预测的工作需遵循一定的步骤及程序来进行的,这样可以提高预测工作的效率,提高预测的精确度和质量。一般来说,财务预测要按下列步骤及程序来进行。

(一)明确预测对象和目的

财务预测的对象和目的不同,则预测资料的搜集、预测模型的建立、预测方法的选择以及预测结果的表达方式等方面都会有不同的要求。为了达到预期的效果,必须根据管理决策的需要,明确预测的具体对象(即对什么进行预测)和目的(即预测要解决的问题),如降低成本、增加利润、加速资金周转等,从而规定预测的范围。

(二)分析选择影响预测对象的因素

预测对象确定之后,在准备建立模型之前,需要寻找确定预测对象的主要影响因素。值得注意的是:选择的影响因素与预测对象之间应有因果或确定性关系;一元回归模型的解释

变量应该是预测对象的最主要影响因素;多元回归模型的解释变量应该是对预测目标有主要影响并且有统计数据的影响因素。

(三)收集和整理相关资料

根据财务预测的对象和目的,要广泛搜集与预测目标有关的各种资料信息,尤其是定量预测,无论是建立数学模型还是检验,均离不开数据资料。数据资料包括内部资料和外部资料、财务和生产技术资料、计划和统计资料等。能否正确把握与预测对象及影响因素有关的各种历史资料,势必会影响财务预测的精确度。因此,要对搜集的资料的可靠性、相关性、完整性和典型性进行分析,同时还必须进行归类、汇总、调整等加工处理,使资料符合财务预测的需求。

(四)选择预测方法,建立预测模型

财务预测必通过一定的科学方法才能完成,而且采用的预测方法不同,预测结果也会不一致。企业应按财务活动的客观实际选用预测方法,有时还可以把几种预测方法结合起来一起使用。同时,企业还可以凭借数学方法或者是电子计算机模拟、描述实际财务活动过程和各种财务变量间的相互关系,根据不同条件选定和建立合适的预测模型,互相验证和综合处理财务预测结果。

(四)修订财务预测结果

财务预测方法和预测模型选定之后,就可以根据所整理的数据资料进行定性、定量分析。有时运用定量方法预测,需要用定性分析方法修正定量预测分析的结果。定性分析方法预测的结果也同样需要应用定量方法加以修正、补充,最终使预测结果更加接近实际。

(六)编制财务预测报告

财务预测是一个具有完整性的流程,在选择预测方法、运用预测模型进行预测后,预测人员最后要以一定形式通过一定程序将修正后的预测结果向企业的相关领导和部门报送,从而作为编制计划和进行决策的依据。

五、财务预测分析的方法

财务预测分析的方法很多,一般可分为定性分析法和定量分析法两大类。

(一)定性分析法

定性分析法,又称非数量分析法或判断预测分析法,是指由熟悉情况和业务,并有一定理论知识和综合判断能力的专家和专业人员,根据个人的经验进行主观判断,提出初步预测意见,然后再通过一定形式(如座谈会等)进行综合分析,最后作为预测未来状况和发展趋势主要依据的方法体系。

该类方法一般是在缺乏完备的历史资料或有关因素之间缺乏明显的数量关系,难以进行定量分析的条件下采用,具有不需要寻找变量、不需要建立数学模型、方法简便易行的优点;但有容易受主观因素影响,因而精确度、客观性较差的缺点。常用的定性预测方法,主要有德尔菲法、专家小组法和主观判断法。

1. 德尔菲法

德尔菲法是由美国著名的兰德公司在 20 世纪 40 年代首先倡导使用。后来被西方国家广泛采用,享有盛名。它主要是采用通讯的方式,通过向见识广、学有专长的有关专家发出预测问题调查表,分别征求他们的意见;然后再把各专家的反馈意见,采用匿名方式汇集于一张表上,并经过多次反复修订,采用加权平均法或中位数法,综合归纳各专家的意见,最终做出预测判断。德尔菲法以其保密性、反馈性、集中判断的特点成为使专家各抒己见、集思广益、取长补短的一种定性预测法。其不足之处是所用时间较长,速度较慢。

2. 专家小组法

专家小组法,是由企业组织各方面的专家组成预测小组,通过召开各种形式座谈会的方式,进行充分、广泛的调查研究和讨论,然后根据专家小组的集体研究成果做出最后的预测判断。该种方法因专家组成员面对面地进行集体讨论和研究,可以相互启发、印证和补充,使对预测问题的分析和研究更加充分、全面和深入,避免各专家因信息资料不能共享而使预测带有片面性。但该方法存在专家组人数有限,因此代表性较差的缺点。同时,参加者可能碍于情面而不能畅所欲言,其观点易为权威人士或争强好胜者所左右。

3. 主观判断法

主观判断法,也称集合意见法。它是由预测人员根据事先拟定好的提纲,对那些对预测对象比较熟悉,对未来发展趋势比较敏感的领导人、主管人员和业务人员展开调查,广泛征求意见,然后把各方面的意见进行整理、归纳、分析、判断,最后做出预测结论。该种定性分析能广泛收集专业人员的意见,集思广益,并且耗时和耗费都比较少,运用灵活;但是,预测结果易受个人主观判断的影响,对一个问题可能产生多种不一致的观点,给预测带来了一定的困难;由于缺乏数字说明,使一些专门问题的研究不能深入,难以得出令人信服的结论。

定性预测分析法主要适用于销售的预测,也适用于成本预测、利润预测等全部经营预测分析。

(二)定量分析法

定量分析法,又称数量分析法,是指运用现代数学方法对有关的数据资料进行加工处理,据以建立能够反映有关变量之间规律性联系的各类预测模型的方法体系。此类方法适用于历史资料齐备的企业采用。定量预测分析法又分为趋势外推分析法和因果预测分析法。

1. 趋势外推分析法

趋势外推分析法又称时间序列分析法,即根据某项指标过去的、按时间顺序排列的历史数据,运用一定数理统计方法进行加工、计算,借以找出未来发展趋势的变化规律,从而推断未来发展趋势的分析方法,常用的方法有算术平均法、移动平均法、加权平均法、平滑指数法和修正的时间序列回归分析法等具体方法。此种方法多用于销售预测,也可用于成本预测。

2. **因果预测分析法**

因果预测分析法是指从某项指标与其他指标的相互联系中进行分析,根据它们之间的规律性联系,通过建立相应的因素数学模型,作为预测依据的分析方法。常用的方法有高低点法、本量利分析法、回归分析法等。此种方法可用于销售预测、成本预测、利润预测和资金需求量等全部经营预测分析。

在实践应用中,定性预测分析法和定量预测分析法并不是相互排斥的方法,常常根据需要结合起来应用,才能使预测的结果更科学、更可信。

六、财务预测的基本内容

财务预测的基本内容主要包括销售预测、成本预测、目标利润预测及资金需要量预测等几个方面。

(一)销售预测

销售预测是财务预测的起点,它有广义和狭义之分。广义的销售预测包括市场调查和销售收入预测;狭义的销售预测专指销售收入预测。市场调查是指通过了解产品供销环境和各类市场的情况,做出该产品市场情况的过程。它是销售收入预测的基础。销售收入预测是根据市场调查研究的资料,合理运用数理统计的方法,通过对事物发展因果关系的分析,预测未来一定期间内有关产品的销售收入、销售状态及其变化趋势。销售预测是正确编制销售计划的依据。

(二)成本预测

成本预测是根据与成本有关的各种数据,根据企业现有的生产技术条件及影响成本的各种因素可能发生的变化,采用一定的预测方法,对未来的成本水平及其变化趋势做出科学的测算。成本预测是企业成本管理的首要环节,是编制成本预算的前提。成本预测一般应包括目标成本预测、成本变动趋势预测、各项期间费用的预测等内容。

(三)目标利润预测

利润预测是指在销售预测的基础上,根据企业未来发展目标和其他相关资料,通过对影响利润的有关因素进行分析,对企业未来应达到和可望实现的目标利润水平及其变动趋势进行科学的预计和推测。利润预测是正确编制利润预算的重要依据。通过科学的利润预测方法,可以观察利润发展趋势,掌握利润变动规律,确定目标利润,增大目标得以顺利实现的可能性。

(四)资金需要量预测

资金需求量的预测是指在销售预测、成本预测、利润预测的基础上,根据企业未来生产经营发展的规模并考虑影响资金的各项因素,运用一定方法预计、推测企业在预测期所需资金数额及其资金利用效果的过程;具体包括:固定资产项目投资需用量预测、流动资金需用量预测、追加资金需用量预测等。

第二节 销售收入预测

财务预测的起点就是销售预测。一般情况下,财务预测把销售数据视为已知数,作为财务预测的起点。销售预测本身不是财务管理的职能,但它是财务预测的基础,销售预测(主要是销售收入预测)完成后才能开始财务预测。

一、销售预测的重要性

企业经营的主要目标是取得利润,而企业的产品销售收入是企业利润的主要来源。在市场经济下,"以销定产"是企业经营的基本原则。因此,在企业预测系统中,销售收入预测处于先导地位,它对于指导利润预测、成本预测和资金预测,进行长短期决策,安排经营计划,组织生产等都起着重要的作用。如果销售收入的预测偏差过大,则会导致企业失去盈利机会,丧失原有的市场份额,也可能会造成设备闲置和存货积压,使资产周转率下降,导致权益资本收益率降低,股价下跌。所以现实和科学的销售预测对企业的整个生产经营活动具有十分重要的作用。具体讲,具有以下四个方面:

(一)销售收入预测是企业编制各项预算的前提

销售预测是财务融资决策、订购材料、安排人工、规划生产等日常经营活动的基础。西方企业的各项预算都是从销售预算开始,而良好的销售预算有赖于可靠的销售收入预测,销售收入预测值过高或过低,都会给企业带来大的损失。

(二)销售预测是进行经营决策的基础

销售收入预测便于实现"以销定产"的经营方针,使产品的生产、销售、调拨和库存之间密切联系,争取更好的经济效果。通过销售收入预测可以促进企业针对消费者的需求确定生产计划,决定企业的生产规模,合理确定生产产品的品种和数量,避免产品的积压或脱销,组织更多的适销对路的商品供应市场。

(三)销售收入预测使企业的经营目标同社会发展和人民消费相适应

企业生产的产品,只有通过销售,才能检查出是否符合社会的需要。若产品适销对路,产品及时卖出去,说明产品满足了社会需要;若产品货不对路,在市场上就会销售不畅,意味着产品不符合社会需要。因此,只有通过科学的预测,才能及时准确地把握市场需要什么、需要多少,通过不断调整企业经营方向、产品结构,使企业的经营目标同社会发展和人民消费需要保持一致。

(四)销售收入预测可以预测消费者的潜在需要

销售收入预测可以根据科技进步、购买力的增长、消费倾向的变化等,预测消费者的潜在需要,从而改进老产品,研制新产品,加速商品的更新换代,促进商品供应更加丰富多彩,适应社会发展,满足多层次、多方面的需求。

二、销售预测的主要方法

销售收入预测的方法很多,常用的定性预测分析的基本方法有:市场地调查法、判断分析法等。这些方法需要借助相关专业人员的知识、技能,实践经验和综合分析能力,在调查研究的基础上,对某一未来事件的发展趋势做出判断和推测。通常在影响未来事件发生变动的有关因素难以量化的情况下采用。常用的定量预测分析的基本方法有:趋势预测分析法、因果预测分析法等。这些方法主要是根据某一事件的历史变动资料,运用特定的方法对其进行加工,确定事件的有关影响因素之间的数量关系及其变化规律,据以预测未来。这种方法通常在拥有完备、系统的历史资料,或者在影响未来事件发生变动有关因素可以定量化的情况下采用。

(一)销售预测的定性分析法

1. 市场调查法

市场调查法是根据对某种产品进行市场情况变动的详细调查,了解各因素对该产品的销售影响情况,以此来预测产品市场销售量的一种分析方法,这种预测方法的依据主要是市场调查所取得的相关资料,根据产品销售的具体特点和所得的资料,采用具体的方法进行预测。常用的市场调查方法包括全面调查法、典型调查法和抽样调查法。

(1)全面调查法。全面调查法是对同一产品的所有销售对象进行逐一调查,经分析后,探明该产品在未来一定时期销售变动的总体情况。这种方法要求对所有客户进行调查,范围较广,工作量比较大,适用于客户较少的专用产品预测。

(2)典型调查法。典型调查法就是对某些产品,通过一些重要客户需求情况的调查,从而计算市场需求量及其发展趋势。通过典型调查,进行科学的整理分析,然后得出正确的销售预测。这种方法往往和抽样调查一起运用。

(3)抽样调查法。抽样调查法是随机从产品所有销售单位抽取部分销售单位作为样本进行调查,取得相关资料,从而预测出该产品预测期内的需求总体情况。运用这种方法的关键在于选择正确的抽样。

2. 判断分析法

判断分析法是指根据熟悉市场变化情况的专家的经验及综合判断能力,在进行综合分析的基础上对产品未来的销售量及销售趋势做出判断的一种方法。参与判断预测的专家可以是本企业熟悉销售业务,对市场未来发展变化趋势较为敏感的销售人员、管理人员,也可以是企业外界的专家,如推销商和经济分析专家等。判断分析法在销售预测中主要可以运用以下两种。

(1)德尔菲法。正如在财务预测方法中提到的,这种方法主要是采用通信的方式,通过向有关专家发出销售预测问题调查表的方式来搜集专家们的意见,然后由企业相关部门对各专家的意见进行综合、整理和归纳,从而做出销售预测判断的方法。

(2)主观判断法。企业的每一个销售人员对他负责的市场状况和发展前景以及在竞争中所处的地位都很清楚,根据他们的经验,结合市场调查的情况,可以较快做出判断。这种方法具有较强的实用价值。但是这种方法往往会因为人的主观性而影响预测的准确性,所以往往会组织多人对同一产品或市场进行预测判断,再将数据进行平均处理,以消除个人偏差。

(二)销售预测的定量分析法

1. 趋势外推分析法

这种方法是应用事物发展的延续性原理来预测事物发展的趋势。根据企业历年的销售资料按时间顺序排列的一系列数据,应用一定的数理统计方法来预计、推算计划期间的销售数量或销售金额,亦称为时间序列预测分析法。这种方法的优点是收集信息方便;缺点是对市场地供需情况的变动因素未加考虑。在预测过程中的具体方法很多,例如,算术平均法、移动平均法、指数平滑法等。

(1)算术平均法。算术平均法是将过去若干时期的实际销售量进行平均进算,以其简单的算术平均数作为未来的销售收入预测数。其计算公式为

$$\text{预测销售量(额)}(\overline{Q}) = \text{以往各期销售量(额)之和}/\text{期数}$$

【例4.1】 某企业2011年以往6个月销售收入如表4.1所示。

表4.1 企业2011年上半年某产品销售资料

月份	1	2	3	4	5	6
销售额/万元	292	298	304	301	305	300

要求按算术平均法预测2011年7月份的销售收入。

解:

$$\overline{Q} = \frac{292+298+304+301+305+300}{6} = 300(\text{万元})$$

该种预测分析的优点是计算简便,缺点是没有考虑远近期销售业务量的变动对预期销售状况的不同影响程度,从而将预测对象的波动平均化了,所以该方法只适合销售额比较稳定、没有季节性变动的食品和日常用品等预测时使用。

(2)移动平均法。所谓移动是指预测所用的历史资料要随预测期的推移而顺延。之所以要移动,是因为距离预测期越近的年度或月份,对预测期的影响越大;距离预测期越远的年度或月份,对预测期的影响越小,可以弥补简单平均法的不足。

移动平均法可分为简单移动平均法、移动加权平均法。

①简单移动平均法。该种方法是从历史资料的时间数列销售量(额)中选取一组期数(即移动期)的数据作为观察期数据,求其算术平均数,并不断向后移动。其计算公式为

$$预测销售量(额) = \frac{所选移动期销售量(额)之和}{移动期数}$$

【例4.2】 根据表4.1的资料,如果移动期为3的话,则6、7月份销售收入预测数可计算如下。

解:

$$6月份销售额预测值 = \frac{304 + 301 + 305}{3} \approx 303.33(万元)$$

$$7月份销售额预测值 = \frac{301 + 305 + 300}{3} = 302(万元)$$

简单移动平均法在计算上比较简单,但和算术平均法一样,也存在着以平均化的历史资料替代预测结果的问题。这一方法也适用于预测对象波动不大的情况。

②移动加权平均法。移动加权平均法是指对历史各期的销售量(额),按其距离预测期待的远近分别进行加权,离预测期越近的历史数据,其权数就越大;反之,其权数就越小。然后计算其加权平均数,并以此作为计划期的销售预测值。

这里的移动同简单移动平均法,是指所取的一组历史数据要随时间的推移而顺延。例如,若取移动期为3,其权数可取0.2,0.3,0.5。若取移动期为5,其权数可取0.03,0.07,0.15,0.25,0.5。也可采用自然权数,即该期的权数值等于该期的时间序列值。

移动加权平均法的计算公式为

$$\overline{Q}_{t+1} = \frac{\sum Q_t W_t}{\sum W_t}, t = 1, 2, 3, \cdots, n$$

式中 $\overline{Q}_{t+1}$——销售量预测数;

Q_t——第 t 期销售量;

W_t——各期的权数。

【例4.3】 仍旧根据表4.1的资料,如果移动期为3的话,权数分别是1,2,3,则7月份销售额预测数可计算如下。

解:如果移动期数为3,权数分别为1,2,3,则7月份用加权移动平均法预测的销售收入为

$$\overline{Q}_7 = \frac{301 \times 1 + 305 \times 2 + 300 \times 3}{1 + 2 + 3} \approx 301.83(万元)$$

如果权数分别为0.2,0.3,0.5,则7月份用加权移动平均法预测的销售收入为

$$\overline{Q}_7 = \sum_{t=1}^{6} W_t Q_t = 0.2 \times 301 + 0.3 \times 305 + 0.5 \times 300 = 301.7(万元)$$

采用移动加权平均法,优点是充分考虑了远近期间对未来期间的不同影响程度。其缺点就是不能按统一的方法确定各期的权数值,权数的选择含主观判断因素,因此,从某种意义上说,移动加权平均法是定量预测法和定性预测法的结合。

③平滑指数法。平滑指数法是根据上期销售量的预测数和实际数,利用事先确定的平滑指数 α 为权数,进行加权平均来预测下期销售量(额)的一种方法。原则上,平滑指数 α 取值为 $0\sim1$,一般在为 $0.3\sim0.7$。其计算公式为

$$\overline{Q}_t = \alpha Q_{t-1} + (1-\alpha)\overline{Q}_{t-1}$$

式中 $\overline{Q}_t$——预测期销售量(额);

α——平滑指数;

Q_{t-1}——上期实际销售量(额);

$\overline{Q}_{t-1}$——上期预测销售量(额)。

【例 4.4】 仍旧根据表 4.1 的资料,假定该企业 6 月份实际销售量为 280 万元,而原来预测 6 月份的销售量为 300 万元。假定平滑指数 α 为 0.7,要求预计 7 月份的销售量。

解:$\overline{Q}_7 = 0.7 \times 280 + (1-0.7) \times 300 = 286(万元)$

平滑指数法实质上也是一种加权平均法,α 和 $(1-\alpha)$ 也可以看做是一种权数。该指数是个经验数值,该方法的优点是可以排除在实际销售中所包含的偶然因素的影响。平滑指数取值越大,则近期实际数对预测结果的影响越大;反之,平滑指数越小,则近期实际数对预测结果的影响越小。所以,在进行近期预测或者销售量波动较大的预测时,该指数应取适当大些;在进行长期预测或者销售量波动较小的预测时,该指数应取适当小些。

2. 因果预测分析法

因果预测分析法,是利用事物发展的因果关系来推测事物发展的趋势的方法。它一般是依据已知的历史资料,找出预测对象与其相关指标之间的相互依存关系,来建立相应的因果预测的数学模型,然后通过对模型的求解来确定计划期的销售量或销售额。采用因果预测分析法,首先应找出影响销售收入预测的主要因素。一般来说,考虑的因素越多、越充分,预测的结果就可能越接近于实际,但伴随的问题是由于影响因素过多,使定量分析模型的确定变得很复杂。因此,预测中对于不太主要的因素一般忽略不计,只采纳若干个重要的定量因素加以分析利用。

因果预测分析法所采用的具体方法有很多,在销售收入预测中最常用而且最简单的主要是线性回归分析法,线性回归分析法简便易行,成本低廉。同时,由于在现实的市场条件下,企业产品的销售量往往与某些变量因素之间存在着一定的函数关系,所以,利用这种关系,选择最恰当的相关因素建立起预测销售量或销售额的数学模型,往往会比采用趋势外推预测分

析法获得更为理想的预测结果。线性回归分析法将在其他章节中讲述,本节不作详细讲解和举例。

第三节 成本预测

一、成本预测的重要性

成本预测是企业根据目前的经营状况和发展目标,以过去和现在的本企业和国内外其他企业同类产品的资料为基础,采用专门的计算分析方法对企业未来成本水平和变动趋势进行预计和推测。成本预测是企业成本管理的重要环节,而成本管理是影响企业经济效益的重要因素,因此,成本预测工作,对现代企业管理十分重要。具体体现在:

（一）成本预测是编制成本计划的重要前提

在市场经济条件下,企业必须充分了解市场信息,寻求合理的成本控制方法,有效降低企业成本。通过科学的成本预测,可以使企业降低成本,加强经济核算,使产品在竞争中具有成本优势。

（二）成本预测是成本控制的依据

以成本预测结果为基础进行的成本控制才是有据可依的,不会因随意性而对企业生产产生不利的作用。

（三）成本预测能为企业挖掘降低成本的潜力

通过成本预测,可以比较本企业产品的成本水平与同行业或先进行业的平均水平的差距,从而找出原因所在,发现生产中存在的不足及潜力,积极寻找降低成本的各种途径。

二、成本预测的程序

成本预测是企业确定目标成本和选择实现目标成本的最佳途径的重要手段,成本预测一般可以按以下程序进行。

（一）收集和分析有关成本资料

成本预测一定要以过去和现在的同行业和国内外其他企业同类产品的成本资料为依据,并对资料进行分析、筛选、整理,剔除偶发因素,再按时间序列的组成要素(如长期趋势、周期变动或季节变动等)进行必要的调整,这个阶段是成本预测的前提与基础工作。

（二）提出目标成本草案

目标成本是指在一定时期内产品成本应达到的标准。它的形式可以是"标准成本"、"计划成本"、"定额成本"。目标成本草案的提出通常可以用两种方法：一是以目标利润为基础预测目标成本，即首先确定目标利润，然后参考调查结果确定合理的销售价格，最后从产品的销售收入中扣减目标利润，剩余部分为目标成本；二是以产品的某一先进的成本水平作为目标成本，即参考本企业历史最高水平及国内外同类产品的先进水平作为目标成本。我国企业通常采用后者。初步提出目标成本草案，这是成本预测的关键步骤。

（三）进行定量分析

目标成本提出后，运用各种专门的数量分析方法，如高低点法、回归分析法等，预计企业在当前实际情况下成本可能达到的水平，并计算出预测成本与目标成本之间存在的差距。

（四）制定可行性方案

分析预测成本和目标成本的差距，充分动员企业的一切力量，挖掘企业内部各方面的潜力，针对存在的问题，尽量缩小预测成本与目标成本之间的差距，提出各种降低成本的可行性方案。

（五）确定目标成本

对降低成本的各种可行性方案，由管理人员根据企业的实际情况进行科学的技术经济分析，从多种备选方案中筛选出最优方案，并据以制定正式的目标成本。

三、成本预测的方法

（一）成本习性

成本习性是指成本和业务量之间的依存关系。根据成本习性，可将成本分为变动成本、固定成本和混合成本三种。

1. 变动成本

变动成本是指其总额在一定时期和相关范围内与业务量成正比例变动的成本，如直接材料、直接人工等。

2. 固定成本

固定成本是指其总额在一定时期和相关范围内不随业务量变动而发生任何变动的成本。固定成本主要有按直线法计提的折旧、保险费、管理人员工资、办公费等，这些费用每年支出水平基本相同，即使产销业务量在一定范围内变动，它们也保持固定不变。正是由于这些成本固定不变，才使得产销量等业务量的增加可以降低单位产品的固定成本，从而使整个单位产品成本降低。

3. 混合成本

混合成本是指那些成本总额虽然随业务量的变动而变动,但不成同比例变动,不能简单地将其归为变动成本或固定成本的成本项目。

为了分析和使用的便利,可以将混合成本按一定的方法分解为固定成本和变动成本两部分。

进行混合成本分解后,成本总额就可以用以下公式来表示:

$$y = a + bx$$

式中 y——总成本;
a——固定成本总额;
b——单位变动成本;
x——业务量。

成本预测按产品的不同分类可分为可比产品成本预测和不可比产品成本预测。可比产品是以往年度正常生产过的产品;不可比产品是指企业以往年度没有正式生产过的产品。

(二) 可比产品成本的预测

可比产品预测的历史成本资料相对比较健全,可依据本企业或国内外其他企业同类产品的历史成本资料。选用的历史资料要具有可比性,能够反映成本的变动趋势。可比产品成本预测的基本方法很多,可分为直线回归法、高低点法、加权平均法等,现分别说明如下。

1. 直线回归法

直线回归法又称回归分析法,是一种比较精确的方法。它是根据若干期的历史成本资料,利用最小二乘方法,分析成本在一定条件下增减变动的趋势和基本规律,确定成本预测关系式,据以进行成本预测的方法。当企业的历史成本资料变动幅度比较大时,采用此法较为适宜。

其具体计算公式如下:

假设 x 代表业务量,y 代表总成本,a 代表固定成本总额,b 代表单位变动成本,则

$$总成本 = 固定成本 + 变动成本$$

即建立回归方程:$y = a + bx$,a,b 为回归系数。

根据最小二乘法原理,求出 a,b 的公式为

$$b = \frac{n \sum xy - \sum x \sum y}{n \sum x^2 - (\sum x)^2}$$

$$a = \frac{\sum y - b \sum x}{n}$$

【例4.5】 某企业生产乙产品有关资料如表4.2所示。如果计划2011年度拟生产70台,试用回归分析法测算该企业需要支出的费用总额(即总成本)。

表4.2 相关成本数据资料

年份	产量 x/台	单位变动成本 b/万元	固定成本 a/万元	总成本 y/万元
2006	10	6	10	76
2007	40	3	100	220
2008	30	4	104	224
2009	20	5	96	196
2010	50	4	120	320

解:(1)按照回归分析原理,对已知数据进行加工、整理,其结果如表4.3所示。

表4.3 回归直线预测计算表

年份	x	y	x	x^2
2006	10	76	760	100
2007	40	220	8 800	1 600
2008	30	224	6 720	900
2009	20	196	3 920	400
2010	50	320	16 000	2 500
$n=5$	$\sum x = 150$	$\sum y = 1\,036$	$\sum xy = 35\,200$	$\sum x^2 = 5\,500$

(2)根据表4.3,将相关数据代入得出 b 和 a 公式为

$$b = \frac{n\sum xy - \sum x \sum y}{n\sum x^2 - (\sum x)^2} = \frac{5 \times 35\,200 - 150 \times 1\,036}{5 \times 5\,500 - 150^2} = 4.12(万元)$$

$$a = \frac{\sum y - b \sum x}{n} = \frac{1\,036 - 4.12 \times 150}{5} = 83.6(万元)$$

得直线方程为 $y = 83.6 + 4.12x$

(3)将2011年产量的预测值代入该方程,可求得2011年生产70台乙产品的预测总成本为

$$y = a + bx = 83.6 + 4.12 \times 170 = 372(万元)$$

2. 高低点法

根据一定时期的历史资料中的最高最低产量下成本的差额与最高最低产量的差额进行对比,求出单位变动成本,然后再求得固定成本总额,最后根据计划期的预计产量来预测计划

期的产品总成本。

【例4.6】 如上例资料所示,计划2011年度拟生产70台,试用高低点法测算该企业2011年需要支出的费用总额(即总成本)。

解:设 $y = a + bx$ 为总成本方程式,y 代表总成本,x 代表产量,a 代表固定成本,b 代表单位变动成本。

(1)通过高低点法算出的值为

$$b = \frac{y_{高} - y_{低}}{x_{高} - x_{低}} = \frac{320 - 76}{50 - 10} = 6.1(万元)$$

(2)将 b 代入低点(高点)的固定成本总额可求得

$$a = y_{低} - bx_{低} = 76 - 6.1 \times 10 = 15(万元)$$

(3)将 a,b 值代入计划期的总成本方程式,即可预测出计划期(产量为70台)的产品总成本为

$$y = a + bx = 15 + 6.1 \times 70 = 442(万元)$$

可以看出采用回归分析法和高低点法预测结果出现了一定差异,原因在于:高低点法只考虑了2006年和2010年的情况,而回归分析法考虑了2006~2010年的每一年情况,一般看来,回归分析法的测算结果会比高低点法更精确些。因此,在一定历史期间内,如果成本数据波动较大,在进行成本预测时可采用直线回归法。

3. 加权平均法

加权平均法是根据过去若干时期的固定成本总额及单位变动成本的历史资料,分别计算加权平均数的方法。距计划期越近,对计划期的影响越大,故所选取的加权数就应大些;反之,所选取的加权数就小一些。其计算公式为:

$$y = a + bx = \frac{\sum aw_i}{\sum w_i} + \frac{\sum bw_i}{\sum w_i}x$$

为了计算方便,加权时可令 $\sum x_i = 1$。

【例4.7】 如表4.2资料所示,计划2011年度拟生产70台,试用加权平均法测算2011年该企业需要支出的费用总额(即总成本)。

解:设5年的权数分别为:2010年为0.35,2009年为0.3,2008年为0.2,2007年为0.1,2006年为0.05。

$$\sum aw_i = 16 \times 0.05 + 100 \times 0.1 + 104 \times 0.2 + 96 \times 0.3 + 120 \times 0.35 = 102.4$$

$$\sum bw_i = 6 \times 0.05 + 3 \times 0.1 + 4 \times 0.2 + 5 \times 0.3 + 4 \times 0.35 = 4.3$$

成本预测模型为

$$y = 102.4 + 4.3x$$

将2011年度拟生产70台代入公式,得出2011年预测成本总额为

$$y = 102.4 + 4.3 \times 70 = 403.4(万元)$$

采用加权平均法的约束条件是企业必须具备比较详细的成本资料,其中包括有详细的固定成本总额与单位变动成本的资料等。

(三)不可比产品成本的预测

企业除了对可比产品成本进行预测外,还要对不可比产品成本的计划指标进行预测。一般情况下,不可比产品成本预测的常用方法如下。

1. 目标成本法

目标成本法是根据产品价格、成本和利润三者之间的内在联系确定出目标成本,进而测定产品成本的一种方法。其计算公式为

$$目标成本 = 预计单价 \times 预计销售量 - 目标利润 - 应交税费$$

该方法比较简便易行,但若市场调查失误,则预测值将会受到影响。

2. 技术测定法

技术测定法是指根据企业的产品设计结构、制作工艺和生产技术条件,采用一定的技术手段对影响人力、物力消耗的各项因素逐个进行测试,从而分析计算产品成本的一种方法。这种方法由于要逐步进行测试,因此,这种方法工作量大,但该方法预测结果较精确,适用于产品种类不多、产品技术资料比较完全的产品。

3. 类比分析法

类比分析法是指比较其他单位的同类产品,结合本单位自身的生产技术条件和水平、市场需求、原材料渠道等情况,测算产品成本的一种方法。在预测时,和同类产品进行比较时,如果条件不可比或情况有变化,应做必要的调整或修正。该方法简便易行,工作量小,但预测结果不太准确。

第四节 目标利润预测

利润是在一定时期内反映企业生产经营成果的一项最重要的指标,是衡量和考核企业经营效益的重要依据。为了加强利润管理,企业管理者必须对未来可以产生的利润进行科学的预测。

一、利润预测的意义

(一)利润预测是改善生产经营,提高经济效益的重要手段

利润是反映企业经营成果的综合指标,也是衡量企业经济效益的重要标准。一般来说,在产品的单位售价和税金不变的情况下,企业所获利润的多少主要取决于产销量的多少和销售成本的高低;利润预测实质上是对销售预测和成本预测的结果进行的必要补充。正确做好

利润预测,可以为企业确定最优的目标利润提供依据,有助于将企业管理各方面的积极性广泛调动起来,将生产经营各环节的潜力充分挖掘出来,从而达到改善经营管理、提高经济效益、扩大经营成果的目的。

(二)利润预测是企业加强利润管理的重要措施

任何一个企业,要想在激烈的市场竞争中求得生存,不断发展,就必须对利润进行有效的管理。为了加强利润管理,企业管理者必须认真做好确定目标利润、编制利润计划、拟定实现目标利润的可行途径、组织利润计划的具体实施等工作。企业利润管理工作的正常开展在很大程度上取决于利润预测的过程和结果。因为利润预测不仅可以为目标利润的确定和利润计划提供科学的依据,而且可以指明企业实现目标利润的方向,为利润计划的圆满实现制定相应的措施。

(三)利润预测是实现企业经营目标的重要环节

企业的经营目标包括目标利润的实现。利润预测不仅能够合理地确定企业未来一定期间的利润目标,而且还可以使整个企业的总体奋斗目标建立在坚实可靠的基础之上。同时利润预测也是企业编制期间预算的基础。利润规划要把企业继续存在和发展及实现目标利润所需的资金、可能取得的收益,以及未来要发生的成本和费用这三者紧密联系起来。

二、利润预测的基本方法

利润预测要在了解企业过去和现在的生产经营状况及所处经济环境的基础上,运用一定的科学方法,对影响利润的各种因素进行分析,测算出企业未来的利润水平。利润预测方法有很多,这里主要介绍本量利分析法、边际贡献法和相关比率法。

(一)本量利分析法

本量利分析(或 CVP 分析)是"成本—业务量—利润分析"的简称,是研究企业在一定期间内的成本、业务量、利润三者之间的变量关系的一种专门方法。它们通常被称为成本性态研究,是利润预测中的主要方法。

1. **本量利分析基本公式**

根据成本、业务量和利润三者之间的依存关系建立关系式表示为

预测利润 = 销售收入 − 销售成本 = 销量 × 单价 − 销量 × 变动成本 − 固定成本

注:预测利润一般是指息税前利润(EBIT)。

预测利润的计算公式也可以表示为

$$EBIT = px - a - bx$$

式中　$EBIT$——预测利润;

　　　P——销售单价;

　　　a——固定成本总额;

b——单位变动成本；

x——业务量。

根据成本、业务量和利润这种依存关系,可以进行相应的利润预测。

【例 4.8】 某企业根据市场需求情况分析,预计计划期可销售甲产品 10 000 件,单位变动成本 6 元,单价 10 元,固定成本总额 20 000 元,预测计划期甲产品可实现的销售利润是多少?

解:根据本量利之间的关系公式,则

$$EBIT = px - a - bx = (10 - 6) \times 10\ 000 - 20\ 000 = 20\ 000(元)$$

即预测计划期甲产品可实现的销售利润为 20 000 元。

2. 盈亏临界分析

盈亏临界点亦称保本点、损益平衡点,是指企业生产经营过程中达到不盈不亏状态的销售量或销售额。即贡献毛益正好抵偿全部固定成本,而利润为零。盈亏临界点的确定对企业经营决策具有重要意义,只要销售业务量超过临界点,企业就会赢利;反之,低于该点,企业发生亏损。因此临界点能帮助企业的经营管理者正确把握销售业务量与企业盈亏关系,确保企业的经营安全,掌握和控制实现目标利润、降低生产消耗、扩大产销量、追求规模经济效益的主动权。

盈亏临界点主要有两种表现形式:一是盈亏临界点销售量(简称保本量);二是盈亏临界点销售额(简称保本额),前者以实物量单位表示,而后者以货币单位表示。它们都是标志企业达到收支平衡,实现保本的销售业务量指标。

下面以单一品种为例介绍盈亏临界点的计算:

$$利润 = (单价 - 单位变动成本) \times 销售量 - 固定成本 = 0$$

即

$$EBIT = (p - b)x - a = 0$$

设盈亏临界销售量为 x_0,盈亏临界销售额为 y_0,则

$$盈亏临界销售量 = 固定成本/(销售单价 - 单位变动成本)$$

$$x_0 = a/(p - b)$$

$$盈亏临界销售额 = 盈亏临界销售量 \times 销售单价$$

$$y_0 = x_0 \times p$$

【例 4.9】 仍旧按照【例 4.8】资料计算该企业甲产品的盈亏临界销售量和盈亏临界销售额。

解: 保本销售量 $x_0 = a/(p - b) = 20\ 000/(10 - 6) = 5\ 000(件)$

保本销售额 $y_0 = x_0 \times p = 5\ 000 \times 10 = 50\ 000(元)$

计算表明,该企业甲产品生产必须完成销售量 5 000 件,实现 50 000 元的销售额,才能保本,不盈不亏。

(二)边际贡献法

1. 边际贡献

边际贡献(也称贡献毛益),它的计算公式如下。

(1) 边际贡献 = 销售收入 − 变动成本

即 $M = px - bx = (p-b)x$

式中 M——边际贡献。

(2) 单位边际贡献 = 单价 − 单位变动成本

即 $m = p - b$

式中 m——单位边际贡献。

(3) 边际贡献率 = 边际贡献/销售收入 × 100%

即 $cmR = M/px$

式中 cmR——边际贡献率。

变动成本率 + 边际贡献率 = 1

2. 边际贡献方程式

(1) 利润 = 销量 × 单位边际贡献 − 固定成本

即 $EBIT = (p-b)x - a = mx - a$

(2) 利润 = 销售收入 × 边际贡献率 − 固定成本

即 $EBIT = px \times cmR - a$

【例4.10】 某企业今年乙产品产量为10 000件,单价10元,单位变动成本6元,固定成本总额20 000元,预计下年甲产品销量为12 000件,利用边际贡献预测下年度乙产品的销售利润。

解:根据边际贡献方程式,则

$$M = px - bx = (p-b)x = (10-6) \times 12\,000 = 48\,000(元)$$

$$EBIT = M - a = 48\,000 - 20\,000 = 28\,000(元)$$

计算表明,下年度甲产品的预测销售利润为28 000元。

(三)相关比率法

相关比率法进行目标利润预测的方式有很多,这里主要介绍销售比例增长法及利润增长百分率法。

1. 销售比例增长法

销售比例增长法是以上年度实际销售收入总额和利润总额,以及计划年度预计销售收入总额为依据,按照利润与销售额同步增长的比例来确定计划年度目标利润总额的一种方法。其计算公式为

目标利润 = 计划年度销售收入/上年度实际销售收入总额 × 上年度实际利润总额

【例 4.11】 某企业生产 B 产品,2011 年实际销售收入为 400 000 元,实际利润为 20 000 元,B 产品每件售价 500 元。据销售预测可得,2012 年销售量预计可达 1 000 台,销售单价不变,则 2012 年的目标利润为多少?

解: 目标利润 = 20 000 × (1 000 × 500)/400 000 = 25 000(元)

2. 利润增长百分率法

利润增长率法是根据上年度已经达到的利润水平及近期若干年(通常为近 3 年)利润增长率的变动趋势、幅度与影响利润的有关情况在下年度可能发生的变动等情况,首先确定一个预计利润增长率,然后确定计划年度的目标利润方法,其计算公式为

目标利润 = 上年度实际利润总额 × (1 + 预计利润增长率)

【例 4.12】 某企业 2011 年实现利润为 500 000 元,根据过去连续 3 年盈利情况的分析和测算,确定 2012 年度的利润增长率为 9%。问题:确定该企业 2012 年度的目标利润。

解: 目标利润 = 500 000 × (1 + 9%) = 545 000(元)

三、利润的敏感性分析

敏感性分析是指研究与分析一个系统因周围条件发生变化,而引起其状态或输出结果变化的敏感程度的方法。当企业目标利润确定后,还要根据本单位的生产能力、目标成本和市场对产品的供需情况进行各种测算,以便确定其是否能达到目标利润的要求。如果不能达到目标利润,就应针对影响利润高低的各个因素(包括销售单价、销售量、单位变动成本和固定成本总额)想方设法,采取措施,挖掘潜力,以保证目标利润的实现。这种通过分析影响利润各有关因素的变动来确定它们对企业目标利润的影响方法,即利润预测的敏感性分析。

它的主要内容可以从以下两个方面加以说明。

(一)利润敏感度指标的计算

从理论上可以看出,影响利润指标的因素有四个,即销售量、销售单价、单位变动成本和固定成本。在这些因素中,销售量和销售单价的增加将导致利润的增加,因此称为正指标;单位变动成本和固定成本的增加将导致利润的减少,因此称为逆指标。排除其他社会因素影响,单纯从企业内部看,这四个因素中任何一个或几个因素发生变动都会对利润产生影响。将各因素绝对数与利润绝对数进行对比,得出以下几个利润敏感度指标。

销售单价的利润敏感度 = 销售单价 × 销售量/利润

单位变动成本的利润敏感度 = 单位变动成本 × 销售量/利润

销售量的利润敏感度 = (销售单价 − 单位变动成本) × 销售量/利润

固定成本的利润敏感度 = 固定成本总额/利润

另外,在运用利润敏感性对实际业务进行分析时,常运用的方法包括质的分析和量的分析。

1. 质的分析

质的分析为利润变化的分析。如果某因素的利润敏感度大于零,则说明该因素的变化方

向与利润的变化方向相同,也就是增大此因素会使利润增大;反之,则相反。在上述模型中,销售单价和销售量的敏感度大于零,而单位变动成本和固定成本的敏感度均小于零。

2. 量的分析

量的分析是将因素的变化与利润变化的幅度大小进行对比。因素对利润的敏感度的绝对值越大,说明该因素的变化对利润变化的影响越大。这时,可以利用测算某因素的利润敏感系数预测出该因素变动对利润产生的影响程度。各敏感系数的计算公式为

$$敏感系数 = 利润变动百分比/因素值变动百分比$$

(二) 因素敏感度系数测试

【例4.13】 某企业只生产一种产品,单价为5元,单位变动成本为3元,预计2012年的固定成本为20 000元,计划产销量为20 000件。

$$2012年目标利润 = 20\,000 \times (5-3) - 20\,000 = 20\,000(元)$$

1. 单价的敏感系数

设单价增长20%,则利润为

$$20\,000 \times (5 \times 1.2 - 3) - 20\,000 = 40\,000(元)$$

利润变化率为100%,则单价的敏感系数为100%/20% = 5。单价的敏感系数表明利润将以5倍的速度随单价同向变化。

2. 单位变动成本的敏感系数

设单位变动成本增长20%,则利润为

$$20\,000 \times (5 - 3 \times 1.2) - 20\,000 = 8\,000(元)$$

利润变化率为 $(8\,000 - 20\,000)/20\,000 \times 100\% = -60\%$

从而单位变动成本敏感系数为 -60%/20% = -3。即利润以3倍的速度随单位变动成本反向变化。

3. 固定成本的敏感系数

设固定成本增长20%,则利润为

$$20\,000 \times (5-3) - 20\,000 \times 1.2 = 16\,000(元)$$

利润变化率为 $(16\,000 - 20\,000)/20\,000 \times 100\% = -20\%$

从而固定成本敏感系数为 -20%/20% = -1。即利润以相同速度随固定成本反向变化。

4. 销售量的敏感系数

设销售量增长20%,则利润为

$$20\,000 \times 1.2 \times (5-3) - 20\,000 = 28\,000(元)$$

利润变化率为 $(28\,000 - 20\,000)/20\,000 \times 100\% = 40\%$

从而销售量的敏感系数为40%/20% = 2。即利润以2倍速度随销售量同向变化。

在市场经济竞争中,各因素值发生增减变动是正常现象,但由于销售单价、单位变动成本、固定成本和销售量等因素在实际经营过程中一旦发生不利变化并达到某种程度,就有可

能导致企业亏损。进行敏感性分析,可以把握和控制实际经营过程中销售单价、单位变动成本、固定成本、销售量的因素值的变化范围与临界状态,只要明确了各因素值的敏感程度,控制了各因素的变化范围区间,就可以基本保证目标利润的实现。

第五节 资金需要量预测

资金需要量预测是财务预测的重要组成部分,也是企业合理筹集资金的一个基本环节。预测的目的就是引导生产经营活动以最少的资金占用取得最佳的经济效益。做好资金需要量的预测可以使财务人员事先掌握资金需要量的变化趋势,从而提前采取措施,做好资金的供应和调度工作。

一、资金需要量预测原则

进行资金需要量的预测分析时,应该遵循以下原则:

(一)延续性原则

延续性原则又称惯性原则,指过去和现在企业资金需要量在内外环境变化不大的条件下,将持续到未来。具体地说,资金需要量预测的延续性有两个含义:一是时间方面的延续性,指资金需要量自身在较长时间内所呈现的数量变化特征保持相对稳定;二是结构方面的延续性,指资金需要量与其相关的经济现象之间所呈现的关系是相对稳定的。

(二)相关性原则

资金需要量的数额变化不是孤立的,其发展变化总是与企业的发展变化相关,总是与资本、负债、所有者权益、企业销售额等因素的变化相关。所以,相关原则就是根据与资金需要量有关的各个项目的变动情况,来对企业的资金需要量进行预测。

(三)类推原则

类推原理是指利用资金需要量与其他事物之间在发生变化上虽然有时间上的先后不同,但在表现形式上都有相似的特点,将在时间上先发展变化的事物的发展过程类推到资金需要量预测上,从而对资金需要量所需数额进行预测。在运用类推原则时,要确定与资金需要量确实存在着相似性的经济变量,同时也要分析它们之间的不同点。另外,可以运用一定的概率推断对资金需要量的未来变动做出预测。

(四)反馈原则

资金需要量的预测值与实际值之间有一定的误差,误差越小,预测的准确度就越高。在进行资金需要量的预测时,要将预测误差进行经常、及时的反馈,并根据反馈的误差的大小,对预测模型、预测过程进行修正,使得到的资金需要量预测值更符合实际,从而降低预测误差。

二、资金需要量预测的方法

(一)定性预测法

定性预测法主要是利用直观的材料,依靠个人经验的主观判断和分析能力,对未来的资金状况和需要数量做出预测。这种方法一般是在企业缺乏完备准确的历史资料的情况下采用的。其预测过程是:首先,由熟悉财务情况和生产经营情况的专家,根据过去所积累的经验,进行分析判断,提出预测的初步意见;然后,通过召开座谈会或发出各种表格等形式,对上述预测的初步意见进行修正补充。这样经过一次或几次以后,得出预测的最终结果。

(二)定量预测法

1. 因素分析法

因素分析法又称分析调整法,是以有关资金项目上年度的实际平均需要量为基础,根据预测年度的生产任务和加速资金周转的要求,进行分析调整,来预测资金需要量的方法。该方法计算简单,容易掌握,但是预测结果不够准确,因此,它通常用于品种繁多、规格复杂、用量较小、价格较低的资金占用项目的预测,也可以用于计算企业全部资本的需要量。采用这种分析法时,首先从上年度资金平均占用额中剔除呆滞积压的不合理部分,然后根据预测期的生产经营任务和加速资金周转的要求进行资金需要量的测算。因素分析法的基本模型为

资金需要量 = (基期资金平均占用额 − 不合理资金占用额) × (1 ± 预测期销售增减额) × (1 ± 预测期资金周转速度变动率)

【例4.14】 某企业上年度资金实际平均占用量为2 000万元,其中不合理部分为200万元,预计本年度销售增长5%,资金周转速度加快2%,则预测年度资金需要量是多少?

解: $(2\,000 - 200) \times (1 + 5\%) \times (1 - 2\%) = 1\,852.2$(万元)

2. 销售百分比法

销售百分比法是根据销售增长与资产增长之间的关系,预测未来资金需要量的方法。企业的销售规模扩大时,要相应增加流动资产;如果销售规模增加很多,还必须增加长期资产。为取得扩大销售所需增加的资产,企业需要筹措资金。这些资金,一部分来自留存收益,另一部分通过外部筹资取得。通常,销售增长率较高时,仅靠留存收益不能满足资金需要,即使获利良好的企业也需外部筹资。因此,企业需要预先知道自己的筹资需求,提前安排筹资计划,否则就可能发生资金短缺问题。

销售百分比法将反映生产经营规模的销售因素与反映资金占用的资产因素连接起来,根据销售与资产之间的数量比例关系,预计企业的外部筹资需要量。销售百分比法首先假设某些资产与销售额存在稳定的百分比关系,根据销售与资产的比例关系预计资产额,根据资产额预计相应的负债和所有者权益,进而确定筹资需要量。销售百分比法的具体应用主要分为以下三个步骤:

(1)确定基期随销售额变动而变动的资产和负债项目。随销售额变动而变动的资产和负

债项目通常可以称为敏感资产及负债项目。敏感资产包括货币资金、应收账款、存货等;敏感负债包括应付账款、应付票据等项目。随着销售额的变动,敏感资产项目将占用更多的资金。同时,随着敏感资产的增加,相应的敏感债务也会增加,如存货增加会导致应付账款增加,此时可以为企业提供暂时性资金。

(2)确定基期销售百分比。销售百分比是指基期资产负债表中敏感项目分别占销售收入的比重,这里的敏感项目指的就是随销售额变动而变动的敏感资产和敏感负债项目。敏感资产的增量与敏感负债的增量差额通常是企业所需资金的总量。

(3)确定计划期所需追加的资金需要量。预计由于销售增长而需要的资金需求增长额,扣除利润留存后,即为所需要的外部筹资额,即有

$$外部融资需求量 = (\frac{A}{S_0} - \frac{B}{S_0}) \times (S - S_0) - P \times E \times S$$

式中 A——随销售而变化的敏感性资产;
　　　B——随销售而变化的敏感性负债;
　　　S_0——基期销售额;
　　　S——预测期销售额;
　　　P——销售净利率;
　　　E——利润留存率;
　　　A/S_0——敏感资产与销售额的关系百分比;
　　　B/S_0——敏感负债与销售额的关系百分比。

【例4.15】 光华公司2011年12月31日的简要资产负债表如表4.4所示。假定光华公司2011年销售额为10 000万元,销售净利率为10%,利润留存率为40%。2012年销售额预计增长20%,公司有足够的生产能力,无需追加固定资产投资。

表4.4　光华公司资产负债表

12月31日　　　　　　　　　　　　　　　　　　　单位:万元

资产	金额	与销售关系/%	负债与权益	金额	与销售关系/%
货币资金	500	5	短期借款	2 500	N
应收账款	1 500	15	应付账款	1 000	10
存货	3 000	30	应交税费	500	5
固定资产	3 000	N	应付债券	1 000	N
			实收资本	2 000	N
			留存收益	1 000	N
合计	8 000	50	合计	8 000	15

解:首先,确定有关项目及其与销售额的关系百分比。在表4.4中,N指不变动,是指该项目不随销售的变化而变化。

其次,确定需要增加的资金量。从表中可以看出,销售收入每增加100元,必须增加50元的资金占用,但同时自动增加15元的资金来源,两者差额还有35%的资金需求。因此,每增加100元的销售收入,公司必须取得35元的资金来源,销售额从10 000万元增加到12 000万元,按照35%的比率可预测将增加700万元的资金需求。

最后,确定外部融资需求的数量。2012年的净利润为1 200万元(12 000×10%),利润留存为40%,则将有480万元利润被留存下来,还有220万元的资金必须从外部筹集。

根据光华公司的资料,可求得对外融资的需求量为

外部融资需求量 = 50% × 2 000 − 15% × 2 000 − 40% × 1 200 = 220(万元)

销售百分比法的优点,是能为筹资管理提供短期预计的财务报表,以适应外部筹资的需要,且易于使用。但在有关因素发生变动的情况下,必须相应地调整原有的销售百分比。

3. 回归分析法

【例4.16】 某公司2008~2010年度的实际销售额分别为200万元、220万元和260万元,而相应的资金占用额分别为40万元、45万元、55万元。该公司预计2011年度的销售额达到300万元,则该公司2011年度的预计资金需要量是多少。

解:设销售额为x,则$x_1 = 200$万元,$x_2 = 220$万元,$x_3 = 260$万元;资金占用额为y,$y_1 = 40$万元,$y_2 = 45$万元,$y_3 = 55$万元,$n = 3$。设$y = a + bx$,根据直线回归公式有

$$b = \frac{n \sum x_i y_i - \sum x_i \sum y_i}{n \sum x_i^2 - (\sum x_i)^2} = \frac{3 \times 32\,200 - 680 \times 140}{3 \times 156\,000 - 680^2} = 0.25$$

$$a = \frac{\sum y_i - b \sum x_i}{n} = \frac{140 - 0.25 \times 680}{3} = -10(万元)$$

依题意,2011年度销售额为$x_4 = 300$万元,代入公式得到2011年度预测资金需要量为$y_4 = a + bx_4 = -10 + 0.25 \times 300 = 65$(万元)。

也可以运用高低点法来进行预测2011年度的资金需要量,具体方法已在成本预测章节中介绍。

【案例4.1】

草原公司是一家奶制品生产企业,其酸牛奶品质上乘,口感好,销售量在同类产品中一直名列前茅。鉴于此种情况,公司管理部门计划下年度利润增加10%,因此,要求财务部门确认影响该产品利润的主要因素,并制定下一步销售策略。该产品本年度销售单价为30元,单位变动成本为20元,固定成本总额为4 000 000元,当年销售量为100 000件。

讨论:如果你是财务负责人,请帮助管理层对达到目标利润的影响因素进行分析。

【案例4.2】

冠华科技公司的目标利润分析

冠华科技公司只生产"冠华MP3"一种产品,该公司是1999年成立的高新科技公司,成立以来,一直遵循科技和质量并抓的思路,销售量成逐年稳定上升的良好势头,加上2004年国内MP3市场非常好,冠华公司实现销售量10 000个。产品的市场单价为每个200元,生产的

单位变动成本为每个150元,固定成本为400 000元。

2004年年底,冠华科技公司开始预测2005年该公司的利润情况,以便为下一步的生产经营做好准备。经过讨论,公司财务总监张为之决定按同行业先进的资金利润率预测2005年该公司的目标利润基数,并且通过行业的一些基础资料得知行业内先进的资金利润率为20%,预计公司的资金占用额为600 000元。

问题:假如你是冠华科技公司外聘的财务顾问,请你利用灵敏度指标进行测算,并给出你的咨询方案,即企业若要实现目标利润,应该采取哪些单项措施。

本章小结

财务预测主要是为财务决策和财务预算提供科学的依据,根据现在推测判断未来,根据已经推测判断未知的行为。本章主要介绍了预测分析的种类、意义、程序及方法,具体包括销售预测、成本预测、目标利润预测及资金需求量的预测。分别阐述了财务预测分析方法在各类预测中的具体应用。

自 测 题

一、单项选择题

1. 下列属于预测定性分析方法的是 （　　）
   A. 经验分析法　　　　　　　　B. 加权分析法
   C. 指数平滑法　　　　　　　　D. 回归分析法

2. 某企业在进行成本性态分析时需要对混合成本进行分解,据此可以断定,该企业应用的成本分析法是 （　　）
   A. 高低点法　　　　　　　　　B. 回归直线法
   C. 加权平均法　　　　　　　　D. 市场调查法

3. 下列各项中,可用于预测追加资金需要量的方法是 （　　）
   A. 加权平均法　　　　　　　　B. 回归分析法
   C. 指数平滑法　　　　　　　　D. 销售百分比法

4. 不能用于趋势预测的销售方法有 （　　）
   A. 算术平均法　　　　　　　　B. 移动平均法
   C. 指数平滑法　　　　　　　　D. 市场调查法

5. 某公司计划在明年实现销售收入800 000元,又据计算,该公司每增加1元销售收入需筹资0.45元。若该公司当年未分配利润为200 000元,则来年公司预计需增加的筹资额为 （　　）
   A. 360 000元　　　　　　　　　B. 160 000元
   C. 800 000元　　　　　　　　　D. 200 000元

二、多项选择题

1. 下列各项中,可以用来预测未来销售量的是 （　　）
   A. 算术平均法　　　　　　　　B. 移动加权平均法

C. 指数平滑法 D. 直线回归分析法
2. 下列各项中,可以用来进行利润预测的是 （ ）
   A. 本量利分析法 B. 盈亏临界图分析法
   C. 销售百分比法 D. 相关比例法
3. 资金需求量的预测方法有 （ ）
   A. 回归分析法 B. 销售百分比法
   C. 变动成本法 D. 高低点法
4. 利用销售百分比预测资金需要量,通常需要分析资产负债表哪个项目与销售额之间的依存关系。 （ ）
   A. 股东权益 B. 应收账款
   C. 货币资金 D. 存货
5. 利用销售百分比法预测资金需要量时,对预计资金需要量产生影响的因素有 （ ）
   A. 随着销售额变动而变动的资产项目总额
   B. 随着销售额变动而变动的负债项目总额
   C. 不随着销售额变动而变动的固定资产总额
   D. 预测期的股利留存率

三、判断题
1. 在缺乏充分的历史资料或缺乏有关变量之间明确的数量关系的情况下,应采用定性分析法进行预测。 （ ）
2. 销售百分比法适用于长期筹资的预测。 （ ）
3. 应用加权平均预测法进行预测,距离预测期越近,赋予的权数应越大。 （ ）
4. 长期投资、无形资产等项目随着销售收入的增加而相应增加。 （ ）
5. 预测是为决策服务的,也可以代替决策。 （ ）
6. 成本预测是其他各项预测的前提。 （ ）

四、简答题
1. 什么是财务预测,财务预测的程序是什么?
2. 什么是预测分析的定量方法和定性方法? 选择预测方法时要考虑哪些因素?
3. 什么是销售预测? 销售预测有哪些常用方法? 其各自的优缺点是什么?
4. 什么是成本预测? 成本预测有哪些常用方法?
5. 影响利润变动的因素有哪些? 如何计算它们对利润的敏感程度?
6. 什么是资金需求量的预测? 影响资金需求量的因素有哪些? 怎样通过销售百分比法来预测资金需要量?

五、业务分析题
1. 目的:练习销售预测的基本方法。
资料:某公司以销定产,上半年度的销售额如表4.5所示。

表4.5 某公司上半年的销售额

月份	1	2	3	4	5	6
销售额/万元	60	50	70	80	90	80

要求：
(1)用简单移动平均法,加权移动平均法预测4~7月份的销售额。
(2)用平滑指数法预测2~7月份的销售额(1月份预测数为580万元,加权因子为0.3)。

2．目的：练习成本预测的基本方法。

资料：某厂A产品近四年的实际成本资料如表4.6所示。

表4.6 某厂A产品近四年的实际成本

年度	固定成本总额/元	单位变动成本/(元·件$^{-1}$)
2008	120 000	30
2009	140 000	25
2010	163 000	20
2011	181 000	18

如果2012年计划A产品600件,2008~2011年各年的加权数分别为0.15,0.20,0.30,0.35。

要求：利用加权平均法预测2012年A产品的总成本和单位成本。

【阅读资料】

现代预测实践

社会发展到20世纪30年代,尤其是第二次世界大战后,资本主义社会商品经济得到了进一步的发展,企业规模进一步扩大,大型垄断企业的活动日益向国际化发展,出现了许多规模庞大的跨国公司;与此同时,随着科学技术和生产力的高速发展,新技术、新工艺的不断涌现,市场竞争越来越激烈,人们日益感到预测未来的重要性。企业为了在竞争中立于不败之地,需要了解市场发展趋势,对市场需求做出预测,以便做出正确的经营决策。在1970年,美国企业波音、麦道和洛克希德,支配着全球民用飞机市场。为了动摇美国的优势地位,一些欧洲国家开始补贴欧洲的空中客车集团,以使其提高制造飞机的质量及生产率。1990年,空中客车预测：从1990~2008年全球将需要11 500架飞机,价值6 000亿美元。当时仅次于波音的空中客车预计它的市场份额会有显著增长,并根据预测进行了战略调整。1990年,全球约85%的民航飞机仍由美国制造,但空中客车当年获得了全世界1/3的新订单。

科学技术的高速发展,给经济带来高增长的同时,又往往造成环境的破坏和污染,给人类的生存带来了不利的因素和威胁,这迫使人们对危害的后果做出判断。还有许多问题,如人口的增长、能源、原材料的大量消耗,都使人们感到预测未来的必要性,客观的需要促使人们勇于进行各种预测实践,从而推动着预测的发展。科学技术的发展为预测科学提供了比较可靠而又有效的科学预测方法和手段。经济学、计量经济学、计算机科学等相关学科的发展为预测提供了方法论的基础和预测手段。

第五章
Chapter 5

筹资管理

【学习要点】

通过本章学习,要求学生了解筹资的分类和原则,理解筹资的目的与要求,掌握筹资的渠道与方式,以及各种筹资方式的优缺点。

【案例导入】

某家庭购房资金的筹集方式

一对夫妻看中了一套100平方米的商品房,每平方米售价5 000元,而这对夫妻的积蓄只有10万元,由于夫妻俩都参加了公积金存款,按有关规定买楼时可申请公积金贷款16万元,积蓄加上公积金贷款有26万元,离购房还差一大截。在这种情况下,为解决资金困难,该家庭又向银行申请一般按揭贷款。目前,建设银行推出了将公积金贷款和一般按揭贷款组合在一起的新型贷款组合,规定两项贷款的总额不能超过房价的70%,贷款最长期限为20年,公积金贷款和一般按揭贷款分开计息,另外,客户申请贷款前,先要在建行存入房价的30%的储蓄,略高于只申请公积金贷款需要存入房价的20%。

如前面的那对夫妻申请一般按揭贷款,那么两笔贷款的最高金额为:50×70%=35(万元),则一般按揭贷款最高为35-16=19(万元)。该对夫妻选择15年还清,即供楼180期(月)。通过查每万元贷款每月还本付息额表,可得公积金贷款方面,每月供款:82.61×16=1 322(元);一般按揭方面,每月供款:85.52×19=1 625(元),加起来共计1 322+1 625=2 947(元)。

贷款加上储蓄共45万元,还差5万元,这对夫妻采取向亲戚朋友借款的方式解决。在上例中,这对夫妻采用公积金贷款和一般按揭贷款相结合的方式筹集购房资金,可先取得住房的使用权,然后分期归还贷款。当然,他们除了要支付房价以外,还要负担相关的税费。

第一节 资金筹集的概述

一、筹资的概念和分类

筹资是指企业根据其生产经营、对外投资及调整资本结构的需要,通过一定的渠道和资金市场,采取适当的方式,获取所需资金的一种行为。企业的生存与发展皆以筹集足够的资金并灵活地运用这些资金为前提,筹资是整个资金运动的起点。因而,筹资管理是企业财务管理的一项基本内容。企业筹资可以按不同的标准进行分类。

(一)按照资金的来源渠道不同,分为权益筹资和负债筹资

权益筹资是企业依法取得并长期拥有、自主调配运用的资金。企业通过发行股票、吸收直接投资、内部积累等方式而筹集的资金都属于企业的权益筹资。负债筹资是企业依法取得并依约运用、按期偿还的资本。企业通过发行债券、向银行借款、融资租赁等方式而筹集的资金属于企业的负债筹资。

(二)按照是否通过金融机构,分为直接筹资和间接筹资

直接筹资是指企业不借助银行等金融机构,直接与资本所有者协商融通资本的一种筹资活动。具体而言,直接筹资主要有直接投入资本、发行股票、债券和商业信用等筹资方式。间接筹资是指企业借助银行等金融机构而融通资本的一种筹资活动,这是一种传统的筹资类型。间接筹资主要有银行借款、租赁等筹资方式。

(三)按照所筹资金使用期限的长短,分为短期资金筹集与长期资金筹集

短期资金是指供短期(一般为一年以内)使用的资金。短期资金主要用于现金、应收账款、材料采购、发放工资等,一般在短期内可以收回。短期资金可采用商业信用、银行短期借款、商业票据等方式来筹集。

长期资金是指供长期(一般在一年以上)使用的资金。长期资金一般采用发行股票、债券、银行中长期借款等方式筹集。

(四)按照资金取得方式不同,分为内源筹资和外源筹资

内源筹资是指企业利用自身的储蓄(折旧和留存收益)转化为投资的过程,具有原始性、自主性、低成本性等特点。外源筹资是指吸收其他经济主体的闲置资金,使之转化为自己投资的过程,包括股票、债券、商业信用、银行借款等筹资方式,具有高效性、灵活性、大量性和集中性的特点。

二、筹资意义及原则

(一)筹资意义

资金是企业从事生产经营活动的基本条件。要成立一个企业,就必须有相应的资金,否

则企业的生产经营无从谈起。由于季节性和临时性需要，或由于要扩大生产经营规模等原因，都需要筹资。因此，筹资既是企业生产经营活动的前提，又是企业再生产顺利进行的保证。同时筹资也为投资提供了基础和前提，没有筹资，就无法进行资金的投放。企业进行经营活动必须有足够的资金。一般情况下，企业在下列几种情况下需要筹资：

1. 建立企业需要筹资

按照我国有关制度规定，建立企业时，必须有法定的资本金，并不得低于国家规定的限额。新建企业首先必须筹集足够的资金，用于购买商品、设备、工具等，以及支付工资和费用，以便从事购销经营活动。

2. 扩大经营规模需要筹资

企业在发展过程中，生产经营规模不断扩大。随着生产经营规模的扩大，对资金的需求也不断增多，需要不断筹集大量资金。而这些资金仅靠自身的积累是不够的，必须通过各种方式来筹集。

3. 偿还到期债务、调整资金结构需要筹资

企业筹资不仅仅是为了满足生产经营的需要，有时为了偿还到期债务、调整资金结构也需要筹资。一般而言，企业的资金来源有两个方面：借入资金和自有资金。借入资金都有一定的到期日，到期必须归还。借入资金与自有资金之间应有一个恰当的比例，只有这样资金结构才能趋于合理。有两种情形：一是以偿还债务为目的筹资，即企业的现有支付能力不足以偿还到期债务，必须筹资还债；二是以调整资金结构为目的筹资，即企业现有足够的能力支付到期债务，但为了调整借入资金与自有资金的比率，仍需举债或筹集自有资金，从而使资金结构更加合理。

（二）筹资原则

1. 规模适当原则

企业的资金需求量往往是不断波动的，企业财务人员要认真分析科研、生产、经营状况，采用一定的方法，预测资金的需要数量，合理确定筹资规模。这样，既能避免因资金筹集不足，影响生产经营的正常进行，又可防止资金筹集过多，造成资金闲置。

2. 筹措及时原则

企业财务人员在筹集资金时必须熟知资金时间价值的原理和计算方法，以便根据资金需求的具体情况，合理安排资金的筹集时间，适时获取所需资金。这样，既能避免过早筹集资金形成资金投放前的闲置，又能防止取得资金的时间滞后，错过资金投放的最佳时间。

3. 来源合理原则

资金的来源渠道和资金市场为企业提供了资金的源泉和筹资场所，它反映资金的分布状况和供求关系，决定着筹资的难易程度。不同来源的资金，对企业的收益和成本有不同影响，因此，企业应认真研究资金渠道和资金市场，合理选择资金来源。

4. 方式经济原则

在确定筹资数量、筹资时间、资金来源的基础上，企业在筹资时还必须认真研究各种筹资方式。企业筹集资金必然要付出一定的代价,不同筹资方式条件下的资金成本有高有低。为此,就需要对各种筹资方式进行分析、对比,选择最佳的筹资方式,确定合理的资金结构,以便降低成本,减少风险。

三、筹资渠道与筹资方式

(一)资金的筹集渠道

筹资渠道是指企业资金的来源。目前我国筹资渠道主要包括银行信贷资金、其他金融机构资金、国家财政资金、企业内部资金、其他单位资金、居民个人资金等。

1. 银行信贷资金

银行对企业的各种贷款是我国目前各类企业最为重要的资金来源。我国银行分为商业银行和政策性银行两种。商业银行是以盈利为目的、从事信贷资金投放的金融机构,它主要为企业提供各种商业贷款。政策性银行主要为特定企业提供政策性贷款。

2. 其他金融机构资金

其他金融机构也可以为企业提供一定的资金来源,其他金融机构主要指信托投资公司、保险公司、金融租赁公司、证券公司、财务公司等。它们所提供的各种金融服务,既包括信贷资金投放,也包括物资的融通,还包括为企业承销证券等金融服务。

3. 国家财政资金

国家对企业的直接投资是国有企业特别是国有独资企业获得资金的主要渠道之一。现有国有企业的资金来源中,其资本部分大多是由国家财政以直接拨款方式形成的。除此以外,还有些是国家对企业"税前还贷"或减免各种税款而形成的。不管是何种形式形成的,从产权关系上看,它们都属于国家投入的资金,产权归国家所有。

4. 企业自留资金

企业自留资金,也称企业内部留存,是指企业内部形成的资金,主要包括提取公积金和未分配利润等。这些资金的重要特征之一是,它们无须企业通过一定的方式去筹集,而直接由企业内部自动生成或转移。

5. 其他单位资金

其他单位资金也可以为企业提供一定的资金来源。企业在生产经营过程中,往往形成部分暂时闲置的资金,并为一定的目的而进行相互投资。另外,企业间的购销业务可以通过商业信用方式来完成,从而形成企业间的债权债务关系,形成债务人对债权人的短期信用资金占用。企业间的相互投资和商业信用的存在,使其他企业资金也成为企业资金的重要来源。

6. 居民个人资金

居民个人资金也可以为企业提供一定的资金来源,企业职工和居民个人的结余货币,作为"游离"于银行及非银行金融机构等之外的个人资金,可用于对企业进行投资,形成民间资金来源渠道,从而为企业所用。

（二）资金的筹措方式

筹资方式是指企业筹措资金时所选用的具体形式。目前，我国的筹资方式主要有：①吸收直接投资；②向银行借款；③发行股票；④发行公司债券；⑤融资租赁；⑥利用留存收益；⑦利用商业信用等。

第二节 权益资金筹集

一、吸收直接投资

吸收直接投资是指企业以合同、协议等形式吸收国家、其他企业、个人和外商等主体直接投入资金，形成企业自有资金的一种筹资方式。

（一）吸收直接投资的种类
吸收投资一般包括以下四类。

1. 吸收国家投资

国家投资是指有权代表国家的政府部门或者机构以国有资产进行的投资，这种投资形成的资金称为国家资本金。吸收国家投资具有以下特点：①产权归属国家；②资金数额较大；③在国有企业中采用比较广泛。

2. 吸收法人投资

法人投资是指法人单位以其依法可以支配的资产进行的投资，这种投资形成的资金称为法人资本金。目前，吸收法人投资主要指法人单位在进行横向经济联合时所产生的联营投资。吸收法人投资具有以下特点：①产权归属企业；②以获取企业利润为目的；③出资方式比较灵活。

3. 吸收个人投资

个人投资是指社会个人或本企业内部职工以个人合法财产进行的投资，这种投资形成的资金叫个人资本金。吸收个人投资具有以下特点：①参加投资的人员较多；②每人投资的数额相对较少；③以参与企业利润分配为目的。

4. 吸收外商投资

外商投资是指外国投资者以及我国香港、澳门和台湾地区投资者对企业进行的投资，这种投资形成的资金称为外商资本金。吸收外商投资具有以下特点：①可以筹集外汇资金；②一般只有中外合资（或中外合作）经营企业才能采用。

（二）吸收直接投资的出资方式
吸收直接投资可以采用厂房、机器设备、材料物资、现金、无形资产等出资方式，主要有以下几种。

1. 现金投资

现金投资是以现金形式对企业进行的投资。由于现金可以进行任何物质的交换,因此,企业应尽量动员投资者采用现金方式出资,但我国目前尚无这方面的规定,所以需要在投资过程中由双方协商加以确定。

2. 实物投资

以厂房、建筑物、设备等固定资产和材料、燃料、商品等流动资产进行的投资,属于实物投资。一般来说,实物投资应满足如下要求:①确为企业科研、生产、经营所需;②实物资产的技术性能较好;③作价公平合理。投资实物的具体作价,可由双方按公平合理的原则协商确定,也可聘请各方同意的专业资产评估机构评定。

3. 工业产权投资

工业产权是指以专有技术、商标权、专利权等无形资产进行的投资。一般来说,企业吸收的工业产权应满足以下条件:①对研究和开发新的高科技产品有帮助;②对生产出适销对路的高科技产品有帮助;③对改进产品质量,提高生产效率有帮助;④对大幅度降低各种消耗有帮助;⑤作价比较合理。

4. 土地使用权投资

土地使用权投资是指以土地使用权进行的投资。企业在接收场地使用权的投资时,应注意以下问题:①场地应是企业科研、生产、销售活动所需要的;②场地的交通、地理条件比较适应;③作价公平合理。

(三)吸收直接投资的成本

企业吸收直接投资的成本是指企业因吸收直接投资而支付给直接投资者的代价。吸收直接投资成本除不考虑筹资费用外,其计算方法与普通股筹资基本相同。

(四)吸收直接投资的优缺点

1. 吸收直接投资的优点

(1)利用吸收直接投资所筹集的资金属于企业自有资金,能增强企业的信誉和借款能力,形成经营规模。

(2)吸收实物投资和产权投资可以直接获取投资者的先进技术和设备,尽快形成生产能力。

(3)吸收直接投资根据企业的经营状况向投资者支付报酬,比较灵活,财务风险较小。

2. 吸收直接投资的缺点

(1)吸收直接投资支付的资金成本较高。一般而言,采用吸收投资方式所筹集资金的资金成本较高。

(2)吸收直接投资容易分散企业的控制权。采用吸收投资方式筹集资金,投资者一般都要求获得与投资数量相适应的经营管理权。如果外部投资者的投资较多,甚至会对企业实行完全控制。

二、发行普通股

股票是股份公司为筹集权益资金而发行的一种有价证券,是公司签发的证明股东所持股份的凭证,它代表投资者对公司的所有权。权益资金通常是构成一个新公司的首要资金来源。发行普通股是筹集权益资金的主要方式。

(一)股票的分类

股票根据不同的标准,可以分为以下不同种类:

(1)按是否记名可以划分为记名股票和无记名股票。记名股票是将股东姓名记入股票及股东名簿,分配股息时,由企业书面通知股东。记名股票的转让受到一定限制。无记名股票是在股票上不记载所有者的姓名,仅凭股票所附息票领取股息。无记名股票可以任意转让。

(2)按票面是否标明金额可以划分为面值股票和无面值股票。面值股票是在票面上标明每股金额的股票。这种股票可以直接确定每一股份在企业资金总额中所占的份额。无面值股票是不标明每张股票的面值,仅表示每一股在公司全部股票中所占有的比例。在公司生产经营过程中,股份的实际价值与股票发行价值往往不相一致,因此只能根据股票股数才可确定股份的实际价值。

(3)按股息是否变动和股东权利不同可以划分为普通股票和优先股票。普通股票是指股息和红利随着企业利润的多少而变动的股票,是股票中最普通的一种形式,也是公司资金的基本来源。优先股票是较普通股票有某些优先权利的股票。其优先权体现在两个方面:一是优先股的持有者享有固定的股息,且固定股息的支付在普通股持有者得到任何股息之前;二是当企业由于倒闭破产而进行清算时,优先股的持有者享有优先于普通股的剩余财产分配权。

(4)按发行对象和上市地区可分为 A 股、B 股、H 票和 N 股。A 股是指非外国和非我国香港、澳门、台湾地区的投资者买卖的,以人民币标明股票面值,以人民币认购和交易的股票;B 股是指在国内上市以外币认购和进行交易的股票;H 股是指在中国香港联交所上市以港币认购和进行交易的股票;N 股是指在纽约发行上市,以美元交易的股票。

(二)普通股股东的权利

普通股票是股利随着企业利润的多少而变动的股票,是股票中最普通的一种形式,也是公司资金的基本来源。它是权益资金首要的资金来源。

普通股股票的持有人称为普通股股东,普通股股东一般具有以下权利:

1. 公司管理权

普通股股东的管理权主要体现为在董事会选举中有选举权和被选举权,通过选出的董事会代表所有股东对企业进行控制和管理。具体来说,普通股股东的管理权主要包括投票权、查账权、阻止越权经营的权利。

2. 分享盈余权

分享盈余权,即普通股股东经董事会决定后有从净利润中分得股息和红利的权利。

3. 出让股份权

出让股份权,即股东有权出售或转让股票。

4. 优先认股权

优先认股权,即普通股股东拥有优先于其他投资者购买公司增发新股票的权利。

5. 剩余财产要求权

剩余财产要求权,即当公司解散、清算时,普通股股东对剩余财产有要求权。但是,公司破产清算时,财产的变价收入,首先要用来清偿债务,然后支付优先股股东,最后才能分配给普通股股东。

6. 公司章程规定的其他权利

(三)股票发行

1. 股票发行的规定与条件

股份公司发行股票应符合以下规定与条件:

(1)每股金额相等。同次发行的股票,每股的发行条件和价格应当相同。

(2)股票发行价格可以按票面金额,也可以超过票面金额,但不得低于票面金额。

(3)股票应当载明公司名称、公司登记日期、股票种类、票面金额及代表的股份数、股票编号等主要事项。

(4)向发起人、国家授权投资的机构、法人发行的股票,应当为记名股票;对社会公众发行的股票,可以为记名股票,也可以为无记名股票。

(5)公司发行记名股票的,应当置备股东名册,记载股东的姓名或者名称、住所、各股东所持股份、各股东所持股票编号、各股东取得其股份的日期;发行无记名股票的,公司应当记载其股票数量、编号及发行日期。

(6)公司发行新股,必须具备下列条件:

①具备健全且运行良好的组织结构;

②具有持续盈利能力,财务状态良好;

③最近三年财务会计文件无虚假记载,无其他重大违法行为;

④证券监督管理机构规定的其他条件。

(7)公司发行新股,应由股东大会做出有关下列事项的决议:新股种类及数额;新股发行价格;新股发行的起止日期;向原有股东发行新股的种类及数额。

2. 股票的发行方式

股票发行方式,指的是公司通过何种途径发行股票。总的来讲,股票的发行方式可分为如下两类:

(1)公开间接发行。指通过中介机构,公开向社会公众发行股票。我国股份有限公司采用募集设立方式向社会公开发行新股时,须由证券经营机构承销的做法,就属于股票的公开间接发行。这种发行方式的发行范围广、发行对象多,易于足额募集资本;股票的变现性强,流通性好;股票的公开发行还有助于提高发行公司的知名度和扩大其影响力。但这种发行方式也有不足,主要是手续繁杂,发行成本高。

(2)不公开直接发行。指不公开对外发行股票,只向少数特定的对象直接发行,因而不需经中介机构承销。我国股份有限公司采用发起设立方式和以不向社会公开募集的方式发行新股的做法,即属于股票的不公开直接发行。这种发行方式弹性较大,发行成本低;但发行范围小,股票变现性差。

3. 股票的销售方式

股票的销售方式,指的是股份有限公司向社会公开发行股票时所采取的股票销售方法。股票销售方式有两类:自销和承销。

(1)自销方式。股票发行的自销方式,指发行公司自己直接将股票销售给认购者。这种销售方式可由发行公司直接控制发行过程,实现发行意图,并可以节省发行费用;但往往筹资时间长,发行公司要承担全部发行风险,并需要发行公司有较高的知名度、信誉和实力。

(2)承销方式。股票发行的承销方式,指发行公司将股票销售业务委托给证券经营机构代理。这种销售方式是发行股票所普遍采用的。股票承销又分为包销和代销两种具体办法。所谓包销,是根据承销协议商定的价格,证券经营机构一次性全部购进发行公司公开募集的全部股份,然后以较高的价格出售给社会上的认购者。所谓代销,是证券经营机构代替发行公司代售股票,并由此获取一定的佣金,但不承担股款未募足的风险。

4. 股票发行价格

股票的发行价格是股票发行时所使用的价格,也就是投资者认购股票时所支付的价格。股票发行价格通常由发行公司根据股票面额、股市行情和其他有关因素决定。以募集设立方式设立公司首次发行的股票价格,由发起人决定;公司增资发行新股的股票价格,由股东大会做出决议。

股票的发行价格可以和股票的面额一致,但多数情况下不一致。股票的发行价格一般有以下三种:

(1)等价。等价就是以股票的票面额为发行价格,也称为平价发行。这种发行价格,一般在股票的初次发行或在股东内部分摊增资的情况下采用。等价发行股票容易推销,但无从取得股票溢价收入。

(2)时价。时价就是以本公司股票在流通市场上买卖的实际价格为基准确定的股票发行价格。其原因是股票在第二次发行时已经增值,收益率已经变化。选用时价发行股票,考虑了股票的现行市场价值,对投资者也有较大的吸引力。

(3)中间价。中间价就是以时价和等价的中间值确定的股票发行价格。按时价或中间价发行股票,股票发行价格会高于或低于其面额。前者称溢价发行,后者称折价发行。如属溢价发行,发行公司所获得的溢价款列入资本公积。我国《公司法》规定,股票的发行价格可以等于票面金额(等价),也可以超过票面金额(溢价),但不得低于票面金额(折价)。

5. 股票上市对公司的影响

股票上市是指股份有限公司公开发行的股票经批准在证券交易所进行挂牌交易。经批准在交易所上市交易的股票称为上市股票。我国《公司法》规定，股东转让其股份，即股票流通必须在依法设立的证券交易所进行。股票上市对公司的有利影响主要体现在以下几个方面：

（1）改善财务状况，增强融资能力。公司通过股票上市可迅速筹集一笔可观的资金，使公司财务状况发生改变，同时为今后在证券市场增资扩股和向金融机构借贷创造了便利条件。

（2）客观评价公司价值。对上市公司来说，股票市价是评价企业价值大小的标准与尺度，每日每时的股市，都是对企业客观的市场估价，也反映了投资人对上市公司的认可程度。

（3）提高企业知名度，扩大企业市场占有份额。上市公司因经营状况较佳而具有良好的声誉，吸引众多用户以及投资者，更利于企业拓宽销售市场。

（4）利用股票收购其他公司。由于上市公司股票具有良好的流通性，变现能力强，因此被收购企业乐意接受上市公司出让的股票，从而减轻了上市公司的付现压力，降低了财务风险。

（5）利用股票可有效激励员工，尤其是企业关键人员，如营销、科技、管理等方面人才。因为，公开的股票市场提供了股票的准确价值，也可使职员的股票得以兑现。

股票上市对公司的不利影响主要表现在：

（1）容易泄露商业机密，使公司失去隐私权。上市公司必须向社会公众公布其经营成果及重大经营事项等，以便使社会公众和股东随时了解公司的经营状况。这就使得上市公司隐私权消失。

（2）公开上市需要很高的费用。一般包括：资产评估费用、股票承销佣金、律师费、注册会计师费、材料印刷费、登记费等。这些费用的具体数额取决于每一个企业的具体情况、整个上市过程的难易程度和上市数额等因素。公司上市后尚需花费一些费用为证券交易所、股东等提供资料，聘请注册会计师、律师等。

（四）普通股筹资的优缺点

1. 普通股筹资的优点

与其他筹资方式相比，普通股筹措资本具有如下优点：

（1）发行普通股筹措资本具有永久性，无到期日，不需归还。这对保证公司对资本的最低需要，维持公司长期稳定发展极为有益。

（2）发行普通股筹资没有固定的股利负担，股利的支付与否和支付多少，视公司有无盈利和经营需要而定，经营波动给公司带来的财务负担相对较小。由于普通股筹资没有固定的到期还本付息的压力，所以筹资风险较小。

（3）发行普通股筹集的资本是公司最基本的资金来源，它反映了公司的实力，可作为其他方式筹资的基础，尤其可为债权人提供保障，增强公司的举债能力。

（4）由于普通股的预期收益较高并可一定程度地抵消通货膨胀的影响（通常在通货膨胀期间，不动产升值时普通股也随之升值），因此普通股筹资容易吸收资金。

2. 普通股融资的缺点

（1）普通股的资金成本较高。首先，从投资者的角度讲，投资于普通股风险较高，相应地要求有较高的投资报酬率。对于筹资公司来讲，普通股股利从税后利润中支付，不像债券利息那样作为费用从税前支付，因而不具有抵税作用。此外，普通股的发行费用一般也高于其他证券。

（2）分散控制权。普通股筹资会增加新股东，削弱原股东对公司的控制。

三、留存收益

（一）留存收益的性质

留存收益包括盈余公积和未分配利润，属于企业税后净利留存部分。形成留存收益的主要原因包括两方面：

（1）从法律角度，为了保护债权人的利益以及维护企业的可持续发展，限制企业将获得的利润全额分配。例如，《公司法》规定，企业必须依据每年的净利润的 10% 提取法定盈余公积。

（2）企业基于扩大再生产的需要，必须将一部分利润进行留存，以备筹资需要。

（二）留存收益的筹资渠道

1. 提取盈余公积

提取盈余公积是依据相关的法律规定，依据每年的净利润的 10% 进行提取。经提取的盈余公积形成了企业的积累资金 - 盈余公积，该部分资金为指定用途，即主要用于企业的经营发展，转增资本或弥补以前年度的经营亏损，不得用于对外分配。

2. 未分配利润

未分配利润是指没有用途的净利润，属于企业的累积留存，可以用于企业的经营发展、转增资本（股本）、弥补以前年度的经营亏损和以后年度的利润分配。

（三）留存收益筹资的优缺点

1. 留存收益筹资的优点

（1）节省筹资费用。与普通股筹资相比，留存收益属于企业自有资金，没有运作、发行等筹资，降低了资金成本。

（2）维持企业的控制权分布。利用留存收益筹资，避免了对外发行新股或吸收新的投资者对原有股东控制权的稀释，保持了企业的股权结构。

2. 留存收益筹资的缺点

筹资数额有限。企业的留存收益是企业经营积累形成的，取决于企业以往的盈利状况和分配政策，其数额必定是有限的，不同于外部筹资可以一次性筹集大量资金。

第三节　长期负债资金筹集

一、长期借款

长期借款是指企业根据借款合同,从有关银行或非银行金融机构借入的,期限超过一年的需要还本付息的款项。银行借款的种类很多,按不同标准可进行不同的分类。

（一）长期借款筹资的种类

长期借款的种类很多,各企业可根据自身的情况和各种借款条件选用。我国目前各金融机构的长期借款主要有:

(1)按照用途,分为固定资产投资借款、更新改造借款、科技开发和新品试制借款等。

(2)按照提供贷款的机构,分为政策性银行贷款、商业银行贷款等。此外,企业还可从信托投资公司取得实物或货币形式的信托投资贷款、从财务公司取得各种中长期贷款等。

(3)按照有无担保,分为信用贷款和抵押贷款。信用贷款指不需企业提供抵押品,仅凭其信用或担保人信誉而发放的贷款。抵押贷款指要求企业以抵押品作为担保的贷款。长期贷款的抵押品常常是房屋、建筑物、机器设备、股票、债券等。

（二）长期借款的保护性条款

由于长期借款的期限长、风险大,银行通常对借款企业提出一些有助于保证贷款按时足额偿还的条件。这些条件写进贷款合同中,便形成了合同的保护性条款。归纳起来,保护性条款大致有如下两类:

1. 一般性保护条款

一般性保护条款应用于大多数借款合同,主要包括:

(1)对借款企业流动资金保持量的规定,其目的在于保持借款企业资金的流动性和偿债能力。

(2)对支付现金股利和再购入股票的限制,其目的在于限制现金外流。

(3)对资本支出规模的限制,其目的在于减小企业日后不得不变卖固定资产以偿还贷款的可能性,仍着眼于保持借款企业资金的流动性。

(4)限制其他长期债务,其目的在于防止其他贷款人取得对企业资产的优先求偿权。

(5)借款企业定期向银行提交财务报表,其目的在于及时掌握企业的财务情况。

(6)不准在正常情况下出售较多资产,以保持企业正常的生产经营能力。

(7)如期缴纳税费和清偿其他到期债务,以防被罚款而造成现金流失。

(8)不准以任何资产作为其他承诺的担保或抵押,以避免企业过重的负担。

(9)不准贴现应收票据或出售应收账款,以避免或有负债。

(10)限制租赁固定资产的规模,其目的在于防止企业负担巨额租金以致削弱其偿债能力,还在于防止企业以租赁固定资产的办法摆脱对其资本支出和负债的约束。

2. 特殊性保护条款

特殊性保护条款是针对某些特殊情况而出现在部分借款合同中的,主要包括:

(1)贷款专款专用。

(2)不准企业投资于短期内不能收回资金的项目。

(3)限制企业高级职员的薪金和奖金总额。

(4)要求企业主要领导人在合同有效期间担任领导职务。

(5)要求企业主要领导人购买人身保险;等等。

此外,"短期借款筹资"中的周转信贷协定、补偿性余额等条件,也同样适用于长期借款。

(三)长期借款的成本

长期借款的利息率通常高于短期借款。但信誉好或抵押品流动性强的借款企业仍然可以争取到较低的长期借款利率。长期借款利率有固定利率和浮动利率两种。浮动利率通常有最高、最低限,并在借款合同中明确。对于借款企业来讲,若预测市场利率将上升,应与银行签订固定利率合同;反之,则应签订浮动利率合同。

除了利息之外,银行还会向借款企业收取其他费用,如实行周转信贷协定所收取的承诺费、要求借款企业在本银行中保持补偿余额所形成的间接费用,这些费用会加大长期借款的成本。

(四)长期借款的偿还方式

长期借款的偿还方式包括:定期支付利息、到期一次性偿还本金的方式;如同短期借款那样的定期等额偿还方式;平时逐期偿还小额本金和利息、期末偿还余下的大额部分的方式。第一种偿还方式会加大企业借款到期时的还款压力;而定期等额偿还又会提高企业使用贷款的实际利率。

(五)长期借款筹资的优缺点

1. 长期借款筹资的优点

(1)筹资速度快。发行各种证券筹集长期资金所需时间一般较长。证券发行的准备工作以及证券的发行都需要一定时间。而向银行借款与发行证券相比,一般所需时间较短,可以迅速地获取资金。

(2)借款弹性较大的企业与银行可以直接接触,可通过直接商谈来确定借款的时间、数量和利息。在借款期间,如果企业情况发生了变化,也可与银行进行协商,修改借款的数量和条件。借款到期后如有正当理由还可延期归还。

(3)借款成本较低。就目前我国情况来看,利用银行借款所支付的利息比发行债券所支付的利息低。另外,也无须支付大量的发行费用。

(4)可以发挥财务杠杆的作用。不论公司赚钱多少,银行只按借款合同收取利息,在投资报酬率大于借款利率的情况下,企业所有者将会因财务杠杆的作用而得到更多的收益。

2. 长期借款筹资的缺点

(1)筹资风险较高。企业举借长期借款,必须定期还本付息,在经营不利的情况下,可能会产生不能偿付的风险,甚至会导致破产。

(2)限制性条款比较多。企业与银行签订的借款合同中,一般都有一些限制条款,如定期报送有关报表、不准改变借款用途等,这些条款可能会限制企业的经营活动。

(3)筹资数量有限。银行一般不愿借出巨额的长期借款。因此,利用银行借款筹资都有一定的上限。

二、发行债券

债券是指社会各类经济主体为了筹集资金而向债券的购买者出具的、承诺按一定利率到期支付利息和偿还本金的一种书面凭证。债券表明一种债权债务关系,一般具有票面价值、票面利率、到期日、发行价格等几个要素。

(一)债券的种类

债券的种类很多,而且在不同国家、不同地区分类方法也不一样。下面介绍几种主要的分类方式。

1. 按债券有无担保,分为抵押债券和信用债券

(1)抵押债券。抵押债券是指以发行企业的特定财产作为抵押品的债券。根据抵押品的不同,抵押债券又分为不动产抵押债券、动产抵押债券和信托抵押债券。对于抵押债券,若发行企业不能按期偿还本息,持有人可以行使其抵押权,拍卖抵押品作为补偿。

(2)信用债券。信用债券是指债券发行单位凭借其自身的信用而发行的没有抵押品作担保的债券。企业发行信用债券时,银行对发行者的行为有一些约束限制,以保障投资者的利益。信用债券通常由那些信誉较好、财务能力较强的企业发行。

2. 按债券是否记名,分为记名债券和无记名债券

(1)记名债券。记名债券是指债券发行单位在发行债券时在债券票面上需要记载购买者姓名的债券。这种债券购买者需要在发行单位登记注册,并需经背书才能流通转让。

(2)不记名债券。不记名债券是指债券发行单位在发行债券时在债券票面上不需记载购买者姓名的债券。此种债券不需在发行单位登记注册,不需背书就能流通转让,流动性较好。

3. 按能否转换为公司股票分为可转换债券和不可转换债券

若公司债券能转换为本公司股票,为可转换债券;反之,为不可转换债券。一般来讲,前种债券的利率要低于后种债券。按照我国《公司法》的规定,发行可转换债券的主体只限于股份有限公司中的上市公司。以上两种分类为我国《公司法》所确认。除此之外,按照国际通行做法,公司债券还有另外一些分类。

(二)债券的发行

债券是筹集资金的渠道之一,通过发行债券筹集资金必须做出有关债券发行条件、发行

数量、发行种类、发行期限、发行价格等方面的决策。

1. 债券发行的资格和条件

公司发行债券,必须具备规定的发行资格与条件。

(1)发行债券的资格。我国《公司法》规定,股份有限公司、国有独资公司和两个以上的国有企业或者其他两个以上的国有投资主体投资设立的有限责任公司,有资格发行公司债券。

(2)发行债券的条件。我国《公司法》还规定,有资格发行公司债券的公司,必须具备以下条件:

①股份有限公司的净资产额不低于人民币3 000万元,有限责任公司的净资产不低于人民币6 000万元。

②累计债券额不超过公司净资产的40%。

③最近3年平均可分配利润足以支付公司债券一年的利息。

④所筹集资金的投向符合国家产业政策。

⑤债券的利率不得超过国务院限定的水平。

⑥国务院规定的其他条件。

2. 债券的发行价格

债券的发行价格是债券发行时的价格,亦即投资者购买债券时所支付的价格。公司债券的发行价格通常有三种:平价、溢价和折价。

平价指以债券的票面金额作为发行价格;溢价指以高出债券票面金额的价格作为发行价格;折价指以低于债券票面金额的价格作为发行价格。债券发行价格的形成受诸多因素影响,其中主要是票面利率与市场利率的一致程度。债券的票面金额、票面利率在债券发行前即已参照市场利率和发行公司的具体情况确定下来,并载明于债券之上。但在发行债券时已确定的票面利率不一定与当时的市场利率一致。为了协调债券购销双方在债券利息的利益,就要调整发行价格。即当票面利率高于市场利率时,以溢价发行债券;当票面利率低于市场利率时,以折价发行债券;当票面利率与市场利率一致时,以平价发行债券。

债券发行价格的计算公式为

$$债券发行价格 = \frac{票面金额}{(1+市场利率)^n} + \sum_{t=1}^{n} \frac{票面金额 \times 票面利率}{(1+市场利率)^t} =$$

或

$$票面金额(P/F, i_1, n) + 票面金额 \cdot i_2 \cdot (P/A, i_1, n)$$

式中 n——债券期限;

t——付息期数;

i_1——市场利率;

i_2——票面利率。

如果企业发行不计复利、到期一次还本付息的债券,则其发行价格的计算公式为

$$债券发行价格 = 票面金额 \times (1 + i_2 \times n) \times (P/F, i_1, n)$$

【例5.1】 某企业发行面值为100元,票面利率为10%,期限为10年,每年年末付息的债券。在公司决定发行债券时市场利率为10%,到债券正式发行时,如果市场上的利率发生如下三种变化:保持10%不变;上升到15%;下降到5%。该公司应如何调整发行价格?

解:

(1)资金市场上的利率保持10%不变,则债券的发行价格为

$$100 \times (P/F, 10\%, 10) + 100 \times 10\% \times (P/A, 10\%, 10) = \frac{100}{2.5973} + 10 \times 6.1446 = 100(元)$$

(2)资金市场上的利率上升到15%,则发行价格为

$$100 \times (P/F, 15\%, 10) + 100 \times 10\% \times (P/A, 15\%, 10) = 24.718 + 105.0188 = 74.91(元)$$

(3)资金市场上的利率下降到5%,则可发行价格为

$$100 \times (P/F, 5\%, 10) + 100 \times 10\% \times (P/A, 5\%, 10) = 61.391 + 107.7217 = 138.61(元)$$

当然,资金市场上的利息率是复杂多变的,除了考虑目前利率外,还要考虑利率的变动趋势。实际工作中确定债券的发行价格通常要考虑多种因素。

(四)债券的优缺点

1. 债券的优点

(1)资金成本较低。利用债券筹资的成本比股票筹资的成本低。这主要是因为债券的发行费用较低,债券利息在税前支付,部分利息由政府负担了。

(2)保证控制权。债券持有人无权干涉企业的管理事务,如果现有股东担心控制权旁落,则可采用债券筹资。

(3)可以发挥财务杠杆作用。债券利息负担固定,在企业投资效益良好的情况下,更多的收益可用于分配给股东,增加其财富,或留归企业以扩大经营。

2. 债券筹资的缺点

(1)筹资风险高。债券有固定的到期日,并定期支付利息。利用债券筹资,要承担还本、付息的义务。在企业经营不景气时,向债券持有人还本、付息,会给企业带来更大的困难,甚至导致企业破产。

(2)限制条件多。发行债券的契约书中往往有一些限制条款。这种限制比短期债务严格得多,可能会影响企业的正常发展和以后的筹资能力。

(3)筹资额有限。利用债券筹资有一定的限度,当公司的负债比率超过一定程度后,债券筹资的成本要迅速上升,有时甚至会发行不出去。

三、融资租赁

融资租赁是由租赁公司按承租单位要求出资购买设备,并将其出租给承租人长期使用的一种租赁方式。

融资租赁租金包括设备价款和租息两部分,租息又可分为租赁公司的融资成本、租赁手续费等。租金通常采用分次支付的方式,具体类型有:

(1) 按支付间隔期的长短,可以分为年付、半年付、季付和月付等方式。
(2) 按支付时期先后,可以分为先付租金和后付租金两种。
(3) 按每期支付金额,可以分为等额支付和不等额支付两种。

(一) 融资租赁租金的计算方法

(1) 后付租金的计算。根据年资本回收额的计算公式,可得出后付租金方式下每年年末支付租金数额的计算公式为

$$A = P/(P/A, i, n)$$

【例5.2】 某企业采用融资租赁方式于2012年1月1日从一租赁公司租入一设备,设备价款为40 000元,租期为8年,到期设备归企业所有,双方商定采用18%的折现率,试计算企业每年年末应支付的等额租金。

$$A = 40\ 000/(P/A,18\%,8) = 40\ 000/4.0776 = 9\ 809.69(元)$$

(2) 先付租金的计算。承租企业有时可能会与租赁公司定,采取先付等额租金的方式支付租金。根据预付年金的现值公式,可得出先付等额租金的计算公式为

$$A = P/[(P/A, i, n-1) + 1]$$

【例5.3】 假如上例采用先付等额租金方式,则每年年初支付的租金额可计算如下:

$$A = 40\ 000/[(P/A,18\%,7) + 1] = 40\ 000/(3.8115 + 1) = 8\ 313.42(元)$$

(二) 融资租赁筹资的优缺点

1. 融资租赁筹资的优点

(1) 筹资速度快。租赁往往比借款购置设备更迅速、更灵活,因为租赁是筹资与设备购置同时进行,可以缩短设备的购进、安装时间,使企业尽快形成生产能力,有利于企业尽快占领市场,打开销路。

(2) 限制条款少。如前所述,债券和长期借款都定有相当多的限制条款,虽然类似的限制在租赁公司中也有,但一般比较少。

(3) 设备淘汰风险小。由于固定资产更新周期日趋缩短,企业设备陈旧过时的风险很大,利用租赁融资可减少这一风险。这是因为融资租赁的期限一般为资产使用年限的一定比例,不会像自己购买设备那样整个期间都要承担风险,且多数租赁协议都规定由出租人承担设备陈旧过时的风险。

(4) 财务风险小。租金在整个租期内分摊,不用到期归还大量本金。租赁把到期日一次偿还本金的风险在整个租期内分摊,可适当减少不能偿付的风险。

(5) 税收负担轻。租金可在税前扣除,具有抵免所得税的效用。

2. 融资租赁筹资的缺点

融资租赁筹资的最主要缺点就是资金成本较高。一般来说,其租金要比举借银行借款或发行债券所负担的利息高得多。在企业财务困难时,固定的租金也会构成一项较沉重的负担。

第四节 短期融资

一、短期融资概述

短期负债筹资所筹资金的可使用时间较短,一般不超过一年。主要用于满足企业流动资金周转的需要,包括生产周转借款、临时借款、结算借款和票据贴现等。一般具有筹资速度快、容易取得、筹资富有弹性、筹资成本较低、筹资风险高等特性。短期负债筹资最主要的形式是商业信用和短期借款。商业信用的具体形式有应付账款、应付票据、预收账款等。

二、短期融资方式

短期融资的方式主要有四种,即商业信用、短期借款、商业票据和短期融资券。

(一)商业信用

1. 商业信用的概念

商业信用是指商品交易中的延期付款或延期交货而形成的借贷关系,它是企业之间的一种直接信用行为,也是企业筹集短期资金的重要方式。

2. 商业信用的形式及现金折扣计算

利用商业信用融资,主要有以下几种形式:

(1)应付账款。应付账款是由赊购商品形成的一种最典型、最常见的商业信用形式。在此种情况下,买卖双方发生商品交易,买方收到商品后不立即支付现金,可延期到一定时间以后付款。在这种条件下,卖方有时为了争取得到提前付款,可给予买方一定的现金折扣,如"2/10、n/30"即表示货款在 10 天内付清,可以享受货款金额 2% 的现金折扣;货款在 30 天内付清(即信用期为 30 天),则须付全部货款。如买方不享受现金折扣,则必须在一定时期内付清账款。因为丧失现金折扣的机会成本可按下式计算:

$$放弃现金折扣的成本 = \frac{CD}{1-CD} \times \frac{360}{N} \times 100\%$$

式中 CD——现金折扣的百分比;

N——失去现金折扣延期付款天数,等于信用期与折扣期之差。

【例 5.4】 某企业每年向供应商购入 200 万元的商品,该供应商提供的信用条件为"2/10,n/30",若该企业放弃上述现金折扣条件,则其资金成本计算如下:

$$放弃现金折扣的成本 = \frac{2\%}{1-2\%} \times \frac{360}{30-10} \times 100\% = 36.73\%$$

这说明该企业只要从其他途径取得资金所付出的代价低于 36.73% 时,就应在 10 天以内把货款付清以取得 2% 的现金折扣。

(2)预收货款。在这种形式下,卖方要先向买方收取货款,但要延期到一定时期以后交货,这等于卖方向买方先借一笔资金,是另外一种典型的商业信用形式。通常,购买单位对于紧俏商品乐意采用这种形式,以便顺利获得所需商品。另外,生产周期长、售价高的商品,如轮船、飞机等,生产企业也经常向订货者分次预收货款,以缓解资金占用过多的矛盾。

(3)应付票据。应付票据是企业进行延期付款商品交易时开具的反映债权债务关系的票据。根据承兑人的不同应付汇票可分为商业承兑汇票和银行承兑汇票。应付票据可以带息也可以不带息。其利率一般比银行借款利率低,且不用保持相应的补偿余额和支付协议费,所以筹资成本低于银行借款成本。但是,应付票据到期必须偿还,如若延期将要交付罚金,因此风险较大。

(二)短期借款

短期借款,是指企业向银行和其他金融机构借入的期限在一年以内的借款。

1. 短期借款的种类

短期借款主要有生产周转借款、临时借款、结算借款等。按照国际通行做法,短期借款还可依偿还方式的不同,分为一次性偿还借款和分期偿还借款;依利息支付方法的不同,分为收款法借款、贴现法借款和加息法借款;依有无担保,分为抵押借款和信用借款。

2. 短期借款的信用条件

按照国际惯例,银行发放短期贷款时往往涉及以下信用条件:

(1)信贷额度。信贷额度亦即贷款限额,是借款人与银行在协议中规定的允许借款人借款的最高限额。

(2)周转信贷协定。周转信贷协定是银行从法律上承诺向企业提供不超过某一最高限额的贷款协定。在协定的有效期内,只要企业借款总额未超过最高限额,银行必须满足企业任何时候提出的借款要求。企业享有周转协定,通常要对贷款限额的未使用部分付给银行一笔承诺费。

【例5.5】 某企业与银行商定的周转信贷额为3 000万元,承诺费率为0.5%,借款企业年度内使用了2 400万元,余额为600万元,则借款企业应向银行支付承诺费为

$$6\,00 \times 0.5\% = 3(万元)$$

(3)补偿性余额。补偿性余额是银行要求借款人在银行中保持按贷款限额或实际借款额的一定百分比计算的最低存款余额。补偿性余额的要求提高了借款的实际利率。实际利率的计算公式为

$$补偿性余额贷款实际利率 = \frac{名义利率}{1-补偿性余额比率} \times 100\%$$

【例5.6】 某企业按年利率8%向银行借款100万元,银行要求保留20%的补偿性余额。那么,企业实际可以动用的借款只有80万元,该项借款的实际利率为

$$补偿性余额贷款实际利率 = \frac{8\%}{1-20\%} \times 100\% = 10\%$$

(4)借款抵押。银行向财务风险较大、信誉不好的企业发放贷款,往往需要有抵押品担

保，以减少自己蒙受损失的风险。借款的抵押品通常是借款企业的办公楼、厂房等。

3. 短期借款筹资的优缺点

（1）短期借款筹资的优点。

①筹集速度快。企业获得短期借款所需时间比长期借款要短，因为银行放贷长期借款前，要对企业进行较全面的调查分析，花费时间较长。

②筹资弹性大。短期借款数额及借款时间弹性较大，企业可在需要资金时借入，在资金充裕时还款，便于企业灵活安排。

（2）短期借款筹资的缺点。

①筹资风险大。短期资金的偿还期短，在筹资数额较大的情况下，如果企业资金调度出现困难，就有可能出现无力按期偿付本金和利息，甚至被迫破产。

②与其他短期筹资方式相比，资金成本较高，尤其是在补偿性余额和附加利率情况下，实际利率通常高于名义利率。

（三）商业票据

商业票据这种融资方式突出的优点是融资成本低和手续简便，省去了与金融机构签订协议等许多麻烦，但由于它的融资受资金供给方资金规模的限制，也受企业本身在票据市场上知名度的限制，因而特别适合于大企业的短期融资。

（四）短期融资券

短期融资券是由企业发行的无担保短期本票。在我国，短期融资券是指企业依照《短期融资券管理办法》的条件和程序在银行间债券市场发行和交易并约定在一定期限内还本付息的有价证券，是企业筹措短期（一年以内）资金的直接融资方式。

短期融资券的筹资成本较低，筹资数额比较大，还可以提高企业信誉和知名度，但发行短期融资券的风险比较大，弹性也比较小，发行条件比较严格。

除上述四种主要的短期融资方式外，涉及进出口业务的还有进口额度、出口打包放款、出口押汇、银行承兑汇票贴现等短期融资方式。企业可根据自身业务特点，选择适合的融资方式。

【案例5.1】

东方汽车制造公司筹资决策案例

东方汽车制造公司是一个多种经济成分并存，具有法人资格的大型企业集团。公司现有58个生产厂家，还有物资、销售、进出口、汽车配件等4个专业公司，1个轻型汽车研究所和1所汽车工业学院。公司现在急需1亿元的资金用于"七五"技术改造项目。为此，总经理赵文广于1998年2月10日召开由生产副总经理张伟、财务副总经理王超、销售副总经理李立、某信托投资公司金融专家周明、某研究中心经济学家吴教授、某大学财务学者郑教授组成的专家研讨会，讨论该公司筹资问题。下面是他们的发言和有关资料。

总经理赵文广首先发言。他说："公司'七五'技术改造项目经专家、学者的反复论证已被国务院于1987年正式批准。这个项目的投资额预计为4亿元,生产能力为4万辆。项目改造完成后,公司的两个系列产品的各项性能可达到国际20世纪80年代的先进水平。现在项目正在积极实施中,但目前资金不足,准备在1988年7月筹措1亿元资金,请大家讨论如何筹措这笔资金。"

生产副总经理张伟说:"目前筹集的1亿元资金,主要是用于投资少、效益高的技术改造项目。这些项目在两年内均能完成建设并正式投产,到时将大大提高公司的生产能力和产品质量,估计这笔投资在投产后3年内可完全收回。所以应发行5年期的债券筹集资金。"

财务副总经理王超提出了不同意见,他说:"目前公司全部资金总额为10亿元,其中自有资金为4亿元,借入资金6亿元,自有资金比率为40%,负债比率为60%。这种负债比率在我国处于中等水平,与世界发达国家如美国、英国等相比,负债比率已经比较高了。如果再利用债券筹集1亿元资金,负债比率将达到64%,显然负债比率过高,财务风险太大。所以,不能利用债券筹资,只能靠发行普通股股票或优先股股票筹集资金。"

但金融专家周明却认为:目前我国金融市场还不完善,一级市场刚刚建立,二级市场尚在萌芽阶段,投资者对股票的认识尚有一个过程。因此,在目前条件下要发行1亿元普通股股票十分困难。发行优先股还可以考虑,但根据目前的利润水平和市场状况,发行时年股息率不能低于16.5%,否则无法发行。如果发行债券,因要定期付息还本,投资者的风险较小,估计以12%的年利息便可顺利发行债券。

来自某研究中心的吴教授认为:"目前我国经济正处于繁荣时期,但党和政府已经发现经济'过热'所造成的一系列弊端,正准备采取措施治理经济环境,整顿经济秩序。到时汽车行业可能会受到冲击,销售量可能会下降。在进行筹资和投资时应考虑这一因素,否则盲目上马,后果将是十分严重的。"

公司的销售副总经理李立认为:"治理整顿不会影响该公司的销售量。这是因为该公司生产的轻型货车和旅行车,几年来销售情况一直很好,畅销全国29个省、市、自治区,市场上较长时间供不应求。"1986年全国汽车滞销,但该公司的销售状况仍创历史最高水平,居全国领先地位。在近几年全国汽车行业质量评比中,轻型客车连续夺魁,轻型货车两年获第一名,一年获第二名,李立还认为:治理整顿可能会引起汽车滞销,但这只可能限于质次价高的非名牌产品,该公司的几种名牌汽车仍会畅销不衰。

财务副总经理王超补充说:"该公司属于股份制试点企业,执行特殊政策,所得税税率为35%,税后资金利润率为15%,准备上马的这项技术改造项目,由于采用了先进设备,投产后预计税后资金利润率将达到18%左右。"所以,他认为这一技术改造项目仍应付诸实施。

来自某大学的财务学者郑教授听了大家的发言后指出:"以16.5%的股息率发行优先股不可行,因为发行优先股所花费的筹资费用较多,把筹资费用加上以后,预计利用优先股筹集资金的资金成本将达到19%,这已高出公司税后资金利润率,所以不可行。但若发行债券,由于利息可在税前支付,实际成本大约在9%左右。他还认为,目前我国正处于通货膨胀时期,利息率比较高,这时不宜发行较长时期的具有固定负担的债券或优先股股票,因为这样做会长期负担较高的利息或股息。所以,郑教授认为,应首先向银行筹措1亿元的技术改造贷款,期限为1年,1年以后,再以较低的股息率发行优先股股票来替换技术改造贷款。

财务副总经理王超听了郑教授的分析后,也认为按16.5%发行优先股,的确会给公司造成沉重的财务负担。但他不同意郑教授后面的建议,他认为,在目前条件下向银行筹措1亿元技术改造贷款几乎不可能;另外,通货膨胀在近一年内不会消除,要想消除通货膨胀,利息率有所下降,至少需要两年时间。金融学家周明也同意王超的看法,他认为一年后利息率可能还要上升,两年后利息率才会保持稳定或略有下降。

问题:
1. 你认为总经理最后应选择何种筹资方式?
2. 本案例对你有哪些启示?

【案例5.2】

轩辕公司是一家集塑料玩具的研发、生产、销售为一体的制造业企业,由于塑料玩具制造行业是一个竞争激烈的行业,有大量企业跻身在这个行业中,其中许多企业既缺乏资金又缺乏管理能力。但由于这一行业对资金的需求相对较少,对技术的要求也相对较低,新的竞争者很容易加入进来。该行业的另一个特点就是一个公司可以通过设计和生产某种新奇的流行玩具暂时在行业竞争中处于领先地位,也能产生高额的利润,直到竞争者也能提供类似的产品。

据调查,随着中国经济的发展,中国城乡居民的消费支出中,玩具类支出将越来越大。中国16岁以下儿童有3.6亿左右,占人口的比重约20%。目前中国儿童消费已占到家庭总支出的30%左右,全国0~12岁的孩子每月消费总额超过35亿元。但中国14岁以下的儿童和青少年的人均年玩具消费仅20~30元人民币(2.4~3.6美元),远低于亚洲儿童人均年玩具消费13美元和全世界儿童人均年玩具消费34美元的水平。如果中国玩具消费达到亚洲平均水平,市场规模预计将突破300亿元人民币。内地玩具市场未来将以每年40%的速度增长,到2010年,销售额将超过1000亿元人民币。

通过一系列的调研以后,轩辕公司决定在2010年度研发并生产一种新型玩具——XX,据统计公司需筹集资金1000万元,为此,轩辕公司曹董事长于2010年初主持召开由管理部经理郭总、技术部经理杜总和财务部经理刘总组成的内部研讨会,商讨本公司的筹资问题,事实证明公司目前的资本结构和财务风险等是比较合理的,因此曹董事长的要求是新的筹资计划尽量不要对公司的资本结构和财务方面所面临的风险产生影响。

已知,轩辕公司目前的资本结构如下表所示:

资本种类	金额/万元	所占比重
长期借款	750	15%
债券	1 750	35%
普通股	2 500	50%

第五章 筹资管理

长期借款年利率为9%，手续费忽略不计；

债券年利率为10%，筹资费率为2%，适用的所得税率为25%；

股票每股面值1元，发行价为25元，共100万股，今年期望股利为1元/股。

本年的息税前利润EBIT为485万元，预计明年的息税前利润目标为648万元，假设此处利息只考虑因长期借款和发行债券所产生的利息。

首先，经过讨论，大家一致认为单纯地运用某种筹资方式是不可行的。"圣陶坊"的例子告诉我们：单一的筹资方式易致"猝死"，企业很容易出现资金链断裂问题。因此，应该多种筹资方式综合运用。对此，郭总、杜总和刘总分别提出了各自的具体方案。

一、郭总认为：应该以普通股筹资为主要方式，因为普通股不需要还本，股息也不需要向借款和债券一样需要定期定额支付，此外，普通股还能增强公司的信誉和知名度，对于公司即将推出的新产品奠定了良好的基础。因此，郭总的方案如下：

资本种类	金额/万元
长期借款	150
债券	350
普通股	500

由于新增发行债券，企业负责增加，投资人风险加大，新发行债券利率增至12%才能发行，预计普通股股利不变，但由于风险加大，普通股市价降至20元/股。

二、杜总认为：应该以债务性筹资为主要方式，因为在塑料玩具制造业中取胜的关键在于创新，凭借这一点企业可以在行业中暂时处于领先地位，直至其他企业的类似产品出现，这就意味着抓住机遇对于从事塑料玩具制造的企业来说是至关重要的，如果因为筹资出现问题而被别的企业抢了先机，后果可想而知。而债务性筹资较权益性筹资快，且具有抵税作用。因此，杜总的方案是：

资本种类	新增资本/万元
长期借款	200
债券	500
普通股	300

此处发行债券的利率提至12.7%，股票的发行价格为20元。

三、刘总认为：各种筹资方式各有其利弊，且公司目前各方面状况都基本趋于平衡，因此各种筹资方式的筹资规模应是相对均衡的。

资本种类	新增资本/万元
长期借款	315
债券	370
普通股	315

此处,债券利率提至14%,股票发行价格为20元。

请您帮助曹董事长做决定。

本章小结

1. 企业筹资是指企业根据生产经营等活动对资金的需要,通过一定的渠道,采取适当的方式,获取所需资金的一种行为。企业筹资可以按照不同的分类标准进行分类。企业资金需要量的预测最常用的方法是销售百分比法和资金习性。

2. 负债筹资是指通过负债筹集资金,是企业一项重要的资金来源。负债筹资的特点表现为:筹集的资金具有使用上的时间性,需到期偿还;不论企业经营好坏,需固定支付债务利息,从而形成企业固定的负担;但其资金成本一般比普通股筹资成本低,且不会分散投资者对企业的控制权。负债筹资包括长期负债筹资和短期负债筹资。其中长期负债筹资包括长期借款、发行债券、融资租赁;短期负债筹资包括短期借款、商业信用等。

3. 权益资金是企业依法取得并长期拥有、自主调配运用的资金。其主要筹资方式为吸收直接投资、发行股票、利用留存受益。筹集权益资金具有永久性,无偿还日;筹资风险小,无固定报酬;资金成本较高;可能分散公司的控制权。

自测题

一、单项选择题

1. 与股票筹资相比,债券筹资的特点是 ( )
   A. 筹资风险大   B. 资本成本高
   C. 限制条件少   D. 分散经营控制权

2. 企业向租赁公司租入一台设备,价值500万,租期为5年,租赁费综合率为12%,若采用先付租金的方式,则平均每年支付的租金为 ( )
   A. 123.8 万元   B. 138.7 万元
   C. 245.4 万元   D. 108.6 万元

3. 相对于负债融资方式而言,采用吸收直接投资方式筹措资金的优点是 ( )
   A. 有利于降低资金成本 B. 有利于集中企业控制权
   C. 有利于降低财务风险 D. 有利于发挥财务杠杆作用

4. 在下列各项中,能够引起企业自有资金增加的筹资方式是 ( )
   A. 吸收直接投资   B. 发行公司债券
   C. 利用商业信用   D. 留存收益转增资本

5. 根据财务管理理论,按照资金来源渠道不同,可将筹资分为 ( )
   A. 直接筹资和间接筹资 B. 内源筹资
   C. 权益筹资和负债筹资 D. 短期筹资和长期筹资

6. 吸收直接投资的优点是 ( )
   A. 资金成本低   B. 控制权集中
   C. 产权关系明确   D. 较快形成生产能力

二、多项选择题

1. 以下各项中,属于企业筹资意义的有 （　　）
   A. 建立企业　　　　　B. 扩大经营规模
   C. 偿还到期债务　　　D. 调整资金结构
2. 企业权益性筹资方式有 （　　）
   A. 吸收直接投资　　　B. 发行债券
   C. 发行优先股　　　　D. 发行普通股
3. 普通股筹资的优点是 （　　）
   A. 没有固定到期日,无需偿还　B. 有固定的股利负担
   C. 融资风险小　　　　D. 能增强公司的举债能力
4. 下列筹资方式中筹集资金属企业负债的有 （　　）
   A. 银行借款　　　　　B. 发行债券
   C. 融资租赁　　　　　D. 商业信用
5. 下列各项中,属于"吸收直接投资"与"发行普通股"筹资方式所共有缺点的是 （　　）
   A. 限制条件多　　　　B. 财务风险大
   C. 控制权分散　　　　D. 资金成本高
6. 相对于权益资金的筹资方式而言,长期借款筹资的缺点主要有 （　　）
   A. 财务风险较大　　　B. 筹资成本较高
   C. 筹资数额有限　　　D. 筹资速度较慢

三、判断题

1. 在债券面值与票面利率一定的情况下,市场利率越高则债券的发行价格越低。（　　）
2. 从出租人的角度来看,杠杆租赁与售后租回或直接租赁并无区别。（　　）
3. 无面值股票的最大缺点是该股票既不能直接代表股份,也不能直接体现其实际价值。（　　）
4. 与普通股筹资相比债券筹资的资金成本低,筹资风险高。（　　）
5. 企业溢价发行股票取得的收入,其相当于股票面值的部分作为股本,超过面值溢价的净收入作为资本公积金。（　　）
6. 对于分期付息债券来说,当投资者要求的收益率高于债券票面利率时,债券的市场价值会低于债券面值;当投资者要求的收益率低于债券票面利率时,债券的市场价值会高于债券面值;当债券接近到期日时,债券的市场价值向其面值回归。（　　）

四、简答题

1. 简述企业的融资渠道和融资方式。
2. 简述股票上市的条件及目的。
3. 如何评价普通股融资、优先股融资、债券融资、长期借款融资?
4. 什么是融资租赁?它有哪些特点?

五、业务分析题

1. 某企业购入20万元商品,卖方提供的信用条件为"2/10,N/30",若企业由于资金紧张,延至第50天付款,放弃折扣的成本是多少?

2. 某企业购买一批商品,甲企业信用条件为"1/20,N/30",乙企业信用条件为"1/10,N/30"。

要求:买方企业应如何利用现金折扣进行决策?

3. 某公司向银行借入短期借款10 000元,支付银行贷款利息的方式同银行协商后的结果是:

方案一:采用收款法付息,利息率为14%;

方案二:采用贴现法付息,利息率为12%;

方案三:利息率为10%,银行要求的补偿性余额比例为20%。

要求:如果你是该公司财务经理,你选择哪种借款方式,并说明理由。

4. 某公司发行票额1 000元,期限10年,票面利率为10%的债券,每年末付息一次,到期还本。计算如下三种市场利率时的债券发行价格:(1)市场利率10%;(2)市场利率8%;(3)市场利率12%。

【阅读资料一】

香港新峰房地产开发公司筹资方法

香港新峰公司注册资本为300万港元,在该公司的第一个发展项目——香港太子中心商业楼建设中,新峰公司先拿出300万港元交订金买地,然后通过银行信贷获得5 350万港元交清地价,在取得土地使用权后又将土地抵押给银行,获得3 500港元的土地抵押贷款和3 500万港元的建筑透支贷款,然后公司利用这笔资金中4 300万港元购买了香港明苑中心的土地。在太子中心的楼宇由于适合市场需要很快全幢卖出,不仅还清了银行贷款本息,还赚取了3 000多万港元的利润。就这样,新峰公司采取"滚雪球"的方式,不断使用银行资金,再买地皮搞楼宇建筑和地皮出售,将社会上买房人的钱直接转为房地产经营资金,如1988年12月该公司在土地拍卖中,以525万港元的出价获得住宅用地,买地7个月后,完成了设计及报建等手续,就将全部住宅推出预售,采取一次性付款和按建筑期付款等多种付款方式,结果一个上午全部卖完,收回资金2 000万港元,满足了买地及建筑的资金需要。在上例太子中心商业楼项目中,如完全靠自有资金搞开发则需要5 350+3 500+3 500=12 350(万元),而新峰公司自有资金只有3 000万元,连地价都远远不够,但新峰公司灵活运用了银行信贷、抵押贷款等筹资方式,在自有资金有限的情况下,解决了房地产运作资金不足的困难,使得开发能得以顺利展开,从而也使其经营利润率高达1 000%(3 000万/300万)。在住宅建设项目中,新峰公司则采取了预售方式筹集资金,也达到了用小额的自有资金完成大量房地产开发的目的,提高了利润率。当然,如新峰公司的项目选择不当,风险也极大,开发的房地产商品如销售不好,则公司就会陷入到期不能偿还银行本息的困境,从而导致公司破产。

【阅读资料二】

田大妈借钱难

位于成都市近郊新津县,拥有2亿多资产,占有全国泡菜市场60%份额的新蓉新公司,近年来却被流动资金的"失血"折磨得困苦不堪。企业创始人、总经理田玉文(人称"田大妈")目前由成都市委宣传部、统战部和市工商联联合召开的一次座谈会上大倒苦水。这位宣称"除了'田玉文'认不到多少字"的企业家当场发问:"我始终弄不懂:像我们这样的企业,一年上税三四百万,解决了附近十几个县的蔬菜出路,安排了六七千农民就业,从来没有烂账,为啥就贷不到款?!"

新蓉新最近的流动资金状况的确很成问题。四、五月份正是蔬菜收购和泡菜出厂的旺季,该公司这段时间每天从农民手中购进价值70余万元的大蒜、萝卜等蔬菜,但田大妈坦言,她已经向农民打了400多万元的"白条"。

这种状况让田大妈非常苦恼。她能有今天——据她自己说——全靠她一诺千金。在她看来,"白条"所带来的信誉损失是难以接受的。新蓉新从零开始做到如今的2亿多,历史上只有工行的少量贷款,大部分资金是"向朋友借的"。也正是为了维护这种民间信用关系,田大妈近日一气偿还了"朋友"的借款共2 000多万元。据说,现在,新蓉新的民间借款几乎已经偿清。

这也正是新蓉新目前面临流动资金困境的主要原因之一。此外,为了引进设备建一个无菌车间,田大妈新近花100多万元,购进土地110亩。近日,田大妈同她的长子、新蓉新董事长陈卫东为此发愁:如果弄不到800万元贷款,下一步收购四季豆就没办法了。

田大妈说,一周前,公司已向工商行提出了800万元贷款申请,但目前还没有动静。

据田大妈说,新蓉新现有资产2.63亿元,资产负债率10%左右。另据新津县委办公室负责人介绍,该公司目前已签了3亿多供货合同,在国内增加了几百个网点,预计年内市场份额能达到80%。像这样的企业,银行为何惜贷呢?

Chapter 6 第六章

资金成本和资本结构

【学习要点】

通过本章学习,要求了解资金成本的影响因素、资金成本的作用,以及几种有代表性的资本结构理论;理解资金成本、杠杆效应和资本结构的概念;掌握资金成本、杠杆及资本结构优化的计算和运用。

【案例导入】

滨海公司是经营机床设备的一家国有企业,改革开放以来由于该企业重视开拓新的市场和保持良好的资本结构,逐渐在市场上站稳了脚跟,同时也使企业得到了不断的发展和壮大,在建立现代企业制度的过程中走在了前面。为了进一步拓展国际市场,公司需要在国外建立一全资子公司。公司目前的资本来源包括面值为1元的普通股1 000万股和平均利率为10%的3 200万元的负债。预计企业当年能实现息税前利润1 600万元。开办这个全资子公司就是为了培养新的利润增长点,该全资子公司需要投资4 000万元。预计该子公司建成投产之后会为公司增加销售收入2 000万元,其中变动成本为1 100万元,固定成本为500万元。该项资金来源有三种筹资形式:(1)以11%的利率发行债券;(2)按面值发行每股利率为12%的优先股;(3)按每股20元价格发行普通股。问题:不考虑财务风险的情况下,试分析该公司选择哪一种筹资方式?

第一节 资金成本

一、资金成本概述

（一）资金成本的概念

所谓资金成本,是指企业为筹集和使用资金而付出的代价。它包括资金筹集费和资金占用费两部分,其中,资金占用费是资金成本的主体,也是降低资金成本的主要方向。虽然从广义来讲,企业筹集和使用任何资金,不论是短期的还是长期的,都要付出代价。但在资本结构决策中,资金成本仅指筹集和使用长期资金的成本。因为,资金成本主要用于长期决策领域,而短期负债的数额较小,融资成本较低,往往忽略不计。由于长期资金也被称为资本,所以长期资金的成本也称为资本成本。

资金成本主要包括两部分内容:资金筹集费用和资金使用费用。

1. 资金筹集费用

资金筹集费用又称资本的取得成本,是指企业在筹措资金过程中支付的各项费用。例如,向银行支付的借款手续费,因发行债券或股票而支付的印刷费、广告宣传费、代理发行费、资信评估费等。资金筹集费用通常在筹集资金时一次性发生,在获得资本后的用资过程中不再发生,因而在计算资金成本时可作为筹资金额的一项费用扣除。

2. 资金使用费用

资金使用费用又称资本的占用成本,是指企业因占用资本而向资本提供者支付的费用。这是资金成本的主要内容,如向债权人支付的利息、向股东支付的股利等。资金占用费具有经常性和定期支付的特征,与筹资的数量、使用期限成同向变动关系,可视为变动成本。

(二) 资金成本的种类

按资金成本的作用,主要分为:

1. 个别资金成本

个别资金成本是指各种筹资方式的成本,包括债券成本、银行借款成本、优先股成本、普通股成本和留存收益成本。前两者可统称为负债资金成本;后三者统称为权益资金成本。主要用于衡量某一筹资方式的优劣,每一种筹资方式的资金成本是不一样的,资金成本的高低可作为比较各种筹资方式优缺点的一个依据。当然,资金成本并不是选择筹资方式的唯一依据。

2. 加权平均资金成本

加权平均资金成本是以个别资金成本为基础,以各种不同资金来源占资金总额的比重为权数,计算企业筹集全部长期资金的加权平均资金成本,加权平均资金成本是企业进行资金决策的基本依据。加权平均资金成本的高低就是比较各个筹资组合方案,做出资本结构决策的基本依据。

3. 边际资金成本

边际资金成本是指企业追加长期资本的成本。用于衡量在某一资本结构下,资金每增加一个单位而增加的成本。是公司为取得额外 1 元新资金所必须负担的成本,是一种加权平均资金成本。

(三) 资金成本的作用

资金成本是企业选择资金来源,拟定筹资方案的依据。企业如希望以较少的支出取得所需资本,就必须分析各种资金成本的高低,并加以合理配置。

1. 资金成本是选择资金来源、确定筹资方案的重要依据

这种影响主要表现在四个方面：

(1) 资金成本是影响企业筹资总额的重要因素。

(2) 资金成本是企业选择资金来源的基本依据。

(3) 资金成本是企业选用筹资方式的参考标准。

(4) 资金成本是确定最优资本结构的主要参数。资金成本并不是企业筹资决策中所要考虑的唯一因素，企业筹资还要考虑财务风险、资金期限、偿还方式、限制条件等，但资金成本作为一项重要因素直接关系企业的经济效益，是筹资决策中需要考虑的首要问题。

2. 资金成本是评价投资项目、决定投资取舍的重要标准

当采用净现值指标决策时，常以资金成本作为折现率，如果净现值为正，则投资项目可行，否则不可行；当以内部收益率指标决策时，资金成本是决定项目取舍的一个重要标准。只有当项目的内部收益率高于资金成本时，项目才可能被接受，否则就必须放弃。

3. 资金成本是衡量企业经营成果的尺度

企业的整个经营业绩可以用全部投资的利润率来衡量，并可与企业全部资本的成本率相比较。如果利润率高于成本率，对企业经营有利；反之，则不利。

二、个别资金成本的计算

资金成本的表示方法有两种，即绝对数表示和相对数表示，绝对数表示是指为筹集和使用资本到底发生了多少费用，相对数表示则是通过资金成本率指标来表示。在实务中，一般用相对数表示，即为资金使用费与筹资净额(即筹资总额扣除资金筹集费后差额)的比率，简称为资金成本。其通用的计算公式为

$$资金成本 = \frac{资金使用费用}{筹资总额 - 筹资费用} \times 100\%$$

或

$$资金成本 = \frac{资金使用费用}{筹资总额 \times (1 - 筹资费用率)} \times 100\%$$

该公式是计算各个筹资方式的基本公式。在计算个别资金成本时，再考虑利息在税前支付的因素，对公式进行变形。

(一) 负债类资金成本的计算

1. 长期借款资金成本

长期借款的成本一般由借款利息及借款手续费两部分组成。最常见的付款方式是分期付息、到期一次还本。由于借款利息计入税前成本费用，可以起到抵税的作用，因此长期借款资金成本的公式为

$$K_L = \frac{I(1-T)}{L(1-f)} \times 100\% = \frac{L \times i \times (1-T)}{L(1-f)} \times 100\% = \frac{i(1-T)}{(1-f)} \times 100\%$$

式中　K_L——借款成本；

I——银行借款年利息；

L——银行借款筹资总额；

T——所得税税率；

i——银行借款利息率；

f——银行借款筹资费率。

【例6.1】 某公司从银行取得长期借款1 000万元,手续费率0.1%,年利率为5%,期限3年,每年年末付息一次,到期一次还本,公司所得税税率为25%。则该项长期借款的资金成本为

$$K_L = \frac{1\,000 \times 5\% \times (1-25\%)}{1\,000 \times (1-0.1\%)} \times 100\% = 3.79\%$$

如果将手续费忽略不计,则上式可简化为

$$K_L = 5\% \times (1-25\%) = 3.75\%$$

上述计算长期借款资金成本的方法简便,但没有考虑货币的时间价值。在实务中,还有一种资金成本的计算方法,即考虑货币时间价值的方法,但计算工作量大而且复杂。

2. 债券资金成本

发行债券的成本主要是指债券利息和筹资费用。债券成本中的利息在税前支付,具有减税效应。债券的筹资费用一般较高,主要包括申请发行债券的手续费、债券注册费、印刷费及上市费等,往往高于长期借款,因而不能忽略不计。债券的发行价格有等价、溢价和折价等情况,这样,企业实际筹集的资金数额会与债券面值不等,故债券资金成本率的计算与长期借款略有不同。债券资金成本的计算公式为

$$K_b = \frac{I(1-T)}{B_0(1-f)} = \frac{B \times i \times (1-T)}{B_0(1-f)}$$

式中 K_b——债券成本；

I——债券年利息；

T——所得税税率；

B——债券面值；

i——债券票面利率；

B_0——债券筹资额,按发行价格计算；

f——债券筹资费率。

【例6.2】 东方公司发行一笔期限为10年的债券,债券面值为100万元,票面利率12%,每年付一次利息,发行费率为3%,所得税税率为40%,根据下列不同情况计算债券资金成本。

(1)债券按面值等价发行,则该笔债券的成本为

$$\frac{100 \times 12\% \times (1-40\%)}{100 \times (1-3\%)} \times 100\% = 7.42\%$$

(2) 债券按面值溢价50%发行,则发行债券筹资的资金成本为

$$\frac{100 \times 12\% \times (1-40\%)}{100 \times 1.5 \times (1-3\%)} \times 100\% = 4.95\%$$

(二) 权益资金成本的计算

1. 优先股资金成本

在计算优先股成本时,应注意三个问题:一是发行优先股需支付发行费用;二是优先股的股息通常是固定的;三是股息从税后支付,不存在节税功能。优先股成本的计算公式为

$$K_P = \frac{D_P}{P_0(1-f)}$$

式中 K_P——优先股成本;

D_P——优先股每年的股利;

P_0——发行优先股总额;

f——优先股筹资费用。

【例6.3】 某公司拟发行某优先股,面值总额为100万元,年股息为15万元,筹资费率预计为5%,其筹资总额为150万元。则该优先股的资金成本为

$$K_P = \frac{15}{150 \times (1-5\%)} \times 100\% = 10.53\%$$

由于优先股的股利在税后支付,而利息在税前支付,且优先股筹集的是自有资金,股东承受的风险较大,必然要求较高的回报率,因此,优先股成本通常要高于债券资金成本。

2. 普通股资金成本

普通股的资金成本包括股利和筹资费用,其股利率还受企业经营状况的影响而变化,一般来说,正常情况下应呈逐年增长的趋势,同时,股利是以税后净利支付的,不能抵减所得税。

(1) 股利折现模型。普通股成本主要用估价法计算,即利用普通股现值的计算公式来计算普通股成本的方法。普通股现值的计算原理是,把企业未来每年支付的股利和到期日股票价值逐期贴现,就是普通股现在的价值。股利折现模型的基本形式是

$$P_0 = \sum_{t=1}^{n} \frac{D_t}{(1+K_s)^t}$$

式中 P_0——普通股筹资净额,即发行价格扣除发行费用;

D_t——第t年支付的股利;

K_s——普通股投资必要收益率,即普通股资金成本率。

①公司采用固定股利政策。如果公司采用固定股利政策,即每年分派固定数额的现金股利,则普通股筹资成本,可视为永续年金,计算公式可简化为

$$K_s = \frac{D}{V_0}$$

如果把筹资费也考虑进去,则公式为

$$K_s = \frac{D}{V_0(1-f)} \times 100\%$$

式中 f——筹资费率。

【例6.4】 某公司拟发行一批普通股,发行价格12元,每股发行费用2元,预定每年分派现金股利每股1.2元。则该普通股筹资成本测算为

$$普通股筹资成本 = \frac{1.2}{12-2} \times 100\% = 12\%$$

②公司采用固定股利增长率的政策。普通股的股利通常是不断增加的,假设增长率为g,D_1为第一年股利,则普通股成本的计算公式为

$$K_s = \frac{D_1}{V_0(1-f)} \times 100\% + g$$

【例6.5】 某公司准备增发普通股,每股发行价为15元,发行费用3元,预定第一年分派现金股利每股1.5元,以后每年股利增长5%。其资本成本为

$$K_s = \frac{1.5}{15-3} \times 100\% + 5\% = 17.5\%$$

(2)资本资产定价模型。采用资本资产定价模型计算股票的资金成本,表示股票投资者要求的必要报酬率。资本资产定价模型的含义可以简单地描述为:普通股投资的必要报酬率等于无风险报酬率加上风险报酬率。用公式表示为

$$K_s = R_f + \beta(R_m - R_f)$$

式中 R_f——无风险报酬率;

R_m——市场报酬率或市场投资组合的期望收益率;

β——某公司股票收益率相对于市场投资组合期望收益率的变动幅度。

当整个证券市场投资组合的收益率增加1%,如果某公司股票的收益率增加2%,那么该公司股票的β系数为2,如果另外一家公司股票的收益率仅上升0.5%,则其为0.5。

【例6.6】 某股份公司普通股股票的β系数为1.5,无风险利率为6%,市场投资组合的期望收益率为10%。则该公司的普通股筹资成本为

$$普通股筹资成本 = 6\% + 1.5 \times (10\% - 6\%) = 12\%$$

(3)无风险利率加风险溢价法。无风险利率加风险溢价法认为,由于普通股的求偿权不仅在债权之后,而且还次于优先股,因此,持有普通股股票的风险要大于持有债权的风险。这样,股票持有人就必然要求一定的风险补偿。一般情况来看,通过一段时间的统计数据,可以测算出某公司普通股股票期望收益率超出无风险利率的大小,即风险溢价R_P。无风险利率R_f一般用同期国债收益率表示,这是证券市场最基础的数据。因此,用无风险利率加风险溢价法计算普通股筹资成本的公式为

$$K_s = R_f + R_P$$

【例6.7】 假定某公司普通股的风险溢价估计为10%,而无风险利率为4%,则该公司普通股筹资的成本为

$$K_s = 4\% + 10\% = 14\%$$

普通股与留存收益都属于所有者权益,股利的支付不固定。企业破产后,股东的求偿权位于最后。与其他投资者相比,普通股股东所承担的风险最大,因此,普通股的报酬也最高,考虑到筹资费用大、股利税后支付等因素,在各种资金来源中,普通股的成本最高。

3. 留存收益资金成本

留存收益是企业税后净利在扣除当年股利后形成的,包括盈余公积和未分配利润。留存收益资金成本的计算方法与普通股相似,唯一区别是留存收益没有资本筹资费用。留存收益是企业资金的一项重要来源,其所有权属于股东。股东将这一部分未分派的税后利润留存于企业,实质上是对企业追加投资,也要求有一定的报酬,也要计算成本。在个别资金成本的计算中,留存收益成本的计算与普通股基本相同,但不用考虑筹资费用。

(1)在普通股股利固定的情况下,留存收益筹资成本的计算公式为

$$K_P = \frac{D}{V_0}$$

式中　K_P——留存收益成本;

D——每年固定股利;

其他符号含义与普通股成本相同。

(2)在普通股股利逐年固定增长的情况下,留存收益筹资成本的计算公式为

$$K_P = \frac{D_1}{V_0} + g$$

式中　K_P——留存收益成本;

其他符号含义与普通股成本相同。

公式的含义是留存收益的资金成本等于按其市场价值计算的投资报酬率加上预期未来的股利增长率。该方法的关键在于确定一个合适的预期股利增长率。与其他方法相比,所需的资料通常较易取得,因此在实务中应用较普遍。

【例 6.8】 某公司普通股目前的股价为 12 元/股,筹资费率为 6%,刚刚支付的每股股利为 4 元,股利固定增长率 3%,则该企业留存收益筹资的成本为

$$留存收益筹资成本 = \frac{4 \times (1+3\%)}{12} \times 100\% + 3\% = 37.33\%$$

三、加权平均资金成本

(一)加权平均资金成本的含义及计算

企业可以从多种渠道、采用多种方式来筹集资金,而各种方式的资金成本是不一样的,为了正确进行筹资和投资决策,必须计算企业取得资金的平均成本即综合资金成本(WACC)。一般是以各种资金占全部资金的比重为权数,对个别资金成本进行加权平均确定的,故又称加权平均资金成本。

企业在进行筹资决策时,必须根据下列公式,计算各种资金来源的综合资金成本:

综合资金成本 = $\sum$(某种资金成本×该种资金占全部资金的比重)

$$K_W = \sum_{j=1}^{n} K_j W_j$$

式中　K_W——加权平均资金成本;

　　　K_j——第 j 种个别资金成本;

　　　W_j——第 j 种个别资金占全部资金的比重(权数)。

【例 6.9】　某公司现有长期资本总额为 1 050 万元,其中债券 400 万元,银行借款 200 万元,普通股 300 万元,留存收益 150 万元,其资本成本分别为 10%、6.7%、14.5% 和 15%。试计算该企业的加权平均资本成本。

第一步,计算各种长期资本的比例:

$$债券占资金总额的比重 = \frac{400}{1\ 050} \times 100\% = 38.1\%$$

$$银行借款占资金总额的比重 = \frac{200}{1\ 050} \times 100\% = 19\%$$

$$普通股占资金总额的比重 = \frac{300}{1\ 050} \times 100\% = 28.6\%$$

$$留存收益占资金总额的比重 = \frac{150}{1\ 050} \times 100\% = 14.3\%$$

第二步,计算加权平均资本成本:

$K_W = 10\% \times 38.1\% + 6.7\% \times 19\% + 14.5\% \times 28.6\% + 15\% \times 14.3\% = 11.38\%$

上述加权平均资本成本的计算中所用权数是按账面价值确定的。使用账面价值权数,其数据能从资产负债表中取得,但当债券和股票的市价与账面价值相差过多时,计算得到的加权平均资本成本就会不客观。

(二)各资金占全部资金权数的确定基础

当资本结构不变时,个别资金成本越高,则加权平均资金成本越高;反之,个别资金成本越低,则加权平均资金成本越低。如何确定各类资本来源在全部资本中所占比重,有三种选择:

(1)以账面价值为依据(账面价值权数),各种资金占全部资金的比重是按照账面价值确定,其资料主要从资产负债表中取得,且容易计算。其主要缺点是,当资金的账面价值与市场价值差别较大时,计算结果与现行资本市场实际筹资成本会有较大的差距,不利于加权平均资金成本的测算和筹资管理的决策。

(2)以市场价值为依据(市场价值权数),是指债券、股票等以现行资本市场价格确定权数。按市场价值确定资本比例反映了公司现实的资本结构和加权平均资金成本,有利于筹资管理决策。由于证券的市场价格变动频繁,在实务中可以采用一定时期证券的平均价格。

(3)以目标价值为依据(目标价值权数),是指债券、股票等以未来预计的目标市场价格确定权数。按目标价值确定资本比例反映了公司未来的资本结构和加权平均资金成本,能够体现期望的目标资本结构要求。但资本的目标价值难以客观地确定,使这种方法不易推广。

【例6.10】 某公司2012年12月31日资产负债表中长期借款200万元,长期债券400万元,普通股800万元,留存收益200万元,长期借款年利息率为10%,借款手续费忽略不计。长期债券年债息率为12.8%,筹资费率为4%;普通股上年每股股利0.2元,每股面值8元,筹资费率为5%,股利年增长率为7.87%;公司所得税税率为40%。采用账面价值法计算该公司加权平均资金成本。

解:
第一步,计算各种筹资方式的资金成本:

$$长期借款资金成本 = 10\% \times (1-40\%) = 6\%$$

$$长期债券资金成本 = \frac{12.8\% \times (1-40\%)}{1-4\%} = 8\%$$

$$普通股资金成本 = \frac{0.2 \times (1+7.87\%)}{8 \times (1-5\%)} + 7.87\% = 10.71\%$$

$$留存收益资金成本 = \frac{0.2 \times (1+7.87\%)}{8} + 7.87\% = 10.57\%$$

第二步,计算各种筹资方式的比例:

$$长期借款占资金总额的比重 = \frac{200}{1\,600} \times 100\% = 12.5\%$$

$$债券占资金总额的比重 = \frac{400}{1\,600} \times 100\% = 25\%$$

$$普通股占资金总额的比重 = \frac{800}{1\,600} \times 100\% = 50\%$$

$$留存收益占资金总额的比重 = \frac{200}{1\,600} \times 100\% = 12.5\%$$

第三步,计算加权平均资金成本:

$$K_W = 6\% \times 12.5\% + 8\% \times 25\% + 10.71\% \times 50\% + 10.57\% \times 12.5\% = 9.43\%$$

【例6.11】 承例【6.10】,若该公司长期债券市场价格比账面价值上涨了5%,普通股市场价格比账面价格上涨了10%,其他条件不变,则采用市场价值法计算该公司加权平均资金成本。

解:
第一步,计算各种筹资方式的资金成本:

$$长期借款资金成本 = 10\% \times (1-40\%) = 6\%$$

$$长期债券资金成本 = \frac{12.8\% \times (1-40\%)}{(1+5\%) \times (1-4\%)} = 7.62\%$$

$$\text{普通股资金成本} = \frac{0.2 \times (1 + 7.87\%)}{8 \times (1 + 10\%) \times (1 - 5\%)} + 7.87\% = 10.45\%$$

$$\text{留存收益资金成本} = \frac{0.2 \times (1 + 7.87\%)}{8 \times (1 + 10\%)} + 7.87\% = 10.32\%$$

第二步,计算各种筹资方式的比例:

$$\text{资本总额} = 200 + 400 \times (1 + 5\%) + 800 \times (1 + 10\%) + 200 = 1\,700(\text{万元})$$

$$\text{长期借款占资金总额的比重} = \frac{200}{1\,700} \times 100\% = 11.76\%$$

$$\text{债券占资金总额的比重} = \frac{400 \times (1 + 5\%)}{1\,700} \times 100\% = 24.71\%$$

$$\text{普通股占资金总额的比重} = \frac{800 \times (1 + 10\%)}{1\,700} \times 100\% = 51.76\%$$

$$\text{留存收益占资金总额的比重} = \frac{200}{1\,700} \times 100\% = 11.76\%$$

第三步,计算加权平均资金成本:

$K_W = 6\% \times 11.76\% + 7.62\% \times 24.71\% + 10.45\% \times 51.76\% + 10.32\% \times 11.76\% = 9.2\%$

【例6.12】 承【例6.10】,若该公司预计在现有1 600万元长期资金的基础上将长期资金增至2 000万元,新增资金由发行长期债券方式筹集400万元,筹资费率为2%,预计增发债券的年债息率将达到14%。追加筹资后,原债券的市场价值将跌至面值的80%,股票的市场价值将升至面值的110%,其他条件不变,则采用目标价值法计算该公司加权平均资金成本。

解:第一步,计算各种筹资方式的资金成本:

$$\text{长期借款资金成本} = 10\% \times (1 - 40\%) = 6\%$$

$$\text{原长期债券资金成本} = \frac{12.8\% \times (1 - 40\%)}{(1 - 20\%) \times (1 - 4\%)} = 10\%$$

$$\text{新长期债券资金成本} = \frac{14\% \times (1 - 40\%)}{(1 - 2\%)} = 8.57\%$$

$$\text{普通股资金成本} = \frac{0.2 \times (1 + 7.87\%)}{8 \times (1 + 10\%) \times (1 - 5\%)} + 7.87\% = 10.45\%$$

$$\text{留存收益金成本} = \frac{0.2 \times (1 + 7.87\%)}{8 \times (1 + 10\%)} + 7.87\% = 10.32\%$$

第二步,计算各种筹资方式的比例:

$$\text{长期借款占资金总额的比重} = \frac{200}{2\,000} \times 100\% = 10\%$$

$$\text{原债券占资金总额的比重} = \frac{400 \times 80\%}{2\,000} \times 100\% = 20\%$$

$$\text{新债券占资金总额的比重} = \frac{400}{2\,000} \times 100\% = 20\%$$

$$\text{普通股占资金总额的比重} = \frac{800 \times (1 + 10\%)}{2\,000} \times 100\% = 44\%$$

$$\text{留存收益占资金总额的比重} = \frac{200}{2\,000} \times 100\% = 10\%$$

第三步,计算加权平均资金成本:

$K_W = 6\% \times 10\% + 10\% \times 16\% + 8.57\% \times 20\% + 10.45\% \times 44\% + 10.32\% \times 10\% = 9.54\%$

四、边际资金成本

(一)边际资金成本的概念

由于任何一个企业都无法以某一固定资金成本来筹措无限多的资金,当其筹集的资金超过一定限度时,原来的资金成本就会变化。

边际资金成本是指资金每增加一个单位而增加的成本。边际资金成本按加权平均法计算,是追加筹资时所使用的加权平均成本。权数应该以市场价值为权数,不应以账面价值为权数。在追加筹资额较小时,个别资金成本可能保持不变,这时,边际资金成本取决于资本结构是否变动,企业若维持原有资本结构,则追加筹资前后的加权平均资金成本相等。在大多数情况下,个别资金成本会随着筹资规模的扩大而相应变化。这样,无论资本结构是否变动,都需要分析边际资金成本的变动情况。这就要求企业既要用加权平均资金成本来评价资本结构的合理性,还要更加主动地通过追加筹资时边际资金成本的计算来分析确定未来的理想资本结构。

当企业拟筹资进行某项目投资时,应以边际资金成本作为评价该投资项目可行性的经济标准,根据边际资金成本进行投资方案的取舍。

(二)边际资金成本的计算

1. 边际资金成本的计算步骤

(1)确定公司最优的资本结构。

(2)测算各种筹资方式的资金成本。

(3)计算筹资总额分界点。筹资分界点是指在保持某一资金成本的条件下,可以筹集到的资金总限度。在筹资分界点范围内筹资,原来的资金成本不会改变;一旦筹资额超过筹资分界点,即使维持现有的资本结构,其资金成本也会增加。

$$\text{筹资分界点} = \frac{\text{可用某一特定资金成本筹集到的某种资金额}}{\text{该种资金在结构中所占的比重}}$$

(4)计算边际资金成本。根据计算出的分界点,可得出若干组新的筹资范围,对各筹资范围分别计算加权平均资金成本,即可得到各种筹资范围的边际资金成本。

2. 边际资金成本的应用

【例 6.13】 长风公司现有长期资金总额 2 000 000 元,其中长期借款 300 000 元,长期债券 500 000 元,普通股 1 200 000 元。现该公司准备扩大经营规模,需筹集更多的资金,试计算资金的边际成本。

计算过程可分为以下四个步骤。

(1)确定公司最优的资本结构。长风公司的财务人员经过认真分析,认为现有的资金结构比较合理,确定为目标资金结构,即保持长期借款占 15%,长期债券占 25%,普通股占 60%。

(2)测算各种筹资方式的资金成本。长风公司财务人员经过分析,认为随着筹资规模的不断扩大,各种筹资成本也会增加,详细情况如表 6.1 所示。

表 6.1 光明公司追加筹资测算资料表

筹资方式	目标资本结构(100%)	追加筹资数额范围/元	个别资金成本率/%
长期借款	15%	0~15 000	6
		15 000~45 000	7
		45 000 以上	8
长期债券	25%	0~50 000	10
		50 000 以上	12
普通股	60%	0~120 000	14
		120 000~300 000	15
		300 000 以上	16

(3)计算筹资总额分界点。筹资分界点是指在保持某一资金成本率的条件下,可以筹集到的资金总限度。在筹资分界点范围内筹资,原来的资金成本率不会改变;一旦筹资额超过筹资分界点,即使维持现有的资本结构,其资金成本率也会增加。如表 6.2 所示。

$$筹资分界点 = \frac{可用某一特定资金成本筹集到的某种资金额}{该种资金在资金结构中所占的比重}$$

当长期借款的资金成本为 6% 时,长期借款的最高筹资额为 15 000 元,企业的筹资总额分界点如下:

$$\frac{15\ 000}{15\%} = 100\ 000(元)$$

当长期借款的资金成本为 7% 时,筹资总额分界点如下:

$$\frac{45\ 000}{15\%} = 300\ 000(元)$$

按此方法,对资料中各种情况下筹资总额分界点计算的结果,如表6.2所示。

表6.2 筹资总额分界点测算表

筹资方式	个别资本成本率/%	各种资本筹资范围/元	筹资总额分界点/元
长期借款	6	0~15 000	15 000÷15%=100 000
	7	15 000~45 000	45 000÷15%=300 000
	8	45 000以上	
长期债券	10	0~50 000	50 000÷25%=200 000
	12	50 000以上	
普通股	14	0~120 000	120 000÷60%=200 000
	15	120 000~300 000	300 000÷60%=500 000
	16	300 000以上	

由表6.2可得出五组追加筹资总额的范围:10万以内;10万~20万;20万~30万;30万~50万;50万以上。

(4)计算边际资金成本。根据计算出的分界点,可得出若干组新的筹资范围,对各筹资范围分别计算加权平均资金成本,即可得到各种筹资范围的边际资金成本,如表6.3所示。

表6.3 边际资金成本率规划表

序号	筹资总额范围/元	资本种类	资本结构	资金成本	边际资金成本
1	0~100 000	长期借款	15%	6%	11.8%
		长期债券	25%	10%	
		普通股	60%	14%	
2	100 000~200 000	长期借款	15%	7%	11.95%
		长期债券	25%	10%	
		普通股	60%	14%	
3	200 000~300 000	长期借款	15%	7%	13.05%
		长期债券	25%	12%	
		普通股	60%	15%	
4	300 000~500 000	长期借款	15%	8%	13.2%
		长期债券	25%	12%	
		普通股	60%	15%	
5	500 000以上	长期借款	15%	8%	13.8%
		长期债券	25%	12%	
		普通股	60%	16%	

第二节 杠杆原理

杠杆是物理学中的概念,所谓杠杆效应是指利用杠杆,可以花较小的力量移动较重物体的效应。财务管理中也存在类似的杠杆效应,如一个变量的小幅度变动会引起另一个变量的更大变动。财务管理中的杠杆有经营杠杆、财务杠杆、复合杠杆。合理运用杠杆原理,有助于企业规避风险,提高资金营运效率。对财务管理中的各种杠杆进行分析,必须首先了解成本习性、边际贡献和息税前利润等相关术语的含义。

一、成本习性、边际贡献与息税前利润及其计算

(一)成本习性及分类

成本习性是指成本总额与业务量之间在数量上的依存关系。成本按习性可划分为固定成本、变动成本和混合成本三类。固定成本是指其总额在一定时期和一定业务量范围内不随业务量发生任何变动的成本,随着产量的增加,它将分配给更多数量的产品,由此可见,单位固定成本将随着产量的增加而逐渐变小。变动成本是指其总额在一定时期和一定业务量范围内随业务量成正比例变动的那部分成本,如直接材料、直接人工等都属于变动成本,在一定范围内单位变动成本不随着产量的增加而保持固定不变。混合成本是指虽然也随业务量的变动而变动但不成正比例变动的成本,可以按照一定的方法将其分解成固定成本和变动成本。因此,总成本包括固定成本和变动成本两大类。

总成本习性模型为

$$Y = a + bx$$

式中 Y——总成本;

a——固定成本;

b——单位变动成本;

x——产销量。

(二)边际贡献和息税前利润

1. 边际贡献是指销售收入减去变动成本以后的差额。

其计算公式为

边际贡献 = 销售收入 - 变动成本 = (销售单价 - 单位变动成本) × 产销量 = 单位边际贡献 × 产销量

如果,M 为边际贡献;S 为销售收入;VC 为变动成本;p 为销售单价;b 为单位变动成本;x 为产销量;m 为单位边际贡献。则上式可表示为

$$M = S - VC = (p - b)x = mx$$

2. 息税前利润是指在支付利息和缴纳所得税之前的利润

其计算公式为

$$息税前利润 = 销售收入总额 - 变动成本总额 - 固定成本 =$$
$$(销售单价 - 单位变动成本) \times 产销量 - 固定成本 =$$
$$边际贡献总额 - 固定成本$$

如果，$EBIT$ 为息税前利润；S 为销售收入；VC 为变动成本；a 为固定成本；p 为销售单价；b 为单位变动成本；x 为产销量；M 为边际贡献。则上式可表示为

$$EBIT = S - VC - a = (p - b)x - a = M - a$$

【例 6.14】 某企业只生产一种产品，产量为 1 000 件，单价为 20 元，单位变动成本为 12 元，固定成本总额为 4 000 元。

要求：

（1）计算单位边际贡献、边际贡献总额；

（2）息税前利润总额。

解：依据公式可得：

（1）单位边际贡献 = 20 - 12 = 8（元）；

  边际贡献 = 8 × 1 000 = 8 000（元）。

（2）息税前利润总额 = 8 000 - 4 000 = 4 000（元）。

二、经营风险和财务风险

（一）经营风险

企业在无负债时未来收益的不确定性称为经营风险，即经营风险是指企业因经营上的原因而导致利润变动的风险。企业可能面临的经营风险是各种各样的，在这里我们谈论的经营风险主要是指企业在经营活动中利用经营杠杆时，如果销售收入下降，会导致息税前利润下降得更快，从而给企业带来的风险。

（二）财务风险

财务风险是企业举债筹资而给普通股股东带来的额外风险，全部资本中债务资本比率的变化带来的风险，与经营风险共同构成企业总风险。当债务资本比率较高时，投资者将负担较多的债务成本，并经受较多的负债作用所引起的收益变动的冲击，从而加大财务风险；反之，当债务资本比率较低时，财务风险就小。

三、经营杠杆

企业在现实生产活动过程中，都存在一定的固定成本，且在一定的范围内固定成本总额

保持固定不变。因此,在其他条件不变的情况下,产销量的增加会降低单位固定成本,从而提高单位利润,使息税前利润的增长率大于产销量的增长率;反之,产销量的减少会提高单位固定成本,从而降低单位利润,使息税前利润的变动率大于产销量的下降率。这种由于固定成本的存在而导致息税前利润变动率大于产销量变动率的杠杆效应,称为经营杠杆。经营杠杆对经营风险的影响最为综合,因此,常被用来衡量经营风险的大小。

经营杠杆是指由于固定成本的存在所产生的息税前利润变动率大于产销量变动率的现象,其计算公式为

$$经营杠杆 = \frac{息税前利润变动率}{产销业务量变动率}$$

$$DOL = \frac{\Delta EBIT/EBIT}{\Delta Q/Q}$$

式中　DOL——经营杠杆;

$\Delta EBIT$——息税前利润变动额;

$EBIT$——变动前息税前利润;

ΔQ——销售变动量;

Q——变动前销售量。

为了便于应用,当产销量变动率与边际贡献率一致时(或当单价、单位变动成本、固定成本变动前后均不变时)可以用基期的边际贡献(销售收入 - 变动成本)除以基期的息税前利润来计算变动后的经营杠杆系数,即经营杠杆系数可通过销售额和成本来表示,有以下两个公式。

公式一:

$$DOL_Q = \frac{Q(P-V)}{Q(P-V)-F}$$

式中　DOL_Q——销售量为 Q 时的经营杠杆系数;

P——产品单位销售价格;

V——产品单位变动成本;

F——总固定成本。

公式二:

$$DOL_S = \frac{S-VC}{S-VC-F}$$

式中　DOL_S——销售额为 S 时的经营杠杆系数;

S——销售额;

F——固定成本;

VC——变动成本总额。

【例 6.15】 某企业产销量资料表如表 6.4 所示。计算其经营杠杆系数。

表 6.4 产销量资料表

单位:元

	产销量变动前	产销量变动后	变动额	变动率/%
销售额	20 000	24 000	4 000	20
变动成本	12 000	14 400	2 400	20
边际贡献	8 000	9 600	1 600	20
固定成本	4 000	4 000		
息税前利润	4 000	5 600	1 600	40

注:产品单价为 10 元。

根据计算公式得

$$DOL = \frac{\Delta EBIT/EBIT}{\Delta Q/Q} = \frac{1\ 600 \div 4\ 000}{400 \div 2\ 000} = 2$$

上述公式是计算经营杠杆的常用公式,也可以采用基期资料计算系数。

$$DOL_S = \frac{S-VC}{S-VC-F} = 8\ 000 \div 4\ 000 = 2$$

经营杠杆为 2 的意义在于:当企业销售增长 1 倍时,息税前利润将增长 2 倍,表现为经营杠杆利益;反之,当企业销售下降 1 倍时,息税前利润将下降 2 倍,表现为经营风险。经营杠杆、固定成本和经营风险三者呈同方向变化,即在其他因素一定的情况下,固定成本越高,经营杠杆越大,企业经营风险也就越大。

【例 6.16】 某企业生产甲产品,固定成本 80 万元,变动成本率 40%,当企业的销售额分别为 400 万元和 200 万元时,计算经营杠杆系数。依据公式

$$DOL_S = \frac{S-VC}{S-VC-F}$$

计算经营杠杆系数:

$$DOL_1 = (400 - 400 \times 40\%) \div (400 - 400 \times 40\% - 80) = 1.5$$

$$DOL_2 = (200 - 200 \times 40\%) \div (200 - 200 \times 40\% - 80) = 3$$

计算经营杠杆的意义在于:

(1)在固定成本不变的情况下,经营杠杆系数说明了销售额变化所引起的息税前利润变化的幅度。

(2)在固定成本不变的情况下,销售额越大,经营杠杆度越小,经营风险也越小;反之,经营杠杆系数越大,经营风险也越大。

由以上分析可知控制经营杠杆的途径是:企业一般可以通过增加销售金额、降低产品单

位变动成本、降低固定成本比重等措施使经营杠杆系数下降,降低经营风险。

四、财务杠杆

如果企业负债经营,在资本总额及其结构既定的情况下,不论利润多少,债务利息是不变的一种财务状态。于是当息税前利润增大时,每 1 元利润所负担的固定财务费用(如利息、融资租赁租金、优先股股利等)就会相对地减少,从而给投资者的收益带来更大幅度的提高;反之,每 1 元利润所负担的固定财务费用就会相对增加,从而大幅度减少投资者的收益。这种由固定财务费用所引起的,对投资者收益的影响称做财务杠杆。财务杠杆作用的大小通常用财务杠杆系数来表示。财务杠杆系数表明每股净收益的变动相对于息税前利润变动的比率。财务杠杆系数的计算公式为:

(1)利用每股净收益的变化率和息税前利润的变化率的对比关系计算财务杠杆系数:

$$DFL = \frac{\Delta EPS/EPS}{\Delta EBIT/EBIT}$$

式中　DFL——财务杠杆系数;
　　　ΔEPS——普通股每股收益变动额;
　　　EPS——变动前的普通股每股收益;
　　　$\Delta EBIT$——息税前利润变动额;
　　　$EBIT$——变动前的息税前利润。

(2)利用营业利润与息税前利润的对比关系计算 DFL(假设企业不发行优先股)。因为

$$EPS = \frac{(EBIT - I)(1 - T)}{N}$$

$$\frac{\Delta EPS}{EPS} = \frac{\Delta EBIT(1 - T)/N}{(EBIT - I)(1 - T)/N} = \frac{\Delta EBIT}{EBIT - I}$$

所以

$$DFL = \frac{EBIT}{EBIT - I}$$

式中　I——债务利息;
　　　T——所得税税率。

通过这个公式可以看到,假如利息 I 为零,那财务杠杆系数就是 1,没有财务杠杆作用,每股利润变动率等于息税前利润变动率;但是如果存在利息,这时分子要比分母大,表明每股利润的变动幅度会超过息税前利润的变动幅度。

【例 6.17】　长风公司有年利率为 10% 的负债 200 000 元,公司产品单价 50 元,单位变动成本 25 元,年固定成本 100 000 元。流通在外的普通股 10 000 股,公司适用所得税税率 40%。

(1)计算产出为 8 000 单位产品时的财务杠杆系数。依据公式

计算如下：

$$DFL = \frac{EBIT}{EBIT - I}$$

$$EBIT = S - VC - a = (p - b)x - a = (50 - 25) \times 8\ 000 - 100\ 000 = 100\ 000(元)$$

$$DFL = 100\ 000 \div (100\ 000 - 200\ 000 \times 10\%) = 1.25$$

(2) 计算产出为 8 000 单位和 8 800 单位时的每股盈余，并计算每股盈余变动的百分比。

$$EBIT_1 = 100\ 000$$

$$EBIT_2 = (p - b)x - a = (50 - 25) \times 8\ 800 - 100\ 000 = 120\ 000(元)$$

$$EPS_1 = [(EBIT_1 - I)(1 - T)]/N =$$

$$[(100\ 000 - 200\ 000 \times 10\%) \times (1 - 40\%)] \div 10\ 000 = 4.8(元/股)$$

$$EPS_2 = [(EBIT_2 - I)(1 - T)]/N =$$

$$(120\ 000 - 200\ 000 \times 10\%) \times (1 - 40\%) \div 10\ 000 = 6(元/股)$$

$$DFL = [(6 - 4.8) \div 4.8] \div [(120\ 000 - 100\ 000) \div 100\ 000] = 1.25$$

财务杠杆说明：财务杠杆越大，表示财务杠杆作用越大，财务风险也就越大；财务杠杆越小，表明财务杠杆作用越小，财务风险也就越小。当公司息税前利润较多，增长幅度较大时，适当地利用负债性资金，可以发挥财务杠杆的作用，增加每股利润，使股票价格上涨，增加企业价值。财务杠杆的作用在于它可用来反映财务杠杆的作用程度，估计财务杠杆利益的大小，评价财务风险的高低。

由以上分析可知控制财务杠杆的途径，即企业可以通过合理安排资本结构，适度负债，使财务杠杆利益抵消风险增大所带来的不利影响。

五、复合杠杆

复合杠杆，也称为总杠杆，它是企业经营杠杆和财务杠杆共同作用而产生的杠杆效应。如前所述，由于存在固定成本，产生经营杠杆的效应，使得息税前利润的变动幅度大于销售量变动的幅度；同样，由于存在固定财务费用，产生财务杠杆效应，使得税后利润变动幅度大于息税前利润变动的幅度。如果两种杠杆同时起作用，那么，销售量稍微有变化就会引起税后利润更大的变动。

复合杠杆的作用程度，可用复合杠杆系数表示，它是经营杠杆系数和财务杠杆系数的乘积，即为每股净收益的变化率相对于销售量变化率的比率。其计算公式为

$$DCL = \frac{每股收益变动率}{产销量变动率} = \frac{\Delta EPS/EPS}{\Delta S/S}$$

$$DCL = DOL \cdot DFL = \frac{Q(P - V)}{Q(P - V) - F - I} = \frac{S - VC}{S - VC - F - I}$$

式中　DCL——复合杠杆。

【例 6.18】 某公司的经营杠杆为 1.80,财务杠杆为 2。计算其总杆系数。
根据计算公式,得

$$DTL = DOL \cdot DFL = 1.80 \times 2 = 3.60$$

由以上分析可知,只要企业同时存在固定的生产经营成本和固定的利息等财务支出,就存在复合杠杆效应。在其他因素不变的情况下,复合杠杆越大,企业整体的风险性也越大;复合杠杆越小,整体的风险性也越小。

【例 6.19】 某企业只生产和销售 A 产品,其总成本习性模型为 $y = 10\,000 + 3x$。假定该企业 2012 年度 A 产品销售量为 10 000 件,每件售价为 5 元;按市场预测 2013 年 A 产品的销售数量将增长 10%。

要求:
(1)计算 2012 年该企业的边际贡献总额;
(2)计算 2012 年该企业的息税前利润;
(3)计算 2013 年的经营杠杆系数;
(4)计算 2013 年息税前利润增长率;
(5)假定企业 2012 年发生负债利息 5 000 元,且无融资租赁租金,计算 2013 年复合杠杆。

解:
(1)2012 年企业的边际贡献总额 = 销售收入总额 − 变动成本总额 =
$$10\,000 \times 5 - 10\,000 \times 3 = 20\,000(元) =$$

或
$$(单位售价 - 单位变动成本) \times 销售量 =$$
$$(5-3) \times 10\,000 = 20\,000(元)$$

(2)2012 年企业的息税前利润 = 边际贡献总额 − 固定成本 = 20 000 − 10 000 = 10 000(元)

或
$$= 10\,000 \times (5-3) - 10\,000 = 10\,000(元)$$

(3)销售量为 10 000 件时的经营杠杆 = 边际贡献总额 ÷ 息税前利润总额 = $\dfrac{20\,000}{10\,000} = 2$

(4) 2013 年息税前利润增长率 = $2 \times 10\% = 20\%$

或
$$= \frac{10\,000 \times (1+10\%) \times (5-3) - 10\,000 - 10\,000}{10\,000} = 20\%$$

(5) 复合杠杆 $= \dfrac{(5-3) \times 10\,000}{(5-3) \times 10\,000 - 10\,000 - 5\,000} = 4$

或
$$= DFL \times DOL = 2 \times \frac{10\,000}{10\,000 - 5\,000} = 2 \times 2 = 4$$

第三节 资本结构

一、资本结构及最佳资本结构

(一) 资本结构的概念

资本结构是指企业各种长期资金筹集来源的构成及其比例关系。短期资金的需要量和筹集是经常变化的,且在整个资金总量中所占的比重不稳定,因此不列入资本结构管理范围,而作为营运资金管理,这部分内容将在第八章中介绍。

在实务中,资本结构有广义和狭义之分。狭义的资本结构是指长期资本结构;广义的资本结构指全部资金(包括长期资金和短期资金)的结构。

通常情况下,企业的资本结构由长期债务资本和权益资本构成。资本结构就是指长期债务资本和权益资本各占多大比例。一般而言,债务资本成本比权益资本成本低,因此适度增加债务可能会降低企业资本成本,获取财务杠杆利益,但同时也会给企业带来财务风险。

(二) 最佳资本结构

由上分析可知,利用债务资金具有双重作用,因此企业必须权衡利弊,确定一个最佳资本结构。所谓最佳资本结构是指使得企业价值最大、企业综合资本成本最低的资本结构。最佳资本结构在理论上是存在的,但是由于企业内部条件和外部情况经常发生变化,有些因素不易量化,寻找最佳资本结构比较困难。

二、资本结构相关理论

资本结构理论所研究的基本问题是企业资本结构与企业价值的关系。西方经济学界围绕这一基本问题展开了全面深入的研究,形成了许多不同的资本结构理论。

(一) 净收入理论

净收入理论认为,负债可以降低企业的资本成本,负债程度越高,企业价值越大。这是因为债务利息和所有者权益资本均不受财务杠杆影响,无论负债程度有多高,企业的债务资本成本和所有者权益资本成本都不会变化。因此,只要债务成本低于所有者权益成本,那么负债越多,企业的加权平均资本成本就越低,企业的价值就越大。当负债比率为100%时,企业加权平均资本成本最低,企业价值将达到最大。如果这种理论的假设是正确的,那么,为使企业价值达到最大化,应使用几乎100%的债务资本,因为此时综合资本成本达到最低。

(二) 净营运收入理论

净营运收入理论认为,不论财务杠杆如何变化,企业加权平均资本成本都是固定的,因而企业的总价值也是固定不变的。这是因为企业利用财务杠杆时,即使债务成本本身不变,但由于加大了所有者权益的风险,也会使所有者权益成本上升,于是加权平均资本成本不会因为负债比率的提高而降低,而是维持不变。企业的总价值也就固定不变。如果这种理论真实存在的话,那么资本结构决策将无关紧要,即不存在最佳资本结构问题。

(三)传统理论

传统理论是一种介于净收入理论和净营运收入理论之间的理论。传统理论认为,企业利用财务杠杆尽管会导致所有者权益成本的上升,但在一定程度内却不会完全抵消利用成本率低的债务所获得的好处,因此会使加权平均资本成本下降,企业总价值上升。但是,利用财务杠杆超过一定程度,所有者权益成本的上升就不再能为债务的低成本所抵消,加权平均资本成本便会上升。以后债务成本也会上升,它和所有者权益的上升共同作用,使加权平均资本成本上升更快。加权平均资本成本从下降变为上升的转折点,是加权平均资本成本的最低点,这时的负债率就是企业价值的最佳资本结构。可见,传统理论学说是承认企业有其最佳资本结构。

(四)权衡理论(MM理论)

最初的MM理论即资本结构无关论,为金融理论奠定了开拓性的基础。该理论认为在完善的资本市场中,如果不存在税收、破产成本及代理成本的影响,公司的价值将与其资本结构无关。MM理论的前提是完善的资本市场和资本的自由流动,不考虑公司所得税,然而现实中不存在绝对完善的资本市场,而且还存在许多阻碍资本流动的因素。因此,米勒等人后来又对MM理论进行了一定的修正即权衡理论。修正后的MM理论认为,在考虑所得税后,公司使用的负债越高,其加权平均成本就越低,公司收益乃至价值就越高,这就是修正后的MM理论,简称相关论。按照修正后的MM理论,公司的最佳资本结构是100%的负债,但这种情形在现代社会显然不合理。市场均衡理论引入资本结构研究,认为提高公司负债比率,会使公司财务风险上升,破产风险加大,从而迫使公司不选择最大负债率(100%)的筹资方案而选择次优筹资方案;另一方面,随着公司负债比率的上升,债权人因承受更大的风险而要求更高的利率回报,从而导致负债成本上升,筹资难度加大,这样也会限制公司过度负债。

(五)代理理论

代理理论的创始人詹森和麦克琳认为:企业资本结构会影响经理人员的工作水平和其他行为选择,从而影响企业未来现金流入和企业市场价值。其理论的核心是:公司债务的违约风险是财务杠杆系数的增函数,随着公司债权资本的增加,债权人的监督成本随之上升,债权人要求的利率会更高。而这种代理成本最终要由股东承担(股权代理成本增加),公司资本结构中债权比率过高会导致股东价值的降低。均衡的企业所有权结构应该是由股权代理成本和债权代理成本之间的平衡关系来决定的,债权资本适度的资本结构会增加股东的价值,一旦过度反而会降低股东的价值。除了债务的代理成本之外,还有一些代理成本涉及公司雇员、消费者和社会等,在资本结构决策中也应予以考虑。

资本结构理论为企业融资决策提供了有价值的参考,但在一定程度上融资决策还要依靠有关人员的经验和主观判断。

三、资本结构决策的方法

通过资本结构理论的分析我们知道,进行资本结构决策,实际上就是确定企业的最佳资本结构。所以不同筹资方案的比较实际上就是对不同资本结构的比较。选择合理的资本结构对企业以较低的资金成本实现企业价值最大化具有重要意义。公司最佳资本结构应当是可使其预期的综合资金成本率最低同时使企业总价值最高的资本结构。

在实际工作中,最佳资本结构决策的方法很多,下面将介绍三种比较实用的方法。

(一)每股收益无差异分析(EBIT – EPS 分析)

资本结构的合理与否,可以通过分析资本结构与每股收益变化之间的关系来衡量,即:能提高每股收益的资本结构是合理的;反之,则不够合理。每股收益的高低不仅受资本结构(由长期负债融资和权益融资构成)的影响,还受到销售水平的影响。处理以上三者的关系,可以运用融资的每股收益分析的方法。

所谓每股收益的无差别点,是指每股收益不受融资方式影响的销售水平,一般用息税前利润表示。根据每股收益无差别点,可以分析判断在什么样的销售水平下适于采用何种资本结构。每股收益无差别点可以通过计算得出。每股收益即 EPS 的计算公式为

$$EPS_{股} = \frac{(EBIT - I_{原}) \times (1 - T)}{N + \Delta N}$$

$$EPS_{债} = \frac{(EBIT - I_{原} - \Delta I) \times (1 - T)}{N}$$

式中 $EPS_{股}$——发行股票情况下的每股收益,
  $EPS_{债}$——发行债券情况下的每股收益;
  $I_{原}$——企业在筹资前负担的债务利息;
  ΔI——增加负债类资金应负担的利息;
  ΔN——增发股票的股数;
  $EBIT$——息税前利润(未知数);
  T——所得税税率。

以 $EBIT$ 为自变量,x 轴;EPS 为因变量,y 轴。如图 6.1 所示。

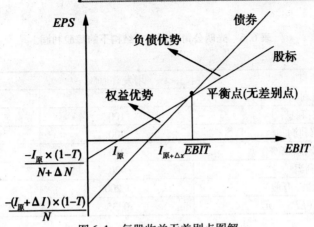

图 6.1 每股收益无差别点图解

使得追加权益筹资每股收益 = 追加负债筹资每股收益，得到

$$\frac{(EBIT - I_{原}) \times (1-T)}{N + \Delta N} = \frac{(EBIT - I_{原} \Delta I) \times (1-T)}{N}$$

解出 $EBIT$ 即为平衡点 $\overline{EBIT}$。

由图 6.1 可以得出，若预计 $EBIT > $ 平衡点 $\overline{EBIT}$，则增加债券有利；反之，预计 $EBIT < $ 平衡点 $\overline{EBIT}$，则增加股票有利。

【例 6.20】 光明公司目前资金有 8 500 万元，其中债务资本 1 000 万，普通股 7 500 万。现因生产需要准备再追加筹资 1 500 万元资金，这些资金可以利用发行股票筹集，也可以利用发行债券筹集。假定无论采用何种方案，增资后的公司息税前理论都能达到 800 万元，所得税率 40%。有关数据如表 6.5 所示。

表 6.5 原资本结构和筹资后资本结构情况表

单位：万元

筹资方式	原资本结构	增加筹资后资本结构	
		增发普通股	增发公司债
公司债（利率 10%）	1 000	1 000	2 500
普通股（每股面值 7.5 元）	7 500	9 000	7 500
资金总额总计	8 500	10 000	10 000
普通股股数（万股）	1 000	1 200	1 000

根据资本结构的变化，采用 $EBIT - EPS$ 分析法分析资本结构对普通股每股利润的影响。如表 6.6 所示。

表6.6 光明公司不同资本结构下的每股利润

单位:万元

项目	增发普通股	增发公司债
预计息税前利润(EBIT)	800	800
减:利息	100	250
税前利润	700	550
减:所得税(40%)	280	220
净利润	420	330
普通股股数(万股)	1 200	1 000
每股利润(EPS)/元	0.35	0.33

由表6.6计算可以看出,在息税前利润为800万元的情况下,若增发普通股,会使普通股每股收益预期为0.35元,若增发公司债,会使普通股每股收益预期为0.33元,采用增发公司普通股票的形式筹集资金能使每股利润上升。从每股收益的角度来看,本案例中的光明公司应采用增发普通股票的形式来筹集所需资金。该选择是在预期息税前利润为800万元的情况下做出的,那么,息税前利润为多少时,筹资方式的选择会产生变化?我们可以通过计算每股收益无差别点(EBIT)来判断,计算公式为

$$\frac{(EBIT-I_1)(1-T)}{N_1}=\frac{(EBIT-I_2)(1-T)}{N_2}$$

将光明公司的资料代入上式:

$$\frac{(EBIT-1\,000\times10\%)(1-40\%)}{1\,200}=\frac{(EBIT-2\,500\times10\%)(1-40\%)}{1\,000}$$

解得:$EBIT=1\,000$(万元)。

计算表明,当预期息税前利润为1 000万元时,增发普通股和增加负债两种方案的每股收益相等。在本例中,由于息税前利润预计为800万元($<EBIT$),故应选择增发普通股筹资。

在实务中可以遵循以下决策原则:在融资分析时,当预期息税前利润大于每股利润无差异点的息税前利润时,运用负债筹资可获得较高的每股利润,较为有利;反之,当预计息税前利润低于每股利润无差异点的息税前利润时,运用权益筹资可获得较高的每股利润;当预计息税前利润等于每股利润无差异点的息税前利润时,两种融资方式可以获得相同的每股收益。但是,这个方法的最大缺陷在于只考虑了资本结构对每股利润的影响,并假设每股利润最大,股票价格也就最高,而没有考虑风险的影响。

(二)资金成本比较法

资金成本比较法是在资金成本计量原理的基础上,通过计算和比较各种预设资本结构方

案的加权平均资金成本,选择加权平均资金成本最低的那个方案所设定的资本结构为企业最佳资本结构。这种方法侧重于从资本投入的角度对资本结构进行优选分析评价。

计算步骤为:

首先计算初始资本结构的个别资金成本、各类资金来源及其比重;

再依次计算可供选择的各方案的加权平均资金成本;

然后比较各方案的加权平均资金成本,以最低者为优。

在筹资决策之前,先拟定若干备选方案,分别计算各方案加权平均的资金成本,并选择加权平均资金成本最低的方案。

【例6.21】 某公司因业务发展需要打算筹资200万元决策,现有A、B两方案备选,有关资料如下,要求分别计算两种方法的综合资金成本,从中选择一较优方案。如表6.7所示。

表6.7 某公司筹资决策方案

筹资方式	A方案		B方案	
	筹资额/万元	资金成本	筹资额/万元	资金成本
长期借款	80	6%	60	6%
公司债券	20	8%	30	8%
普通股	100	9%	110	9%
合计	200		200	

根据资料分别计算两种方案综合资金成本:

A方案的加权平均资金成本 = 80÷200×7% + 20÷200×8% + 100÷200×9% = 8.1%

B方案的加权平均资金成本 = 60÷200×7% + 30÷200×8% + 110÷200×9% = 8.25%

B方案的加权平均资金成本高于A方案的加权平均资金成本,所以应选择A筹资方案。

在比较资金成本的确定中,权数的性质与计算一直是一个争议较大的问题。账面价值权数与市场价值权数的选择成为关键。在国外对企业的相关调查中,发现企业运用最多的还是较为简单的账面价值权数。

(三)公司价值确定法

公司价值确定法是指使得公司的市场价值最大的资金成本,公司的市场总价值应是其股票的市价与负债的市价之和:

$$V = S + B$$

式中 V——公司总价值;

S——股票的市价;

B——负债的市价。

为简单起见,一般假设负债的市场价值等于其账面价值,股票的市场价值计算为

$$S = \frac{(EBIT - I)(1 - T)}{K_S}$$

式中 $EBIT$——为息税前利润;

I——年利息;

T——所得税率;

K_S——权益资金成本。

通过资本资产定价模型等方法确定权益资金成本后即可确定公司的总价值。以上所阐述的确定资本结构的定量分析方法和定性分析方法各有优缺点,在实际工作中应结合起来加以运用,以便合理确定资本结构。

【案例6.1】

某公司航线船舶投资与筹资决策

一、案例作用

海运船舶的投资额巨大,投融资决策的正确性对于海运企业的生存发展具有决定性的影响,如何正确进行航线船舶的投资与筹资决策是海运企业决策层必须掌握的方法之一。本案例试图通过讨论海运航线船舶投资与筹资的决策方法问题,让学员掌握投资与筹资决策的原理与方法。

二、案例资料

1. 某海运公司拟筹措一笔资金投资组建一支集装箱船队,通过分析资金市场状况及该海运公司的有关条件,得到各种筹资方式之下筹资规模与资金成本的资料,如表6.8所示。

表6.8 各种筹资方式下的筹资规模与资金成本

筹资方式	筹资规模/万元	资金成本/%
发行债券	0~10 000	9.0
	10 000~20 000	10.2
	超过20 000	12.4
发行优先股	0~5 000	11.1
	5 000~15 000	12.5
	超过15 000	15.2
发行普通股	0~13 000	15.4
	13 000~26 000	16.7
	超过26 000	20.1

公司管理层通过分析,确定新增资金的最佳资金结构为债务25%,优先股10%,普通股65%。

2. 经航运市场调查,了解到目前有A、B、C、D、E五条航线可供选择投入船舶进行营运,假设这五条航线的营运不是互斥,公司可以都选或选其中的几条航线投入船舶营运。经调查和测算,这五条航线所需投入船舶的投资额及预期投资报酬率如表6.9所示。

第六章 资金成本和资本结构

表6.9 五条航线所需投入船舶的投资额及预期投资报酬率

航线	投资(内含)报酬率/%	船舶投资额/万元
A	22.8	12 000
B	20.6	25 000
C	17.4	18 000
D	16.2	21 000
E	15.8	29 000

三、讨论要求

根据边际资金成本原理对该海运公司的筹资与投资做出决策。

【案例6.2】

华能国际融资之路及基本结构分析

华能国际电力股份有限公司及其附属公司开发、建设和经营管理大型发电厂,截至2005年3月31日拥有权益发电装机容量为37 593MkW·h,可控发电装机容量为40 989MkW·h,是中国最大的上市发电公司之一。

一、权益资本筹资

1994年6月,股份公司成立,其中从地方投资方借入的人民币债务转化为股本21亿元。

1994年10月,在全球配售12.5亿元,境外上市外资股以3 125万股ADR形式在纽约证交所上市。

1998年1月,以介绍上市方式在香港联交所挂牌,实现两地上市。至此公司总股本增加至56.5亿股。

2001年11月,在国内成功发行了3.5亿股A股,筹资27.8亿元人民币。12月6日,在上海证券交易所上市交易。

2002年3月,向证券投资基金配售A股339.5万股上市流通。

2002年,H股债转股。

2003年4月,2 000万美元的可转换债券转换为公司境外上市股份2 839.7240万H股,发于债券持有人。

2004年5月,10送5转5,总资本增至120 553.24万股。

至2006年4月19日,股权分置改革完成,总股本为1 205 538.344万股。经过以上的权益筹资,大体形成了华能国际的现有规模。

二、债务资本筹资

债务资本筹资情况如表6.9所示。

表6.9 债务资本筹资表

金额单位:元

年份	2006	2007	2008年第三季度末
短期借款	8 161 909 780	11 670 400 123	39 161 974 683
长期借款	36 303 618 746	33 438 647 481	43 004 849 822

另外,华能国际于1997年在境外共发行面值为2.3亿美元、票面利率1.75%、期限为7年的可转换债券,进一步拓宽了融资渠道。2005年5月,华能国际以贴现方式发行45亿元(1年期)和5亿元(9个月)的短期融资债券。为满足新建电厂的资金需求,2006年5月和6月,华能国际完成了共计50亿元以附息方式、期限为365天的短期融资券的发行。2007年5月,华能国际完成了50亿元以附息方式、期限为365天的无抵押短期融资券的发行。2007年12月,华能国际还发行了共计60亿元的公司债券,其中5年期10亿元、7年期17亿元,并在2008年1月上市交易。2008年5月,华能国际发行40亿元10年期公司债券,同月上市交易。2008年7月,华能国际发行50亿元、期限为365天的无抵押短期融资券。

三、其他融资渠道

公司融资渠道较为全面,除银行借款外,公司在融资领域不断开拓创新。公司曾成功地在国内外资本市场实施增发股票、发行可转换债券等直接等融资手段。2005年,公司又率先在全国银行间债券市场发行短期融资券。截至目前,利用短期融资券直接筹集短期营运资金累计达150亿元。2007年12月,公司成功发行迄今最大的公司债券——60亿元"07华能公司债",进一步展示了公司自身良好的信用形象,并达到了优化债务结构、降低债务融资成本的目的。

问题:

请对华能国际的筹资方式做出评价。

本 章 小 结

1. 资金成本是指企业为筹集和使用资金而付出的代价。它包括资金筹集费和资金使用费两部分。资金使用费是筹资企业经常发生的;资金筹集费是指企业在筹措资金过程中为获取资金而支付的费用。资金成本可以用绝对数表示,也可以用相对数表示,但在财务管理中,一般用相对数表示。

2. 个别资金成本是指各种筹资方式的成本,包括债券成本、银行借款成本、优先股成本、普通股成本和留存收益成本,前两者可统称为负债资金成本,后三者统称为权益资金成本。个别资金成本主要用于衡量某一筹资方式的优劣。综合资金成本率是指企业全部长期资本的成本率,综合反映资金成本总体水平的一项重要指标。它是公司取得资金的平均成本,因此在计算时须考虑所有不同的资金来源及其占总资本的比重。主要用于衡量筹资组合方案的优劣或用于评价企业资本结构的合理性。边际资金成本率是指企业追加长期资本的成本率。用于衡量在某一资本结构下,资金每增加一个单位而增加的成本。它是公司为取得额外1元新资金所必须负担的成本,是一种加权平均资金成本。

3. 企业经营风险的大小常常使用经营杠杆来衡量。经营杠杆是指在某一固定成本比重下,销售量变动对息税前利润产生的作用。债务对投资者收益的影响称做财务杠杆。财务杠杆作用的大小通常用财务杠杆系数表示。财务杠杆系数表明息税前利润的增长所引起的每股净收益的增长幅度。经营杠杆和财务杠杆的连锁作用称为总杠杆(复合杠杆)作用。

4. 资本结构是指企业各种长期资金筹集来源的构成和比例关系。公司最佳资本结构应当是可使其预期的综合资金成本率最低同时又能使企业总价值最高的资本结构。资本结构决策的方法主要介绍两种,即每股收益无差异分析($EBIT-EPS$分析)和比较资金成本法。每股收益的无差别点是指每股收益不受融资方式影响的销售水平,一般用息税前利润表示。根据每股收益无差别点,可以分析判断在什么样的销售水平下适于采用何种资本结构。比较资金成本法即分别计算各筹资方案的加权平均资金成本,再根据加权平均资金成本的高低来确定资本结构,哪个方案的加权平均资金成本最低就选哪个。

自 测 题

一、单项选择题

1. 筹资决策时需要考虑的首要问题是 ( )
   A. 资金成本   B. 筹资期限
   C. 筹资方式   D. 偿还能力
2. 边际贡献等于 ( )
   A. 销售收入－变动成本   B. 销售收入－固定成本
   C. 销售收入－固定成本－变动成本 D. 销售收入－固定成本－混合成本
3. 财务杠杆的作用在于,增加负债资金可以 ( )
   A. 增加每股利润   B. 增加利息支出
   C. 减少财务风险   D. 增加财务风险
4. 某工业企业的财务杠杆系数为2,经营杠杆系数为3,则企业的销售量每增加1%,企业的每股利润 ( )
   A. 增加2%   B. 增加3%
   C. 增加5%   D. 增加6%
5. 下列各项中,运用普通股每股利润(每股收益)无差别点确定最佳资金结构时,需计算的指标是 ( )
   A. 息税前利润   B. 营业利润
   C. 净利润   D. 利润总额
6. 最佳资本结构是指企业在一定时期最适宜其有关条件下的 ( )
   A. 企业价值最大的资本结构
   B. 企业目标资本结构
   C. 加权平均资金成本最低的目标资本结构
   D. 加权平均资金成本最低、企业价值最大的资本结构

二、多项选择题

1. 企业资金成本主要包括 ( )
   A. 用资费用   B. 筹资费用
   C. 资金收回费用   D. 资金分配费用

2. 下列各项资金成本的计算中,需要考虑筹资费率的有 （　　）
   A. 债券成本　　　　　　　　B. 优先股成本
   C. 普通股成本　　　　　　　D. 留存收益成本
3. 在事先确定企业资金规模的前提下,吸收一定比例的负债资金,可能产生的结果有（　　）
   A. 降低企业资金成本　　　　B. 降低企业财务风险
   C. 加大企业财务风险　　　　D. 提高企业经营能力
4. 影响企业边际贡献大小的因素有 （　　）
   A. 固定成本　　　　　　　　B. 销售单价
   C. 单位变动成本　　　　　　D. 产销量
5. 下列各项中,影响复合杠杆系数变动的因素有 （　　）
   A. 固定经营成本　　　　　　B. 单位边际贡献
   C. 产销量　　　　　　　　　D. 固定利息
6. 下列关于资本结构的说法中,正确的是 （　　）
   A. 按照净收益理论,不存在最佳资本结构
   B. 使企业预期价值最高的资本结构,不一定是预期每股利润最大的资本结构
   C. 按照传统折中理论,综合资本成本最低点为最优资本结构
   D. 按照净营业收益理论,负债越多则企业价值越大

三、判断题

1. 资金成本是投资人对投入资金所要求的最低收益率,也可作为判断投资项目是否可行的取舍标准。 （　　）
2. 最优资金结构是使企业筹资能力最强、财务风险最小的资金结构。 （　　）
3. 超过筹资总额分界点筹集资金,只要维持现有的资金结构,其资金成本率就不会增加。
 （　　）
4. 包括短期负债在内的企业全部资本,在债务性资本来源和股权性资本来源之间分配的结构称为资本结构。 （　　）

四、简答题

1. 资金成本的含义及其作用体现在哪里?
2. 如何计算债务成本? 优先股成本的计算与债务成本计算有何异同?
3. 简述普通股成本股利率增长模式的计算方法。留存收益成本计算与普通股成本计算有何差异?
4. 如何计算综合资金成本,影响综合资金成本的因素有哪些?
5. 经营风险的含义、财务风险的含义分别是什么?
6. 经营杠杆的含义以及经营杠杆系数的高低与经营风险的关系如何?
7. 财务杠杆的含义以及财务杠杆系数的高低与财务风险的关系如何?
8. 资金成本的含义及其决策的方法有哪几种?

五、业务分析题

1. 某公司向银行借入一笔长期借款,借款年利率为10%,借款手续费为0.5%,所得税税

率为25%。要求:计算银行借款成本。

2. 某公司发行一笔期限为8年的债券,债券的面值为2 000万元,溢价发行,实际发行价格为面值的110%,票面利率为12%,每年年末付一次利息,筹资费率为3%,所得税税率为25%。要求:计算该债券的成本。

3. 某公司按面值发行2 000万元优先股,筹资费率为2%,年股利率为10%,所得税税率为25%。要求:计算该优先股成本。

4. 某公司发行普通股股票1 000万元,筹资费用率为5%,第一年年末股利率为10%,预计股利每年增长4%,所得税税率为25%。要求:计算该普通股成本。

5. 某公司留存收益100万元,上一年公司对外发行普通股的股利率为12%,预计股利每年增长率为5%。

要求:计算该公司留存收益成本。

6. 某企业拟筹资4 000万元。期中,按面值发行债券1 000万元,筹资费率2%,债券年利率为5%;普通股3 000万元,发行价为10元/股,筹资费率为4%,第一年预期股利为1.2元/股,以后各年增长5%。所得税税率为25%。计算该筹资方案的加权平均资金成本。

7. 某企业只生产一种产品,产量为2 000件,单价为10元,单位变动成本为6元,固定成本总额为4 000元。

要求:

(1)计算单位边际贡献、边际贡献总额。

(2)息税前利润总额。

9. 某公司基期实现销售收入500万元,变动成本总额为360万元,固定成本为80万元,利息费用为10万元。计算该公司经营杠杆系数。

10. 某公司资金总额为2 000万元,负债比率为40%,负债利息率为8%。该年公司实现息税前利润80万元,所得税税率为33%。计算该公司的财务杠杆系数。

11. 某公司2012年初的负债及所有者权益总额为9 000万元,其中,公司债券为1 000万元(按面值发行,票面年利率为8%,每年年末付息,三年后到期);普通股股本为4 000万元(面值1元,4 000万股);资本公积为2 000万元;其余为留存收益。

2012年该公司为扩大生产规模,需要再筹资1 000万元资金,有以下两个筹资方案可供选择。

方案一:增加发行普通股,预计每股发行价格为5元。

方案二:增加发行同类公司债券,按面值发行,票面年利率为8%。

预计2012年可实现息税前利润2 000万元,适用的企业所得税税率为33%。

要求:

(1)计算增发股票方案的下列指标:

①2012年增发普通股股份数。

②2012年全年债券利息。

(2)计算增发公司债券方案下的2012年全年债券利息。

(3)计算每股利润的无差别点,并据此进行筹资决策。

12. 某企业拥有资金 800 万元,其中银行借款 320 万元,普通股 480 万元,该公司计划筹集新的资金,并维持目前的资金结构不变。随筹资额增加,各筹资方式的资金成本变化如下:

筹资方式	新筹资额	资金成本
银行借款	30 万元以下	8%
	30~80 万元	9%
	80 万元以上	10%
普通股	60 万元以下	14%
	60 万元以上	16%

要求:
(1) 计算各筹资总额的分界点。
(2) 填写下表填字母的部分。

序号	筹资总额	筹资方式	目标资金结构	资金成本	资金的边际成本
1	A	借款	E	G	第一个范围的资金边际成本 O
		普通股	F	H	
2	B	借款	E	I	第一个范围的资金边际成本 P
		普通股	F	J	
3	C	借款	E	K	第一个范围的资金边际成本 Q
		普通股	F	L	
4	D	借款	E	M	第一个范围的资金边际成本 R
		普通股	F	N	

【阅读资料】
某上市公司 2003 年发行股票至 2006 年上市 3 年间的现金股利派发情况计算如下:如果公司向所有股东发放现金股利,则 2003 年、2004 年、2005 年 3 年分别要向股东支付 3 400 万元、5 100 万元、5 100 万元的现金。当公司将这些现金作为股利支付给股东时,其与公司向债权人支付贷款利息没有任何本质区别,都是实实在在的现金流出。即使出于某种特殊因素考虑,国有股如果放弃分配股利权利的话,公司也要分别支付 2 000 万元、3 000 万元、3 000 万元的现金股利给内部职工股股东。如此规模的现金流出量,就是对有盈利能力的公司来说也是一个不小的压力。因此在权责发生制下,契约实现的利润并不等于现金流量。更何况其资本成本之高,远远超出负债成本。按每股 2 元的发行价格计算,内部职工股股东得到的报酬率高达 15%,而且这 15% 是税后利润支付的。如果按 15% 的所得税税率计算,相当于税前 17.65% 的利率向公司股东筹资,远远高于当时银行贷款利率水平。从理性的理财角度讲,与其按如此高的利率向股东筹资,还不如向银行贷款。更何况贷款利息作为财务费用还可以抵税。根据财务杠杆原理,如果公司总资产利润率高于贷款利率,则举债还可以为公司带来积极的财务杠杆作用,从而给股东带来更多的财富。由此可见,从理财的角度看,公司向股东发行股票筹集资金所发放的现金股利与公司举债所支付的利息一样,都是现金流出和负担,所不同的仅仅是财务会计的账务处理不同。因此我们不能认为权益资本是一项"免费午餐",并可无节制、无条件地予以利用。

第七章
Chapter 7

项目投资管理基本理论

【学习要点】

通过本章学习,要求了解项目投资的概念、特点;掌握现金流量的含义及现金流量的构成;掌握贴现与非贴现现金流量指标的计算。

【案例导入】

鞍钢在"六五"、"七五"期间借款进行固定资产技术改造投资,债务负担沉重,1995年公司的财务费用支出就达17亿元,如果再继续靠贷款作技改投资,产出的效益还不足以支付贷款的利息。1996~1999年,鞍钢的技改投资规模确定为80亿元,仅靠自有的资金显然不够用,靠银行贷款负担又重。于是,鞍钢人认真进行了技改投资的财务规划和决策,首先,是筹资方式多元化,3年时间通过各种渠道共筹措技改资金35.6亿元。其次设计了以挖潜、革新、改造为主的技改投资方案,充分利用原地搞改造,这样就利用了原有厂房及设备,又解决了生产问题;充分利用闲置设备;大力压缩工程造价等。由于鞍钢积极筹措资金,反复论证各项投资方案,严格控制工程投资,最终取得了"高起点、少投入、高产出、高效益的"的投资效果。

固定资产投资属于长期资产投资,其特点是时间长、耗资大、风险大,而且长期投资一旦完成,是不容反悔的,如果改变当初的决策,就要付出相当大的代价。因此,长期投资具有不可逆性。公司管理人员在进行长期投资决策时,一定要采用科学的决策方法。

第一节 项目投资管理概述

一、项目投资的含义与特点

(一)项目投资的含义

项目投资是一种以特定项目为投资对象的长期投资行为,它与企业的新建项目或更新改造项目直接有关。从性质上看,它是企业直接的、生产性的投资,通常包括固定资产投资、无形资产投资、开办费投资和流动资金投资等内容。本章所介绍的工业企业投资项目主要包括新建项目(含单纯固定资产投资项目和完整工业投资项目)和更新改造项目两种类型。

(二)项目投资的特点

与其他形式的投资相比,项目投资具有以下主要特点:

1. 投资金额大

项目投资直接与新建项目或更新改造项目有关,所以投资金额往往比较大,有的甚至是企业及其投资人多年的资金积累,在企业总资产中占有相当大的比重。因此,项目投资对企业未来的现金流量和财务状况都将产生深远的影响。

2. 投资期限长

项目投资是一种长期投资行为,故投资期及发挥作用的时间都比较长,对企业未来的生产经营活动和长期经营活动将产生重大影响。

3. 变现能力差

项目投资一般不准备在一年或一个营业周期内变现,而且即使在短期内变现,其变现能力也较差。因为,项目投资一旦完成,要想改变其用途是相当困难的,不是无法实现,就是代价太大。

4. 投资风险大

项目投资未来收益受多种因素影响,同时其投资金额大、投资的期限长和变现能力差,因此使得其投资风险比其他投资高,对企业未来的命运将产生决定性影响。

二、项目投资的类型

企业项目投资的类型主要包括新建项目和更新改造项目。新建项目以新增生产能力为目的,按其涉及内容可进一步细分为单纯固定资产投资项目和完整工业投资项目。单纯固定资产投资项目简称固定资产投资,其特点在于:在投资中只包括为取得固定资产而发生的垫支资本投入而不涉及周转资本的投入;完整工业投资项目则不仅包括固定资产投资,而且还涉及流动资金投资,甚至包括其他长期资产项目(如无形资产)的投资。因此,不能将项目投资简单地等同于固定资产投资。更新改造项目以恢复或改善生产能力为目的,按其涉及的内容也可进一步细分为更新项目和改造项目。

三、项目计算期的构成

项目计算期是指投资项目从投资建设开始到最终清理结束整个过程的全部时间,即该项目的有效持续期间。完整的项目计算期包括项目建设期和经营期。项目建设期是指项目从投资建设开始到完工投产所需要的时间。建设起点一般为第一年年初(记作第 0 年),建设期的最后一年末称为投产日(记作 S 年)。生产经营期是指从投产之日起到项目终结点之间持续的时间(记作 P)。项目终结点一般为项目计算期最后一年年末(记作第 n 年)。它们之间数量关系如图7.1所示。

公式表示为

$$项目计算期(n) = 建设期(S) + 运营期(P)$$

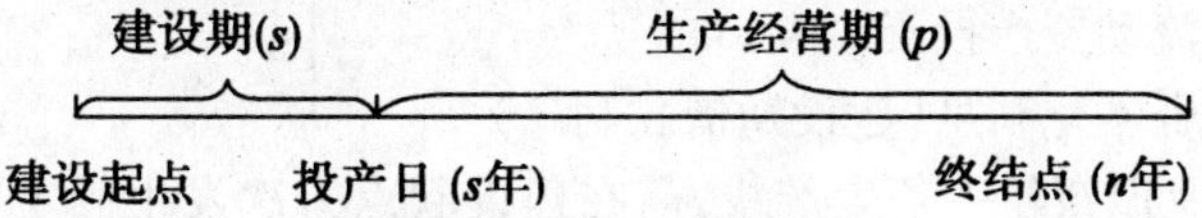

图7.1 项目计算构成图

【例7.1】 某公司拟购进一台新的固定资产生产设备,该设备使用年限为20年。要求:就以下两种不相关情况分别确定该项目的项目计算期。

(1)在建设起点投资并投产。
(2)建设期为一年。

解:
(1)项目计算期(n) = 0 + 20 = 20(年)。
(2)项目计算期(n) = 1 + 20 = 21(年)。

四、项目投资的内容及资金投入方式

(一)项目投资的内容

1. 建设投资

建设投资是指在建设期内按一定生产经营规模和建设内容进行的投资,具体包括固定资产投资、无形资产投资和其他资产投资三项内容。

(1)固定资产投资,是指项目用于购置或安装固定资产应当发生的投资。固定资产原值与固定资产投资之间的关系如下:

$$固定资产原值 = 固定资产投资 + 建设期资本化借款利息$$

(2)无形资产投资,是指项目用于取得无形资产应当发生的投资。
(3)其他资产投资,是指建设投资中除固定资产投资和无形资产投资以外的投资,包括生产准备和开办费投资。

2. 原始总投资

原始总投资又称初始投资额,是企业为使项目完全达到设计生产能力、正常开展生产经营而投入的全部现实资金,包括建设投资和流动资金投资。流动资金投资是指项目投产前后分次或一次投放于流动资产项目的投资增加额,又称垫支流动资金或营运资金投资。

3. 项目总投资

项目总投资是反映项目投资总体规模的价值指标,它等于项目原始总投资与建设期资本化利息之和。其中,建设期资本化利息是指在项目建设期发生的购建项目所需的固定资产等长期资产的借款利息。

建设投资、原始总投资及项目总投资三者的关系如下：

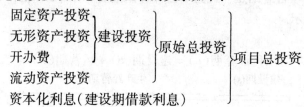

【例7.2】 某企业拟新建一条生产线,需在建设起点一次发生固定资产投资200万元,无形资产投资100万元,流动资金投资50万元。其中,固定资产和无形资产投资所需资金均来源于银行借款,建设期资本化利息为20万元。预计项目建设期为1年,计算该企业项目投资有关指标。

(1)固定资产原值 = 200 + 20 = 220(万元)
(2)建设投资额 = 200 + 100 = 300(万元)
(3)原始总投资 = 300 + 50 = 350(万元)
(4)项目总投资 = 350 + 20 = 370(万元)

(二)项目投资的资金投入方式

项目投资的资金投入方式可分为集中性一次投入和分散性分次投入两种。如果企业的资金在建设期内的某个时点一次投入,而不涉及两个或两个以上的时点,这种方式就属于集中性一次投入方式;反之,就属于分散性分次投入方式。

五、项目投资的程序

项目投资的程序主要包括以下步骤:

(1)提出投资领域和投资对象。这需要在把握良好投资机会的情况下,根据企业的长远发展战略、中长期投资计划和投资环境的变化来确定。

(2)评价投资方案的财务可行性。在分析和评价特定投资方案经济、技术可行性的基础上,需要进一步评价其是否具备财务可行性。

(3)投资方案比较与选择。在财务可行性评价的基础上,对可供选择的多个投资方案进行比较和选择。

(4)投资方案的执行。即投资行为的具体实施。

(5)投资方案的再评价。在投资方案的执行过程中,应注意原来做出的投资决策是否合理、是否正确。一旦出现新的情况,就要随时根据变化的情况做出新评价和调整。

六、项目投资的财务可行性评价

可行性是指一项事物可以做到的、现实行得通的、有成功把握的可能性。

广义的可行性研究,是指在现代环境中,组织一个长期投资项目之前,必须进行的有关该项目投资必要性的全面考察与系统分析,以及有关该项目未来在技术、财务乃至国际经济等诸方面能否实现其投资目标的综合论证与科学评价。它是有关决策人(包括宏观投资管理当局与投资当事人)做出正确可靠投资决策的前提与保证。狭义的可行性研究专指在实施广义可行性研究过程中,与编制相关研究报告相联系的有关工作。

财务可行性评价,是指在已完成相关环境与市场分析、技术与生产分析的前提下,围绕已具备技术可行性的建设项目而开展的,有关该项目在财务方面是否具有投资可行性的一种专门分析评价。在财务管理中对企业项目投资可行性的分析,主要是运用项目评价指标及项目决策方法得出的结论,对项目进行财务可行性分析,从而帮助企业做出正确的项目投资取舍。

第二节 项目投资现金流量及其计算

一、现金流量概述

(一)现金流量的含义

在项目投资决策中,现金流量是指该项目投资所引起的现金流入量和现金流出量的统称,它可以动态反映该投资项目的投入和产出的相对关系。现金流入量是指能够使投资方案的现实货币资金增加的项目;现金流出量是指能够使投资方案的现实货币资金减少或需要动用现金的项目。这里的"现金"是指广义的现金概念,包括货币资金和非货币资金的变现价值。现金流量是评价投资方案是否可行时必须事先计算的一个基础性指标。

(二)现金流量的作用

(1)现金流量对整个项目投资期间的现实货币资金收支情况进行了全面揭示,序时动态地反映项目投资的流向与回收之间的投入产出关系,使决策得以完整、准确,全面地评价投资项目的经济效益。

(2)采用现金流量的考核方法有利于科学地考虑资金的时间价值因素。由于项目投资的时间较长,资金时间价值的作用不容忽视。采用现金流量的考核方法确定每次支出款项和收入款项的具体时间,将使评价投资项目财务可行性时考虑资金时间价值成为可能。

(3)采用现金流量指标作为评价项目投资经济效益的信息,可以摆脱在贯彻财务会计的权责发生制时必然面临的困境,即由于不同的投资项目可能采取不同的固定资产折旧方法、存货估价方法或费用摊配方法,从而导致不同方案的利润相关性差、可比性差的问题。

(4)采用现金流量信息,排除了非现金收付内部周转的资本运动形式,从而简化了有关投资决策评价指标的计算过程。

二、现金流量的构成

项目投资决策中的现金流量,一般由以下三个部分构成。

(一)初始现金流量

初始现金流量是指项目开始投资时发生的现金流量,一般包括以下几个部分:

1. 固定资产投资

固定资产投资包括固定资产的购入或建造成本、运输成本和安装成本等。

2. 流动资产投资

流动资产投资包括对材料、在产品、产成品和现金等流动资产的投资。

3. 其他投资费用

其他投资费用指与长期投资有关的职工培训费、谈判费、注册费用等。

4. 原有固定资产的变价收入。

这主要是指固定资产更新时原有固定资产的变卖所得的现金收入。

以上四项内容中前三项为现金流出量,最后一项为现金流入量。

(二)营业现金流量

营业现金流量是指投资项目投入使用后,在其寿命周期内由于生产经营所带来的现金流入和流出的数量,这种现金流量一般按年度进行计算。这里的现金流入一般是指营业现金收入,现金流出是指营业现金支出和缴纳的税金。

(三)终结现金流量

终结现金流量是指投资项目完结时所发生的现金流量,一般包括以下几个部分:

(1)固定资产的残值收入或变价收入。

(2)原来垫支在各种流动资产上的资金的收回。

(3)停止使用的土地变价收入等。

上述几项内容均属于现金的流入量。

三、投资项目现金流量的估算

估计投资方案所需的资本支出,以及该方案每年能产出的现金净流量,会涉及很多变量,并且需要企业有关部门的参与。诸如:销售部门负责预测销售价格和销量,涉及产品价格弹性、广告效果、竞争者动向等;产品开发和技术部门负责估计投资方案的资本支出,涉及研制费用、设备购置、厂房建筑等;生产和成本部门负责估计制造成本,涉及原材料采购价格、生产工艺安排、产品成本等。财务人员的主要任务是:为销售、生产等部门的预测建立共同的基本假设条件,如物价水平、贴现率、可供资源的限制条件等;协调参与预测工作的各部门人员,使之能相互衔接与配合;防止预测者因个人偏好或部门利益而高估或低估收入和成本。

（一）投资项目现金流量的估算原则

在确定投资方案的相关现金流量时,应遵循的基本原则是:只有增量现金流量才是与项目相关的现金流量。所谓增量现金流量,是指接受或拒绝某个投资方案后,企业总现金流量因此发生的变动。只有那些因采纳某个项目所引起的现金流入量增加额,才是该项目的现金流入;只有那些因采纳某个项目所引起的现金流出增加额,才是该项目的现金流出。

（二）投资项目现金流量估算时应注意的问题

为了正确计算投资方案的增量现金流量,需要正确判断哪些支出会引起企业总现金流量的变动,哪些支出不会引起企业总现金流量的变动。在进行这种判断时,需注意以下四个问题:

1. 区分相关成本和非相关成本

相关成本是指与特定决策有关的、在分析评价时必须加以考虑的成本。例如:差额成本、未来成本、重置成本、机会成本等都属于相关成本。与此相反,与特定决策无关、在分析评价时不必考虑的成本是非相关成本。例如,沉没成本、历史成本、账面成本等往往是非相关成本。

例如,某公司2011年曾经打算建造一个车间,并请一家会计公司做过可行性分析,支付咨询费10万元。后来由于该公司有了更好的投资机会,该项目被搁置下来,该笔咨询费作为费用已经入账。2012年召开股东大会,该项目又被重新提及,并准备进行投资,在进行投资分析时,该笔咨询费是否仍是相关成本呢?答案应当是否定的。因为该笔支出已经发生,不管该公司是否采纳新建一个车间的方案,它都已无法收回,与公司未来总现金流量无关。

如果将非相关成本纳入投资方案的总成本,则一个有利的方案可能因此变得不利,一个较好的方案可能变为较差的方案,从而造成决策错误。

2. 不要忽视机会成本

在投资方案的选择中,如果选择了一个投资方案,则必须放弃投资于其他途径的机会。其他投资机会可能取得的收益是实行方案的一种代价,被称为这项投资方案的机会成本。

例如,上述公司新建车间的投资方案,需要使用公司拥有的一块土地。在进行投资分析时,认为公司不必动用资金去购置土地,那么可否不将此土地的成本考虑在内呢?答案是否定的。因为该公司若不利用这块土地兴建车间,则它可将这块土地移作他用,并取得一定的收入。正是由于这块土地上兴建车间才放弃了这笔收入,而这笔收入代表兴建车间使用土地的机会成本。假设这块土地出售可净得15万元,它就是兴建车间的一项机会成本。值得注意的是,不管该公司当初是以5万元还是20万元购进这块土地,都应以现行市价作为这块土地的机会成本。

机会成本不是我们通常意义上的"成本",它不是一种支出或费用,而是失去的收益。这种收益不是实际发生的,而是潜在的。机会成本总是针对具体方案的,离开被放弃的方案就无从计量确定。

机会成本对决策的意义在于它有助于全面考虑可能采取的各种方案,以便为既定资源寻求最为有利的使用途径。

3. 要考虑投资方案对公司其他部门的影响

当我们采纳一个新的项目后,该项目可能对公司的其他部门造成有利或不利的影响。

例如,若新建车间生产的产品上市后,原有其他产品的销路可能减少,而且整个公司的销售额也许不增加甚至减少。因此,公司在进行投资分析时,不应将新车间的销售收入作为增量收入来处理,而应扣除其他部门因此减少的销售收入。当然,也可能发生相反的情况,新产品上市后将促进其他部门的销售增长。这要看新项目和原有部门是竞争关系还是互补关系。

当然,诸如此类的交互影响,事实上很难准确计量。但决策者在进行投资分析时仍要将其考虑在内。

4. 要考虑净营运资金的影响

在一般情况下,当公司开办一个新业务并使销售额扩大后,对于存货和应收账款等流动资产的需求也会增加,公司必须筹措新的资金以满足这种额外的需求;另外,公司扩充的一个结果是,应付账款与一些应付费用等流动负债也会同时增加,从而降低公司流动资金的实际需要。所谓净营运资金的需要,是指增加的流动资产与增加的流动负债之间的差额。

当投资方案的寿命周期快要结束时,公司将与项目有关的存货出售,应收账款变为现金,应付账款和应付费用也随之偿付,净营运资金恢复到原有水平。通常,在进行投资分析时,假定开始投资时筹措的净营运资金在项目结束时回收。

需要注意的是,虽然投资项目所需负债筹资(企业自有资金不能满足投资项目对资金的需求时,可申请取得专项借款或发行债券筹资)的利息支出与投资项目相关联,但由于对投资项目的分析评价一般采用折现的现金流量指标,折现率的确定往往考虑了投资项目所需资金结构的影响,所以在确定投资项目的现金流量时,只考虑全部投资的运动情况,而不具体区分自有资金和借入资金等具体形式的现金流量,即在投资决策分析时,不考虑借款利息对现金流量的影响。

四、投资项目现金流量的内容

不同类型的投资项目,其现金流量的具体内容存在差异。

1. 单纯固定资产投资项目的现金流量

单纯固定资产投资项目是指只涉及固定资产投资而不涉及无形资产投资、其他资产投资和流动资金投资的建设项目。它以新增生产能力、提高生产效率为特征。

(1)现金流入量。单纯固定资产投资项目的现金流入量包括:增加的营业收入和回收固定资产余值等内容。

(2)现金流出量。单纯固定资产投资项目的现金流出量包括:固定资产投资、新增经营成本和增加的各项税款等内容。

2. 完整工业投资项目的现金流量

完整工业投资项目简称新建项目,是以新增工业生产能力为主的投资项目,其投资内容不仅包括固定资产投资,还包括流动资金投资的建设项目。

(1) 现金流入量。完整工业投资项目的现金流入量包括:营业收入、补贴收入、回收固定资产余值和回收流动资金。

(2) 现金流出量。完整工业投资项目的现金流出量包括:建设投资、流动资金投资、经营成本、营业税金及附加、维持运营投资和调整所得税。

3. 固定资产更新改造投资项目的现金流量

固定资产更新改造投资项目可分为以恢复固定资产生产效率为目的的更新项目和以改善企业经营条件为目的的改造项目两种类型。

(1) 现金流入量。固定资产更新改造投资项目的现金流入量包括:因使用新固定资产而增加的营业收入、处置旧固定资产的变现净收入和新旧固定资产回收固定资产余值的差额等内容。

(2) 现金流出量。固定资产更新改造投资项目的现金流出量包括:购置新固定资产的投资、因使用新固定资产而增加的经营成本、因使用新固定资产而增加的流动资金投资和增加的各项税款的内容。其中,因提前报废旧固定资产所发生的清理净损失而发生的抵减当期所得税税额用负值表示。

五、投资项目现金流量的计算

由于项目投资的投入、回收及收益的形成均以现金流量的形式表现,因此,在整个项目计算期的各个阶段上,都有可能发生现金流量。必须逐年估算每一时点上的现金流入量和现金流出量。

六、投资项目现金净流量的确定

(一) 现金净流量(NCF_t)的含义

现金净流量,又称净现金流量,是指在项目计算期内由每年现金流入量与同年现金流出量之间的差额所形成的序列指标,它是计算项目投资决策评价指标的重要依据。

(二) 计算公式

$$某年现金净流量(NCF_t) = 该年现金流入量 - 该年现金流出量$$

显然,现金净流量具有以下两个特征:第一,无论是在经营期内还是在建设期内都存在现金净流量这个范畴;第二,由于项目计算期不同阶段上的现金流入和现金流出发生的可能性不同,使得各阶段上的现金净流量在数值上表现出不同的特点,如建设期内的现金净流量一般小于或等于零,在经营期内的现金净流量则多为正值。

(三)现金净流量的计算

1. 新建项目的现金净流量

建设期: $$NCF_t = -原始总投资$$

经营期: $$NCF_t = 该年息税前利润 \times (1-所得税税率) + 该年折旧 + 该年摊销 - 该年维持运营投资$$

终结点: $$NCF_t = 该年息税前利润 \times (1-所得税税率) + 该年折旧 + 该年摊销 + 该年回收额 - 该年维持运营投资$$

【例7.3】 某项目投资总额为 2 000 000 元,其中固定资产投资 1 400 000 元,建设期为 2 年,于建设起点分两年平均投入,残值为 100 000 元;无形资产投资 400 000 元,于建设起点投入,无形资产于投产日开始分 5 年平均摊销;流动资金投资 200 000 元,流动资金在项目终结时可一次全部收回。另外,预计项目投产后,前 5 年每年可获得 600 000 元的营业收入,并发生 480 000 元的总成本;后 5 年每年可获得 800 000 元的营业收入,发生 350 000 元的变动成本和 150 000 元的付现固定成本。适用的企业所得税税率为25%。要求:计算该项目投资在项目计算期内各年的所得税后现金净流量。

解:

(1)建设期现金净流量。

$$NCF_0 = -700\,000 - 400\,000 = -1\,100\,000(元)$$
$$NCF_1 = -700\,000(元)$$
$$NCF_2 = -200\,000 = -200\,000(元)$$

(2)经营期现金净流量。

$$固定资产年折旧额 = \frac{1\,400\,000 - 100\,000}{10} = 130\,000(元)$$

$$无形资产年摊销额 = \frac{400\,000}{5} = 80\,000(元)$$

$$NCF_{3\sim 7} = (600\,000 - 480\,000) \times (1-25\%) + 130\,000 + 80\,000 = 300\,000(元)$$
$$NCF_{8\sim 11} = (800\,000 - 350\,000 - 150\,000) \times (1-25\%) + 130\,000 = 355\,000(元)$$

(3)经营期终结点现金净流量。

$$NCF_{12} = 355\,000 + 100\,000 + 200\,000 = 655\,000(元)$$

2. 更新改造项目的现金净流量

建设期:建设起点现金净流量 = -(该年发生的新固定资产投资 - 旧固定资产变价净收入)

建设期末的现金净流量 = 因旧固定资产提前报废发生净损失而抵减的所得税税额 = 旧固定资产清理净损失 × 适用的企业所得税税率

经营期:如果建设期为零,则运营期所得税后现金净流量为

运营期第一年所得税后净现金流量 = 该年因更新改造而增加的息税前利润 ×
  (1 - 所得税税率) + 该年因更新改选而增加的折旧 +
  因旧固定资产提前报废发生净损失而抵减的所得税税额

运营期其他各年所得税后净现金流量 = 该年因更新改选而增加的息税前利润 ×
  (1 - 所得税税率) + 该年因更新改选而增加的折旧

终结点：

终结点所得税后净现金流量 = 该年因更新改选而增加的息税前利润 ×
  (1 - 所得税税率) + 该年因更新改选而增加的折旧 +
  该年回收新固定资产净残值超过假定继续使用的
  旧固定资产净残值之差额

【例7.4】 大正公司打算变卖一台尚可使用5年的旧设备，该设备原购置成本为400 000元，使用5年，已提折旧200 000元，假定期满后无残值，如果现在变卖可得价款200 000元，使用该设备每年可获收入500 000元，每年的付现成本为300 000元。该公司现准备用一台新设备来代替原有的旧设备，新设备的购置成本为600 000元，估计可使用5年，期满有残值100 000元，使用新设备后，每年收入可达800 000元，每年付现成本为400 000元。假设该公司的资金成本为10%，所得税税率为25%，新、旧设备均用直线法计提折旧。试计算该公司新旧设备1~5年的差量净现金流量。

计算该更新设备项目的项目计算期内各年的差量现金净流量（ΔNCF_t）。

解：计算以下相关指标：

(1) 更新设备比继续使用旧设备增加的投资额 = 新设备的投资 - 旧设备的变价净收入 =
  600 000 - 200 000 = 400 000（元）

(2) 经营期第1~5年每年因更新改选而增加的折旧 = $\dfrac{600\,000 - 100\,000}{5} - \dfrac{200\,000}{5}$ =
  100 000 - 40 000 = 60 000（元）

(3) 各年的差量现金净流量为

$$\Delta NCF_0 = -(600\,000 - 200\,000) = -400\,000（元）$$

$\Delta NCF_{1\sim4} = [(800\,000 - 500\,000) - (400\,000 - 300\,000) - 60\,000] \times (1 - 25\%) + 60\,000 =$
  165 000（元）

$\Delta NCF_5 = [(800\,000 - 500\,000) - (400\,000 - 300\,000) - 60\,000] \times (1 - 25\%) + 60\,000 +$
  100 000 = 265 000（元）

第三节　项目投资决策评价指标及其计算

一、投资决策评价指标及其类型

投资决策评价指标，是指用于衡量和比较投资项目可行性，以便据以进行方案决策的定量化标准与尺度。从财务评价的角度,投资决策评价指标包括静态投资回收期、投资收益率、净现值、净现值率、获利指数、内部收益率。

评价指标可以按以下标准进行分类:

(一) 按照是否考虑资金价值分类

按照是否考虑资金价值分类,可分为静态评价指标和动态评价指标。前者是指在计算过程中不考虑资金时间价值因素的指标,又称为静态指标,包括投资收益率和静态投资回收期;后者是指在指标计算过程中充分考虑和利用资金时间价值的指标,包括净现值、净现值率、获利指数和内部收益率。

(二) 按指标性质不同分类

按指标性质不同,可分为在一定范围内越大越好的正指标和越小越好的反指标两大类。只有静态投资回收期属于反指标。

(三) 按指标在决策中的重要性分类

按指标在决策中的重要性分类,可分为主要指标、次要指标和辅助指标。净现值、内部收益率等为主要指标;静态投资回收期为次要指标;投资收益率为辅助指标。

二、静态评价指标

(一) 静态投资回收期

1. 静态投资回收期的含义

静态投资回收期简称回收期,是指以投资项目经营现金净流量抵偿原始总投资所需要的全部时间。它有"包括建设期的投资回收期(记作 PP)"和"不包括建设期的投资回收期(记作 PP')"两种形式。静态投资回收期一般以年为单位,它是一种使用较广的投资决策指标。

2. 静态投资回收期的计算

投资回收期的计算,因每年的营业现金净流量是否相等而有所不同。

(1) 每年的营业现金净流量(NCF)相等。投产后一定期间内每年经营现金净流量相等,且其合计大于或等于原始投资额,可按以下公式计算出不包括建设期的投资回收期:

$$\text{不包括建设期的回收期}(PP') = \frac{\text{原始投资额合计}}{\text{每年相等的净现金流量}}$$

包括建设期的回收期(PP) = 不包括建设期的回收期(PP') + 建设期(S)

(2) 每年的营业现金净流量(NCF)不相等。此时,需计算逐年累计的现金净流量,然后用插值法计算出投资回收期。

【例7.5】 某企业有甲、乙两个投资方案,投资总额均为 10 万元,全部用于购置新的设备,折旧采用直线法,使用期均为 5 年,无残值,其他有关资料如表 7.1 所示。

表 7.1 甲、乙投资方案资料

单位:元

项目计算期	甲方案		乙方案	
	净利润	现金净流量(NCF)	净利润	现金净流量(NCF)
0		-100 000		-100 000
1	15 000	35 000	10 000	30 000
2	15 000	35 000	14 000	34 000
3	15 000	35 000	18 000	38 000
4	15 000	35 000	22 000	42 000
5	15 000	35 000	26 000	46 000
合计	75 000	75 000	90 000	90 000

要求:分别计算甲、乙两个方案的静态投资回收期。

解:

(1)甲方案的静态投资回收期 $=\dfrac{100\,000}{35\,000}=2.86$(年)。

(2)乙方案的静态投资回收期,如表 7.2 所示。

表 7.2 乙方案的静态投资回收期

单位:元

项目计算期	乙方案	
	现金净流量(NCF)	累计现金净流量
1	30 000	30 000
2	34 000	64 000
3	38 000	102 000
4	42 000	144 000
5	46 000	190 000

从表7.2可得出,乙方案的投资回收期在第 2 年与第 3 年之间,用插值法可计算出:

```
2                              n            3
64 000                       100 000      102 000
```

$$乙方案投资回收期 = 2 + \frac{100\,000 - 64\,000}{102\,000 - 64\,000} = 2.95(年)$$

3. 投资回收期指标的决策标准

投资回收期是反指标,其数值越小越好。其决策标准是:在只有一个备选方案的投资决策中,如果计算的投资回收期小于或等于基准投资回收期,则方案具有财务可行性,否则就不可行;如果有多个方案,则投资回收期最短的为最优方案。

【例7.5】中,假定该企业设定的基准投资回收期为3年,从上述计算结果可以看出,甲方案投资回收期为2.86年,乙方案投资回收期为2.95年,均低于基准投资回收期,故甲、乙两种方案都具备财务可行性,但甲方案的投资回收期较短,故甲方案为最优方案。

4. 投资回收期指标的特点

投资回收期指标的优点是能够直观地反映原始投资额的返本期限,概念容易理解,而且计算也比较简单;但这一指标的缺点是没有考虑资金的时间价值,没有考虑回收期满后的现金流量状况,因此该类指标一般只适用于方案的初选,或者投资后各项目间经济效益的比较。

【例7.6】 有两个方案的预计现金流量详如表7.3所示,试计算回收期,比较优劣。

表7.3 预计现金流量表

单位:元

项目	第0年	第1年	第2年	第3年	第4年
A方案现金流量	-10 000	4 000	6 000	4 000	4 000
B方案现金流量	-10 000	4 000	6 000	6 000	6 000

从表7.3可以看出两个方案的回收期相同,都是2年,如果用回收期进行评价,两者结果相同,但实际上B方案明显优于A方案,因为B方案回收期满后的各年现金净流量均大大高于A方案。

(二)投资收益率

1. 投资收益率的含义

投资收益率又称投资报酬率(记作ROI),是指达产期正常年份的年息税前利润或运营期年均息税前利润占项目总投资的百分比。

2. 投资收益率的计算公式为

$$投资收益率(ROI) = \frac{年息税前利润或年均息税前利润}{项目总投资} \times 100\%$$

【例7.7】 有关资料见【例7.5】。

要求:计算甲、乙两个方案的投资收益率。

解:
$$甲方案的投资收益率 = \frac{15\,000}{100\,000} \times 100\% = 15\%$$

$$乙方案的投资收益率 = \frac{90\,000 \div 5}{100\,000} \times 100\% = 18\%$$

3. 投资收益率指标的决策标准

投资收益率是正指标,其数值越大越好。其决策标准是:在只有一个备选方案的投资决策中,如果计算的投资收益率高于基准投资收益率,则方案具有财务可行性,否则就不可行;如果有多个互斥方案,则投资收益率最高的方案为最优方案。

【例7.9】中,假定该企业设定的基准投资收益率为14%,从上述计算结果可以看出,甲方案的投资收益率为15%,乙方案的投资收益率为18%,均高于基准投资收益率,故甲、乙两种方案都具有财务可行性,但乙方案的投资收益率高于甲方案的投资收益率,所以乙方案为最优方案。

4. 投资收益率指标的特点

投资收益率指标的优点是计算公式简单;缺点是没有考虑资金时间价值因素,不能正确反映建设期长短及投资方式不同和回收额对项目有无影响,分子、分母计算口径的可比性较差,无法直接利用净现金流量信息。

三、动态评价指标

(一)净现值

1. 净现值的含义

净现值(NPV)是指在项目计算期内,按一定贴现率计算的各年现金净流量现值的代数和。所用的贴现率可以是企业的资金成本,也可以是企业所要求的最低报酬率水平。

2. 净现值的计算公式

净现值的计算公式为

$$NPV = \sum_{t=1}^{n} NCF_t \times (P/F, i, t)$$

式中 n——项目计算期(包括建设期与经营期);

NCF_t——第 t 年的现金净流量;

$(P/F, i, t)$——第 t 年、贴现率为 i 的复利现值系数。

(1)经营期内各年现金净流量相等,建设期为零。

净现值的计算公式为

净现值 = 经营期每年相等的现金净流量×普通年金现值系数 - 投资额现值

【例7.8】 大正公司购入设备一台,价值为40 000元,按直线法计提折旧,使用寿命8年,期末无残值。预计投产后每年可获得净利润8 000元,假定贴现率为12%。要求:计算该项目的净现值。

解:$NCF_0 = -40\ 000(元)$

$$NCF_{1\sim 6} = 8\ 000 + \frac{40\ 000}{8} = 13\ 000(元)$$

$NPV = 13\ 000 \times (P/A, 12\%, 6) - 40\ 000 = 13\ 000 \times 4.111\ 4 - 40\ 000 = 13\ 448.2(元)$

(2)经营期内各年现金净流量不相等。

净现值的计算公式为

净现值 =（经营期各年的现金净流量×各年的复利现值系数）- 投资额现值

【例7.9】 假定【例7.8】中，投产后每年可获得利润分别为4 000元、4 000元、5 000元、6 000元、7 000元、8 000元，其他资料不变。计算该项目的净现值。

解：

$$NCF_0 = -40\ 000(元)$$

$$年折旧额 = \frac{40\ 000}{8} = 5\ 000(元)$$

$$NCF_1 = 4\ 000 + 5\ 000 = 9\ 000(元)$$
$$NCF_2 = 4\ 000 + 5\ 000 = 9\ 000(元)$$
$$NCF_3 = 5\ 000 + 5\ 000 = 10\ 000(元)$$
$$NCF_4 = 6\ 000 + 5\ 000 = 11\ 000(元)$$
$$NCF_5 = 7\ 000 + 5\ 000 = 12\ 000(元)$$
$$NCF_6 = 8\ 000 + 5\ 000 = 13\ 000(元)$$

$$\begin{aligned}NPV &= 9\ 000 \times (P/F,12\%,1) + 9\ 000 \times (P/F,12\%,2) + \\ &\quad 10\ 000 \times (P/F,12\%,3) + 11\ 000 \times (P/F,12\%,4) + \\ &\quad 12\ 000 \times (P/F,12\%,5) + 13\ 000 \times (P/F,12\%,6) - 40\ 000 = \\ &\quad 9\ 000 \times 0.892\ 9 + 9\ 000 \times 0.797\ 2 + 10\ 000 \times 0.711\ 8 + 11\ 000 \times \\ &\quad 0.635\ 5 + 12\ 000 \times 0.567\ 4 + 13\ 000 \times 0.506\ 6 - 40\ 000 = \\ &\quad 2\ 714(元)\end{aligned}$$

3. 净现值指标的决策标准

净现值是正指标，其数值越大越好。如果投资方案的净现值大于或等于零，该方案为可行方案；如果投资方案的净现值小于零，该方案为不可行方案；如果几个方案的投资额相同，项目计算期相等且净现值均大于零，那么净现值最大的方案为最优方案。所以，净现值大于或等于零是项目可行的必要条件。

4. 净现值指标的特点

净现值是一个绝对值正指标，其优点在于：一是综合考虑了资金时间价值，能较合理地反映投资项目的真正经济价值；二是考虑了项目计算期的全部现金净流量，体现了流动性与收益性的统一；三是考虑了投资风险性，因为贴现率的大小与风险大小有关，风险越大，贴现率就越高。但是该指标的缺点也是明显的，即无法直接反映投资项目的实际投资收益率水平；当各项目投资额不同时，难以确定最优的投资项目。

（二）净现值率

1. 净现值率的含义

净现值率（NPVR），是指投资项目的净现值占原始投资现值总和的比率，亦可将其理解为单位原始投资的现值所创造的净现值。

2. 净现值率的计算公式

$$净现值率(NPVR) = \frac{项目的净现值}{原始投资的现值合计}$$

【例 7.10】 有关资料见【例 7.8】。

计算该项目的净现值率(保留四位小数)。

解:
$$净现值率 = \frac{13\ 448.2}{40\ 000} = 0.336\ 2$$

3. 净现值率指标的评价

净现值率指标属正指标,其数值越大越好。只有净现值率指标大于或等于零的投资项目才具有财务可行性。

4. 净现值率指标的特点

净现值率指标的优点是考虑了资金的时间价值,可以从动态的角度反映项目投资的资金投入与净产出之间的关系。但缺点是这一指标同样无法直接揭示各个投资方案本身可能达到的实际报酬率是多少,且计算通常建立在净现值指标的计算基础上。

(三) 获利指数

1. 获利指数的含义

获利指数(PI),是指投产后按基准收益率或设定折现率折算的各年净现金流量的现值合计与原始投资的现值合计之比。

2. 获利指数的计算

$$获利指数 = \frac{投资后各年净现金流量的现值合计}{原始投资的现值合计} =$$

或

$$1 + 净现值率$$

【例 7.11】 仍按【例 7.8】中的净现金流量资料。

要求:

(1) 计算该方案的获利指数(结果保留四位小数)。

(2) 验证获利指数与净现值率之间的关系。

解:

(1) PI 的计算:

$$PI = \frac{13\ 000 \times (P/A, 12\%, 6)}{40\ 000} = 1.336\ 2$$

(2) PI 与 $NPVR$ 关系的验证:

$$NPVR = \frac{13\ 448.2}{40\ 000} = 0.336\ 2$$

$$PI = 1 + 0.336\,2 = 1.336\,2$$

3. 获利指数指标的决策标准

获利指数指标属正指标,其数值越大越好。其决策标准是:在只有一个备选方案的投资决策中,获利指数大于或等于1,则方案具有财务可行性,否则就不可行。在有多个方案的互斥投资决策中,获利指数超过1最多的投资方案为最优方案。

4. 获利指数指标的特点

获利指数法的优点是考虑了资金的时间价值,能够真实地反映投资项目的盈亏程度,有利于在初始投资额不同的投资方案之间进行对比;但缺点是这一指标也无法直接反映投资项目的实际收益率,而且其概念不便于理解。

(四) 内部收益率

1. 内部收益率的含义

内部收益率(IRR),是指项目投资实际可望达到的收益率,即能使投资项目的净现值等于零时的折现率,又叫内含报酬率或内部报酬率。

2. 内部收益率的计算

根据内部收益率指标的含义,IRR 应满足下列等式:

$$\sum_{t=0}^{n}[NCF_t \cdot (P/F, IRR, t)] = 0$$

计算内部收益率指标可以用特殊方法和一般方法来完成。

(1) 内部收益率指标计算的特殊方法。该方法是指当项目投产后的净现金流量表现为普通年金的形式时,可以直接利用年金现值系数计算内部收益率的方法,又称为简便算法。

该方法所要求的充分且必要的条件是:经营期内各年现金净流量相等,且全部投资均于建设起点一次投入,建设期为零。

经营期每年相等的现金净流量(NCF) × 年金现值系数($P/A, IRR, t$) - 原始总投资 = 0

内部收益率的具体计算的程序如下:

① 计算普通年金现值系数($P/A, IRR, t$)。

$$(P/A, IRR, t) = \frac{原始总投资}{经营期每年相等的现金净流量}$$

② 根据计算出来的年金现值系数与已知的年限 n,查普通年金现值系数表,确定内含报酬率的范围。

③ 运用插值法求出内含报酬率。

【例 7.12】 仍按【例 7.8】中的净现金流量资料。

要求:计算该项目的内含报酬率。

解:

$$(P/A, IRR, 6) = \frac{40\,000}{13\,000} = 3.076\,9$$

查表可知：

	20%	IRR	22%
	3.325 5	3.076 9	3.167 0

$$IRR = 20\% + \frac{3.325\,5 - 3.076\,9}{3.325\,5 - 3.167\,0} \times (22\% - 20\%) = 23.14\%$$

(2) 内部收益率指标计算的一般方法。若投资项目在经营期内各年现金净流量不相等，或建设期不为零，投资额是在建设期内分次投入的情况下，无法应用上述的简便方法，必须按定义采用逐次测试的方法，计算能使净现值等于零的贴现率，即内含报酬率。其计算步骤如下：

第一步：先估计一个贴现率，用它来计算净现值。如果净现值为正数，说明方案的实际内含报酬率大于预计的贴现率；应提高贴现率再进一步测试；如果净现值为负数，说明方案本身的报酬率小于估计的贴现率，应降低贴现率再进行测算。如此反复测试，寻找出使净现值由正到负或由负到正且接近零的两个贴现率。

第二步：根据上述相邻的两个贴现率用插值法求出该方案的内含报酬率。由于逐步测试法是一种近似方法，因此相邻的两个贴现率不能相差太大，否则误差会很大。

3. 内部收益率指标的决策标准

内部收益率指标属正指标，其数值越大越好。其决策标准是：在只有一个备选方案的投资决策中，如果计算的内部收益率大于或等于基准折现率或资金成本，则方案具有财务可行性，否则就不可行；在有多个备选方案的互斥投资决策中，内部收益率超过基准折现率或资金成本最多的方案为最优方案。

4. 内部收益率指标的特点

内部收益率法的优点是考虑了资金的时间价值，反映了投资项目的真实报酬率，又不受基准折现率高低的影响，比较客观。但缺点是计算过程比较复杂，尤其当经营期大量追加投资时，又有可能导致多个内部收益率出现，或偏高或偏低，缺乏实际意义。

（五）净现值、现值指数与内部收益率之间的关系

在一般情况下，同一投资方案的净现值 NPV、获利指数 PI 和内部报酬率 IRR 之间存在以下数量关系：

当 $NPV > 0$ 时，$PI > 1$，$IRR >$ 资金成本 K；

当 $NPV = 0$ 时，$PI = 1$，$IRR =$ 资金成本 K；

当 $NPV < 0$ 时，$PI < 1$，$IRR <$ 资金成本 K。

【案例 7.1】

利达 VCD 新建项目投资决策

利达 VCD 制造厂是生产 VCD 的中型企业，该厂生产的 VCD 质量优良，价格合理，长期以来供不应求。为扩大生产能力，厂家准备新建一条生产线。负责这项投资工作的总会计师经

过调查研究后,得到如下有关资料:

(1)该生产线的原始投资额为12.5万元,分两年投入。第一年初投入10万元,第二年初投入2.5万元。第二年末项目完工可正式投产使用。投产后每年可生产VCD1 000台,每台销售价格为300元,每年可获销售收入30万元,投资项目可使用5年,残值2.5万元,垫支流动资金2.5万元,这笔资金在项目结束时可全部收回。

(2)该项目生产的产品总成本的构成如下:

材料费用20万元　　　　　　制造费用2万元
人工费用3万元　　　　　　　折旧费用2万元

总会计师通过对各种资金来源进行分析,得出该厂加权平均的资金成本为10%。

同时还计算出该项目的营业现金流量、现金流量、净现值,并根据其计算的净现值,变为该项目可行。有关数据如表7.4~表7.6所示。

表7.4　利达VCD制造厂投资项目营业现金流量计算表

单位:元

项目	第1年	第2年	第3年	第4年	第5年
销售收入	300 000	300 000	300 000	300 000	300 000
现付成本	250 000	250 000	250 000	250 000	250 000
其中:材料费用	200 000	200 000	200 000	200 000	200 000
人工费用	30 000	30 000	30 000	30 000	30 000
制造费用	20 000	20 000	20 000	20 000	20 000
折旧费用	20 000	20 000	20 000	20 000	20 000
税前利润	30 000	30 000	30 000	30 000	30 000
所得税(33%)	9 900	9 900	9 900	9 900	9 900
税后利润	20 100	20 100	20 100	20 100	20 100
现金流量	40 100	40 100	40 100	40 100	40 100

表7.5　利达VCD制造厂投资项目现金流量计算表

单位:元

项目	投资建设期			经营期				
	0	1	2	3	4	5	6	7
初始投资	100 000	25 000						
流动资金投资			25 000					
营业现金流量				40 100	40 100	40 100	40 100	40 100
设备残值								25 000
流动资金回收								25 000
现金流量合计	100 000	25 000	25 000	40 100	40 100	40 100	40 100	90 100

表7.6 利达VCD制造厂投资项目净现值计算表

单位：元

时间	现金流量	10%贴现系数	现值
0	-100 000	1.0000	-100 000.00
1	-25 000	0.9091	-22 727.50
2	-25 000	0.8264	-20 660.00
3	40 100	0.7513	30 127.13
4	40 100	0.6830	27 388.30
5	40 100	0.6209	24 898.09
6	40 100	0.5645	22 636.45
7	90 100	0.5132	46 239.32
净现值			7 901.79

(3)厂部中层干部意见。

经营副总认为，在项目投资和使用期间通货膨胀率大约在10%左右，将对投资项目各有关方面产生影响。

基建处长认为，由于受物价变动的影响，初始投资将增长10%，投资项目终结后，设备残值也将增加到37 500元。

生产处长认为，由于物价变动的影响，材料费用每年将增加14%，人工费用也将增加10%。

财务处长认为，扣除折旧后的制造费用，每年将增加4%，折旧费用每年仍为20 000元。

销售处长认为，产品销售价格预计每年可增加10%。

问题：

(1)分析、确定影响利达VCD投资项目决策的各因素。

(2)根据影响利达VCD投资项目的各因素，重新计算投资项目的现金流量、净现值等。

(3)根据分析、计算结果，确定利达VCD项目投资决策。

(4)探讨利达VCD投资决策中为什么要分析计算"现金流量"。

【案例7.2】

企业新投资项目决策

——健民葡萄酒厂新建生产线可行吗？

健民葡萄酒厂是生产葡萄酒的中型企业，该厂生产的葡萄酒酒香纯正，价格合理，长期以来供不应求。为了扩大生产能力，健民葡萄酒厂准备新建一条生产线。

李伟是该厂的助理会计师，主要负责筹资和投资工作。总会计师王利要求李伟搜集建设新生产线的有关资料，并对投资项目进行财务评价，以供厂领导决策考虑。

李伟经过十几天的调查研究，得到以下有关资料

(1) 投资新的生产线需一次性投入 1 000 万元,建设期 1 年,预计可使用 10 年,报废时无残值收入;按税法要求该生产线的折旧年限为 8 年,使用直线法提折旧,残值率为 10%。

(2) 购置设备所需的资金通过银行借款筹措,借款期限为 4 年,每年年末支付利息 100 万元,第 4 年年末用税后利润偿付本金。

(3) 该生产线投入使用后,预计可使工厂第 1~5 年的销售收入每年增长 1 000 万元,第 6~10 年的销售收入每年增长 800 万元,耗用的人工和原材料等成本为收入的 60%。

(4) 生产线建设期满后,工厂还需垫支流动资金 200 万元。

(5) 所得税税率为 30%。

(6) 银行借款的资金成本为 10%。

问题:

(1) 预测新的生产线投入使用后,该厂未来 10 年增加的净利润。

(2) 预测该项目各年的现金流量。

(3) 计算该项目的净现值,以评价项目是否可行。

本 章 小 结

1. 项目投资是一种以特定项目为对象直接与新建项目或更新改造项目有关的长期投资行为。它与其他形式的投资相比,具有投资金额大、投资时间长、变现能力差和投资风险高等特点。工业企业投资项目主要包括新建项目和更新改造项目两类。项目投资资金投入的方式通常有集中性一次投入和分散性分次投入。

2. 在项目投资决策中,现金流量是指该项目投资所引起的现金流入量和现金流出量的统称,它可以动态反映该投资项目的投入和产出的相对关系。现金净流量,又称净现金流量,是指在项目计算期内由每年现金流入量与同年现金流出量之间的差额所形成的序列指标,它是计算项目投资决策评价指标的重要依据。

3. 企业项目投资决策的指标通常有贴现和非贴现决策评价指标。贴现决策评价指标是指考虑资金时间价值的指标,主要包括净现值、内部收益率、净现值率和获利指数等。非贴现决策评价指标是指不考虑资金时间价值的指标,主要包括静态投资回收期和投资收益率。计算这些指标的基础是现金流量。

4. 计算评价指标的目的,是为了进行项目投资方案的对比与选优,使它们在方案的对比与选择中正确地发挥作用,为项目投资方案提供决策的定量依据。

自 测 题

一、单项选择题

1. 下列各项中,不属于资本支出项目的是　　　　　　　　　　　　　　　　(　　)

　A. 购置新设备　　　　　　B. 新产品的研制与开发

　C. 现有产品的改造　　　　D. 购买股票

2. 某投资项目原始投资额为 100 万元,使用寿命 10 年,已知该项目第 10 年的经营净现金

流量为25万元,期满处置固定资产残值收入及回收流动资金共8万元,则该投资项目第10年的净现金流量为 （ ）

A. 8万元　　　　　　　B. 25万元
C. 33万元　　　　　　　D. 43万元

3. 下列指标的计算中没有直接利用净现金流量的是 （ ）

A. 内部收益率　　　　　B. 投资利润率
C. 净现值率　　　　　　D. 获利指数

4. 某投资项目在建设期内投入全部原始投资,该项目的获利指数为1.25,则该项目的净现值率为 （ ）

A. 0.25　　　　　　　　B. 0.75
C. 0.125　　　　　　　 D. 0.8

5. 已知某投资项目的项目计算期是8年,资金于建设起点一次投入,当年完工并投产,若投产后每年的现金净流量相等,经预计该项目包括建设期的静态投资回收期是2.5年,则按内部收益率确定的年金现值系数是 （ ）

A. 3.2　　　　　　　　 B. 5.5
C. 2.5　　　　　　　　 D. 4

6. 某投资方案,当贴现率为16%时,其净现值为338元,当贴现率为18%时,其净现值为-22元。该方案的内含报酬率为 （ ）

A. 15.88%　　　　　　　B. 16.12%
C. 17.88%　　　　　　　D. 18.14%

二、多项选择题

1. 下列哪些因素会影响动态指标的高低 （ ）

A. 建设期　　　　　　　B. 投资方式
C. 回收额　　　　　　　D. 净现金流量

2. 下列长期投资决策评价指标中,其数值越大越好的指标是 （ ）

A. 净现值率　　　　　　B. 投资回收期
C. 内部收益率　　　　　D. 投资利润率

3. 如果其他因素不变,一旦折现率提高,则下列指标中其数值将会变小的是 （ ）

A. 净现值率　　　　　　B. 净现值
C. 内部收益率　　　　　D. 获利指数

4. 属于净现值指标缺点的是 （ ）

A. 不能从动态的角度直接反映投资项目的实际收益率水平
B. 当各项目投资额不等时,仅用净现值无法确定投资方案的优劣
C. 净现金流量的测量和折现率的确定比较困难

D. 没有考虑投资的风险性

5. 下列各项中,属于长期投资决策静态评价指标的是 (   )
   A. 内含报酬率   B. 投资回收期
   C. 获利指数   D. 投资利润率

6. 完整的工业投资项目的现金流入主要包括 (   )
   A. 营业收入   B. 回收固定资产变现净值
   C. 固定资产折旧   D. 回收流动资金

三、判断题

1. 一般情况下,使某投资方案的净现值小于零的折现率,一定高于该投资方案的内含报酬率。 (   )

2. 内含报酬率是指在项目寿命周期内能使投资方案获利指数等于1的折现率。 (   )

3. 包括建设期的投资回收期应等于累计净现金流量为零时的年限再加上建设期。 (   )

4. 在全部投资均于建设起点一次投入,建设期为零,投产后每年净现金流量相等的条件下,为计算内部收益率所求得的年金现值系数应等于该项目的静态投资回收期指标的值。 (   )

5. 在评价投资项目的财务可行性时,如果静态投资回收期或投资利润率的评价结论与净现值指标的评价结论发生矛盾,应当以净现值指标的结论为准。 (   )

6. 投资项目评价所运用的内含报酬率指标的计算结果与项目预定的贴现率高低有直接关系。 (   )

四、简答题

1. 什么是项目投资？它有何特点？
2. 项目建设投资、原始总投资、投资总额这三者之间的数量关系如何？
3. 投资项目的现金流量由哪几部分构成？
4. 如何计算完整工业项目在不同时点的现金净流量？
5. 项目投资决策评价指标在实际工作中如何运用？

五、业务分析题

1. 完整工业投资项目额净现金流量计算。

某工业项目需要原始投资1 250万元,其中固定资产投资1 000万元,开办费投资50万元,流动资金投资200万元。建设期为1年,建设期发生与构建固定资产有关的资本化利息100万元。固定资产投资和开办费投资于建设起点投入,流动资金于完工时,即第1年末投入。该项目寿命期10年,固定资产按直线法折旧,期满有100万净残值;开办费于投产当年一次摊销完毕。从经营期第1年起连续4年每年归还借款利息110万元;流动资金于终结点一次回收。投产后每年获净利润分别为10万元、110万元、160万元、210万元、260万元、

300万元、350万元、400万元、450万元和500万元。

要求:计算各年净现金流量。

2. 某企业投资15 500元购入一台设备。该设备预计残值为500元,可使用3年,折旧按直线法计算。设备投产后每年销售收入增加额分别为10 000元、20 000元、15 000元,除折旧的费用增加额分别为4 000元、12 000元、5 000元。企业使用的所得税率为40%,要求的最低投资报酬率为10%,目前年税后利润为20 000元。

要求:

(1)假设企业经营无其他变化,预计未来3年企业每年的税后利润。

(2)计算该投资方案的净现值。

(3)计算该投资方案的回收期。

(4)计算该投资方案的投资利润率。

3. 某企业拟建造一项生产设备。预计建设期为1年,所需原始投资200万元于建设起点一次投入。该设备预计使用寿命为5年,使用期满报废清理时无残值。该设备折旧方法采用直线法。该设备投产后每年增加净利润60万元,项目的基准利润率为15%。

要求:

(1)计算项目计算期内各年净现金流量。

(2)计算该设备的静态投资回收期。

(3)计算该投资项目的投资利润率(ROI)。

(4)假设使用的行业基准折现率为10%,计算项目净现值。

(5)计算项目净现值率。

(6)评价其财务可行性。

4. 某企业拟进行一项固定资产投资,该项目的现金流量表如表7.7所示。

表7.7 某项目的现金流量表

t 项目	建设期		经营期					合计
	0	1	2	3	4	5	6	
净现金流量	-1 000	-1 000	100	1 000	(b)	1 000	1 000	2 900
累计净现金流量	-1 000	-2 000	-1 900	(a)	900	1 900	2 900	—
折现净现金流量	-1 000	-943.4	89	839.6	1 425.8	747.3	705	1 863.3

要求:

(1)计算上表中英文字母表示的项目的数值。

(2)计算下列指标:①静态投资回收期;②净现值;③原始投资现值;④净现值率;⑤获利指数。

(3) 评价该项目的可行性。

5. 某企业计划进行某项投资活动,该投资活动需要在建设起点一次投入固定资产投资200万元,无形资产投资25万元。该项目建设期2年,经营期5年,到期残值收入8万元,无形资产自投产年份起分5年摊销完毕。投产第一年预计流动资产需用额60万元,流动负债需用额40万元;投产第二年预计流动资产需用额90万元,流动负债需用额30万元。该项目投产后,预计年营业收入210万元,年经营成本80万元。该企业按直线法折旧,全部流动资金于终结点一次回收,所得税税率33%,设定折现率10%。

要求:
(1) 计算该项目流动资金投资总额、原始投资额。
(2) 计算该项目各年的净流量。
(3) 计算该项目的净现值。
(4) 计算该项目的净现值率和获利指数。

【阅读资料】

全球化的市场范围和日新月异的技术发展,使得企业的经营管理面临着前所未有的挑战。企业的项目活动大量增加,如发展投资、新品研制、技术革新、扩大产能、资产重组、成本工程、质量改善、ERP系统建立、内部网络建设等。发展、变革、创新和运动成为企业的立身之道和求存之本。这些一次性的过程活动要求企业采用不同于连续过程管理的管理理念、组织机构和管理方法来进行决策和管理。

"动静之间"的投资决策是国内大部分企业经营和发展的关键链。这主要是由于企业在投资决策方面的知识、人才、管理基础比企业经营管理的其他方面薄弱得多。由于投资决策知识散布在工程经济学、管理经济学、统计学、运筹学等多个学科中,目前企业投资人员的决策方法主要依靠个人经验,甚至个人感觉。"不搞项目投资是等死,搞项目投资是找死"是企业界人士的一种情绪,它表达了部分企业在投资问题上的自嘲和无奈,也表明企业对项目投资决策技术和人才的需求。

科学的选择决策和实施管理是项目成功的"两翼",目前国内项目管理教育、培训、研讨和实践主要集中在后者,而相当数量的项目在决策时已经注定失败或隐含高度风险。

第八章
Chapter 8

营运资金管理

【学习要点】

通过本章学习,要求了解营运资金的概念、特征;熟悉和掌握现金、应收账款和存货管理的目标、内容及具体的管理方法。本章主要介绍了现金、应收账款和存货这三种流动资产的相关理论知识和管理方法。

【案例导入】

Home Depot 公司的订货

Home Depot 公司(HD)是世界上最大的家用产品零售商和全美十大零售商之一。在1995年底,该公司经营着400多家完全服务的仓储式商店。每家商店储存四五万种不同的建筑材料、家用产品和园艺用品。顾客们可以自己动手选择商品,或许你或你的家人最近曾在它的某个商店里购买过物品。

HD公司正在考虑在它的浴室设备部供应一种新型豪华马桶。它试图拓宽其产品线以吸引家用产品的承包商,该产品最近在《建筑文摘》上作了特别的广告。这种马桶有特别之处:当有人坐下时,喷出空气清新剂细雾和播放古典音乐的系统即被激活,消费者可以选择音乐。

据测试,这种新型马桶的促销很成功。HD公司估计年平均销量是1 000个。每个的年存货储存成本是100美元,固定的再订货成本是80美元。HD公司购买价格是每个500美元。

问题:

1. HD公司豪华马桶的经济进货量是多少?平均存货量是多少?保持豪华马桶存货的年总成本是多少?

2. 在以下假设后,经济进货量怎样变化?当销售量翻倍,增至每年2 000个;订货成本翻倍,每次订货成本160美元;储存成本翻倍,每个每年200美元。

3. 如果HD公司每次订货50个或超过50个,供应这种豪华马桶的公司将向其提供5%的折扣。HD公司是否在每次购买时订50个?

第一节 营运资金概述

一、营运资金及其管理目标

（一）营运资金的概念

营运资金是指在企业生产经营活动中占用在流动资产上的资金。营运资金有广义和狭义之分，广义的营运资金又称毛营运资金，是指一个企业流动资产的总额；狭义的营运资金又称净营运资金，是指流动资产减去流动负债后的余额。流动资产是指可以在一年或者超过一年的一个营业周期内变现或耗用的资产，包括现金、交易性金融资产、应收账款、存货等。流动负债是指将在一年内或者超过一年的一个营业周期内须偿还的债务，主要有短期借款、应付账款、应付票据、预收账款等。本文中讨论的营运资金管理是基于狭义上的理解。

（二）营运资金的管理目标

营运资金是企业进行日常生产经营活动的重要基础，持有一定数量的营运资金对企业顺利开展经营活动是十分必要的。企业对营运资金的管理目标是：在经营过程中要使营运资金保持一个适当的量，既要满足生产经营的需要，又要避免持有过多。因为营运资金虽流动性较强，持有的营运资金数量越多，风险越小，但持有过多却会降低企业资金的总体收益；而持有过少，会对企业的生产经营带来不利影响，可能会增加企业经营风险。因此，企业要在风险和收益之间进行权衡，将营运资金的持有量控制在适当的范围内。

二、营运资金的特点

为了有效地管理企业的营运资金，必须研究营运资金的特点，以便有针对性地进行管理。营运资金一般具有以下特点。

（一）营运资金的周转具有短期性

企业占用在流动资产上的资金，周转一次所需时间较短，通常会在一年或一个营业周期内收回，对企业影响的时间比较短，根据这一特点，营运资金可以用商业信用、银行短期借款等短期筹资方式来解决。

（二）营运资金的实物形态具有易变现性

交易性金融资产、应收账款、存货等流动资产一般具有较强的变现能力，如果遇到意外情况，企业出现资金周转不灵、现金短缺时，便可迅速变卖这些资产，以获取现金。这对财务上应付临时性资金需求具有重要意义。

（三）营运资金的数量具有波动性

流动资产的数量会随企业内外条件的变化而变化，时高时低，波动很大。季节性企业如此,非季节性企业也如此。随着流动资产数量的变动,流动负债的数量也会相应发生变动。

（四）营运资金的实物形态具有变动性

企业营运资金的实物形态是经常变化的,一般在现金、材料、在产品、产成品、应收账款、现金之间顺序转化。企业筹集的资金,一般都以现金的形式存在;为了保证生产经营的正常进行,必须拿出一部分现金去采购材料,这样,有一部分现金转化为材料;材料投入生产后,当产品尚未最后完工脱离加工过程以前,便形成在产品和自制半成品;当产品进一步加工完成后,就成为准备出售的产成品;产成品经过出售,有的可直接获得现金,有的则因赊销而成为应收账款;经过一定时期以后,应收账款通过收现又转化为现金。总之,流动资金每次循环都要经过采购、生产、销售过程,并表现为现金、材料、在产品、产成品、应收账款等具体形态。为此,在进行流动资产管理时,必须在各项流动资产上合理配置资金数额,以促进资金周转顺利进行。

（五）营运资金的来源具有灵活多样性

企业筹集长期资金的方式一般比较少,只有吸收直接投资、发行股票、发行债券、银行长期借款等方式。而企业筹集营运资金的方式却较为灵活多样,通常有银行短期借款、短期融资券、商业信用、应交税费、应付利润、应付职工薪酬、应付费用、预收货款、票据贴现等。

本章将主要对营运资金中流动性较强的现金、应收账款、存货进行讨论,因为这三种流动资产占用了绝大部分的流动资金。

三、营运资金的管理原则

企业的营运资金不仅周转期短、形态易变,而且在全部资金占有相当大的比重,所以是企业财务管理工作的一项重要内容,企业若要对营运资金进行科学有效的管理,必须遵循以下原则:

（一）根据企业生产经营状况,合理预测及确定营运资产的需要数量

企业营运资金的需要数量与企业生产经营活动有直接关系,当企业产销两旺时,流动资产会不断增加,流动负债也会相应增加;而当企业产销量不断减少时,流动资产和流动负债也会相应减少,因此,企业财务人员应认真分析生产经营状况,采用一定的方法预测营运资金的需要数量,以便合理使用营运资金。

（二）在保证生产经营持续进行的前提下,有效地节约使用营运资金

在营运资金管理中,必须正确处理保证生产经营持续进行和节约使用资金二者之间的关系,要在保证生产经营需要的前提下,遵守勤俭节约的原则,挖掘资金潜力,精打细算地使用资金。

（三）合理安排流动比率、速动比率与现金比率,保证企业的短期偿债能力

流动资产与流动负债、速动资产与流动负债、现金资产与流动负债它们之间的关系能较

好地反映企业的短期偿债能力。流动负债是在短期内需要偿还的债务,而流动资产和速动资产则是在短期内可以转化为现金的资产,而现金资产是可以立即用于支付的资产。因此,如果一个企业的上述三种资产比较多,流动负债比较少,企业就会拥有较强的短期偿债能力;反之,则短期偿债能力较弱,但如果企业上述三项资产太多,流动负债太少,也并不是正常现象,这可能是因为该三项资产闲置,流动负债利用不足所致,会严重地影响企业的获利能力。因此,在营运资金管理中,要合理安排它们和流动负债的比例关系,以便既节约使用资金,又保证企业有足够的偿债能力。

第二节 现金管理

现金是流动性最强的资产,拥有足够的现金对降低企业财务风险、增强企业资金的流动性具有十分重要的意义。

一、现金及其管理目标

现金是指可以立即用来购买物品、支付各项费用或用来偿还债务的交换媒介或支付手段。主要包括企业的库存现金、各种形式的银行存款以及银行本票、银行汇票等其他货币资金。

现金在企业所有的资产中流动性最强,具有普遍的可接受性。企业持有一定数量的现金不仅能满足日常生产经营开支的各种需要,而且能缴纳税款、购入机器设备、偿还借款等。但是,现金属非盈利性资产,即使是银行存款,其收益也是最低的。因此,企业现金管理的目标是:在保证企业生产经营活动所需现金的同时,尽量节约使用资金,并从暂时闲置的现金中获得较多的利息收入。现金管理应力求做到既保证企业经营所需资金,降低风险,又不致使企业有过多的闲置现金,从而影响企业的总体收益。

二、现金管理制度

现金的日常管理是现金管理中一项非常重要的内容,其主要目的是尽快收回现金,尽可能延迟支付现金,以加快现金的周转速度;同时要严格遵守现金管理的有关规定,合理地使用现金,提高其利用效果。

现金的日常管理主要包括以下几个方面。

（一）加速收款

为了提高现金的使用率,加速现金周转,公司应尽快加速收款,即在不影响销售的前提下,尽可能加快现金回笼。公司加速收款的任务不仅在于尽量让客户早付款,而且还要尽快地使这些付款转化为现金。为此,公司应做到:

(1)缩短客户付款的邮寄时间。

(2)缩短公司收到客户支票的兑换时间。

(3)加速资金存入自己往来银行的过程。为了达到以上要求,可采取以下措施:

1. 集中银行法

集中银行法是指通过设立多个收款中心来加速账款回收的一种方法。其目的是缩短从客户寄出账款到现金收入企业账户这个阶段的时间。

具体做法是企业设立若干收款中心,并指定一个主要开户行为集中银行(通常是公司总部所在地);客户收到结算单据后直接邮寄给当地的收款中心,中心收款后立即存入当地银行;当地银行在票据交换后直接转给总部的银行。这种方法缩短了客户邮寄的票据到达的时间,也就缩短了款项从客户到企业的间隔时间。但该种方法的缺点是,开设的收款中心的相关开支成为此种决策的相关成本,企业要综合权衡后,才能做出是否采用这种方法的决策。在该种方法下企业要计算分散收账收益净额,其计算公式为

分散收账收益净额 = (分散收账前应收账款数额 - 分散收账后应收账款数额) ×
企业综合资金成本率 - 因增设收款中心每年增加的费用额

若分散收账收益净额大于零,则企业可以采用银行集中法;否则,不能采用该方法。

【例8.1】 某公司现在平均占用资金2 000万元,公司准备改变收账办法,采用集中银行方法收账。经研究测算,公司增加收账中心预计每年多增加支出17万元,但是可节约现金200万元,公司加权平均资本成本为9%。问是否应采用集中银行制?

采用集中银行制度,公司从节约资金中获得的收益是18万元(200×9%),比增加的支出17万元多1万元。因此,采用集中银行制度比较有利。

2. 锁箱法

锁箱法又称邮政信箱法,企业可以在业务比较集中的地区租用专门的邮政信箱,并开立分行存款户,通知客户把付款邮寄到指定的信箱,授权当地银行每日开启信箱,在取得客户票据后立即予以结算,将款项拨给企业所在地银行。

采用锁箱系统的优点是大大地缩短了公司办理收账、存储手续的时间,即公司从收到支票到完全存入银行之间的时间差距消除了。这种方法的主要缺点是需要支付额外费用。由于银行提供多项服务,因此要求有相应的报酬。这种费用支出一般来说与存入支票的张数成一定比例。所以,如果平均汇款数额较小,采用锁箱系统并不一定有利。是否采用锁箱系统法要看节约资金带来的收益与额外支出的费用孰大孰小。如果增加的费用支出比收益要小,

则可采用该系统;反之,就不宜采用。

(二)付款控制

现金支出管理一般是尽可能延缓现金的支付时间,在不违背合同支付期的情况下,企业尽量推迟货款的支付,以增加现金的利用效率。在财务管理实务中,付款控制的方法有以下几种:

1. 运用"浮游量"

所谓现金的浮游量是指企业账户上现金余额与银行账户上所示的现金余额之间的差额。有时,企业账簿上的现金余额已为零或负数,而银行账簿上该企业的现金余额还有很多。这是因为有些企业已开出的支票由于客户的原因尚未送达银行,因此银行并未付款出账。如果能正确预测浮游量并加以利用,可节约大量资金。

2. 控制支出时间

为了最大限度地利用现金,合理地控制现金支出的时间是十分重要的。例如,企业在采购材料时,如果付款条件是"$1/10, n/30$",应安排在发票开出日期后的第 10 天付款,这样,企业可以最大限度地利用现金而又不丧失现金折扣。如果由于资金上的原因无意取得现金折扣,也应在最后一天,即第 30 天付款,以最大限度地利用资金。

3. 利用员工工资

许多公司都为支付工资而单独开设一个存款账户。为了最大限度地减少这一存款数额,公司可以合理预测所开出支付工资的支票到银行兑现的具体时间。例如,某公司在每月 6 日支付工资,根据历史资料,其 6 日、7 日、8 日、9 日及 9 日以后的兑现比率分别为 30%、40%、20%、5% 和 5%。这样,公司就不必在 6 日存够全部工资所需资金。

(三)现金收支的综合控制

1. 力争现金流入与流出同步

如果企业能尽量使它的现金流入与现金流出发生的时间趋于一致,就可以使其所持有的交易性现金余额降到较低水平,从而减少有价证券与现金的转换次数,节约转换成本。

2. 实行内部牵制制度

在现金管理中,要实行管钱的不管账,管账的不管钱,使出纳人员和会计人员互相牵制,互相监督。凡有库存现金收付,应坚持复核制度,以减少差错,堵塞漏洞。出纳人员调换时,必须办理交接手续,做到责任清楚。

3. 及时进行现金的清理

在现金管理中,要及时进行现金的清理。库存现金的收支应做到日清月结,确保库存现金的账面余额与实际库存余额相互符合;银行存款账户余额与银行对账单余额相互符合;现金、银行存款日记账数额分别与现金、银行存款总账数额相互符合。

4. 遵守国家规定的库存现金的使用范围

5. 对银行存款进行统一管理

企业超过库存现金限额的现金，应存入银行，由银行统一管理。

6. 适当进行证券投资

企业库存现金没有利息收入，银行活期存款的利息率也比较低，因此，当企业有较多闲置不用的现金时，可投资于国库券、大额定期可转让存单、企业债券、企业股票，以获取较多的利息收入，而当企业现金短缺时，再出售各种证券获取现金。这样，既能保证有较多的利息收入，又能增强企业的变现能力，因此，进行证券投资是调整企业现金余额的一种比较好的方法。

三、现金的成本

企业持有现金的成本一般由以下三部分组成：

（一）机会成本

现金的机会成本是指企业因持有一定数量的现金余额而丧失的再投资收益。现金作为企业的一项资金占用，是有代价的，这种代价就是它的机会成本。假定某企业的资金成本为 10%，年均持有现金 20 万元，则该企业每年现金的成本为 2 万元（$20 \times 10\%$）。现金持有额越大，机会成本越高。企业为了经营业务，需要拥有一定的现金，付出相应的机会成本代价是必要的，但现金拥有量过多，机会成本代价大幅度上升，就不合算了。

（二）管理成本

企业拥有现金，会发生管理费用，如现金管理人员的工资、安全措施费等。这些费用是现金的管理成本。管理成本是一种固定成本，与现金持有量之间无明显的比例关系。

（三）短缺成本

现金的短缺成本是指因现金余额不足又无法及时弥补而给企业带来的损失，包括直接损失和间接损失。直接损失是由于现金短缺致使企业的生产经营及投资活动受到影响而造成的损失。如由于现金短缺而不能购进急需的材料，从而使企业生产经营中断而遭受的损失。间接损失是由于现金短缺而给企业造成的无形损失，如由于现金短缺而不能及时足额偿付本息，从而影响企业的信用和企业形象，由此产生的经济损失。

短缺成本是否属于现金管理决策的相关成本，主要取决于企业是否允许出现现金短缺。如果企业不允许出现现金短缺，则该项成本不存在，属无关成本；如果企业允许出现现金短缺，则该项成本就属于相关成本，而且与现金持有量成反比例关系。通常，企业持有的现金越多,则短缺成本越小;反之,越大。

一、最佳现金持有量的确定

最佳现金持有量是指企业现金管理的相关总成本最小时的现金持有量,其确定方法通常有以下三种。

(一)成本分析模式

成本分析模式是通过分析公司持有现金的相关成本,寻求使持有现金的相关总成本最低的现金持有量的模式。该模式涉及的现金的相关成本只包括持有现金而产生的机会成本和短缺成本,而不包括管理成本,即

现金管理相关总成本 = 机会成本 + 短缺成本

如　　　　机会成本 = 现金持有量 × 机会成本率(有价证券利率或投资报酬率)

在成本分析模式下,最佳现金持有量就是持有现金所产生的机会成本与短缺成本之和最小时的现金持有量如图8.1所示。

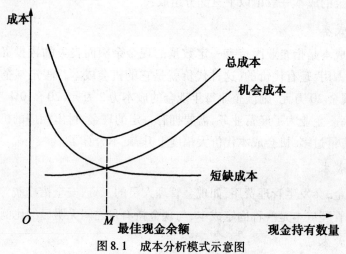

图8.1　成本分析模式示意图

实际工作中运用该模式确定最佳现金持有量的具体步骤为:
(1)根据不同的现金持有量测算并确定有关成本数值。
(2)按照不同的现金持有量及其有关成本资料编制最佳现金持有量预测表。
(3)在测算表中找出相关总成本最低的现金持有量,即最佳现金持有量。成本分析模式的优点是相对简单、易于理解,但要求能够比较准确地确定相关成本与现金持有量的函数关系。

【例8.2】　某企业现有甲、乙、丙、丁四种备选方案,有关成本资料如表8.1所示。采用成本分析模式确定哪种方案为最佳方案。

第八章 营运资金管理

表 8.1 现金持有量备选方案表

单位:元

项目	甲	乙	丙	丁
现金持有量	25 000	50 000	75 000	100 000
机会成本	3 000	6 000	9 000	12 000
短缺成本	12 000	6 750	2 500	0

注:该企业机会成本率为12%。

根据表8.1,采用成本分析模式可编制该企业最佳现金持有量测算表,如表8.2所示。

表 8.2 最佳现金持有量预测表

单位:元

方案	机会成本	短缺成本	相关总成本
甲	3 000	12 000	15 000
乙	6 000	6 750	12 750
丙	9 000	2 500	11 500
丁	12 000	0	12 000

通过表8.2测算结果比较可知,丙方案的相关总成本为11 500元,在四种方案中最低,故该方案下的现金持有量75 000元,即为企业最佳现金持有量。

(二)存货模式

存货模式是根据存货经济批量模型,分析预测现金管理相关总成本最低时现金持有量的一种方法。该模式的相关成本只包括持有现金而产生的机会成本和固定性转换成本,而不包括管理费用、变动性转换成本和短缺成本,即

现金管理相关总成本 = 持有现金的机会成本 + 固定性转换成本

在存货模式下,最佳现金持有量就是指持有现金所产生的机会成本与固定性转换成本之和最小时的现金持有量。

$$TC = \frac{N}{2}i + \frac{T}{N}b$$

式中 T——特定时间内的现金需求总量;

M——最佳现金持有量;

b——每次的转换成本;

TC——持有现金的相关总成本;

i——有价证券的年利率。

上式中,机会成本是按现金持有量的一半来计算的,因为随着生产经营活动的不断进行,现金持有量逐步减少,它不可能始终保持在最高持有水平上,因此对其进行平均计算较为合理。

现金管理相关总成本与机会成本、固定性转换成本的关系如图 8.2 所示。

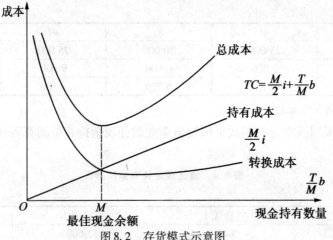

图 8.2 存货模式示意图

从图 8.2 可以看出,TC 是一条凹形曲线,由数学定理可证明当机会成本与固定性转换成本相等时,现金管理的相关总成本最低,该点所对应的现金持有量便是最佳现金持有量。也可用求导方法得出最小值,令 TC 的一阶导数等于零,可以得出令总成本 TC 最小的 M 值,即

$$最佳现金持有量 M = \sqrt{2Tb/i}$$

$$最低现金管理总成本 TC = \sqrt{2Tbi}$$

【例 8.3】 某企业预计全年需要现金 6 000 元,现金与有价证券的转换成本为每次 100 元,有价证券的年利息率为 30%,则

$$最佳现金持有量 M = \sqrt{2 \times 6\,000 \times 100 \div 30\%} = 2\,000(元)$$

$$最低现金管理相应总成本 TC = \sqrt{2 \times 6\,000 \times 100 \times 30\%} = 600(元)$$

其中 有价证券转换次数 = 6 000 ÷ 2 000 = 3(次)

需要说明的是,采用存货模式确定最佳现金持有量,是以下列假设为前提的:
(1)企业预算期内现金总量可以预测。
(2)企业所需要的现金可以通过证券变现取得,且证券变现的不确定性很小。
(3)现金的支出过程比较稳定,波动较小,且不允许出现现金短缺。
(4)证券利率或报酬率及每次固定性交易费用可以获悉。
如果以上条件得不到满足,则不能采用该模式。

(三) 现金周转期模式

现金周转期模式是根据现金周转期来确定最佳现金持有量的一种方法。

现金周转期是指从现金投入生产经营活动开始,经过生产经营过程,到最终销售转化为现金的时间。它大致包括以下三个方面:

1. 存货周转期

存货周转期是指将原材料转化成产成品并出售所需要的时间。

2. 应收账款周转期

应收账款周转期是指将应收账款转换为现金所需要的时间,即从产品销售到收回现金的期间。

3. 应付账款周转期

应付账款周转期是指从收到尚未付款的材料开始到现金支出之间所用的时间。

其数量关系用公式表示为

$$现金周转期 = 存货周转期 + 应收账款周转期 - 应付账款周转期$$

现金周转期确定后,便可计算最佳现金持有量。其计算公式为

$$最佳现金持有量 = (年现金需求总额 \div 360) \times 现金周转期$$

从上式中可以看出,最佳现金持有量与现金周转期成正比例关系,现金周转期越短,现金持有量越小;反之,越大。

【例8.4】某企业预计存货周转期为90天,应收账款周转期为40天,应付账款周转期为30天,预计全年需要现金720万元,要求计算最佳现金持有量。

$$现金周转期 = 90 + 40 - 30 = 100(天)$$

$$最佳现金持有量 = (720 \div 360) \times 100 = 200(万元)$$

采用现金周转期模式确定最佳现金持有量简单明了,易于计算。但是这种方法假设材料采购与产品销售产生的现金流量在数量上一致,企业的生产经营过程在一年中持续稳定地进行,即现金需要和现金供应不存在不确定的因素。如果以上假设条件不存在,则求得的最佳现金持有量将发生误差。

第三节 应收账款管理

一、应收账款及其管理目标

应收账款是企业因对外赊销商品、材料、供应劳务等方面向购货或接受劳务的单位收取的款项。应收账款是企业流动资产的一个非常重要的项目。随着市场经济的不断发展,商业竞争的日趋加剧,公司的应收账款数额明显增多,因此,应收账款管理已成为流动资产管理中的重要内容。企业提供商业信用,采用赊销方式,可以扩大产品销售,提高产品的市场占有率,从而增加销售收入和利润,但企业在销售收入增加的同时,由于应收账款数额大大增加,也必然会增加相关的成本费用,如机会成本、管理成本和坏账成本等。因此,应收账款管理的目标是:正确衡量信用成本和信用风险,合理确定信用政策,及时回收账款,保证流动资产价值的真实性。

二、应收账款的功能

（一）扩大销售

企业产品销售方式有现销和赊销两种,通常后者对客户具有更大的吸引力,所以在市场竞争比较激烈的情况下,赊销是促进销售的一种重要方式。当今市场是买方市场,企业面临激烈的市场竞争,不论是从巩固原有市场还是从开拓新市场的角度,赊销是战胜众多竞争对手的极为重要的一种手段。

（二）减少存货

企业大量地采用赊销增加应收账款的同时,也会使企业的库存存货减少。存货减少必然使存货管理的相关费用,如管理费、仓储费和保险费等支出降低。相反,企业持有应收账款数额较少,也有可能说明存货积压较多,存货占用资金也较多。

三、应收账款的成本

应收账款成本是指公司持有一定应收账款所付出的代价,这种代价就是应收账款成本,包括机会成本、管理成本和坏账成本。

（一）机会成本

应收账款的机会成本是指企业因资金被占用在应收账款上无法用来投资而丧失的其他收入。企业资金如果不被占用在应收账款上,便可用于其他投资并获得收益,如投资于有价证券会有利息收入。

通常,机会成本与应收账款占用资金成正比例关系,应收账款占用资金越多,机会成本就越大。其计算公式为

$$应收账款机会成本 = 应收账款占用资金 \times 资金成本率$$

$$应收账款占用资金 = 应收账款平均余额 \times 变动成本率$$

$$应收账款平均余额 = 每日赊销额 \times 平均收账期$$

式中,资金成本率可按有价证券利息率表示;变动成本率为变动成本总额与销售收入的比例;每日赊销额为年赊销总额除以 360 天(假定 1 年以 360 天计算);平均收账期按以享受和不享受折扣的客户比例为权数加权平均计算。

如果企业不提供现金折扣,则平均收账期即为信用期。因此,上述公式也可表达为

$$应收账款机会成本 = (年赊销额 \div 360) \times 平均收账期 \times 变动成本率 \times 资金成本率$$

【例 8.5】 某企业预计本年度赊销总额为 300 万元,应收账款平均收账天数为 60 天,变动成本率为 60%,设资金成本率为 10%,计算应收账款的机会成本。

$$应收账款占用资金 = (300 \div 360) \times 60 \times 60\% = 30(万元)$$

$$应收账款机会成本 = 30 \times 10\% = 3(万元)$$

(二) 管理成本

公司对应收账款进行管理所耗费的各种费用,即应收账款的管理成本,主要包括对客户的资信调查费用、应收账款账簿记录费用、收账费用、收集相关信息的费用、其他相关费用。

通常,管理成本与应收账款数额成正比例关系,应收账款数额越大,管理成本就越大。

(三) 坏账成本

应收账款的坏账成本是指应收账款因故不能收回而发生的损失,它与应收账款数额成同方向变动。一般来讲,应收账款数额越大,发生坏账损失的机会就越多,由此形成的坏账成本也就越大。

四、应收账款的信用政策

信用政策也称应收账款的管理政策,是指企业对应收账款进行管理与控制而制定的基本方针和策略,包括信用标准、信用条件和收账政策三部分内容。在成本效益分析的基础上制定适当的应收账款信用政策,是企业财务决策的一个重要组成部分。

(一) 信用标准

信用标准是指客户获得公司的交易信用所应具备的条件。如果客户达不到信用标准,便不能享受或较少享受公司的信用,公司信用标准的高低将会直接影响公司的销售收入和销售利润。公司信用标准若定得较高,仅对信用卓著的客户给予赊销待遇。其结果是:一方面可以减少坏账损失,降低应收账款机会成本;另一方面将丧失一部分来自信用较差客户的销售收入和销售利润。这就要求公司权衡得失,比较信用成本与信用收益,准确地对不同客户规定相应的信用标准。

【例8.6】 某企业原来的信用标准是只对预计坏账损失率在10%以下的客户提供商业信用。目前,企业为适应形势需要,拟修改信用标准,现有A、B两个信用标准方案可供选择,有关资料如表8.3所示。

表8.3 信用标准备选方案表

单位:元

项目	方案A	方案B
信用标准(预计坏账损失率)	5%	15%
年赊销额	800 000	1 000 000
变动成本总额	500 000	700 000
固定成本	120 000	120 000
平均收账期	60 天	90 天
管理成本	20 000	40 000

假定该企业的资金成本率为10%,要求选择对企业有利的信用标准。根据表8.3资料,计算A、B两种信用标准方案净收益如表8.4所示。

表8.4 两种信用标准方案净收益计算表

单位:元

年项目	方案A	方案B
年赊销额	800 000	1 000 000
减:变动成本总额	500 000	700 000
固定成本	120 000	120 000
毛利	180 000	180 000
减:机会成本	(800 000÷360)×60×60%×10%=8 000	(1 000 000÷360)×90×60%×10%=15 000
管理成本	20 000	40 000
坏账成本	800 000×5%=40 000	1 000 000×15%=150 000
收益	112 000	−25 000

通过表8.4计算结果可知,方案A的净收益为112 000元,高于方案B的净收益−25 000元,因此,应选择方案A的信用标准,即采用较严格的信用标准。

(二)信用条件

信用条件是指企业提供信用时对客户提出的付款要求,主要包括信用期限、折扣期限和现金折扣率等。

信用条件的表示方法是"1/10,n/30",其含义为:若客户在发票开出后的10天内付款,可以享受1%的现金折扣;如果放弃现金折扣,则全部货款必须在30天内支付。该表示方法中,30天是信用期限,10天是折扣期限,1%是现金折扣率。

1. 信用期限

信用期限是指企业允许客户从购货到支付货款的时间间隔。企业产品销售量与信用期限之间存在着一定的依存关系。通常延长信用期限,可以在一定程度上扩大销售量,从而增加毛利。但不适当地延长信用期限,会给企业带来不良后果:一是使平均收账期延长,占用在应收账款上的资金相应增加,引起机会成本增加;二是引起坏账损失和收账费用的增加。因此,企业是否给客户延长信用期限,应视延长信用期限增加的边际收入是否大于增加的边际成本而定。

2. 现金折扣和折扣期限

延长信用期限会增加应收账款占用的时间和金额。许多企业为了加速资金周转,及时收回货款,减少坏账损失,往往在延长信用期限的同时,采用一定的优惠措施。即在规定的时间内提前偿付货款的客户可按销售收入的一定比率享受折扣。现金折扣实际上是对现金收入的扣减,企业决定是否提供以及提供多大程度的现金折扣,着重考虑的是提供折扣后所得的收益是否大于现金折扣的成本。

企业究竟应当核定多长的现金折扣期限,以及给予客户多大程度的现金折扣优惠,必须将信用期限及加速收款所得到的收益与付出的现金折扣成本结合起来考察,同延长信用期限一样,采取现金折扣方式在有利于刺激销售的同时,也需要付出一定的成本代价,即给予现金折扣造成的损失。如果加速收款带来的机会收益能够绰绰有余地补偿现金折扣成本,企业就可以采取现金折扣或进一步改变当前的折扣方针,如果加速收款的机会收益不能补偿现金折扣成本的话,现金优惠条件便被认为是不恰当的。

(三)信用条件备选方案的评价

虽然企业在信用管理政策中,已对可接受的信用风险水平做了规定,当企业的生产经营环境发生变化时,就需要对信用管理政策中的某些规定进行修改和调整,并对改变条件的各种备选方案进行认真地评价。

【例8.7】 某企业预测的下一年度赊销额为 3 600 万元,其信用条件是:$n/30$,变动成本率为60%,资金成本率(或有价证券利息率)为10%。假设企业收账政策不变,固定成本总额不变。该企业准备了三个信用条件的备选方案:

A:维持 $n/30$ 的信用条件。

B:将信用条件放宽到 $n/60$。

为各种备选方案估计的赊销水平、坏账百分比和收账费用等有关数据如表 8.5 所示。

表 8.5 信用条件备选方案

单位:万元

方案 信用条件 项目	A $n/30$	B $n/60$
年赊销额/万元	3 600	3 960
应收账款平均收账天数/天	30	60
应收账款平均余额/万元	3 600 ÷ 360 × 30 = 300	3 960 ÷ 360 × 60 = 660
维持赊销业务所需资金/万元	300 × 60% = 180	660 × 60% = 396
坏账损失占年赊销额的百分比/%	2	3
坏账损失/万元	3 600 × 2% = 72	3 960 × 3% = 118.8
收账费用/万元	36	60

根据以上资料,可计算如下指标,如表 8.6 所示。

表8.6 信用条件备选方案

单位:万元

方案 信用条件 项目	A n/30	B n/60
年赊销额/万元	3 600	3 960
变动成本	2 160	2 376
信用成本前收益	1 440	1 584
应收账款机会成本	180×10% = 18	390×10% = 39.6
坏账损失	72	118.8
收账费用	36	60
小计	126	218.4
信用成本后收益	1314	1 365.6

根据表8.6中的资料可知,在这三种方案中,B方案(n/60)的获利最大,它比A方案(n/30)增加收益51.6万元。因此,在其他条件不变的情况下,应选择B方案。

(四)收账政策

收账政策是指企业针对客户违反信用条件,拖欠甚至拒付账款所采取的收账策略与措施。

在企业向客户提供商业信用时,必须考虑三个问题:第一,客户是否会拖欠或拒付账款,程度如何;第二,怎样最大限度地防止客户拖欠账款;第三,一旦账款遭到拖欠甚至拒付,企业应采取怎样的对策。第一、二两个问题主要靠信用调查和严格信用审批制度;第三个问题则必须通过制定完善的收账方针,采取有效的收账措施予以解决。

从理论上讲,履约付款是客户不容置疑的责任与义务,债权企业有权通过法律途径要求客户履约付款。但如果企业对所有客户拖欠或拒付账款的行为均付诸法律解决,往往并不是最有效的办法,因为企业解决与客户账款纠纷的目的,主要不是争论谁是谁非,而在于怎样最有成效地将账款收回。

通常的步骤是当账款被客户拖欠或拒付时,企业应当首先分析现有的信用标准及信用审批制度是否存在纰漏;然后重新对违约客户的资信等级进行调查、评价。将信用品质恶劣的客户从信用名单中删除,对其所拖欠的款项可先通过信函、电讯或者派员前往等方式进行催收,态度可以渐加强硬,并提出警告。当这些措施无效时,可考虑通过法院裁决。对于信用记录一向正常的客户,在去电、去函的基础上,不妨派人与客户直接进行协商,彼此沟通意见,达成谅解妥协,既可密切相互间的关系,又有助于较为理想地解决账款拖欠问题,并且一旦将来彼此关系置换时,也有一个缓冲的余地。当然,如果双方无法取得谅解,也只能付诸法律进行最后裁决。

除上述收账政策外,有些国家还兴起了一种新的收账代理业务,即企业可以委托收账代理机构催收账款。但由于委托手续费往往较高,许多企业,尤其是那些资产较小、经济效益差的企业很难采用。

企业对拖欠的应收账款,无论采用何种方式进行催收,都需要付出一定的代价,即收账费用,如收款所花的邮电通讯费、派专人收款的差旅费和不得已时的法律诉讼费等。如果企业制定的收款政策过宽,会导致逾期未付款项的客户拖延时间更长,对企业不利;收账政策过严,催收过急,又可能伤害无意拖欠的客户,影响企业未来的销售和利润。因此,企业在制定收账政策时,要权衡利弊,掌握好宽度界限。

一般而言,企业加强收账管理,可以减少坏账损失,减少应收账款上的资金占用,但会增加收账费用。因此,制定收账政策就是要在增加收账费用与减少坏账损失,减少应收账款机会成本之间进行权衡,若前者小于后者,则说明制定的收账政策是可取的。

【例8.8】 收账政策的确定。已知某企业应收账款原有的收账政策和拟改变的收账政策如表8.7所示。

表8.7 收账政策备选方案资料

项 目	现行收账政策	拟改变的收账政策
年收账费用/万元	90	150
应收账款平均收账天数/天	60	30
坏账损失占赊销额的百分比/%	3	1
赊销额/万元	7 200	7 200
变动成本率/%	60	60

假设资金利润率为10%,根据表8.7中的资料,计算两种方案的收账总成本如表8.8所示。

表8.8 收账政策分析评价

单位:万元

项 目	现行收账政策	拟改变的收账政策
赊销额	7 200	7 200
应收账款平均收账天数	60	30
应收账款平均余额	7 200÷360×60=1 200	7 200÷360×30=600
应收账款占用的资金	1 200×60%=720	600×60%=360
收账成本:		
应收账款机会成本	720×10%=72	360×10%=36
坏账损失	7 200×3%=216	7 200×2%=144
年收账费用	90	150
收账总成本	378	330

表8.8的计算结果表明,拟改变的收账政策较现行收账政策减少的坏账损失和减少的应收账款机会成本之和108万元[(216−144)+(72−36)],大于增加的收账费用60万元(150−90),因此,改变收账政策的方案是可以接受的。

影响企业信用标准、信用条件及收账政策的因素很多,如销售额、赊销期限、收账期限、现金折扣等的变化。这就使得信用政策的制定更为复杂,一般来说,理想的信用政策就是为企业带来最大收益的政策。

五、应收账款的日常管理

信用政策建立以后,企业要做好应收账款的日常管理工作,进行信用调查和信用评价,以确定是否同意顾客赊欠货款,当顾客违反信用条件时,还要做好账款催收工作。

(一) 企业的信用调查

信用调查就是企业对客户的信用品质、偿债能力、担保情况、经营情况等信用状况进行调查,搜集客户的信用信息。只有正确地评价客户的信用状况,才能合理地执行企业的信用政策。通常企业获取客户信用资料的来源主要有:

1. 财务报表

企业的财务报表是信用资料的重要来源,通过财务报表分析,基本上能掌握一个企业的财务状况和盈利状况。

2. 信用评估机构

许多国家都有信用评估的专门机构,定期发布有关企业的信用等级报告。在评估等级方面,目前主要有两种形式:第一种是采用三类九级制,即把企业的信用情况分为 AAA、AA、A、BBB、BB、B、CCC、CC、C 九级,AAA 为最优等级,C 为最差等级;第二种是采用三级制度(即分成 AAA、AA、A)。专门的信用评估部门通常评估方法先进,评估调查细致,评估程序合理,可信度较高。因此,这也是企业获取客户信用资料的重要来源。

3. 银行

相关银行能为企业提供有关客户的信用资料。因为许多银行都设有信用部,为其客户提供服务。但银行的资料一般仅愿在同业之间交流,而不愿向其他单位提供。因此,如外地有一笔较大的买卖,需要了解客户的信用状况,最好通过当地开户银行,向其征询有关信用资料。

4. 其他信息

除以上来源外,还有其他一些部门和机构可以为企业提供客户部分信用资料,如财税部门、消费者协会、工商管理部门、企业的上级主管部门、证券交易部门等。另外,有些书籍、报刊、杂志、网络等也会在一定程度上反映有关客户的信用情况。

(二) 企业的信用评估

搜集好信用资料后,要对这些资料进行分析,并对客户信用状况进行评估。信用评估的方法很多,这里介绍两种常见的方法:5C 评估法和信用评分法。

1. 5C 评估法

所谓 5C 评估法,是指重点分析影响信用的五个方面的一种方法。这五个方面英文的第一个字母都是 C,故称之为 5C 评估法。这五个方面是:

(1) 品德(character):指客户愿意履行其付款义务的可能性。客户是否愿意尽自己最大努力来归还货款,直接决定着账款的回收速度和数量。品德因素在信用评估中是最重要的因素。

(2)能力(capacity):指客户偿还货款的能力。这主要根据客户的经营规模和经营状况来判断。

(3)资本(capital):指一个企业的财务状况。这主要根据有关的财务比率进行判断。

(4)抵押品(collateral):指客户能否为获取商业信用提供担保资产。如有担保资产,则对顺利收回货款比较有利。

(5)情况(conditions):指一般的经济情况对企业的影响,或某一地区的一些特殊情况对客户偿还能力的影响。

通过以上五个方面的分析,便基本上可以判断客户的信用状况,为最后决定是否向客户提供商业信用做好准备。

2. 信用评分法

信用评分法是先对一系列财务比率和信用情况指标进行评分,然后进行加权平均,得出客户综合的信用分数,并以此进行信用评估的一种方法。进行信用评分的基本公式为

$$Y = a_1x_1 + a_2x_2 + a_3x_3 + \cdots + a_nx_n = \sum_{i=1}^{n} a_i x_i$$

式中　Y——某企业的信用评分;

　　　a_i——事先拟定出的对第 i 种财务比率和信用品质进行加权的权数($\sum_{i=1}^{n} a_i = 1$);

　　　x_i——第 i 种财务比率或信用品质的评分。

【例8.9】 A公司信用评估有关资料详如表8.9所示,要求对该公司信用情况进行评估。

表8.9　企业信用评估表

项目	财务比率和信用品质(1)	分数(x)0~100(2)	权数 α(3)	加权平均数(4)=(2)×(3)
流动比率	1.9	90	0.20	18.00
资产负债率/%	50	85	0.10	8.50
销售净利率/%	10	85	0.10	8.50
信用评估等级	AA	85	0.25	21.25
付款历史	尚好	75	0.25	18.75
企业未来预计	尚好	75	0.05	3.75
其他因素	好	85	0.05	4.25
合计	—	—	1.00	83.00

在表8.9中,第(1)栏是根据搜集来的资料及分析确定的;第(2)栏是根据第(1)栏的资料确定的;第(3)栏是根据财务比率和信用品质的重要程度确定的。

在采用信用评分法进行信用评估时:分数在80分以上者,说明企业信用状况良好;分数在60~80分者,说明信用状况一般;分数在60分以下者,则说明信用状况较差。

例8.9中,A公司评估得分为83分,说明该公司信用状况良好。

(三)收账的日常管理

收账是企业应收账款管理的一项重要内容,应加强日常管理工作,收账管理包括以下两部分内容:

1. 确定合理的收账程序

催收账款的程序一般是:信函通知→电话催收→派人员面谈→法律行动。当客户拖欠账款时,要先给客户一封有礼貌的通知信件;接着,可寄出一封措辞较直率的信件;进一步则可通过电话催;如再无效,企业的收账员可直接与客户面谈,协商解决;如果谈判不成,就只好诉诸法律。需要注意的是,企业一般不到迫不得已,尽量避免采取法律行动,否则会影响企业与客户的关系。

2. 确定合理的讨债方法

客户拖欠货款的原因有很多,企业应根据不同的原因同时考虑与客户的合作关系等多方面因素,确定合理的讨债方法,以达到收回账款的目的。常见的讨债方法有:讲理法、恻隐术法、疲劳战术法、激将法、软硬兼施法等。

第四节 存货管理

一、存货的概念、管理目标及其功能与成本

(一)存货的概念及其管理目标

存货是指企业在日常活动中持有以备出售的产成品、处在生产过程中的在产品,以及在生产过程与提供劳务过程中耗用的材料和物料等。工业企业存货占流动资产的比重较大,一般为40%~60%。存货利用程度的好坏,对企业财务状况的影响极大,因此,存货管理成为财务管理的一项重要内容。

企业持有充足的存货,不仅有利于生产过程的顺利进行,而且能够满足客户订货的需要,避免因存货不足带来的机会损失。然而,存货的增加必然要占用更多的资金,将使企业付出更大的持有成本(即存货的机会成本),而且存货的储存与管理费用也会增加,影响企业获利能力的提高。因此,进行存货管理的主要目的,是要控制存货水平,在存货的功能与成本之间进行权衡,在充分发挥存货功能的基础上,降低存货成本、增加收益。

(二)存货的功能

存货功能是指存货在企业生产经营过程中所具有的作用,主要表现在以下方面:

1. 防止停工待料

适量的原材料存货和在制品、半成品存货是企业生产正常进行的前提和保障。就企业外部而言,供货方的生产和销售往往会因某些原因而暂停或推迟,从而影响企业材料的及时采

购、入库和投产。就企业内部而言,有适量的半成品储备,能使各生产环节的生产调度更加合理,各生产工序步调更为协调,联系更为紧密,不至于因等待半成品而影响生产。可见,适量的存货能有效防止停工待料事件的发生,维持生产的连续性。

2. **适应市场变化**

存货储备能增强企业在生产和销售方面的机动性以及适应市场变化的能力,企业有了足够的库存产成品,能有效地供应市场,满足顾客的需要。相反,若某种畅销产品库存不足,将会坐失目前的或未来的推销良机,并有可能因此而失去顾客。在通货膨胀时,适当地储存原材料存货,能使企业获得因市场物价上涨而带来的好处。

3. **降低进货成本**

很多企业为扩大销售规模,对购货方提供较优厚的商业折扣待遇,即购货达到一定数量时,便在价格上给予相应的折扣优惠。企业采取批量集中进货,可获得较多的商业折扣。此外,通过增加每次购货数量,减少购货次数,可以降低采购费用支出。即便在推崇以零存货为管理目标的今天,仍有不少企业采取大批量购货方式,原因就在于这种方式有助于降低购货成本,只要购货成本的降低额大于因存货增加而导致的储存等各项费用的增加额,便是可行的。

4. **维持均衡生产**

对于那些所生产产品属于季节性产品,生产所需材料的供应具有季节性的企业。为实行均衡生产,降低生产成本,就必须适当储备一定的半成品存货或保持一定的原材料存货。否则,这些企业若按照季节变动组织生产活动,难免会产生忙时超负荷运转,闲时生产能力得不到充分利用的情形,这也会导致生产成本的提高。非季节性生产企业在生产过程中,同样会因为各种原因导致生产水平的高低变化,拥有合理的存货可以缓冲这种变化对企业生产活动及获利能力的影响。

(三)存货成本

1. **采购成本**

采购成本又称进货成本,是指存货本身的价值,是由买价、运杂费等构成的。采购成本一般与采购数量成正比例变化。一定时期内,在购进数量和单价既定的情况下,企业每次订购的数量多少并不影响存货的采购成本(假设无数量折扣),因而此项成本在存货决策中属无关成本。

2. **订货成本**

订货成本是指企业为订购材料、商品而发生的成本费用,如采购的差旅费、邮资、通讯费、专设采购机构的经费等。

订货成本分为变动性订货成本和固定性订货成本。变动性订货成本与订货次数成正比例关系,订货次数越多,变动性订货成本越高,如采购人员差旅费、通讯费等,因此,它属存货管理决策相关成本;固定性订货成本与订货次数无关,如专设采购机构的经费支出,因此,它属存货管理决策无关成本。

3. 储存成本

储存成本是指企业为储存存货而发生的费用,主要包括存货资金占用利息、仓储费、保险费以及存货的变质与过期的损失等。储存成本也分为变动性储存成本和固定性储存成本。变动性储存成本与存货的储存数量成正比例关系,存货储存得越多,储存成本越高,如存货资金的应计利息、存货残损和变质损失、存货的保险费用等,因此,它属存货管理决策相关成本;固定性储存成本与存货的储存数量无关,如仓库折旧费、仓库保管员的固定月工资等,因此,它属于存货管理决策的无关成本。

4. 短缺成本

短缺成本是指由于存货储存不足而给企业造成的经济损失,包括由于材料供应中断造成的停工损失、材料供应中断导致延误而发生的信誉损失和丧失销售机会的损失等。

短缺成本能否作为存货管理决策的相关成本,应取决于企业是否允许存货短缺。若企业允许缺货,则短缺成本属决策相关成本,它与存货数量成反方向变动关系,存货数量越少,短缺成本越高;若企业不允许缺货,则短缺成本属决策无关成本。

二、经济订货批量模型

经济订货量也称经济进货批量,是指一定时期储存成本和订货成本总和最低的采购批量。

通过以上对存货成本分析可知,存货管理决策的相关成本包括变动性订货成本、变动性储存成本和允许缺货时的短缺成本。不同的成本与订货数量之间存在着不同的变动关系。减少订货量,会导致变动性订货成本和短缺成本的上升,变动性储存成本的下降;增加订货量,则会使变动性订货成本和短缺成本下降,但变动性储存成本会上升。所以,这就要求企业协调各成本间的关系,使其相关总成本保持最低水平。经济订货量确定的方法通常有以下三种。

(一)经济订货量基本模式

经济订货量基本模式以下列假设为前提:

(1)企业一定时期内的订货总量可以准确地预测。
(2)存货的耗用或销售比较均衡。
(3)存货的价格稳定,无数量折扣。
(4)不允许出现缺货情况。
(5)存货的订货数量和订货日期完全由企业确定,并且当存货量降为零时,下一批存货均能马上一次到位。
(6)仓储条件和所需资金不受限制。
(7)所需存货市场供应充足。

根据上述前提条件,在经济订货量基本模式下,存货管理相关总成本只包括变动性订货成本和变动性储存成本,即

$$存货管理相关总成本 = 变动性订货成本 + 变动性储存成本$$

基本模式下的经济订货量就是指变动性订货成本和变动性储存成本之和达到最低时的订货数量。则

$$T = \frac{A}{Q} \cdot F + \frac{Q}{2} \cdot C$$

式中 A——全年存货需求总量；

Q——经济订货数量；

F——每次订货成本；

C——单位存货年储存成本；

T——存货管理相关总成本。

令 T 的一阶导数等于零，可得经济订货量为

$$Q = \sqrt{\frac{2AF}{C}}$$

最低存货管理相关总成本为

$$T = \sqrt{2AFC}$$

【例8.10】 某公司全年需要甲材料360 000千克，单位采购成本为100元，每次订货成本为200元，每件年储存成本为4元，计算其经济订货批量、最低存货管理总成本。

解：经济订货批量为

$$Q = \sqrt{2AF/C} = \sqrt{2 \times 360\,000 \times 200 \div 4} = 6\,000(千克)$$

最低存货管理总成本为

$$T = \sqrt{2AFC} = \sqrt{2 \times 360\,000 \times 200 \times 4} = 24\,000(元)$$

其中 订货成本 = (360 000 ÷ 6 000) × 100 = 6 000(元)

储存成本 = (6 000 ÷ 2) × 3 = 9 000(元)

经济订货量平均占用资金 = (6 000 ÷ 2) × 100 = 300 000(元)

经济订货次数 = 360 000 ÷ 6 000 = 60(次)

上述计算表明，当进货批量为6 000千克时，订货成本和采购成本总额最低。

(二)存货数量折扣的经济订货量模式

销售企业为鼓励客户更多地购买商品，往往会给予不同程度的数量折扣，即当客户的一次订货量达到某一数量时，就可能给予价格上的优惠。每次订货量越多，给予的价格优惠越大。在这种情况下，存货的采购成本就成为存货管理决策的相关成本。

在经济订货量基本模式其他各种假设条件均具备的前提下，同时存在数量折扣时的存货管理相关成本可按下式计算：

存货管理相关总成本 = 采购成本 + 变动性订货成本 + 变动性储存成本

即

$$T = A \cdot P + \frac{A}{Q} \cdot F + \frac{Q}{2} \cdot C$$

式中 P——存货单位采购成本。

存在数量折扣的经济订货量一般按下列步骤进行确定：

第一步，按照存货经济订货量基本模式确定的存货经济订货量，计算存货管理相关总成

本。

第二步,按给予数量折扣的经济订货量计算不同折扣下的存货管理相关总成本。

第三步,比较经济订货量基本模式下计算的相关总成本与不同数量折扣下计算的相关总成本,总成本最低的订货量就是经济订货量。

【例8.11】 实行数量折扣的经济进货批量模式。某企业甲材料的年需要量为16 000 千克,每千克标准价为20元。销售企业规定:客户每批购买量不足1 000 千克的,按照标准价格计算;每批购买量1 000 千克以上2 000 千克以下的,价格优惠2%;每批购买量2 000 千克以上的,价格优惠3%。已知每批进货费用600元,单位材料的年存储成本30元。

解:则按经济进货批量基本模式确定的经济进货批量为

$$Q = \sqrt{2 \times 16\ 000 \times 600/30} = 800(千克)$$

每次进货800千克时的存货相关总成本为

存货相关总成本 = $16\ 000 \times 20 + 16\ 000 \div 800 \times 600 + 800 \div 2 \times 30 = 344\ 000$(元)

每次进货1 000 千克时的存货相关总成本为

存货相关总成本 = $16\ 000 \times 20 \times (1-2\%) + 16\ 000 \div 1\ 000 \times 600 +$
$1\ 000 \div 2 \times 30 = 338\ 200$(元)

每次进货2 000 千克时的存货相关总成本为

存货相关总成本 = $16\ 000 \times 20 \times (1-3\%) + 16\ 000 \div 2\ 000 \times 600 +$
$2\ 000 \div 2 \times 30 = 345\ 200$(元)

通过比较发现,每次进货为1 000 千克时的存货相关总成本最低,所以此时最佳经济进货批量为1 000 千克。

(三)允许缺货时的经济订货量模式

在企业允许缺货的情况下,短缺成本就属存货管理决策的相关总成本,即

相关总成本 = 变动性订货成本 + 变动性储存成本 + 短缺成本

该模式下的经济订货量就是能使变动性订货成本、变动性储存成本和短缺成本这三项成本之和最低的订货数量。

假设平均缺货量为S,单位缺货成本为R,其他字母含义同上,则

$$Q\sqrt{(2AF/C)(C+R)/R}$$
$$S = Q \cdot C/(C+R)$$

【例8.12】 某公司全年需要甲零件25 000 件,每次订货成本15元,单位年储存成本1元,单位缺货成本3元,计算其经济订货量、平均缺货量和最低存货管理总成本。

解: $Q = \sqrt{(2 \times 25\ 000 \times 15) \div 1 \times (1+3) \div 3} = 1\ 000$(件)
$S = 1\ 000 \times 1 \div (1+3) = 250$(件)
$T = 25\ 000 \div 1\ 000 \times 15 + 1\ 000 \div 2 \times 1 + 250 \times 1 = 375 + 500 + 250 = 1\ 125$(件)

其中 平均短缺成本 = $250 \times 1 = 250$(元)

三、存货的日常管理

存货的日常管理是指在日常生产经营过程中,以存货计划为依据,对存货的日常使用及周转情况进行组织、协调及监督。存货的日常管理方法如下。

(一)存货的归口分级控制

1. 实行资金的归口管理

根据使用资金和管理资金相结合,物资管理和资金管理相结合的原则,每项资金由哪个部门使用,就归哪个部门管理。各项资金归口管理的分工一般如下:

(1)原材料、燃料、包装物等资金归供应部门管理。

(2)在产品和自制半成品占用的资金归生产部门管理。

(3)产成品资金归销售部门管理。

(4)工具、用具占用的资金归工具部门管理。

(5)修理用备件占用的资金归设备动力部门管理。

2. 实行资金的分级管理

各归口的管理部门要根据具体情况将资金计划指标进行分解,分配给所属单位或个人层层落实,实行分解管理。具体分解过程可按如下方式进行:

(1)原材料资金计划指标可分配给供应计划、材料采购、仓库保管、整理准备各业务组管理。

(2)在产品资金计划指标可分配给各车间、半成品库管理。

(3)成品资金计划指标可分配给销售、仓库保管、成品发运各业务组管理。

(二)存货 ABC 分类管理法

19 世纪意大利经济学家巴雷特首创了 ABC 控制法,存货的 ABC 分类管理就是这种方法在存货管理中的具体应用。一般来说,企业的存货品种繁多,数量巨大,尤其是大中型生产型企业的存货更是成千上万。如何对这些存货加强管理是财务管理工作的重要课题。

存货 ABC 分类管理就是将存货按照一定的标准分成 A、B、C 三类,然后,按照各类存货的重要程度分别采取不同的方法进行管理。这样,企业就可以分清主次,突出管理重点,提高存货管理的整体效率。存货的划分标准主要有两个:一是存货的金额,二是存货的品种数量,以存货的金额为主。其中——A 类存货标准是:存货金额很大,存货的品种数量很少;B 类存货标准是:存货金额较大,存货的品种数量较多;C 类存货标准是:存货金额较小,存货的品种数量繁多。

虽然每个企业的生产特点不同,从而每个企业存货的具体划分标准各不相同,但是,一般来说,存货的划分标准大体如下:A 类存货金额占整个存货金额比重的 60%～80%,品种数量占整个存货品种数量的 5%～20%;B 类存货金额占整个存货金额比重的 15%～30%,品种数量占整个存货品种数量的 20%～30%;C 类存货金额占整个存货比重的 -5%～15%,品种数量占整个存货品种数量的 60%～70%。将存货划分 A、B、C,再采取不同的管理方法。A 类存货应进行重点管理,经常检查这类存货的库存情况,严格控制该类存货的支出。由于该类存货的品种数量很少,而占用企业资金很多,所以,企业应对其按照每一个品种分别进行管理;B 类存货的金额相对较小,数量也较多,可以通过划类别的方式进行管理,或者按照其在生产中的重要程度和采购难易程度分别采用 A 类或 C 类存货的管理方法;C 类存货占用的金额比重很小,品种数量又很多,可以只对其进行总量控制和管理。

存货的 A、B、C 分类方法及步骤如下:
(1)计算每一种存货在一定时期内的资金占用额。
(2)计算每一种存货资金占用额占全部资金占用额的百分比,并按大小顺序排列,编成表格。
(3)根据事先确定的标准,将存货分成 A、B、C 三类,并画图表示出来。

【例 8.13】 某企业共有 20 种原材料,共占用资金 100 000 元,按占用资金多少顺序排列后,根据上述原则划分成 A、B、C 三类,具体情况如表 8.10 所示。

表8.10 存货资金占用表

材料品种（编号）	占用资金数额/元	类别	各类存货所占的		各类存货占用资金	
			种数/种	比重/%	数量/元	比重/%
1	50 000	A	2	10%	75 000	75
2	25 000					
3	10 000	B	5	25%	2 000	20
4	5 000					
5	2 500					
6	1 500					
7	1 000					
8	900	C	13	65	5 000	5
9	800					
10	700					
11	600					
12	500					
13	400					
14	300					
15	200					
16	190					
17	180					
18	170					
19	50					
20	10					
合计	100 000		20	100	100 000	100

【案例8.1】
德隆营运资金管理

从20世纪90年代中后期开始,中国兴起了新一轮的"产业金融热",产业资本又一次大规模进军金融业。在这股热潮中,德隆是一个突出的例子。

德隆作为民营企业,1986年创立于新疆乌鲁木齐。2000年初,德隆国际战略投资有限公司在上海浦东新区注册,注册资本人民币5亿元。进过十多年发展,德隆逐渐形成了以传统产业的区域市场、全球市场为目标的重组与整合能力,通过对企业的收购、兼并,引进新技术、新产品和先进的管理资源,增强其竞争能力,实现其结构升级与制度创新。德隆立足于资本市场与行业投资相结合,推动中国传统产业的振兴。

德隆失败前已形成规模投资的投资领域有:制造业——汽车零配件、重型车、电动工具、番茄酱及经济作物深加工、水泥等;流通业——城市商品流通业、农村农资超市等;服务业——金融和旅游文化服务等。产业发展到全国各主要省区及美国、加拿大、欧洲等。截止2003年6月30日,德隆国际总资产为204.95亿元,其中大部分是通过并购形成的。然而,德隆在实施并购战略过程中,由于规模扩张过快,涉及行业过多,资金结构和融资安排失控,最终导致资金链断裂,并陷入财务危机。

德隆的资金来源有如下四个渠道:

(1)上市公司再融资,包括配股、增发等,但是由于核心企业的业绩并不理想,除了最初配了几次股外,均没有大的再融资策略。

(2)利用持有的法人股抵押贷款。

(3)利用上市公司的信誉与其他公司互保贷款。

(4)利用金信信托、德恒证券和恒信证券3家金融机构作为融资平台进行融资。

2004年4月13日,德隆系老三股之一合金投资(000633)高台跳水,德隆开始步入危机。就融资规模及其错综复杂程度而言,德隆在中国的企业界独一无二。而德隆正是凭借这些合法与不合法的融资方式才发展成为庞大的企业集团。

以德隆入主3家上市公司的前一年(入主新疆屯河为1995年,入主湘火炬、沈阳合金为1996年)为起点,以2003年为终点,来统计这3家公司的主营业务收入的增长速度。可以看到,新疆屯河在7年的时间里业务扩大到原来的19.54倍,年均增加近3倍;沈阳合金在6年的时间里业务规模扩大到原来的22.15倍,年均增加4倍;特别是湘火炬,同样在6年的时间里主营业务增长140.99倍,年均增加23.5倍。

这种发展速度的背后却是净利润的下降,新疆屯河净利润率6年中由27.64%下降到5.49%,沈阳合金则从23.18%下降到6.29%,湘火炬由18.62%下降到2.15%,这种没有效率的激进式扩张无疑极大地占用了宝贵的资源,对资金的需求成倍放大。而德隆还是继续地高调炫示战略目标、思维理念、操作手法和整合平台。

德隆的老三股8年间共实施3次配股,募集资金8.7亿元。而上市公司则成了其向银行贷款和股权质押担保贷款的平台。德隆控股的上市公司有6家，除了老三股以外，还有北京中燕、重庆实业和天山股份。德隆系上市公司的资金黑洞超过50亿元。德隆通过下属公司组建了庞大的金融资产平台。通过新疆屯河控制了金信信托、新疆金融租赁公司，伊斯兰信托、德恒证券、中富证券等信托公司和证券公司也都被德隆控制，德隆利用这些金融企业大量开展委托理财、挪用信托资金、抽取资本等，从而获得资金，涉及资金总额高达217亿元之多。

这样还无法解决德隆的资金饥渴症。先是参股深发展，接着德隆借助增资扩股的机会，进入了昆明、南昌、株洲等地的城市商业银行。现在看来，德隆进入城市商业银行的目的并不是为了做大金融产业，这些城市商业银行的资产质量有些较差，而德隆号称有能力做好。事实是，德隆借助下属迷宫般的关联公司之名，从城市商业银行套取资金。而这些资金的绝大多数都是短期融资，被德隆用在了实业的对外扩张上。众所周知，德隆的实业以传统产业为主，回报缓慢。这样的短贷长投，无异于玩火。

德隆盘根错节的持股方式、分散的股权、各级公司间交叉持股的特点为其融资提供了便利，但也正是这些问题才导致德隆陷入危机。

问题：

1. 德隆营运资金失败的原因是什么？

2. 为何德隆先进的理念、管理的优势、金融界的资源，却未能建立除了番茄酱外的任何所谓产业优势？

【案例8.2】

自1996年以来，四川长虹的应收账款迅速增加，从1995年的1 900万元增长到2003年的近50亿元，应收账款占资产总额的比例从1995年的0.3%上升到2003年的23.3%。2004年，四川长虹计提坏账准备3.1亿美元，截止2005年第一季度，四川长虹的应收账款为27.75亿元，占资产总额的18.6%。

四川长虹不仅应收账款大幅度增加，而且应收账款周转率逐年下降，从1999年的4.67%下降到2005年一季度的1.09%，明显低于其他三家彩电业上市公司的同期应收账款周转率。

巨额应收账款大幅度减少了经营活动产生的现金流量净额，从1999年的30亿元急剧下降到2002年的-30亿元。截止2004年年底，其经营活动产生的现金流量净额为7.6亿元。

2004年12月底，长虹发布公告称，由于计提大额坏账准备，该公司今年将面临重大亏损，击昏了投资者以及中国家电业。受专利费、美国对中国彩电反倾销等因素影响，长虹的主要客户——美国进口商APEX公司出现了较大亏损，全额支付公司欠款存在较大困难。APEX是四川长虹的最大债务人，应收账款欠款金额达到38.38亿元，占应收账款总额的96.4%。据此，公司决定对该项应收账款计提坏账准备，当时预计最大计提坏账准备金额为3.1亿美元左右。另外，截止2004年12月25日，四川长虹对南方证券委托国债投资余额为1.828亿元，由于南方证券目前资不抵债，根据谨慎性原则，拟对委托国债投资余额计提全额减值准备。长虹2003年的净利润为2.6亿人民币，以此为标准，长虹至少需为此笔债务背上10年的包袱。上次10年的首次亏损,留下债务10年难偿。短短数日之内,长虹的股价跌幅近30%,总市值损失30多亿元。2004年上半年,长虹的净利润只有6 000多万元。

由此可以看出,导致长虹巨额亏损的罪魁祸首是其美国的经销商——APEX公司。APEX欠债长虹,可以称为2004年家电业最大债务事件。从2001年7月开始,长虹将其彩电源源不断地发往APEX,然而产品是去了,货款却没有收到。APEX总是以质量问题或货未收到为借口,拒付或拖欠长虹贷款。

长虹2003年年报、2004年半年报都显示,APEX拖欠长虹应收账款近40亿元。2004年3月23日,长虹发表的2003年度报告披露,截止2003年年末,公司应收账款49.85亿元人民币,其中APEX的应收账款为44.46亿元。2003年3月25日,长虹公布的2002年报显示,长虹实现收入125.9亿元,实现净利1.76亿元,但经营性现金流为-29.7亿元,这是自要求编制现金流量表以来(1998年),长虹经营性现金流首次出现负数。截止2002年底,长虹应收账款仍高达42.2亿元,其中未收回的APEX应收账款数额为38.3亿元。两者相较,应收账款不将反升。同时长虹拥有70多亿元的存货,其中31.2亿元是库存商品,22.56亿元是原材料。令人迷惑不解的是,尽管APEX欠下如此巨额的款项,但是在年报中,无论是监事会报告还是会计师事务所的财务报告,均没有对此做出特别提醒。

APEX在与长虹的交易中,凡赊销均走保理程序。APEX、保理公司、长虹三家签订协议后,保理公司将会通知零售商如沃尔玛,不得向APEX直接支付货款,而是把货款交给保理公司,由保理公司将钱按10%和90%的比例在APEX和长虹之间分账。APEX公司称,对于没有进连锁超市的货,APEX向长虹提供支票担保,而这部分货数量很小。也就是说,长虹的货款回收有两种方式:保理程序和APEX的支票担保。对此,在国际贸易中,买方的支票担保对于卖方的保护程度与常用的信用证完全不同。支票担保的有效性取决于买方的信用及资金账户状况,银行不承担支付责任。

2002年度长虹与APEX的贸易总额为5亿美元,其中2亿美元没有收回来,从报表上看,APEX的欠款由年初的0.4亿美元增加到年末的4.6亿美元。从长虹对APEX巨额的应收账款来看,长虹出口收入基本是通过APEX实现的,长虹可能是为APEX代工或者是APEX买断长虹彩电,也就是说长虹彩电出口美国销售信用链条汇总,长虹货款能否收回与零售商如沃尔玛等无关;有根据出口397.61万台彩电及出口收入55.4亿元推测,长虹出口的彩电应为低端产品。为了防范沃尔玛可能倒闭带来的风险,长虹和APEX双方另外向保险公司投保,保理公司如果在两个月内收不到货款,保险公司就要赔付。但实际上,APEX货款平均回收期绝对不止两个月,2002年度长虹只回收0.4亿美元的货款。

事实上,长虹已对APEX超过1年期的应收账款提取了9 000多万元的坏账准备。2003年,长虹公司主营业务利润3.02亿元,做9 000多万元的坏账计提无疑大大侵蚀了公司的盈利能力。应收账款和存货总额共计119.9亿元,占总资产的56%和净资产的91%,这将影响到公司的资产质量。由于出口美国之路已经堵死,长虹原计划出口美国的彩电可能大幅度贬值。

问题：

1. 作为财务人员，你认为应该怎样处理应收账款？你认为长虹的财务管理存在哪些漏洞？你认为长虹衰败的根本原因是什么？

2. 应收账款是长虹衰弱的一大成因，那么应如何看待应收账款在中国企业国际化过程中的风险问题？

本 章 小 结

本章阐述了营运资金管理的基本内容、概念、特点以及营运资金管理的原则；介绍了企业持有现金的目的和成本、最佳现金持有量的确定以及现金的日常管理；明确了应收账款信用成本的确定、管理政策以及日常管理；阐述了存货成本的内容以及存货控制方法、经济订货批量的基本模型以及其他存货管理模型和控制方法。

自 测 题

一、单项选择题

1. 下列关于营运资本的有关说法中，不正确的是 （　　）
   A. 营运资本＝流动资产－流动负债
   B. 经营营运资本＝经营性流动资产－自发性负债
   C. 在不影响公司正常盈利的情况下，提高营运资本投资可以增加企业价值
   D. 在不影响公司正常盈利的情况下，节约流动资产投资可以增加企业价值

2. 运用随机模式和成本分析模式计算最佳现金持有量，均会涉及现金的 （　　）
   A. 机会成本　　　　B. 管理成本
   C. 短缺成本　　　　D. 交易成本

3. 某公司持有有价证券的年利率为6%，公司的最低现金持有量为4 000元，现金回归线为10 000元。如果公司现有现金22 000元，根据现金持有量的随机模型，此时应投资于有价证券的金额是 （　　）
   A. 0元　　　　　　B. 14 000元
   C. 12 000元　　　　D. 10 000元

4. 在使用存货模式进行最佳现金持有量的决策时，假设持有现金的机会成本率为10%，与最佳现金持有量相对应的交易成本为2 500元，则企业的最佳现金持有量为 （　　）
   A. 50 000　　　　　B. 25 000
   C. 100 000　　　　D. 无法计算

5. 企业拟将信用期由目前的45天放宽为60天，预计赊销额将由1 200万元变为1 440万元，变动成本率为60%，等风险投资的最低报酬率为10%，则放宽信用期后应收账款"应计利息"的增加额为 （　　）
   A. 15万元　　　　　B. 9万元
   C. 5.4万元　　　　 D. 14.4万元

6. 评估客户赖账的可能性时，可以通过"5C"系统来完成，下列有关说法不正确的是
( )

A. 品质经常被视为评价顾客信用的首要因素

B. 能力指顾客的财务实力和财务状况

C. 条件指可能影响顾客付款能力的经济环境

D. 资本指顾客的财务实力和财务状况

二、多项选择题

1. 下列各项中可以导致流动资产周转天数增加的有 ( )

A. 增加现金周转天数 B. 增加存货周转天数

C. 增加应付账款周转天数 D. 增加应收账款周转天数

2. 某企业现金收支状况比较稳定，预计全年（按360天计算）需要现金400万元，现金与有价证券的转换成本为每次400元，有价证券的年利率为8%，则下列说法正确的有 ( )

A. 最佳现金持有量为200 000元

B. 最低现金管理相关总成本为16 000元

C. 最佳现金持有量下，持有现金的机会成本等于转换成本等于8 000元

D. 有价证券交易间隔期为18天

3. 已知按照随机模式确定的最佳现金持有量为20万元，现金存量的下限为10万元，目前的现金存量为35万元，有价证券的年利息率为3.6%，预计每日现金余额变化的方差为4万元。则下列说法正确的是 ( )

A. 目前需要减少15万元，以达到最佳现金持有量

B. 现金存量的上限为40万元

C. 每次有价证券的固定转换成本为333.33元

D. 目前不需要减少现金存量

4. 下列关于确定最佳现金持有量的随机模式的说法中，不正确的有 ( )

A. 只要是现金持有量偏离最佳现金持有量，就应该进行现金与有价证券的转换

B. 确定最佳现金持有量时，需要考虑管理人员的风险承受倾向

C. 确定最佳现金持有量时，需要考虑预期每日现金余额变化的标准差

D. 确定最佳现金持有量时，不需要考虑有价证券的利息率

5. 研究保险储备的目的，就是要找出合理的保险储备量，使缺货或供应中断损失和储备成本之和最小，需要考虑 ( )

A. 单位缺货成本 B. 单位储存变动成本

C. 交货期 D. 存货年需求量

6. 假设某企业预测的年赊销额为2 000万元，信用期为40天，有80%的客户在第40天付款，其余客户的付款时间平均为65天，变动成本率为60%，资金成本率为8%，一年按360天

计算,则（　　）
　　A. 维持赊销业务所需要的资金为 150 万元
　　B. 平均收账天数为 45 天
　　C. 应收账款平均余额为 250 万元
　　D. 应收账款应计利息为 20 万元

三、判断题

1. 现金与有价证券的变动性转换成本与证券交易次数有关,属于决策相关成本。（　　）
2. 现金浮游量是指企业实际现金余额超过最佳现金持有量之差。（　　）
3. 企业通过信用调查和严格信用审批制度,可以解决账款遭到拖欠甚至拒付的问题。
（　　）
4. 存货进价又称进货成本,是指存货本身的价值,等于采购单价与采购数量的乘积。
（　　）
5. 在有数量折扣的经济进货批量模式下,需要考虑的相关成本包括进货成本、变动性进货费用和变动性储存成本。（　　）
6. 企业营运资金越多,则企业的风险越大,收益率越高。（　　）

四、简答题

1. 简述现金的持有动机以及现金成本的内容。
2. 阐述最佳现金持有量的含义以及决策技术。
3. 应收账款产生的原因是什么？其成本包括哪几方面？
4. 信用的"5C"分析的内容包括哪些？
5. 存货成本包括哪些内容？
6. 经济订货量法的原理是什么？其扩展模型有哪几种？
7. 存货的日常管理的内容有哪些？

五、业务分析题

1. B 公司现金收支状况比较稳定,预计全年(按 360 天计算)需要现金 250 000 元,现金与有价证券的转换成本为每次 500 元,有价证券的年利率为 10%。

要求：

(1) 计算最佳现金持有量。

(2) 计算最佳现金持有量下的全年现金管理总成本、全年现金转换成本和全年现金持有机会成本。

(3) 计算最佳现金持有量下的全年有价证券交易次数和有价证券交易间隔期。

2. 三星公司是电脑经销商,预计今年需求量为 3 600 台,平均购进单价为 1 500 元,平均每日供货量 100 台,每日销售量为 10 台(一年按 360 天计算),单位缺货成本为 100 元。与订货和储存有关的成本资料预计如下：

(1) 采购部门全年办公费为 100 000 元,平均每次差旅费为 800 元,每次装卸费为 200 元。

(2) 仓库职工的工资每月 2 000 元,仓库年折旧 40 000 元,银行存款利息率为 4%,平均每台电脑的破损损失为 80 元,每台电脑的保险费用为 60 元。

(3) 从发出订单到第一批货物运到需要的时间有五种可能,分别是 8 天(概率 10%)、9 天(概率 20%)、10 天(概率 40%)、11 天(概率 20%)、12 天(概率 10%)。

要求:

(1) 计算经济订货批量、送货期和订货次数。

(2) 确定合理的保险储备量和再订货点。

(3) 计算今年与批量相关的存货总成本。

(4) 计算今年与储备存货相关的总成本(单位:万元)。

【阅读资料一】

苏宁电器营运资金管理案例分析

苏宁电器股份有限公司成立于 1990 年年末,自成立以来一直保持着快速稳健的发展势头。2000 年苏宁在全国率先拓展信息家电,2002 年 1 月建立四大作业终端体系"1+3 模式",即连锁店、物流中心、售后服务中心和客服中心,要求每进入一个城市,在筹备第一家店面时就必须同时建设物流、售后和客服中心。2004 年 7 月,苏宁电器在深圳证券交易所成功上市,募集资金 4 亿元,股本总额达 9 316 万元。目前,苏宁电器已经成为集家电、电脑、通信为一体的全国大型 3C 电器专业销售连锁企业。与许多传统行业扩张"赚规模不赚利润"相比,作为中国家电连锁巨头之一,苏宁电器的扩张是"既赚规模又赚利润"的典型代表。本文将在分析苏宁电器营运资金管理绩效的基础上,阐释苏宁电器渠道建设对其营运资金管理绩效的影响,以期为其他企业的营运资金管理提供借鉴。

一、基于要素的营运资金管理绩效分析

利用传统的营运资金周转期指标考察苏宁电器的营运资金管理绩效,可以发现从 2004~2009 年,苏宁电器的营运资金周转期从 -1 天变到 -56 天,营运资金管理水平有很大提高。从表 8.11 可以看出,苏宁电器的营运资金周转绩效的提升并不是存货周转和应收账款周转加快的结果,2004~2009 年,苏宁电器的存货周转期和应收账款周转期都没有发生显著变化。其营运资金管理绩效的提升主要是应付账款周转期延长的结果。

表 8.11 苏宁电器 2004~2009 年营运资金周转期(按要素)

	2004	2005	2006	2007	2008	2009
存货周转期	22	31	40	36	34	35
应收账款周转期	2	3	2	1	1	1
应付账款周转期	25	42	57	65	74	92
营运资金周转期	-1	-8	-15	-28	-39	-56

但基于要素的营运资金周转期没有考虑预付账款、预收账款、应付职工薪酬、应交税费、其他应收款、其他应付款等其他营运资金项目,也没有将营运资金的各组成部分与其参与的具体周转过程相联系,缺乏与渠

道管理等业务管理的联系,因此,上述分析难以清晰地揭示苏宁电器近年来渠道建设对营运资金管理绩效的影响。

二、基于渠道的营运资金管理绩效分析

运用基于渠道管理的营运资金绩效评价体系(见本专题《业务流程管理对营运资金管理的影响机理研究》一文)计算苏宁电器2004~2009年采购渠道营运资金周转期、营销渠道营运资金周转期,如表8.12所示。

表8.12 苏宁电器2004~2009年分渠道的营运资金周转期

	2004	2005	2006	2007	2008	2009
采购渠道营运资金周转期	-14	-28	-44	-56	-66	-85
营销渠道营运资金周转期	20	32	41	34	31	32

1. 采购渠道营运资金管理分析

由表8.12可以看出,苏宁电器采购渠道营运资金周转期2004年为-14天,2009年为-85天,呈现逐年下降的趋势。根据对财务报表的分析,2004~2009年苏宁电器在采购渠道营运资金中,应付账款和应付票据所占的比例最大,分别为70.6%、78.0%、82.8%、90.5%、90.8%、66.7%。2004~2009年苏宁电器应付款项、应付票据的规模一直居高不下,并且呈上升趋势,2009年应付账款较2008年上升51.1%,应付票据上升97.27%。这主要是因为近些年来我国家电行业供应链的重心开始由制造商向零售商转移,强势的零售商正取得越来越多的话语权。

大量研究表明,国外零售商通行的是"吃差价"的盈利模式,而国内大型家电专业零售商则采用"吃供应商"的盈利模式,对制造商具有很强的制衡能力。

苏宁电器作为家电零售行业的巨头,其对消费者购买行为的影响力或控制力远远超过制造商,这一点为其奠定了在供应链链条上的核心、强势地位。不难看出,苏宁电器从2004~2009年对供应商的资金占用有增无减,但对供应商资金占用的形式却发生了变化,2004年、2005年苏宁电器占用供应商的资金主要来自于应付账款,占比分别达到56.3%和57.3%,而2006~2009年,苏宁占用供应商的资金则主要来自应付票据,占比分别为56.5%、57.8%、56.9%和67.6%。

2. 营销渠道营运资金管理分析

由表8.12可知,苏宁电器2004~2009年营销渠道营运资金周转期从2004年的20天变为2009年的32天,其间的增减变动幅度不大,特别是2007年以来,基本处于稳定状态。

在营销渠道的营运资金构成中,成品存货占有较大比重,各年均在80%以上,其占营业收入的比重也较高。2004~2009年,苏宁电器成品存货占营业收入的比重分别为8.40%、13.2%、13.0%、11.3%、9.80%、10.8%。大量的成品存货的存在导致苏宁电器2004~2009年营销渠道周转期一直居高不下,这在一定程度上体现出苏宁电器营销渠道的营运资金管理尚有较大的改进空间。

据调查,2005年年底苏宁电器在杭州启用首座第二代物流基地,采用了现代化的设施设备及WMS库存管理系统对进出货物进行自动管理,并且在2006年建立SAP/ERP系统,以财务部门为中心,统一了内部信息平台。虽然苏宁电器2007年开始建设第三代物流基地,但针对的只是苏宁电器自身,并没有解决与供应商之间的信息共享,缺乏和供应商的密切合作,导致供应链上仍然存在牛鞭效应、供应链效率低下等问题。

而VMI库存管理模式将在一定程度上解决这一问题:供应商根据苏宁电器每日提供的商品销售资料和库存情况集中管理库存,替苏宁电器下订单或连续补货。通过苏宁电器发送的销售信息,供应商获得的需求信息和实际消费市场中的顾客需求信息相一致,这样就大大提高了供应商的需求预测水平,从而及时满足客户的需求,降低牛鞭效应的影响和存货过期的风险,提高整个供应链的服务水平。

三、评论与启示

从国际家电零售业的发展历史来看,大致经历了三个阶段:第一阶段是靠资源赚钱,目前中国正处于这个阶段,即通过攫取上游供应商实现盈利与发展;第二阶段是对整个供应链的管理,包括对商品结构、库存、终端销售等过程的管理;第三阶段是供应链管理的延伸阶段——经营客户阶段。

我国家电行业在20多年的发展中,渠道关系表现为两个发展阶段:20世纪80年代至90年代末,家电渠道关系表现为典型的传统常规渠道和渠道内部一体化;近年来,随着大型零售终端的崛起,家电渠道关系在一定程度上显现出以连锁零售商为主导的渠道结构特征。从苏宁电器的案例分析不难看出,我国目前以连锁零售商为主导的渠道关系说明我国家电零售业主要处于靠资源赚钱的阶段,其盈利主要来源于对上游供应商的价值攫取,而不是对整个价值链的价值创造。与家电制造业进入竞争激烈的薄利时代相比,我国家电连锁零售企业依靠其营运资金OPM(other people's money)管理战略,成为既赚规模又赚利润的供应链核心,可谓"冰火两重天"。所谓的OPM战略,是指企业充分利用做大规模的优势,增强与供应商讨价还价的能力,将占用在存货和应收账款的资金及资金成本转嫁给供应商的运营资本战略。

苏宁电器在运用营运资金OPM战略过程中,其核心的竞争力是垄断性的渠道资源。但如果以挤压供应商作为长期利润来源,就会失去改革与改造的动力,并且可能会激化与制造商的矛盾,从而走向意想不到的反面。一方面,由于不堪被低价盘剥和占用资金,各家电品牌开始自建渠道或联合设立大卖场,控制向现有零售商供货。2004年国美与格力之争后,慢慢出现了制造商重新自建渠道的浪潮,如TCL的"幸福树"计划、美的"百家4S店"、康佳的"千县千店"计划,这样连锁零售商的渠道优势地位就受到了威胁。另一方面,中国的家电制造业的利润空间过小,中小型的家电制造商艰难度日,如果继续恶化必然会带来制造商的重组合并,当每一类的家电产品都集中于少数的制造商手中的时候,其必然掌握价格的主导权,讨价还价的能力提升,对于苏宁电器来讲其原有优势将会遭到极大的挑战。

四、结论和建议

21世纪的市场竞争已经逐渐从单独的企业对企业的竞争演变成了供应链与供应链之间的竞争。因此,每一个企业仅仅关注、提升自身的竞争力是远远不够的,还必须同供应链上的其他企业进行合作,共同致力于整个供应链竞争力的提升。根据詹姆斯·弗·穆尔(James. F. Moore,1996)在《竞争的衰亡》中提出的商业生态系统理论,商业生态系统不是企业间的简单结合,而是企业间以互利的方式共同进化,其核心是相互关系,即共同进化。从我国家电零售业的发展趋势来看,依靠渠道的垄断地位赚钱将成为历史,接下来将进入依靠对整个供应链的管理能力赚钱的时代。因此,作为家电零售业的领头羊,苏宁电器应率先与供应商建立良好的伙伴关系并通过高效满足顾客需求(ECR)来创造新的价值,在提升整个供应链价值的同时,实现自身的长远发展。从加强营运资金管理本身来看,苏宁电器应从原来实施的OPM策略转向以客户为导向并提高供应商参与程度的供应链管理策略。

随着供应链协调从"集中控制观"向"分散协调观"的转变,反映出供应链的协调难以通过某一个节点企业的集中化运作来达到,而是必须依赖于所有节点企业在信息共享的基础上达到动态性一致。因此,信息共享成为制约供应链协调的关键因素,不论是生产环节的JIT生产流程,还是零售环节的持续补货流程与快速响应过程,都需要将调度、发货或制造信息分发到相关的各个机构。但在实际供应链管理中不难发现许多拥有信息优势的节点企业并不愿意将信息与供应链上的其他节点企业共享,或者说没有设计出良好的激励性契约来引导供应链上的企业共享其信息。苏宁电器不仅在采购渠道中应加大与供应商共享信息的力度,从而加快实施供应商管理库存、联合管理库存等提高供应商参与程度的营运资金管理策略,而且应加快实施客户导向的营运资金管理策略,把与终端客户的信息共享作为客户关系管理系统和电子商务平台建设的核心,从而更好地满足终端客户的需求。

【阅读资料二】

华基公司应收账款及存货管理案例

华基公司是一家销售小型及微处理电脑的电脑公司,其市场目标是针对小规模的公司,这些公司只需要使用电脑而不需要购买像 IBM 所提供的大型电脑设备。公司所生产之产品极佳,销路很好,而扩张迅速。关于该公司 1999~2001 年的资产负债表与损益表如表 8.13 及表 8.14 所示。

表 8.13 资产负债表

单位:万元

	1999 年	2000 年	2001 年
现金	100	150	200
应收账款	1 000	2 000	3 000
存货	900	1 800	2 800
流动资产净值	2 000	3 950	6 000
固定资产净值	3 000	3 550	4 000
资产合计	5 000	7 500	10 000
应付账款	300	400	500
应付银行票据(10%)	300	1 280	2 350
应付费用	100	120	150
流动负债合计	700	1 800	3 000
长期负债(10%)	1 000	2 100	3 200
普通权益	3 300	3 600	3 800
负债与净值总额	5 000	7 500	10 000

表 8.14 损益表(年底)

单位:万元

	1999 年	2000 年	2001 年
销货毛收入	7 500	8 750	10 000
折让	80	90	100
销货净额	7 420	8 660	9 900
销货成本(销货毛收入的80%)	6 000	7 000	8 000

续表 8.14

	1999 年	2000 年	2001 年
毛利	1 420	1 660	1 900
减:利息费用	90	250	500
信用部门及收款费用	20	30	50
呆账费用	210	330	450
课税所得	1 100	1050	900
税款(40%)	440	420	360
净利	660	630	540

利息费用是根据每年的平均贷款余额,不是根据表 8.13 所示年底资产负债表得出。负债的利率为 10%,因此,平均负债余额 1999 年为 900 万元,2000 年为 2 500 万元,2001 年为 5 000 万元。

2002 年初,该公司有些问题开始呈现出来。该公司过去的成长一向利用保留盈余、长期负债融资。不过,主要的放款人开始不同意进一步扩大债务而不增加自有资金。公司最初的创建人王强和李汉两人没有资金投资到公司,由于担心失掉公司控制权,又不愿意出售额外股份给外人(他们两人目前拥有 60% 的股份,其余之股份为一名机构投资人持有)。该公司的长期负债之利率为 10%,王先生及李先生非常忧虑继续保有其信用额度。该公司的销货条件为"2/10, net 60",约半数的顾客享受折扣,但有许多未享受折扣的顾客,延迟付款。2001 年的呆账损失计 450 万元,信贷部门的成本(分析及收款费用)总计为 50 万元。该公司制造几种不同形式的电脑,但售价均为 5 000 元,销货成本约为 4 000 元。2001 年销售总计 20 000 部。销售情况在该年相当平稳,没有显著的季节变动。从生产一种电脑形式转变为另一种形式之设置成本为 5 000 元,此项数值可视为"订货成本"。储存存货的成本估计为 30%;这么高的比率,是由于高技术产品如电脑陈旧的耗费很大。试分析该公司的财务状况,特别是其信用存货政策,并提出改善建议。

假设该公司在 2001 年营运之信用政策改变如下:
(1)信用条件为"2/10, net 30"而非"2/10, net 60"。
(2)该公司可利用较高的信用标准。
(3)该公司应加强努力收回欠款。

如果这些改变措施,在 2001 年实施,那么很可能引起下列的变化:
销售毛额仅为 9 800 万元,而非 10 000 万元;呆账损失减为 150 000 元;信用部门成本增加至 100 万元;平均收款期间减少至 30 天;享受折扣顾客之百分比由 50% 增加到 80%。

问题:

这样净利、普通股之报酬率、负债比率、流动情况分别会受到什么样的影响?有些因素或许会使得事情不如你分析所预测的那么进行,列出这些主要因素并加以讨论。

第九章
Chapter 9

利润分配管理

【学习要点】

通过本章学习,要求了解利润分配的基本原则和顺序;理解股利的种类及发放程序,影响股利分配政策的因素,在熟练掌握各种基本的股利政策要点的基础上,理解股票分割与回购的相关概念。

【案例导入】

2002年10月,中国电信在海外市场进行公开募股,计划于当年11月7日在纽约和中国香港两地挂牌交易。然而,截至募股的最后期限,中国电信面向机构投资者配售的股票仅获得80%认购,由于认购率不足,首次募股遭遇失败。11月1日,中国电信宣布将重新募股,一时令舆论大哗。同时,此次承销失败在国际著名投资银行摩根斯坦利的股票承销史上也是第一次,从而令这一事件更加引人关注。

中国电信此次募股失败,虽与当时全球电信市场的低迷不无关系,但其招股策略的失当也是重要原因之一。为吸引投资者,中国电信推出了高派息率策略,计划以其预期收益的1/3用于回报投资者使股息收益率达到3.8%~4.4%,然而这一策略的实际效果却适得其反。中国电信计划募股的股份中,95%是面向机构投资者的,而机构投资者不同于散户,他们看重的是股票长期升值潜力,寻求的是股价的差值,他们认为中国电信过高的派息率会影响到其投资其他电信业务,如建设移动网络的资金,如此一来,反而降低了购买该公司股票的热情。

中国电信募股失败,主要是公司制定股利政策失误,使机构投资者不看好中国电信的未来发展。这说明:公司股利分配不是越高越好,而是要根据公司实际经营,处理好股利分配与公司持续发展之间的关系,才能实现公司和股东双赢。

第一节 利润分配概述

一、利润分配的基本原则

利润分配是对企业所实现的经营成果进行分割与派发的活动。企业利润分配的基础是净利润,即企业缴纳所得税后的利润。利润分配既是对股东投资回报的一种形式,也是企业内部融资的一种方式,对企业的财务状况会产生重要影响。利润分配是一项十分重要的工作,它不仅影响企业的筹资和投资决策,而且涉及国家、企业、投资者、职工等多方面的利益关系,涉及企业长远利益与近期利益、整体利益与局部利益等关系的处理与协调。为合理组织企业财务活动和正确处理财务关系,企业在进行利润分配时应遵循以下原则:

(一)依法分配原则

企业的利润分配必须依法进行,这是正确处理各方面利益关系的关键。为规范企业的利润分配行为,国家制定和颁布了若干法规。这些法规规定了企业利润分配的基本要求、一般程序和重大比例,企业应认真执行,不得违反。

(二)兼顾各方利益原则

企业的净利润归投资者所有,是企业的基本制度,也是企业所有者投资于企业的根本动力所在。但企业的利润离不开全体职工的辛勤工作,职工作为利润的直接创造者,除应获得工资及奖金等劳动报酬外,还应当以适当方式参与净利润的分配,提取公益金用于职工集体福利设施的购建。可见,企业进行利润分配时,应统筹兼顾,合理安排,维护投资者、企业与职工三者的合法权益。

(三)分配与积累并重原则

企业进行利润分配,应正确处理好长远利益和近期利益的辩证关系,将两者有机结合起来,坚持分配与积累并重的原则。考虑未来发展需要,企业除按规定提取法定盈余公积金以外,可适当留存一部分利润作为积累。这部分留存收益虽暂时未予以分配,但仍归企业所有者所有。而且,这部分积累不仅为企业扩大再生产筹措了资金,同时也增强了企业抵抗风险的能力,提高了企业经营的安全系数和稳定性,有利于增加所有者的回报。通过正确处理分配和积累的关系,留存一部分利润以供未来分配之需,还可以达到以丰补歉、平抑利润分配数额波动、稳定投资报酬率的效果。

(四)投资与收益对等原则

企业分配收益应当体现"谁投资,谁受益"的原则,受益大小应与投资比例相适应,即投资与受益对等原则,这是正确处理投资者利益的关键。投资者因其投资行为而享有收益权,并且其投资收益应同其投资比例对等。这就要求企业在向投资者分配利润时,应本着平等一致的原则,按照各方投入资本的多少来进行,绝不允许发生任何一方随意多分多占的现象,从根本上保护投资者的利益,鼓励投资者投资的积极性。

二、利润分配的顺序

企业实现的当期利润总额需要在国家、企业所有者、企业法人和企业职工等利益相关者之间进行分配。通常所说的利润分配包括两个层面,一个层面所说的利润分配包括企业税前利润的分配和税后利润的分配,另一个层面所说的利润分配认为税收具有强制性和无偿性,企业无法对其施加影响,因此,利润分配仅指企业税后利润的分配。本章所述的利润分配是指后一个层面上利润分配。企业利润分配应该按照一定的顺序进行,企业必须严格按照国家有关法律、法规的规定程序对利润进行分配。除国家另有规定外,企业的利润分配顺序如下:

(一)弥补企业以前年度的亏损

现有法律规定,企业以前年度内的亏损,若未能在 5 年内用税前利润弥补完,需要用税后净利弥补,而不能在税前弥补。以前年度亏损未弥补完之前,企业不能提取公积金和公益金,也不能向投资者分配利润。

(二)提取法定公积金

法定公积金是指根据法律的强制性规定而提取的公积金。公积金是指法律规定提留备用,不作为股利分配的部分所得和收益。企业在分配当年税后利润时,经股东大会决议,可按照一定比例提取法定盈余公积金。法定公积金的提取比例为 10%。主要用于弥补企业的亏损、扩大企业生产经营以及转增企业的资本金。当企业积累的法定盈余公积金达到本企业注册资本的 50% 以后,企业可以根据自身的需要不再继续提取。企业的公积金可用于弥补亏损、扩大生产经营或转为增加资本。法定公积金转为资本时,所留存的该项公积金不得少于转增前企业注册资本的 25%。

(三)提取任意公积金

对任意盈余公积金的提取,企业有较大自主权。其主要是为企业的自身生产经营和生存发展服务的。在经过上述利润分配之后,企业可以根据企业的自身情况、经营战略,按照企业权力机构,如股东大会、董事会等的决议在剩余可分配利润中任意比例提取。该公积金的用途与法定盈余公积金的用途相同。

(四)支付股利

在经过上述利润分配的过程之后,如果还有可供分配的利润即可向企业的所有者分配。向所有者分配利润的原则是:有利则分,无利不分。但是在亏损的年度,如果企业年初有较多未分配利润,并且已经用合法的途径弥补了亏损,为了维持企业形象和分配政策,企业仍然可以进行利润分配。

对于发放优先股的股份企业,应在提取任意盈余公积金之前分配优先股股利。目前,我国尚不允许发行优先股,因此不存在此程序。

企业如违反上述利润分配程序,在弥补亏损和提取法定公积金、公益金之前向投资者分配利润的,必须将违反规定分配的利润退还给企业。

【例9.1】 某公司2004年初未分配利润账户的贷方余额为37万元,2004年发生亏损100万元,2005~2009年间的每年税前利润为10万元,2010年税前利润为15万元,2011年税前利润为40万元。所得税税率为40%,盈余公积金(含公益金)计提比例为15%。

要求:

(1)2010年是否交纳的所得税?是否计提盈余公积金(含公益金)?

(2)2011年可供给投资者分配的利润为多少?

解:

(1)2010年初未分配利润 = 37 - 100 + 10 × 5 = -13(万元)(为以后年度税后利润应弥补的亏损);

2010年应交纳所得税 = 15 × 40% = 6(万元);

本年税后利润 = 15 - 6 = 9(万元);

企业可供分配的利润 = 9 - 13 = -4(万元),不能计提盈余公积金(含公益金)。

(2)2011年税后利润 = 40(1 - 40%) = 24(万元);

可供给分配的利润 = 24 - 4 = 20(万元);

计提盈余公积金(公益金) = 20 × 15% = 3(万元);

可供给投资者分配的利润 = 20 - 3 = 17(万元)。

第二节 股利政策概述

一、影响股利分配政策的因素

(一)法律因素

股利分配政策的确定,受到企业所在国家企业法、税法、商法等关于企业股利分配规定的影响。只有在不违反法律强制性规定的前提下,企业才能自主确定股利分配政策。同时,为了保护债权人和股东的利益,国家有关法律法规对企业股利分配予以一定的硬性限制,这些限制主要体现在以下几个方面:

1. 资本保全约束

资本保全约束是企业财务管理应遵循的一项重要原则。它要求企业发放的股利或投资分红不得来源于原始投资(或股本),而只能来源于企业当期利润或留存收益。其目的是为了防止企业任意减少资本结构中所有者权益的比例,以维护债权人利益。

2. 资本积累约束

资本积累约束要求企业在分配收益时,必须按一定的比例和基数提取各种公积金。另外,当企业出现年度亏损时,一般不得分配股利。

3. 偿债能力约束

偿债能力是指企业按时足额偿付各种到期债务的能力。当期支付现金股利后会影响企业偿还债务,所以企业发放现金股利的数额就要受到限制。

4. 超额累计利润约束

由于投资者接受股利缴纳的所得税要高于进行股票交易的资本利得所缴纳的税金,因此许多企业通过积累利润使股价上涨的方式来帮助股东避税。西方许多国家都注意到这一点,并在法律上明确规定企业不得超额累计利润,一旦企业留存收益超过法律认可的水平,将被征收额外税款。

(二)股东因素

1. 稳定的收入和避税

在美国、英国、加拿大等成熟的资本市场中,由于股权比较分散、企业经理层出于外部的压力而满足股东对某一股利形式的偏好。而在我国,由于特殊的股权结构,使权利不对称的情况比较明显,上市企业经理层则有利用某种股利形式满足自身效用的内在动机。另外,一些高股利收入的股东又出于避税的考虑(股利收入的所得税高于股票交易的资本利得税),往往反对企业发放较多的股利。

2. 控制权的稀释或争夺

一方面,当企业支付了较高的股利,就会导致留存收益的减少,这就意味着将来发行新股的可能性加大,如果企业的控股股东没有或者不能认购增发的新股,其控制权就会被稀释,这时控股股东就可能采取低支付率的股利政策。这种股利政策不可能使全部股东的财富最大化,但却对具有控制权的股东有最大的利益。另一方面,当一个企业面临被其他企业或投资者收购的危险时,低股利支付率可能有助于"外来者"取得控制权。外来者可以游说企业的股东使他们相信企业不能使股东财富最大化,而他们(外来者)却可以做得更好。这样会导致面临被收购的企业不得不支付较高的股利来取悦其股东。

3. 风险的规避

在某些股东看来,通过增加留存收益引起股价上涨而获得的资本利得是有风险的,而目前所得到的股利是确定的,是真正的现金收入,即便是现在较少的股利,也强于未来较多但存在较大风险的资本利得,因此往往要求较多的股利。

(三)企业的因素

1. 盈余的稳定性

盈余的稳定性即企业的持久盈利性,企业是否能获得长期稳定的盈余,是其股利决策的重要基础。因此企业的管理当局在制定股利政策时,不仅要考虑当期的盈利状况,而且还要预测未来的盈利水平。当企业当期盈利受到暂时的冲击时,持久盈利变动不大,企业经理通常不会改变股利政策;当盈利受到持久冲击或预期冲击时,持久盈利的变动与冲击的幅度大致相当,企业经理倾向于调整股利政策。对于不同的企业来说,盈余相对稳定持久的企业能够较好地把握自己,有可能支付较高的股利;而盈余不稳定持久的企业一般采用低股利政策。因为低股利政策可以减少因盈余下降而造成的股利无法支付、股价急剧下降的风险,还可以将更多的盈余再投资,以提高企业权益资本比重,减少财务风险。

2. 企业资产的流动性

资产的流动性是指企业资产转化为现金的难易程度。如果企业发放现金股利,股利的分配就代表现金的流出。因此,一方面,企业的现金流量与资产整体流动性越好,其支付股利的能力就越强;另一方面,较多地支付现金股利,会减少企业的现金持有量,使资产的流动性降低。

3. 企业的投资机会

企业的股利政策在很大程度上受投资机会所左右。如果企业有着良好的投资机会,往往采用低股利、高留存收益的政策,将大部分盈余留存下来用于投资;反之,如果企业缺乏良好的投资机会,就可能采用高股利政策。因此,对于那些处于发展中的企业,往往支付较少的现金股利;陷于经营收缩的企业大多采用高股利政策。

4. 企业的举债能力

企业的举债能力强,能够及时地从资金市场筹措到所需的资金,则有可能采取较宽松的利润分配政策;而如果企业举债能力弱,宜保留较多的盈余,因而往往采取较紧的股利分配政策。

5. 企业的资金成本

企业将税后利润用于再投资,有利于降低筹资的外在成本,包括再筹资费用和资本的实际支出成本。因此,很多企业在考虑投资分红时,首先将企业的净利润作为筹资的第一选择渠道,特别是在企业承担负债资金较多、资本结构欠佳的时期。

6. 其他因素

(1)债务合同因素。企业的债务合同,特别是长期债务合同,往往有限制企业现金支付程度的条款,以保护债权人的利益。通常包括:未来的股利只能以签订合同之后的收益来发放,也就是说不能以过去的留存收益来发放;营运资金低于某一特定金额时不得发放股利;将利润的一部分以偿债基金的形式留存下来;利息保障倍数低于一定水平时不得支付股利。企业出于方便未来负债筹资的考虑,一般都能自觉恪守与债权人事先签订的有关合同的限制性条款,以协调企业与债权人之间的关系。

(2)通货膨胀。通货膨胀会带来货币实际购买力水平下降,固定资产重置资金来源不足,此时企业往往必须考虑留用一定的利润,以便弥补由于货币购买力水平下降而造成的固定资产重置成本的缺口。因此,在通货膨胀时期,企业一般采取偏紧的股利分配政策。

二、股利政策的类型

股利政策受多种因素的影响,同时因股利政策的不同,也会对公司股票价格产生不同的影响。因此,对于股份公司来说,制定一个正确合理的股利政策是非常重要的,股利政策有以下几种类型:

1. 剩余股利政策

剩余股利政策认为企业的盈余首先用于满足盈利性投资项目的资金需要,在满足其需要后,若还有剩余,公司才能将剩余部分作为股利发给股东。采用剩余股利政策时,一般遵循以下几个步骤:

(1)根据公司的投资计划确定公司最佳资本预算。
(2)根据公司目标资本结构及最佳资本预算,预计公司资金需求中所需要的权益资本数额。
(3)尽可能用留存收益来满足资金需求中所需增加的股东权益数额。
(4)留存收益在满足公司股东权益增加需求后,若有剩余再用来发放股利。

【例9.2】 正大公司2009年税后利润总额2 400万元,按规定提取10%的盈余公积和5%的公益金,2010年投资计划需要资金2 100万元,公司目标资本结构是维持借入资金与自有资金的比例为1:2,按照剩余股利政策计算正大公司2009年投资者可得到的分红数额。

解:投资方案所需资金总额 = 2 100(万元)
目标资本结构为1/3负债,2/3所有者权益。

$$可供分配利润 = 2\ 400 \times (1 - 10\% - 5\%) = 2\ 040(万元)$$
$$投资所需增加的权益资本总额 = 2\ 100 \times 2/3 = 1\ 400(万元)$$
$$税后净利润能满足投资需要的最大限额 = 1\ 400(万元)$$
$$向投资者支付股利数额 = 2\ 040 - 1\ 400 = 640(万元)$$

剩余股利政策的优点是:留存收益优先保证再投资的需要,从而有助于降低再投资的资金成本,保持最佳的资本结构,实现企业价值的长期最大化。其缺点是:如果完全遵照执行剩余股利政策,股利发放额就会每年随投资机会和盈利水平的波动而波动;不利于投资者安排收入和支出,也不利于公司树立良好的形象,该政策一般适用于公司初创阶段。

2. 固定或稳定增长股利政策

固定或稳定增长股利政策是指公司将每年派发的股利额固定在某一特定水平或是在此基础上维持某一固定比率逐年稳定增长。

固定或稳定增长股利政策的优点是:

(1)固定或稳定增长股利政策可以传递给股票市场和投资者一个公司经营状况稳定、管理层对未来充满信心的信号,这有利于公司在资本市场上树立良好的公司形象、增强投资者信心,进而有利于稳定公司股价。

(2)固定或稳定增长股利政策有利于吸引那些打算作长期投资的股东,以便其安排各种经常性的消费和其他支出。

固定或稳定增长股利政策的缺点是:公司股利的支付与公司盈余相脱节,造成投资风险与收益不对称;当公司盈利较低时仍要支付较高的股利,容易引起公司资金短缺和财务状况恶化。该政策一般适用于经营处于成熟阶段、信誉一般的公司,却很难被长期采用。

【例9.3】 某企业税后可供分配给股东的利润为800万元,并且企业的固定股利支付率为2%,则股东可获股利额是多少?

解: $800 \times 2\% = 160(万元)$

3. 固定股利支付率政策

固定股利支付率政策是指公司将每年净收益的某一固定百分比作为股利分派给股东。这一百分比通常称为股利支付率,股利支付率一经确定,一般不得随意变更。固定股利支付率越高,公司留存的净收益越少。在这一股利政策下,只要公司的税后利润一经计算确定,所派发的股利也就相应确定了。

固定股利支付率政策的优点是:

(1)使股利与企业盈利紧密结合,体现多盈多分、少盈少分、不盈不分的股利分配原则。

(2)由于公司的盈利能力在年度间是经常变动的,因此每年的股利也应随着公司收益的变动而变动,保持分配与留存收益间的一定比例关系,体现了投资风险与投资收益的对等。

固定股利支付率政策的缺点是:

(1)传递信息容易成为公司的不利因素,即由于股利波动容易使外界产生对公司经营不稳定的印象。

(2)容易使公司面临较大的财务压力。

(3)公司每年按固定比例从净利润中支付股利,缺乏财务弹性。

(4)合适的固定股利支付率的确定难度较大。

固定股利支付率股利政策只能适用于那些处于稳定发展且公司财务状况较稳定的公司。

【例9.4】 公司目前发行在外的股数为1 000万股,该公司的产品销路稳定,拟投资1 200万元,扩大生产能力50%。该公司想要维持目前50%的负债比率,并想继续执行10%的固定股利支付率股利政策。该公司在2009年的税后利润为500万元。

要求:确定该公司2010年为扩充上述生产能力必须从外部筹措的权益资本额。

解: 保留利润 $= 500 \times (1 - 10\%) = 450(万元)$

项目所需权益融资需要 $= 1\ 200 \times (1 - 50\%) = 600(万元)$

外部权益融资 $= 600 - 450 = 150(万元)$

4. 低正常股利加额外股利政策

低正常股利加额外股利政策是公司事先设定的一个较低的正常股利额,每年除了按正常股利额向股东发放现金股利外,还在公司盈利情况较好、资金较为充裕的年度向股东发放高于每年度正常股利的额外股利。

低正常股利加额外股利政策的优点是：

（1）低正常股利加额外股利政策赋予公司一定的灵活性,使公司在股利发放上留有余地和具有较大的财务弹性。

（2）低正常股利加额外股利政策有助于稳定股价,增强投资者信心。

低正常股利加额外股利政策的缺点是：

（1）由于年份之间公司的盈利波动使得额外股利不断变化,或时有时无,造成分派股利的不同,容易给投资者以公司收益不稳定的感觉。

（2）如果公司较长时期一直发放额外股利,股东就会误认这是正常股利,一旦取消,极易造成公司"财务状况"逆转的负面影响,股价下跌在所难免。

低正常股利加额外股利政策适用于那些盈利水平随经济周期波动较大的公司或行业。

公司股利分配政策的选择如表9.1所示。

表9.1 公司股利分配政策的选择

公司发展阶段	特　　点	适应的股利政策
公司初创阶段	公司经营风险高,融资能力差	剩余股利政策
公司高速发展阶段	产品销量急剧上升,需要进行大规模的投资	低正常股利加额外股利政策
公司稳定增长阶段	销售收入稳定增长,公司的市场竞争力增强,行业地位已经巩固,公司扩张的投资需求减少,广告支出比例下降,净现金流入量稳步增长,每股净利呈上升态势	稳定增长型股利政策
公司成熟阶段	产品市场趋于饱和,销售收入难以增长,但盈利水平稳定,公司通常已积累了相当的盈余和资金	固定型股利政策
公司衰退阶段	产品销售收入锐减,利润严重下降,股利支付能力日绌	剩余股利政策

三、股利支付方式及程序

（一）股利的种类

股利是指股份企业从净利润中派发给股东的那一部分。股利是股东投资于股份企业的收益的一部分,是付给资本的报酬。股份有限公司分派股利的形式一般有现金股利、股票股利、财产股利和负债股利。

1. 现金股利

现金股利是股份有限公司以现金的形式从企业净利润中分配给股东的投资报酬,也称"红利"、"股息"。现金股利是股份有限公司最常用的股利分配形式。优先股通常有固定的股息率,在企业经营正常并有足够利润的情况下,优先股的年股利额是固定的。普通股没有固定的股息率,发放现金股利的次数和金额主要取决于企业的股利政策和经营业绩等因素。西方国家的许多企业按季度发放现金股利,一年发放四次。我国企业一般半年或一年发放一次现金股利。由于现金股利是从企业实现的净利润中支付给股东的,支付现金股利会导致企业现金流出,减少企业的留存收益,因此发放现金股利不会增加股东的财富总额。但是支付现金股利可以向市场传递积极信息,有利于支撑和刺激企业的股价,增强投资者的信心。另外,企业在支付现金股利前必须做好财务上的充分准备,以便有足够的现金支付股利。因为一旦向股东宣告发放现金股利,就对股东承担了支付的责任,形成了股东和企业之间的债权债务关系。

总之,支付现金股利将减少企业的资产和留存收益规模,降低企业内部融资的总量,并影响企业整体的投资和融资决策。所以,企业在发放现金股利前,应当权衡各方面的因素。

2. 股票股利

股票股利是股份企业以股票形式从企业净利润中分配给股东的股利。股份有限公司发放股票股利,需经股东大会表决通过,根据股权登记日的股东持股比例将可供分配利润转为股本,并按持股比例向各股东分派股票,增加股东的持股数量。发放股票股利不会改变企业的股东权益,只是企业的股东权益结构发生了变化,未分配利润转为股本。

【例9.5】 某企业发行在外的普通股数为 2 000 万股,每股面值 1 元,每股市价为 5 元。现决定发放 10% 的股票股利,即每持股 100 股,可获得 10 股增发的新股票。该企业发放股票股利前后的股东权益结构如表 9.2 所示。

表9.2 股票股利发放前后股东权益内部结构变化情况

单位:万元

项 目	发放股票股利前	发放股票股利后
股本	2 000	2 200
资本公积	750	1 550
盈余公积	1 680	1 680
未分配利润	3 200	2 200
股东权益合计	7 630	7 630

从表 9.2 中可看出,公司发放 10% 的股票股利,实际上意味着将 2 000×10%×5 = 1 000(万元)的留存盈余转成了资本,其中相当于面值的部分 2 000×10%×1 = 200(万元)增加股本,溢价部分 1 000 - 200 = 800(万元)增加资本公积,公司的净资产总额在股票股利发放前后是一致的,均为 7 630 万元。

3. 财产股利

财产股利是以现金以外的资产支付的股利,主要是以公司所拥有的产品或拥有的其他企业的有价证券,如债券、股票,作为股利支付给股东。

4. 负债股利

负债股利是公司以负债支付的股利。通常以公司的应付票据支付给股东,不得已情况下也有发行公司债券抵付股利的。

财产股利和负债股利实际上是现金股利的替代。这两种股利方式目前在我国企业实务中很少使用,但也并非法律所禁止。

(二)股利发放程序

企业向股东支付股利,要经历一定的程序。这一程序主要包括宣告日、股权登记日、除息日和股利发放日等重要日期。

1. 宣告日

宣告日是由董事会提出利润分配方案,股东大会决议通过并由董事会宣布发放股利的日期。在宣布股利分配方案时,应明确股利分配的年度、分配的范围、分配的形式、分配的数量,并公布股权登记日、除息日和股利发放日。

2. 股权登记日

股权登记日是有权领取本期股利的股东资格登记截止日期。因为股票是经常流动的,所以规定股权登记日是为了确定股东能否领取本期股利的日期界限。凡是在股权登记日这一天登记在册的股东才有资格领取本期股利,而在这一天没有登记在册,即使是在股利发放日之前买入股票的股东,也无权领取本次分配的股利。

3. 除息日

除息日也称除权日,是指从股价中除去股利的日期,即领取股利的权利与股票分开的日期。在除息日之前的股票价格中包含了本次股利,在除息日之后的股票价格中不再包含本次股利。因此投资者在除息日之前购买股票,才能领取本次股利,在除息日当天或以后购买股票,则不能领取本次股利。除息日对股票价格有重要影响,除息日股票价格因除权而相应下降,除息日股票的开盘参考价为前一交易日的收盘价减去每股股利。在西方国家,除息日一般确定在股权登记日的前两个工作日,之所以如此规定,是因为股票交易之后,办理过户登记手续需要几天时间,为了保证在股权登记日办完手续,投资者必须在除息日之前买入股票。而在除息日之后,股权登记日之前购买,企业不能保证及时地得到股票所有权已经转让的通知,可能无法在股权登记日办理过户手续。但是,目前的计算机结算系统非常快捷,除息日可确定为股权登记日的下一个工作日。

4. 股利发放日

股利发放日也称股利支付日,是企业将股利正式支付给股东的日期。在这一天,企业应通过邮寄等方式将股利支付给股东。在我国,上市公司在支付日这一天直接将股利打入股东在证券公司开立的保证金账户。

第三节 股票分割与股票回购

(一)股票分割的含义与目的

股票的分割是指将面额较高的股票交换成面额较低的股票行为。会使发行在外的股数增加,使得每股面额降低,每股盈余下降;但公司价值不变,股东权益总额、权益各项目及其相互之间的比例不会改变。

只要股票分割后每股现金股利的下降幅度小于股票分割幅度,股东仍能多获得现金股利。股票的分割向社会传播的有利信息和降低了的股价,可能导致购买股票的人增加,反使其价格上升,进而增加股东财富。

一般来说,只有在公司股价大幅上涨而且预期难以下降时,才采用股票分割的办法降低股价;而在公司股价上涨幅度不大时,往往通过发放股票股利将股价维持在理想的范围之内。

如果公司认为自己的股票价格过低,为了提高股票价格,会采取反分割的措施。

对于公司来讲,实行股票分割的主要目的在于通过增加股票股数来降低每股市价,从而吸引更多的投资者。对于股东来讲,股票分割后各股东持有的股数增加,但持股比例和持有股票的总价值不变。

【例9.6】 某公司按1:2进行股票分割,对公司股东权益的影响如表9.3所示。

表9.3 股票分割前后所有者权益对比　　　　　　　　　　　　　　　　　单位:万元

股票分割前		股票分割后	
普通股 (1 000 000 股,每股 1 元)	100	普通股 (2 000 000 股,每股 0.5 元)	100
资本公积	100	资本公积	100
留存收益	500	留存收益	500
股东权益合计	700	股东权益合计	700

股票分割与股票股利有相似之处,二者的异同如表9.4所示。

表9.4 股票股利与股票分割对比

股票股利与股票分割	股票股利	股票分割
股东的现金流量	不增加	不增加
普通股股数	增加	增加
股票市场价格	下降	下降
股东权益总额	不变	不变
股东权益结构	变化	不变
收益限制程度	有限制	无限制

二、股票回购

1. 股票回购的含义及方式

股票回购是指上市公司出资将其发行的流通在外的股票以一定的价格买回来予以注销或作为库存股的一种资本运作方式。股票回购包括公开市场回购、要约回购和协议回购三种方式。

(1)公开市场回购。公开市场回购是指在股票的公开交易市场上,以等同于任何潜在投资者的地位,按照公司股票当前市场价格回购股票。这种方式的缺点是在公开交易市场上回购股票时很容易推高股价,增加回购成本。

(2)要约回购。要约回购是指公司在特定期间向市场发出的以高出股票当前市场价格的某一价格,回购既定数量股票的要约。这种方式对所有股东来说,向公司出售其所持有股票的机会是均等的。

(3)协议回购。协议回购是指公司以协议价格直接向一个或几个主要股东回购股票。在卖方首先提出的前提下,协议价格一般低于当前股票的市场价格。

2. 股票回购的动机

在证券市场上,股票回购的动机主要有以下几点:

(1)替代现金股利。对公司来讲,派发现金股利会对公司未来产生派现的压力,而股票回购属于非正常股利政策,不会对公司未来产生派现压力。对股东来讲,需要现金的股东可以选择出售股票,不需要现金的股东可以继续持有股票。因此,当公司资金富余,又不希望以派现方式进行分配时,股票回购可以替代现金股利。

(2)改善企业的资本结构。当企业管理当局认为权益资本在整个企业的资本结构中所占比例过大,负债对权益比例过小时,就有可能利用留存收益或通过举债去回购企业发行在外的普通股,由此提高资产负债率,使资本结构趋于合理。

(3)满足认股权的行使。在企业发行可转换债券、认股权证或出台有高层管理员股票期权计划及员工持股计划,而又不想发行新股稀释每股净收益,降低每股市价,此时可采用股票回购的办法。

(4)满足企业兼并和收购的需要。在企业兼并和收购过程中,产权交换的支付方式无非是用非现金购买和以股票换取股票两种形式,如果企业有库藏股票,可以使用企业本身的库藏股交换兼并企业的股票,由此减少或消除因企业兼并而带来的每股盈利的稀释效应。

在企业回购股票之前,信息的披露非常重要,企业必须告诉股东自己的真正意图,不得隐瞒任何信息。没有适当的信息披露,出售股票的股东可能会受到损害,这被认为是不道德的,会对公司的信誉带来消极影响。

3. 股票回购对公司的影响

(1)股票回购可能使公司的发起人股东更注重创业利润的兑现,而忽视公司长远的发展,损害公司的根本利益。

（2）股票回购容易导致内幕操纵股价。股份公司拥有本公司最准确、最及时的信息，如果允许上市公司回购本公司股票，易导致其利用内幕消息进行炒作，使大批普通投资者蒙受损失，甚至有可能出现借回购之名，进行炒作本公司股票的违法行为。

（3）股票回购对于公司来说，无异于股东退股和减少公司资本，在一定程度上削弱了对债权人的利益的保障。

【案例9.1】

北方一家大型的钢铁公司业绩一直很稳定，其盈余的长期成长率为12%，2007年该公司的税后利润为1 000万元，当年发放股利250万元。2008年该公司面临一次投资机会，需投资900万元，预计投资后，公司盈利可达到1 200万元，2009年以后公司仍会恢复12%的增长率。公司目标资本结构为负债：权益＝4：5。现在公司面临股利分配政策的选择，可供选择的股利分配政策有剩余股利政策、固定股利政策、固定股利支付率政策。

要求：若你是该公司的会计师，请你计算2007年公司实行不同股利政策时的股利水平，并比较不同的股利政策，做出你认为正确的选择。

【案例9.2】

1989年以前，IBM公司的股利每年以7%的速度增长。从1989～1991年，IBM公司的每股股利稳定在4.89美元/年股，即平均每季度1.22美元/股。1992年1月26日上午9时2分，《财务新闻直线》公布了IBM公司新的股利政策，季度每股股利从1.21美元调整为0.54美元，下降超过50%。维持多年的稳定的股利政策终于发生了变化。

IBM公司董事会指出：这个决定是在慎重考虑IBM的盈利和公司未来的长期发展的基础上做出的，同时也考虑到了给广大股东一个合适的回报率。这是一个为了维护股东和公司未来最好的长期利益，维持公司稳健的财务状况，综合考虑多种影响因素之后做出的决定。1993年，IBM的问题累积成堆，股利不得不从2.16美元再次削减到1.00美元。

在此之前，许多投资者和分析人士已经预计到IBM将削减其股利，因为它没有充分估计到微型计算机的巨大市场，没有尽快从大型计算机市场转向微型计算机市场。IBM的大量资源被套在销路不好的产品上。同时，在20世纪80年代，IBM将一些有利可图的项目，如软件开发、芯片等拱手让给微软和英特尔，使得他们后来获得丰厚的、创纪录的利润。结果是：IBM公司在1992年创造了美国企业历史上最大的年度亏损，股票价格下跌60%，股利削减53%。

面对IBM的问题，老的管理层不得不辞职。到了1994年，新的管理层推行的改革开始奏效，公司从1993年的亏损转为盈利，1994年的EPS达到4.92美元，1995年EPS则高达11美元。因为IBM公司恢复了盈利，股利政策又重新提到议事日程上来……最后，IBM董事会批准了一个庞大的股票回购计划——回购50亿美元，使得股东的股利达到1.4美元/股。1993

年是 IBM 股价最为低迷的时候,最低价格是 40.75 美元;最高价格是 1987 年,176 美元/股。股利政策调整后,IBM 的股价上升到 128 美元。

问题:

1. 在上述案例中 IBM 分别采用了哪几种类型的股利政策?
2. 分析 IBM 每次调整股利政策的原因及其合理性。
3. 在本案例中,你认为股票回购计划的作用是什么?

本 章 小 结

1. 利润分配应按一定的顺序进行。计算可供分配的利润。将本年利润(亏损)与年初未分配利润(或未弥补亏损)合并,计算出可供分配利润。如果可供分配利润为负数,则不能进行后续分配。计提法定盈余公积金。按抵减年初累计亏损后的本年净利润计提法定盈余公积金,计提公益金,计提任意盈余公积金,向股东支付股利。

2. 股利政策应考虑的因素有:法律因素、股东因素、公司因素和其他因素。公司常用的股利政策主要有剩余股利政策、固定股利政策、固定股利支付率政策和低正常股利加额外股利政策。股利支付方式主要有现金股利、股票股利、财产股利和负债股利。

3. 股票分割与股票回购是两个既有区别,又有联系的概念,两者对所有者权益总额各个项目构成的影响不同,但在实践中对股利又有相似的影响。

自 测 题

一、单项选择题

1. 能使股利与公司盈余紧密配合的股利分配政策是　　　　　　　　　　　　（　　）
   A. 剩余股利政策　　　　　　　　　B. 固定或持续增长的股利政策
   C. 固定股利支付率政策　　　　　　D. 低正常股利加额外股利政策

2. 造成股利波动较大,给投资者以公司不稳定的感觉,对于稳定股票的价格不利的股利分配政策是　　　　　　　　　　　　　　　　　　　　　　　　　　　　（　　）
   A. 剩余股利政策　　　　　　　　　B. 固定或持续增长的股利政策
   C. 固定股利支付率政策　　　　　　D. 低正常股利加额外股利政策

3. 采用低正常股利加额外股利政策的股利分配政策的理由是　　　　　　　（　　）
   A. 保持理想的资本结构,使加权平均资本成本最低
   B. 使公司具有较大的灵活性
   C. 向市场传递着公司正常发展的信息,有利于树立公司良好形象
   D. 能使股利的支付与盈余不脱节

4. 以下股票股利的方式支付股利会引起　　　　　　　　　　　　　　　　（　　）
   A. 公司资产的流出　　　　　　　　B. 负债的增加
   C. 所有者权益的减少　　　　　　　D. 所有者权益各项目的结构发生变化

5. 股票分割不会引起　　　　　　　　　　　　　　　　　　　　　　　　（　　）

A. 公司资产的流出

B. 负债的增加

C. 所有者权益各项目的金额及其结构发生变化

D. 每股盈余下降

6. 某公司现在发行在外普通股 100 万股,每股面值 1 元,资本公积 300 万元,未分配利润 800 万元,股票市价 20 元;若按 10% 的比例发放股票股利并按市价折算,公司资本公积的报表列示为 ( )

A. 100 万元 B. 290 万元
C. 490 万元 D. 300 万元

二、多项选择题

1. 利润分配的原则有 ( )
   A. 依法分配原则 B. 兼顾各方面利益原则
   C. 分配与积累并重原则 D. 投资与收益对等原则

2. 根据股利相关论,影响股利分配的因素有 ( )
   A. 法律因素 B. 股东因素
   C. 公司的因素 D. 债务的因素

3. 采用固定或持续增长的股利分配政策的理由是 ( )
   A. 保持理想的资本结构,使加权平均资本成本最低
   B. 使公司具有较大的灵活性
   C. 向市场传递着公司正常发展的信息,有利于树立公司良好形象
   D. 使股利的支付与盈余紧密结合,体现了多盈多分、少盈少分、无盈不分的原则

4. 公司各期股利发放视当期收益实现而定的股利分配政策是 ( )
   A. 剩余政策 B. 固定股利比例政策
   C. 固定股利政策 D. 正常股利加额外股利政策

5. 派发股票股利的优点是 ( )
   A. 不会导致公司资产的流出或负债的增加
   B. 未改变股东的持股比例
   C. 引起每股市价下降
   D. 使股东权益因此而增加

6. 关于股利分配政策,下列说法正确的是 ( )
   A. 剩余分配政策能充分利用筹资成本最低的资金资源保持理想的资金结构
   B. 固定股利政策有利于公司股票价格的稳定
   C. 固定股利比例政策体现了风险投资与风险收益的对策
   D. 正常股利加额外股利政策有利于股价的稳定和上涨

三、判断题

1. 当公司当年无利润分配时,且用公积金弥补亏损后,公司可用公积金按规定向股东分

配股利,但留存法定盈余公积金不得低于注册资本金的25%。（ ）

2. 只有在股权登记日前在公司股东名册有名的股东,才有权分享股利。（ ）

3. 低正常股利加额外股利政策,能使股利和公司的盈余紧密结合,以体现多盈多分、少盈少分的原则。（ ）

4. 一个新股东要想取得股利,必须在除权日之前购入股票,否则即使持有股票也无权领取股利。（ ）

5. 发放股票股利并不引起股东权益总额的变化,发现现金股票会减少股东权益总额。（ ）

6. 对于公司来讲,实行股票分割的主要目的在于通过增加股票股数降低每股市价,从而吸引更多的投资者。（ ）

四、简答题

1. 利润分配应遵循哪些基本原则？
2. 股利支付有哪几种方式？分别是什么？
3. 影响股利政策的因素有哪些？
4. 股利政策的基本类型有哪些？

五、业务分析题

1. 某公司去年税后净利为1 000万元,因为经济不景气,估计明年税后净利降为870万元,目前公司发行在外的普通股为200万股。该公司决定投资500万元设立新厂,并维持60%的资产负债率不变。另外,该公司去年支付每股现金股利为2.5元。

要求：
(1)若依固定股利支付率政策,则今年应支付每股股利多少元？
(2)若依据剩余股利政策,则今年应支付每股股利多少元？

2. 东方公司发放股票股利前的股东权益情况如表9.5所示。

表9.5　股东权益情况表

项　目	金　额/万元
股本(面值1元,已发行300万股)	300
资本公积	500
未分配利润	1 500
股东权益合计	2 300

假定公司宣布发放10%的股票股利,若当时该股票市价为9元。

要求：计算发放股票股利后的股东权益各项目的情况。

3. ABC公司2009年账户余额如表9.6所示。

表9.6 股东权益情况表

项　　目	金　额/万元
股本(面值1元,已发行1 000万股)	1 000
盈余公积	500
资本公积	4 000
未分配利润	1 500
股东权益合计	7 000

若公司决定发放10%的股票股利,并按发放股票股利后股数支付现金股利,每股0.1元,该公司股票目前市价为10元/股。

问题:若预计2010年净利润将增长5%,若保持10%的股票股利比率与稳定的股利支付率,则2010年发放多少现金股利?

【阅读资料】

业绩股票虽然是不同类型企业都可使用的一种股权激励模式,但它受企业外部环境和内部条件的双重影响,每个企业的行业背景、发展阶段、股权结构、人员结构、发展战略与公司文化等都会对股权激励方案的要素设计产生影响,因此需要企业仔细分析自身情况,合理制定股权激励方案,否则,再完美的方案也会因为不符合企业自身情况而失效,甚至出现负面影响。从我国已经实施业绩股票激励制度的上市公司来看,各公司的激励方案各有特点,但要真正做到符合企业自身情况似乎又不那么容易。以下我们对福地科技、天大天财和泰达股份的业绩股票激励方案作一简单的分析和探讨。

福地科技(000828)是我国首家披露实施股权激励方案的上市公司。在2000年3月的董事会公告中,福地科技披露了股权激励方案及奖励基金的分配方法:1999年度对董事、监事及高管人员进行奖励,奖励以年度计一次性奖励,按经会计师审计的税后利润在提取法定公积金及公益金后按1.5%的比例提取,其中所提取金额的70%奖励董事及高级管理人员,30%奖励监事。其中奖金的80%用于购买福地科技股票,20%为现金发放。福地科技同时还披露了获得奖励的16位高管人员名单及其所获奖励数额。

分析福地科技的激励方案,可以看出其优缺点:

(1)激励模式选择较为恰当。福地科技是彩色显像管的重要生产基地,由于市场竞争的白热化,业内企业的业绩多数趋向平稳或略有下降,因此采用业绩股票模式较为适合。

(2)激励范围过窄。福地科技业绩股票的激励范围为公司高级管理人员(包括董事、监事),未将核心技术、业务骨干等包含在内。公司所处的电子元器件制造业,其产品的科技含量较高,产品的市场竞争又非常激烈,所以这些企业有一个突出的特点,就是一方面人力资源(主要是核心技术、业务骨干)因素在企业的发展过程中起着非常关键的作用,另一方面,为了在市场竞争中取得优势地位,各企业对核心人才的争夺也非常激烈。显然,福地科技未将核心骨干员工纳入激励范围是其股权激励方案一个很大的缺陷。如果一个企业骨干员工的薪酬在公司内部偏低,和公司外部相比又不具有竞争力,他们的工作积极性没有被激发起来,这可能是造成公司业绩不佳的一个重要因素。

(3)激励力度偏低。福地科技的年度激励基金=(经审计后的税后利润-法定公积金-法定公益金)×1.5%,一般而言,法定公积金和法定公益金分别占税后利润的10%和5%,这样算来,年度奖励基金实际=税后利润×1.275%,1.275%这个比例应该说是比较低的。虽然公司的税后利润基数较大,但激励基金提取比例过小,分配的人数却又不少,导致对激励对象的激励力度较小,股价的约束作用也就有限。

(4)地理位置对激励效果有所影响。福地科技地处广东东莞,人才(包括核心骨干和高管)的价格和流动性均较高,使公司激励范围过窄和激励力度偏小的缺点显得更为突出。

第十章
Chapter 10

财务分析

【学习要点】

通过本章的学习,要求了解财务分析的主体、目的、内容和基本依据,掌握财务分析的基本方法,在此基础上熟练掌握偿债能力、营运能力、盈利能力、发展能力的指标分析及其应用,理解各种综合财务分析的思路和基本方法,并能运用其进行财务综合分析。财务分析是以企业财务报表等有关会计核算资料为依据,对企业财务活动过程及结果进行分析和评价。通过分析便于企业管理当局及其他报表使用人了解企业财务状况和经营成果,为做出正确决策与估价提供准确信息或依据。

【案例导入】

兴业电子股份有限公司(以下简称"兴业电子")总股本4.29亿,流通股1.72亿股,市盈率为24。公司作为一家成长中的电子类公司,以通信产品、视听产品及IT产品为核心业务。过去一年,公司实现主营业务收入68.17亿元,实现净利润6.14亿元。其中,手机类产品占主营业务收入的82.82%,是国内手机品牌中利润最高的公司,毛利率37.76%,手机产品市场占有率居国内品牌第四,视频类产品市场占有率居第三名。公司主营手机、DVD、液晶电脑及视听设备,并于年内确定了3C(通信、IT、家电)融合为核心,相关多元化发展的战略方向,公司建立了600多人的技术中心,设立博士后工作站,科研实力在同行业中首屈一指,形成了自己的核心技术优势。

表10.1对主要通信产品制造公司的财务比率进行了汇总,请结合相关资料,从银行、股东、和收购方三个角度分别对兴业公司的营运状况做出评价。

表10.1 通信产品制造公司的财务比率汇总表

名称	速动比率	现金比率	应收账款周转率	股东权益比率	资产负债率	长期负债比率	存货周转率	销售净利率
A公司	74.08	0.49	9.54	32.46	0.68	1.23	2.64	16.94
B公司	110.87	0.23	5.11	29.72	0.7	3.83	2.72	21.88

续表10.1

名称	速动比率	现金比率	应收账款周转率	股东权益比率	资产负债率	长期负债比率	存货周转率	销售净利率
C公司	82.69	0.19	12.03	31.56	0.68	0.06	2.25	14.99
D公司	61.14	0.06	—	14.68	0.85	2.07	—	7.76
E公司	85.1	0.39	—	31.99	0.68	4.17	—	36.74
F公司	91.29	0.16	—	29.94	0.7	3.78	—	28.43
兴业电子	80.11	0.38	41.17	33.65	0.66	5.01	5.48	33.98
行业平均	83.61	0.27	9.69	29.14	0.71	2.88	1.87	22.96

第一节 财务分析概述

一、财务分析的含义及意义

(一)财务分析的含义

财务分析是以会计核算和报表资料及其他相关资料为依据,采用一系列专门的分析技术和方法,对企业等经济组织过去和现在的有关筹资活动、投资活动、经营活动的偿债能力、盈利能力和营运能力状况等进行分析与评价,为企业的投资者、债权人、经营者及其他关心企业的组织或个人了解企业过去、评价企业现状、预测企业未来做出正确决策、提供准确信息或依据的一种财务管理方法。

(二)财务分析的意义

财务分析在财务管理工作中有着重要的意义,主要表现在以下几个方面:

1. 为企业管理者提供财务分析信息,促进企业加强内部管理

通过财务分析可以评价企业财务状况的好坏,从而揭示企业财务活动中存在的问题,检查企业内部各职能部门和单位对各项指标的执行情况,考核工作业绩,总结经验教训,采取措施,挖掘潜力,制定正确的投资和经营策略,实现企业的理财目标。

2. 为企业外部投资和贷款人提供决策依据

作为企业外部投资者,需要通过对企业财务活动的分析来评价企业经营管理人员的业绩,考核他们作为资产的经营者是否称职,评价资本的盈利能力、各种投资的发展前景、投资的风险程度等方面,以便作为进行投资决策的依据。作为企业的债权人,也需要通过对企业的财务活动的分析来考核企业的财务状况、偿债能力、资产的流动性及资产负债率等,只有详细地掌握了企业经营成果及财务状况等各方面的信息并加以分析评价,才能做出正确的决策。

3. 有助于国家制定经济政策，促进社会资源的合理分配

通过财务分析，既可以评价一个企业为社会和国家所作贡献的大小，完成任务的好坏，又可以综合评价各行业的投资状况、收益状况、资金结构、资源流向及其发展趋势，从而有助于国家及时制定经济政策，调整经济结构，促使资金从低效益企业向高效益企业流动，实现社会资源的最佳配置。

二、财务分析的目的

财务分析的目的是为财务报表使用者做出相关决策提供可靠的依据。财务分析的目的受财务分析主体的制约，不同的财务分析主体进行财务分析的目的是不同的。财务分析的一般目的可以概括为：评价过去的经营业绩，衡量现在的财务状况，预测未来的发展趋势。根据分析的具体目的，财务分析可以分为流动性分析、盈利性分析、财务风险分析、专题分析（如破产分析、审计人员的分析性检查程序）。

三、财务分析的内容

总体来看，财务分析的基本内容包括偿债能力分析、营运能力分析、盈利能力分析和发展能力分析，四者是相辅相成的关系。

企业所有者作为股权投资人，关心其资本的保值和增值状况，因此较为重视企业获利能力指标。企业债权人因不能参与企业剩余收益分享，首先关注的是其投资的安全性，因此更重视企业偿债能力指标。企业经营决策者必须对企业经营理财的各个方面，包括营运能力、偿债能力、盈利能力及发展能力的全部信息予以详尽地了解和掌握。政府职能部门兼具多重身份，既是宏观经济管理者，又是国有企业的所有者和重要的市场参与者，因此政府对企业财务分析的关注点因所具身份不同而异。注册会计师为减少风险，需要评估公司的盈利性和破产风险；为确定审计的重点，需要分析财务数据的异常变动。

第二节　财务分析方法

财务分析的方法一般分为定量分析方法和定性分析方法两类。定量分析方法是指分析者根据经济活动的内在联系，采用一定的数学方法，对所收集的数据资料进行加工、计算，对企业的财务状况和经营成果进行的分析。定性分析方法是指分析者运用所掌握的情况和资料，凭借其经验，对企业的财务状况和经营成果进行的分析。财务分析的过程实际上是定量分析和定性分析相结合的过程。财务分析的方法主要包括趋势分析法、比率分析法和因素分析法。

一、趋势分析法

趋势分析法又称水平分析法,是通过对比两期或连续数期财务报告中相同指标,确定其增减变动的方向、数额和幅度,来说明企业财务状况或经营成果的变动趋势的一种方法。采用这种方法,可以分析引起变化的主要原因、变动的性质,并预测企业未来的发展前景。常用的趋势比率有定基动态比率和环比动态比率,其计算公式为

$$定基动态比率 = \frac{分析期数额}{固定基期数额} \times 100\%$$

$$环比动态比率 = \frac{分析期数额}{前期数额} \times 100\%$$

在采用趋势分析法时,必须注意以下问题:
(1)用于进行对比的各个时期的指标,在计算口径上必须一致。
(2)剔除偶发性项目的影响,使作为分析的数据能反映正常的经营状况。
(3)运用例外原则,对某项有显著变动的指标作重点分析,研究其产生的原因,以便采取对策,趋利避害。

二、比率分析法

比率分析法是通过经济指标之间的对比,求出比率来确定各经济指标间的关系及变动程度,以评价企业财务状况的一种方法。运用比率分析法,能够把在某些条件下的不可比指标变为可比指标来加以比较。例如,在评价同行业盈利能力时,因为各企业的规模、地理位置、技术条件等因素各不相同,因此不能简单地以盈利总额进行对比,而应当用净资产收益率等相对指标进行对比说明,才能公正地评价企业经营管理水平及盈利能力的高低。比率分析法分为以下三种形式:

1. 相关比率分析法

相关比率分析法是指同一时期两个相关的指标进行对比求出比率,用以反映有关经济活动、经济指标之间的相互关系的一种分析方法。如用流动资产与流动负债的比率来表明每一元流动负债有多少流动资产作为偿还的保证,用销售收入与流动资产平均占用额的比率来表明企业流动资产的周转速度,用利润额与资本金的比率来反映企业资金的盈利能力等。

2. 构成比率分析法

构成比率分析法又称结构比率分析法,结构是指某一部分占总体的比重。其计算公式为

$$构成比率 = \frac{某个组成部分数额}{总体数额} \times 100\%$$

总体经济指标中各个组成部分安排得是否合理,结构比例是否协调,直接关系企业经营活动的正常运转,如总体资金中短期资金与长期资金应保持适当比例。短期资金过多会影响

企业长远发展,短期资金过少又会使周转陷入困境。再如企业的利润总额中,产品销售利润与其他销售利润的比例应适当合理,如果其他销售利润的比例增大,则说明企业主营业务受阻,前景不够乐观。

3. 效率比率

效率比率是某项经济活动中所费与所得的比率,反映投入与产出的关系。利用效率比率指标,可以进行得失比较,考察经营成果,评价经济效益。如将利润项目与营业收入、营业成本、资本等项目加以对比,可以计算出成本利润率、营业利润率以及资本利润率等利润率指标,可以从不同角度观察比较企业获利能力的高低及其增减变化情况。

三、因素分析法

因素分析法也称因素替代法,是用来确定几个相互联系的因素对分析对象——某个经济指标的影响程度的一种分析方法。某个总体指标的变动往往是受很多个相互联系的因素共同变动所引起的,要弄清某个因素对总体指标的影响程度,必须假定其他因素不变,而只有该因素发生变化的情况下才有可能。因此采用因素分析法首先要将总体指标分解成若干个小指标并列出关系式,然后依次顺序地用实际数去替代标准数,逐项确定各个因素对总体的影响程度。因素分析法的具体应用可以采用不同的形式。差额计算法是其中常用的一种,它利用各个因素实际数同标准数的差额,来计算某因素发生差异对总体指标的影响,是因素分析法的简化形式。

因素分析法具体有两种:一是连环替代法;二是差额分析法。

1. 连环替代法

连环替代法是将分析指标分解为各个可以计量的因素,并根据各个因素之间的依存关系,顺次用各因素的比较值(通常即实际值)替代基准值(通常即标准值或计划值),据以测定各因素对分析指标的影响。

【例10.1】 某材料标准单位成本为 1 000 元/m^3。A 产品标准消耗量为 0.1 m^3/件。本年度此材料实际单位成本为 1 100 元/m^3,单位消耗为 0.09 m^3/件。产量资料:预算产量 2 000 件,实际产量 2 200 件。请用连环替代法对 A 产品材料成本降低进行因素分析,相关数据如表 10.2 所示。

表10.2 A产品材料消耗计算表

项目	计划数	实际数
产量	2 000 件	2 200 件
单位产品消耗量	0.1 m^3/件	0.09 m^3/件
标准单位成本	1 000 元/m^3	1 100 元/m^3
A 产品总成本	200 000	217 800

解：分析对象

$$217\,800 - 200\,000 = 17\,800(元)$$

产品标准成本 $= 2\,000 \times 0.1 \times 1\,000 = 200\,000(元)$　　①

第一次替代：$2\,200 \times 0.1 \times 1\,000 = 220\,000(元)$　　②

第二次替代：$2\,200 \times 0.09 \times 1\,000 = 198\,000(元)$　　③

第三次替代：$2\,200 \times 0.09 \times 1\,100 = 217\,800(元)$　　④

②－① $= 220\,000 - 200\,000 = 20\,000(元)$（产量变动的影响）

③－② $= 198\,000 - 220\,000 = -22\,000(元)$（单位产品消耗量变动的影响）

④－③ $= 217\,800 - 198\,000 = 19\,800(元)$（单位价格变动的影响）

$20\,000 - 22\,000 + 19\,800 = 17\,800(元)$（全部因素变动的影响）

2. 差额分析法

差额分析法是连环替代法的一种简化形式，其因素分析的原理与连环替代法是相同的。区别只在于分析顺序上，差额计算法比连环替代法简化，即它可直接利用各影响因素的实际数与基期数的差额，在其他因素不变的假定条件下，计算各该因素对分析指标的影响程度。

【例 10.2】　根据【例 10.1】的资料，采用差额分析法 A 产品材料成本降低进行因素分析。

解：分析对象

$$217\,800 - 200\,000 = -17\,800(元)$$

$(2\,200 - 2\,000) \times 0.1 \times 1\,000 = 20\,000(元)$（产量变动的影响）

$2\,200 \times (0.09 - 0.1) \times 1\,000 = -22\,000(元)$（单位产品消耗量变动的影响）

$2\,200 \times 0.09 \times (1\,100 - 1\,000) = 19\,800(元)$（单位价格变动的影响）

$20\,000 - 22\,000 + 19\,800 = 17\,800(元)$（全部因素变动的影响）

四、财务分析的基础

财务分析一般是建立在会计核算的基础上的，通过核算编制的企业财务报告可以较全面地反映经营情况和财务状况。将这些报告反映的内容进一步地加工整理，采取科学的分析方法，进行比较分析和评价。在财务分析中涉及财务报告的主要报表包括资产负债表、利润表和现金流量表等。

（一）资产负债表

资产负债表是反映企业一定日期全部资产、负债和所有者权益状况的会计报表。它以"资产＝负债＋所有者权益"会计恒等式为依据，按照资产流动性的大小为顺序，反映企业在某一时点上的财务状况。该表的基本结构和内容如表 10.3 所示。通过该表的分析可以了解企业的偿债能力、资金营运能力等财务状况，为各相关信息使用者提供决策依据。

表 10.3 资产负债表

编制单位：　　　　　　　　　　　　年　月　日　　　　　　　　　　　　　　单位：万元

资产	期末余额	年初余额	负债和股东权益	期末余额	年初余额
流动资产：			流动负债：		
货币资金			短期借款		
交易性金融资产			交易性金融负债		
应收票据			应付票据		
应收账款			应付账款		
预付款项			预收款项		
应收利息			应付职工薪酬		
应收股利			应交税费		
其他应收款			应付利息		
存货			应付股利		
一年内到期非流动资产			其他应付款		
其他流动资产			一年内到期非流动负债		
流动资产合计			其他流动负债		
非流动资产：			流动负债合计		
可供出售金融资产			非流动负债：		
持有至到期投资			长期借款		
长期应收款			应付债券		
长期股权投资			长期应付款		
投资性房地产			专项应付款		
固定资产			预计负债		
在建工程			递延所得税负债		
工程物资			其他非流动负债		
固定资产清理			非流动负债合计		
生产性生物资产			负债合计		
油气资产			股东权益：		
无形资产			股本		
开发支出			资本公积		
商誉			减：库存股		
长期待摊费用			盈余公积		
递延所得税资产			未分配利润		
其他非流动资产			股东权益合计		
非流动资产合计					
资产总计			权益总计		

(二)利润表

利润表是反映企业在一定会计期间经营成果的报表。利润表是以"利润=收入－费用"这一会计等式为依据编制的报表。其格式如表10.4所示。通过对利润表的分析可以了解企业一定会计期间的收入实现情况,成本和费用的耗用情况。一个经营过程结束,企业取得的经营成果如何,是盈利还是亏损。如果盈利,企业是怎样形成的,利润形成的主要渠道是什么,如果亏损,其原因是什么等。通过这些信息不但了解了一定会计期间的生产经营成果和获利能力等情况,还可以对企业的经营管理者的业绩做出评价,为报表使用者了解企业的经营情况提供较全面的信息。

表10.4 利润表

编制单位:　　　　　　　　　　　　年　月　　　　　　　　　　　　单位:元

项目	本期金额	上期金额
一、营业收入		
减:营业成本		
营业税金及附加		
销售费用		
管理费用		
财务费用		
资产减值损失		
加:公允价值变动收益(损失以"－"号填列)		
投资收益(损失以"－"号填列)		
其中:对联营企业和合营企业的投资收益		
二、营业利润(亏损以"－"号填列)		
加:营业外收入		
减:营业外支出		
其中:非流动资产处置损失		
三、利润总额(亏损总额以"－"号填列)		
减:所得税费用		
四、净利润(净亏损以"－"号填列)		
五、每股收益:		
(一)基本每股收益		
(二)稀释每股收益		

(三)现金流量表

现金流量表是根据企业在一定时期内各种资产和权益项目的增减变化,来分析反映资金的取得来源和资金的流出用途,说明财务变动的会计报表。其格式如表10.5所示。通过对现金流量表的分析,可以判断企业资金的来源与运用的合理性,弄清企业现金增减变动的具体原因,揭示利润形成与分配同资金来源与运用的关系,为改善企业资金管理指明方向。总之,现金流量表的分析对研究企业总体经营与财务状况有着重要的作用。

表10.5 现金流量表

编制单位：　　　　　　　　　　　　　年　月　　　　　　　　　　　　　　　单位:元

项　　目	本期金额	上期金额
一、经营活动产生的现金流量：		
销售商品、提供劳务收到的现金		
收到的税费返还		
收到其他与经营活动有关的现金		
经营活动现金流入小计		
购买商品、接受劳务支付的现金		
支付给职工以及为职工支付的现金		
支付的各项税费		
支付其他与经营活动有关的现金		
经营活动现金流出小计		
经营活动产生的现金流量净额		
二、投资活动产生的现金流量：		
收回投资收到的现金		
取得投资收益收到的现金		
处置固定资产、无形资产和其他长期资产收回的现金净额		
处置子公司及其他营业单位收到的现金净额		
收到其他与投资活动有关的现金		
投资活动现金流入小计		
购建固定资产、无形资产和其他长期资产支付的现金		
投资支付的现金		
取得子公司及其他营业单位支付的现金净额		
支付其他与投资活动有关的现金		
投资活动现金流出小计		
投资活动产生的现金流量净额		
三、筹资活动产生的现金流量：		
吸收投资收到的现金		
取得借款收到的现金		
收到其他与筹资活动有关的现金		
筹资活动现金流入小计		
偿还债务支付的现金		
分配股利、利润或偿付利息支付的现金		

续表 10.5

项 目	本期金额	上期金额
支付其他与筹资活动有关的现金		
筹资活动现金流出小计		
筹资活动产生的现金流量净额		
四、汇率变动对现金及现金等价物的影响		
五、现金及现金等价物净增加额		
加:期初现金及现金等价物余额		
六、期末现金及现金等价物余额		

第三节 财务指标分析

一、偿债能力指标

偿债能力是指企业偿还本身所欠债务的能力。偿债能力的高低直接表明企业财务风险的大小,所以作为企业投资者、债权人及企业财务管理人员都非常重视对偿债能力的分析,偿债能力分析分短期偿债能力和长期偿债能力两个方面。

(一)短期偿债能力分析

短期偿债能力是企业以流动资产偿还流动负债的能力,它反映企业偿付日常到期债务的实力。如果短期偿债能力不足,企业则无法偿付到期债务及各种应付账款,如此下去,就会引起企业信誉下降,经营周转资金短缺,经营管理困难,甚至导致企业破产,因此,短期偿债能力的分析是财务分析中非常重要的一个方面,是反映企业财务状况是否良好的一个重要标志。

反映企业短期偿债能力的主要指标如下。

1. 流动比率

流动比率是流动资产与流动负债的比率,其计算公式为

$$\text{流动比率} = \frac{\text{流动资产}}{\text{流动负债}} \times 100\%$$

上式中的流动资产是指可以在一年内或超过一年的一个营业周期内变现或运用的资产,主要包括库存现金、交易性金融资产、应收及预付款项和存货。流动负债是指在一年内或超过一年的一个营业周期内偿还的债务,主要包括短期借款、应付及预收款、应付票据、应交税金、应交利润、应付股利以及短期内到期的长期负债。流动资产与流动负债对比,反映流动资产抵偿流动负债的程度,流动比率越高,说明流动资产抵偿流动负债的程度越高,债权人遭受损失的风险越小,但流动比率过高,则往往意味着企业存货积压或滞销,企业现金利用不足,没有很好地利用负债,降低了资金的使用效率,丧失了企业获利的机会。适中的流动比率标

准为 2,但实际上各行业以及各个企业发展阶段有很大差异,所以,在分析时应根据具体情况来加以分析判断,以得出正确结论。

运用流动比率时,必须注意以下几个问题:

(1)虽然流动比率越高,企业偿还短期债务的流动资产保证程度越强,但这并不等于说企业已有足够的现金或存款用来偿债。流动比率高也可能是存货积压、应收账款增多且收账期延长,以及待摊费用和待处理财产损失增加所致,而真正可用来偿债的现金和存款却严重短缺。所以,企业应在分析流动比率的基础上,进一步对现金流量加以考察。

(2)从短期债权人的角度看,自然希望流动比率越高越好。但从企业经营角度看,过高的流动比率通常意味着企业闲置的现金持有量过多,必然造成企业机会成本的增加和获利能力的降低。因此,企业应尽可能将流动比率维持在不使货币资金闲置的水平上。

(3)流动比率是否合理,不同的企业以及同一企业不同时期的评价标准是不同的,因此,不应用统一的标准来评价企业流动比率合理与否。

(4)在分析流动比率时应剔除一些虚假因素的影响。

2. 速动比率

速动比率是企业速动资产与流动负债的比率。速动资产是指能迅速转化为现金的资产,是流动资产扣除存货、预付账款的余额。其计算公式为

$$速动比率 = \frac{速动资产}{流动负债} \times 100\%$$

速动比率作为流动比率的必要补充是分析企业短期偿债能力的重要指标,因为如果流动资产的流动性很差,即使其流动比率很高,也不能说明企业的短期偿债能力强。在流动资产中,存货的变现能力最差,它通常要经过产品的售出和账款的收回两个过程才能变为现金,存货中还可能包括呆滞积压的产品,难于变现。至于预付账款只能节约现金支出,而不能直接用来偿还流动负债或变现。所以把流动资产中的货币资金、交易性金融资产、应收票据、应收账款、其他应收款项等变现能力较强的项目作为速动资产,更能体现出企业短期偿债能力的强弱。一般认为,企业速动比率为 1 或稍大一些较为合适。它表明企业每一元短期负债,都有一元或一元以上易于变现的资产作为抵偿。如果速动比率过低,说明企业短期偿债能力差;但如果速动比率过高,则又说明企业货币资金利用效率低,没有充分利用投资及获利的机会。在分析时,应结合行业特点及本企业历史资料来加以判断,不能简单地一概而论。

【例 10.3】 某企业 2010 年流动资产为 22 086 000 元,其中存货为 11 005 000,流动负债为 12 618 000;2011 年流动资产为 20 836 000,其中存货为 10 005 000,流动负债为 12 920 000。要求:分别计算该企业 2010、2011 年的流动比率和速动比率。

解:

2010 年:

流动比率 = 22 086 000 ÷ 12 618 000 = 1.75

速动比率 = (22 086 000 − 11 005 000) ÷ 1 261 800 = 0.88

2011年：

流动比率 = 20 836 000 ÷ 12 920 000 = 1.61

速动比率 = (20 836 000 − 10 005 000) ÷ 12 920 000 = 0.83

3. 现金流动负债比率

现金流动负债比率是企业一定时期的经营现金净流量与流动负债的比率。它可以从现金流量角度反映企业当期偿付短期负债的能力。其计算公式为

$$现金流动负债比率 = \frac{年经营净现金流量}{流动负债} \times 100\%$$

其中，年经营现金净流量指一定时期内，企业经营活动所产生的现金及现金等价物流入量与流出量的差额。

现金流动负债比率从现金流入和流出的动态角度对企业的实际偿债能力进行考察。由于有利润的年份不一定有足够的现金(含现金等价物)来偿还债务，所以利用以收付实现制为基础计量的现金流动负债比率指标，能充分体现企业经营活动所产生的现金净流量可以在多大程度上保证当期流动负债的偿还，直观地反映出企业偿还流动负债的实际能力。用该指标评价企业偿债能力更加谨慎。该指标越大，表明企业经营活动产生的现金净流量越多，越能保障企业按期偿还到期债务，但也并不是越大越好，该指标过大则表明企业流动资金利用不充分，获利能力不强。

【例10.4】 A企业相关资料及短期偿债能力指标计算如表10.6所示。

表10.6 A企业相关资料及短期偿债能力指标计算表

单位：万元

项 目	2008年	2009年
流动资产	500	700
流动负债	300	400
预付款项	20	20
存货	300	400
速动资产	180	280
经营净现金流量	100	150
流动比率	167%	175%
速动比率	60%	70%
现金流动负债比率	33%	38%

由表10.6分析可知，虽然该企业的短期偿债能力2009年较2008年有所提高，但是均未

超过经验水平,而且该企业的速动比率和现金流动负债比率连续两年低于1,说明一方面企业存货所占比重较大,流动资产变现能力相对较差;另一方面,生产经营活动产生的现金流量远远满足不了偿债的需要,公司必须采取其他方式获得现金,才能保证债务及时清偿。综合评价,该企业的短期偿债能力较差,财务风险较高。

(二)长期偿债能力分析

企业长期偿债能力是指企业支付长期债务的能力。企业的长期负债,包括长期借款、应付长期债券等。企业长期偿债能力与企业的盈利能力、资金结构关系十分密切,因此,衡量企业偿债能力的强弱主要看企业资金结构是否合理、稳定以及企业长期盈利的大小。反映企业长期偿债能力的指标主要有:

1. 资产负债率

资产负债率也称负债比率,是企业负债总额与资产总额的比率。它表明企业资产总额中,债权人提供资金所占的比重,以及企业资产对债权人权益的保障程度。其计算公式为

$$资产负债率 = \frac{负债总额}{资产总额} \times 100\%$$

如果资产负债率过高,则说明企业负债过多,偿债能力较弱,债权人的权益得不到保证,财务风险大,影响企业再度举债。如果资产负债率大于1,则表明企业资不抵债,将使企业面临破产的威胁,债权人就会遭到更大的损失。但这并不意味着该比率越低越好,如果该比率过低,则只能说明企业在筹资上比较保守,没有很好地利用财务杠杆来提高企业的自有资金利用率。一般认为,负债比率在50%~70%之间较合适。在分析时,应根据企业自身经营状况及投资项目的预期收益来决定企业的负债比率,以达到提高经济效益的目的。

【例10.5】 某公司2010年末负债总额为954 950元,全部资产额为1 706 600元;2011年末负债总额为1 114 320元,资产总额为1 888 350元。请计算两年的资产负债率。

解: 2010年资产负债率 = 954 950/1 706 600 × 100% = 56%

2011年资产负债率 = 1 114 320/1 888 350 × 100% = 59%

从稳健原则出发,特别是考虑到企业在清算时的偿债能力,该指标可以保守些计算,即从资产中扣除无形资产,计算有形资产负债率。

2. 产权比率

产权比率又称负债权益比率,是企业负债总额与所有者权益之间的比率。它表明债权人投入资本受所有者权益的保障程度,这一比率越低,说明企业的长期偿债能力越强,债权人权益的保障程度越高,承担的风险越小,企业的举债能力也就越强;反之,则表明企业长期偿债能力较弱,财务风险较大。其计算公式为

$$产权比率 = \frac{负债总额}{所有者权益总额} \times 100\%$$

3. 权益乘数

权益乘数是资产总额与所有者权益的比率,反映企业资产总额相对于所有者权益的倍数关系,在财务中,将这种倍数关系称之为"乘数"。其计算公式为

$$权益乘数 = \frac{资产总额}{所有者权益}$$

权益乘数越高,企业的长期偿债能力越弱,财务风险越大。该指标说明企业资产总额是股东权益的多少倍。

同时通过公式的推导,能得出

$$权益乘数 = 1 + 产权比率 = 1/(1 - 资产负债率)$$

因此,产权比率升高,权益乘数就会上升,反之则会下降,所以提高所有者权益比率就会增加企业的偿债能力,降低财务风险。

4. 利息保障倍数

利息保障倍数也称已获利息倍数,是企业税前利润加利息费用之和与利息费用的比率,表明企业偿付负债利息能力的强弱。其计算公式为

$$利息保障倍数 = \frac{税前利润 + 利息}{利息}$$

利息保障倍数越大,说明企业支付未来所付利息费用的能力就越强,债权人的安全程度就越高;相反,企业支付利息费用的能力就越弱,企业财务风险就越大。

当企业处于高速成长期,息税前利润和经营活动净现金流量相差很大时,使用利息现金流量保障倍数指标更能说明企业实际偿付负债利息的能力。因为,一般来讲,长期负债利息的偿还是要在经营活动的进行中以偿付现金的形式进行的。该指标的计算公式为

$$利息现金流量保障倍数 = \frac{经营活动现金流量净额}{利息}$$

5. 现金净流量全部债务比率

现金净流量全部债务比率,是企业当年现金及现金等价物的净增加额与全部负债的比率。其计算公式为

$$现金净流量全部债务比率 = \frac{现金净流量}{负债总额} \times 100\%$$

该指标能够反映企业每年净现金流量用于偿还全部债务的能力。其数值越高,说明企业偿债能力越大;数值越低,则说明企业偿还债务的保证程度低,从长远角度,应从现有现金以外的角度考虑其他偿还债务的渠道。

【例 10.6】 A 企业相关资料及长期偿债能力指标如表 10.7 所示。

表10.7 A企业相关资料及长期偿债能力指标计算表

单位：万元

项　目	2008年	2009年
资产总额	600	900
负债总额	400	500
股东权益	200	400
利润总额	32	54
利息费用	10	20
经营活动现金净流量	100	150
现金净流量	10	20
资产负债率	67%	56%
所有者权益比率	33%	44%
产权比率	200%	125%
利息保障倍数	4.2	3.7
利息现金流量保障倍数	10	7.5
现金净流量全部债务比率	3%	4%

由表10.7分析可知，该企业的资产负债率2009年比2008年有所下降，表明长期偿债能力有所上升，而且两年的资产负债率都处于经验值范围内，说明企业适中地利用了财务杠杆。产权比率2009年较2008年下降了近一倍，且均大于100%，说明企业的股东权益对债权人的保障程度很低，但是由于企业进行了增资扩股，这种情况正在改善。利息保障倍数和利息现金流量保障倍数指标均有所下降，但是从数值来看，企业偿付利息费用的能力较强。现金净流量全部债务比率虽有微幅上升，但是比率非常低，且远低于100%，说明企业用现金偿还全部债务的能力非常差，还应从长远角度考虑其他偿还债务的渠道，比如变卖不需用的长期资产或举新债还旧债。综上，该企业的长期偿债能力一般。

二、营运能力指标

营运能力是指通过企业生产经营资金周转速度的有关指标所反映出来的企业资金利用的效率，表明企业管理人员经营管理运用资金的能力。营运能力指标是以各种周转率为计算主体，企业营运能力的强弱直接影响着企业的偿债能力和获利能力，因此，经营资金周转速度越快，表明企业运用资金的能力越强，资金利用效果越好，企业的偿债能力和盈利能力才能得以保证。营运能力分析的内容主要包括流动资产营运能力分析、固定资产营运能力分析和总资产营运能力分析。

（一）流动资产营运能力分析

1. 流动资产周转率

流动资产周转率是流动资产在一定时期所完成的周转额与流动资产平均占有额的比率。这里的周转额通常用营业收入来表示。流动资产周转率有两种表示方式，即周转次数和周转天数，它们的计算公式分别为

$$流动资产周转次数 = \frac{营业收入}{流动资产平均占用额}$$

$$流动资产周转天数 = \frac{计算期天数}{流动资产周转次数} = \frac{流动资产平均占有额 \times 计算期天数}{营业收入}$$

流动资产周转次数指在一定时期内流动资产完成了几次周转。周转次数越多，说明流动资产周转速度越快，则资金利用效果就越好。流动资产周转天数是指流动资产完成一次周转需要多少天。周转一次所用天数越少，表明流动资产周转速度越快，反之则慢。因此，可以看出流动资产周转天数和次数是从两个角度来反映企业流动资金周转速度的指标，在实际中，由于周转天数指标更简洁明了，所以应用更为广泛。

2. 存货周转率

存货周转率指一定时期内企业营业成本与存货平均余额的比率。由于存货在流动资产中的比例最大，所以存货周转速度的快慢，直接影响着企业流动资产的周转速度，是企业衡量存货管理水平及销售能力的重要指标，其计算公式为

$$存货周转次数 = \frac{营业成本}{存货平均余额}$$

$$存货周转天数 = \frac{计算期天数}{存货周转次数} = \frac{存货平均余额 \times 计算期天数}{营业成本}$$

企业在一定期间内存货周转次数多，存货周转一次所用的天数少，则表明企业存货周转速度快，存货结构比较合理，生产和销售均正常、顺利，企业短期偿债能力能够得到保证。但存货周转速度过快也可能是企业管理方面存在的问题造成的，如存货水平过低或库存经常不足带来的，这样可能导致缺货损失或者采购次数过多，相应增加存货管理成本。另外，需要说明的是，存货周转率指标与企业经营性质有关，不同行业没有可比性。所以在对存货周转率进行分析时，应结合同行业平均水平及本企业以往该指标的正常水平客观地做出评价。

3. 应收账款周转率

应收账款周转率指企业一定时期的营业收入（或销售收入）对平均应收账款余额的比率。应收账款周转率是反映企业应收账款周转速度的指标，它直接反映了企业销售管理工作的效率。其计算公式为

$$应收账款周转次数 = \frac{营业收入}{应收账款平均余额}$$

$$应收账款周转天数 = \frac{计算期天数}{应收账款周转次数} = \frac{应收账款平均余额 \times 计算期天数}{营业收入}$$

应收账款周转率次数表明,一定时期内应收账款周转了几次,周转次数越多,应收账款回笼的就越快,企业管理的效率也就越高,这样就既减少和避免了坏账损失,又提高了企业资产的流动性及短期的偿债能力。应收账款周转天数是指企业从产品销售开始到应收账款收回为止所需要的时间。周转天数越少,说明企业应收账款回收得越快,反之则慢。

【例 10.7】 X 公司 2009 年初存货净额为 960 万元,年末存货总额为 954 万元,年初应收账款总额为 1 024 万元,年末应收账款总额为 1 056 万元,2009 年的主营业务收入为 8 000 万元,主营业务成本为 6 525 万元。求出存货周转率、存货周转天数、应收账款周转率及应收账款周转天数。

解:
存货周转率 = 6 525/(960 + 954) ÷ 2 = 6.8
存货周转天数 = 957 × 360 ÷ 6 525 = 53(天)
应收账款周转率 = 8 000 /(1 024 + 1 056) ÷ 2 = 7.7(次)
应收账款周转天数 = 1 040 × 360 ÷ 8 000 = 47(天)

4. 营运资金周转率

营运资金周转率指企业一定时期营业收入与营运资金的比率,表明企业营运资本运用的效率。计算公式为

$$营运资金周转率 = \frac{营业收入}{平均营运资金}$$

公式中的营运资金是指企业流动资产减去流动负债后的余额,营运资金周转率越高,说明企业运用每 1 元营运资金所取得的营业收入就越多,资金运用效果就越好。

(二)固定资产营运能力分析

固定资产营运能力分析采用固定资产周转率指标。固定资产周转率是指企业年营业收入净额与固定资产净值的比率。它是衡量固定资产周转情况,评价固定资产利用效率的一项指标。其计算公式为

$$固定资产周转率 = \frac{主营业务收入净额}{固定资产平均净值}$$

固定资产净值是指固定资产原值扣除累计折旧的余额,因此在分析固定资产周转率指标时,应考虑固定资产新旧程度,固定资产更新速度以及不同的折旧方法对该指标的影响。一般来讲,固定资产周转率越高,表明企业固定资产利用越充分,固定资产管理工作做得越好;反之,则表明企业固定资产利用效率低,营运能力差。

(三)总资产营运能力分析

总资产营运能力分析采用总资产周转率指标。总资产周转率是反映企业总资产周转速度的指标,是企业一定时期营业收入与平均资产总额的比率。其计算公式为

$$总资产周转率 = \frac{营业收入}{平均资产总额}$$

总资产周转率越高,说明企业全部资产运用的效率越好,取得的销售收入越多;相反,总资产周转率越低,说明企业对各项资产的利用能力较差,资产结构不合理。

【例10.8】 A企业相关资料及营运能力指标计算如下:

表10.8 A企业相关资料及营运能力指标计算表

单位:万元

项 目	2008年	2009年
平均流动资产	500	700
平均流动负债	300	400
平均应收账款	60	120
平均存货	300	400
平均固定资产	60	90
平均资产总额	600	900
营业收入	450	900
营业成本	300	600
流动资产周转率	0.90	1.29
营运资金周转率	2.25	3.00
应收账款周转率	7.50	7.50
存货周转率	1.00	1.50
固定资产周转率	7.50	10.00
总资产周转率	0.75	1.00

由表10.8分析可知,该企业的各类资产周转速度都有所提高,说明该企业的资金利用效率在不断提高。其中:应收账款周转率较高,且没有变化,说明企业的收账政策可能比较稳定;存货周转水平虽有小幅增长,但是整体看来还比较低,可能是由产品滞销造成的,企业应进一步扩大销售,加速存货的周转;另外,流动资产和总资产的周转速度也过慢。综上,A企业的营运能力较差。

三、盈利能力指标

盈利能力是指企业获取利润的能力。利润是企业最终的财务成果,是实现理财目标的根本保证,是评价企业业绩的综合性指标;因此,不论是企业的投资者、债权人,还是企业的经营者都非常重视企业的获利能力,也十分重视对企业获利能力的分析。反映盈利能力的指标有很多,大体可以分为五大类,具体介绍如下。

(一)资产经营盈利能力分析

资产经营盈利能力是指企业运营资产产生利润的能力。反映资产经营盈利能力的指标是总资产报酬率。总资产报酬率是企业一定时期内报酬总额与投资总额之间的比率,是反映企业资产综合利用效率的指标,也是衡量企业利用债权人和所有者权益总额所取得盈利的主要指标。其计算公式为

$$总资产报酬率 = \frac{投资报酬额}{资产平均总额} \times 100\%$$

息税前利润总额,即税前利润加利息支出。总资产报酬率越高,说明企业资产利用的效益越好,获利能力越强,企业的整体水平就越高。

(二)资本经营盈利能力分析

资本经营盈利能力是指企业的所有者通过投入资本经营取得利润的能力。反映资本经营盈利能力的基本指标是净资产收益率。净资产收益率是企业税后净利润与净资产之比,净资产即股东权益。净资产收益率的高低直接关系投资者的权益,是评价企业投资获利能力的重要指标。其计算公式为

$$净资产收益率 = \frac{净利润}{平均净资产} \times 100\%$$

净资产收益率的高低直接取决于投资报酬率的高低,投资报酬率越高,净资产收益率也就越高,反之,则越低。当投资报酬率大于银行利息率时,适当提高财务杠杆系数,增加负债比例,则可在投资报酬率不变的情况下,提高净资产收益率,反之,净资产收益率就会降低。因此,净资产收益率的高低直接反映了企业财务管理水平的高低。

(三)商品经营盈利能力分析

商品经营是相对资产经营和资本经营而言的。商品经营经营盈利能力不考虑企业的筹资或投资问题,只研究利润与收入或成本之间的比率关系。因此,反映商品经营盈利能力的指标可分为以下两类。

1. 营业利润率

营业利润率是企业营业利润与企业营业收入净额的比率。用来衡量企业营业收入的收益水平。营业利润率越高,表明企业获利能力越强;营业收入水平就越高,反之,则越低。其计算公式为

$$营业利润率 = \frac{营业利润}{营业收入} \times 100\%$$

需要说明的是,从利润表来看,企业的利润包括营业利润、利润总额和净利润三种形式。而营业收入包括主营业务收入和其他业务收入,收入来源有商品销售收入、提供劳务收入和资产使用权让渡收入等。因此,在实务中也经常使用销售净利率、销售毛利率等指标(计算公式如下)来分析企业经营业务的获利水平。此外,通过考察营业利润占整个利润总额比重的升降,可以发现企业经营理财状况的稳定性、面临的危险或者可能出现的转机迹象。

$$销售净利率 = \frac{净利润}{销售收入} \times 100\%$$

$$销售毛利率 = \frac{销售收入 - 销售成本}{销售收入} \times 100\%$$

2. 成本费用利润率

成本费用利润率是指企业利润额与成本费用总额的比率。用以反映企业在生产经营活动过程中所费与所得之间的关系。其计算公式为

$$成本费用利润率 = \frac{利润额}{成本费用总额} \times 100\%$$

其中 成本费用总额＝营业成本＋营业税金及附加＋销售费用＋管理费用＋财务费用

成本费用利润率越高,说明企业耗费所取得的收益越高,增收节支的工作做得越好。

(四) 上市公司盈利能力分析

由于上市公司的自身特点决定,上市公司可进行一些特殊指标分析。主要包括:

1. 每股收益

每股收益也称每股盈余,是由企业的税后净利扣除优先股股利后的余额与普通股流通在外股数进行对比所确定的普通股每股收益额。用以评价企业发行在外的每一普通股的盈利能力。在投资分析中,每股盈利的数字是非常重要的,因为投资者可以把本年度的每股收益和企业以往年度的每股收益相比较,预测每股盈利的变动趋势及股价的变动趋势。每股收益的计算公式为

$$每股收益 = \frac{净利 - 优先股股利}{发行在外的普通股股数}$$

每股收益是分析上市企业获利能力的一个综合性较强的财务指标,可以分解为若干个相互联系的财务指标。因此,在对每股收益进行分析时,可以运用连环替代法来分析各个要素对该指标的影响。下面是一个简化的分解公式,只是为了说明各财务指标之间的关系,并不是精确的计算公式:

$$每股收益 = \frac{净利润}{普通股平均股数} =$$

$$\frac{净利润}{平均股东权益} \times \frac{平均股东权益}{普通股平均股数} =$$

$$股东权益收益率 \times 平均每股净资产 =$$

$$\frac{净利润}{资产平均总额} \times \frac{资产平均总额}{平均股东权益} \times \frac{平均股东权益}{普通股平均股数} =$$

$$总资产收益率 \times 平均每股净资产 =$$

$$\frac{净利润}{营业收入} \times \frac{营业收入}{资产平均总额} \times \frac{资产平均总额}{平均股东权益} \times \frac{平均股东权益}{普通股平均股数} =$$

$$营业净利润 \times 总资产周转率 \times 权益乘数 \times 平均每股净资产$$

2. 市盈率

市盈率也称价格盈余比例,是普通股每股市场价格与每股收益的比率。反映投资者为从某种股票获得1元收益所愿支付的价格。其计算公式为

$$市盈率 = \frac{每股市价}{每股收益}$$

市盈率反映投资者对企业未来盈利的预期。市盈率越高,说明投资者预期的企业未来盈利越大;反之,就越小。一般来讲,那些快速发展的行业或企业股份盈利比例大,而平稳发展的行业或企业市盈率较小。市盈率越大,往往意味着投资风险越大,投资价值越低。

3. 每股股利

每股股利是企业股利总额与流通股数的比率。用以反映股份企业每一普通股获得股利的多少,是评价普通股报酬情况的重要指标。其计算公式为

$$每股股利 = \frac{支付给普通股的现金股利}{普通股流通在外的股数}$$

企业每股股利的高低,一般取决于两个因素。一方面企业获利能力的强弱,是否需要提高企业股票市场交易价格直接决定了每股股利的高低;另一方面,企业是否需要增量资金参加经营周转,是否有更好的投资机会,也影响着每股股利的发放。企业获利水平高,资金周转充裕,则每股股利就会高些;反之,则会少些。

(五) 盈利质量分析

盈利质量分析是在盈利能力分析评价的基础上,通过现金流量指标的计算,对盈利能力的进一步修复与检验。通过修正和补充的指标可以反映企业获取利润的品质。主要有以下指标:

1. 全部资产现金回收率

全部资产现金回收率是指经营活动产生的净现金流量与平均总资产之间的比率。该指标可以作为对资产报酬率的补充,反映企业利用资产获取现金的能力,可以衡量企业资产获现能力的强弱。其计算公式为

$$全部资产现金回收率 = \frac{经营活动净现金流量}{资产平均总额} \times 100\%$$

2. 净资产现金回收率

净资产现金回收率是经营活动净现金流量与平均净资产之间的比率。该指标是对净资产收益率的有效补充,对那些提前确认收益而长期未收现的企业,可以用来与净资产收益率进行对比,从而补充观察净资产收益率的盈利质量。其计算公式为

$$净资产现金回收率 = \frac{经营活动净现金流量}{平均净资产} \times 100\%$$

3. 盈余现金保障倍数

盈余现金保障倍数是企业一定时期经营现金净流量与净利润的比值,反映了企业当期净利润中现金收益的保障程度,真实反映了企业盈余的质量,是评价企业盈利状况的辅助指标。其计算公式为

$$盈余现金保障倍数 = \frac{经营现金净流量}{净利润} \times 100\%$$

在一般情况下该指标越大,企业的盈利质量就越高。如果该比率小于1,说明本期净利润中存在尚未实现现金的收入。在这种情况下,即使企业盈利,也可能发生现金短缺。在对该指标进行分析时,仅靠一年的数据未必能说明问题,需要进行连续的比较。若该指标一直小于1甚至为负数,则说明企业盈利质量相当低下,严重会导致公司破产。

【例 10.9】 A 企业相关资料及盈利能力指标如表 10.9 所示。

表 10.9 A 企业相关资料及盈利能力指标计算表

单位:万元

项目	2008 年	2009 年
平均资产总额	600	900
平均股东权益	200	400
营业收入	450	900
营业成本	300	600
营业税金及附加	0	10
销售费用	60	100
管理费用	70	150
财务费用	10	20
营业利润	30	50
利润总额	32	54
净利润	24	40.5
经营活动现金净流量	100	150
总资产报酬率	7%	8%
净资产收益率	12%	10%
营业利润率	7%	6%
销售净利率	5%	5%
成本费用率	7%	6%
全部资产现金回收率	17%	17%
净资产现金回收率	50%	38%
盈余现金保障倍数	417%	370%

由表 10.9 分析可知,2009 年企业的总体获利能力较 2008 年变弱,只有总资产报酬率指标略有提升。具体分析如下:

(1)资产获利能力小幅上升,主要是由于新增固定资产扩充了企业的生产能力,同时固定资产周转速度增加所致。但是资产的获利能力被利用的有限,应该在此方面加强。

(2)资本获利能力小幅下降,主要是由于股东权益增加,即增资扩股所致。其获利能力也有待进一步挖掘。

(3)商品经营盈利能力下降,是由营业利润率、销售净利率以及成本利润率同时下降所致。这主要是因为企业成本费用控制不好,导致成本费用上升所致。企业应加强成本控制。

(4)盈利质量下降,说明企业利用资产和资本获取现金的能力在减弱,主要还是增资扩股的问题。而盈余现金保障系数大于1,说明企业盈利质量较高。

综上所述 A 企业的盈利能力一般。

四、发展能力指标

企业发展能力分析,主要是对企业经营规模、资本增值、生产经营成果、财务成果的变动趋势,综合评价企业未来的营运能力及盈利能力,看是否能够达到财富最大化的理财目标。

(一)营运资金增长率

营运资金增长率是指企业年度营运资金增长额与年初营运资金的比率,反映企业营运能力及支付能力的加强程度。其计算公式为

$$营运资金增长率 = \frac{营运资金增长额}{年初营运金额} \times 100\%$$

(二)固定资产增长率

固定资产增长率是指企业一定时期固定资产净增加额与期初固定资产总额的比率,反映企业固定资产更新的速度。其计算公式为

$$固定资产增长率 = \frac{期末固定资产原值 - 期初固定资产原值}{期初固定资产原值} \times 100\%$$

固定资产增长率越高,说明企业固定资产规模越大,竞争能力越强。

(三)总资产增长率

总资产增长率是指企业一定时期资产净值增加额与期初资产总额的比率。这一比率可反映企业一定时期内资产规模扩大的情况。其计算公式为

$$总资产增长率 = \frac{期末资产总额 - 期初资产总额}{期初资产总额} \times 100\%$$

资产增长率是用来考核企业资产投入增长幅度的财务指标,该值越大,说明资产规模增加幅度越大。反之,则说明资产规模缩减。

对资产增长率的分析,应注意以下几点:

(1)资产增长率过高并不意味着资产规模增长就一定适当,评价一个企业资产规模的增加是否适当,必须与销售增长、利润增长情况结合分析。只有在销售增长、利润增长超过资产规模增长的情况下,资产规模增长才属于效益型增长。

(2)需要正确分析资产增长的来源。因为企业资产一般来源于负债和所有者权益,如果一个企业资产增长完全依赖于负债的增长,而所有者权益项目在年度里都没发生变动或者变动不大,则说明企业不具备良好的发展潜力。从企业自身角度看,企业资产的增长应该主要取决于企业盈利的增加,即盈余公积的增加。

(四)资本积累率

资本积累率是指企业本年所有者权益增长额与年初所有者权益的比率。它反映企业当年资本的积累能力,是评价企业发展潜力的重要指标。其计算公式为

$$资本积累率 = \frac{本年所有者权益增长额}{年初所有者权益} \times 100\%$$

(五)营业收入增长率

营业收入增长率是企业一定时期销售增长额与上期销售额的比率。用以反映企业产品所处的市场寿命周期阶段及产品的市场竞争能力,其计算公式为

$$营业收入增长率 = \frac{本年营业收入增长额}{上年营业收入额} \times 100\%$$

(六)利润增长率

利润增长率是企业一定时期实现利润增长额与前期利润额的比率。这一比率综合反映企业财务成果的增长速度。其计算公式为

$$利润增长率 = \frac{本期利润总额 - 上期利润总额}{上期利润总额} \times 100\%$$

(七)净利润增长率

净利润增长率是指企业本期净利润增长额与上期净利润额的比率。用以反映企业投资者利益的增长速度。其计算公式为

$$净利润增长率 = \frac{本期净利润增长额}{上期净利润} \times 100\%$$

要全面认识企业净利润的发展能力,还需结合企业的营业利润增长情况进行分析。如果企业的净利润主要来源于营业利润,则表明企业产品获利能力较强,具有良好的发展能力;相反,如果企业的净利润不是主要来源于正常业务,而是来自于营业外收入或其他项目,说明企业的持续发展能力不强。

要分析营业利润增长情况,应结合企业的营业收入增长情况分析。如果企业的营业利润

增长率高于销售增长率,说明企业正处于成长期,业务不断拓展,盈利能力不断增强;反之,则反映企业成本费用的上升超过了营业收入的增长,说明企业的盈利能力不强,发展潜力值得怀疑。

【例10.10】 A企业相关资料及发展能力指标如表10.10所示。

表10.10 A企业相关资料及发展能力指标计算表

单位:万元

项　目	2008年	2009年
流动资产	500	700
流动负债	300	400
营运资金	200	300
固定资产	60	90
资产总额	600	900
股东权益	200	400
其中:		
股本	50	40
资本公积	200	60
盈余公积	50	20
未分配利润	100	80
营业收入	450	900
营业利润	30	50
利润总额	32	54
净利润	24	40.5
营运资金增长率		50%
固定资产增长率		50%
总资产增长率		50%
资本积累率		100%
营业收入增长率		100%
营业利润增长率		67%
利润增长率		69%
净利润增长率		69%

由表10.10分析可知:

(1)营运资金增长50%,说明企业的营运能力增强,提高了偿债能力。

(2)固定资产增长率50%,说明企业的固定资产规模在扩大,生产能力增强。

(3)总资产增长率为50%,低于营业收入增长率、利润增长率、净利润增长率,说明企业资产的增加是适当的,有效益的。但是资产的增长主要来源于负债和资本公积的增长,说明企业资产的增长是依靠举债和投资者投入实现的,并非靠自身经营所得。

(4)资本积累率为100%,说明企业的资本积累增加,抵御风险的能力增强,但是资本积累的增长,主要来自于投资者的新增投资,而不是自身净利的增加。

(5)营业收入增长率远高于营业利润增长率,说明企业成本控制不佳,成本在攀升,如保持这种情况,则其未来的发展能力将受到制约。

(6)营业利润增长率高于利润增长率高于净利润增长率,说明企业的收入来源主要靠主营业务收入带动。

综上所述,A企业的发展潜力有待于进一步挖掘,不是很理想。

第四节 财务综合分析

一、财务综合分析的含义

财务综合分析就是将运营能力、偿债能力、获利能力和发展能力指标等诸方面纳入一个有机的整体之中,全面地对企业经营状况、财务状况进行揭示与披露,并借以对企业经济效益的优劣做出系统的、合理的评价。财务综合指标分析的特点,体现在其财务指标体系的要求上,一个健全有效的财务综合指标体系必须具有指标要素齐全适当、主辅指标功能要匹配、满足多方面经济需求等特点。

二、财务综合分析的主要方法

综合指标分析的方法很多,其中应用比较广泛的有杜邦财务分析体系和沃尔比重评分法。

(一)杜邦分析法

杜邦分析法是利用各个主要财务比率指标之间的内在联系,来综合分析企业财务状况的方法。这种方法是由美国杜邦企业最先采用的,利用这种方法可将各种财务指标间的关系绘制成杜邦分析图,可以很容易地看出每项财务指标变动的原因及方向,及时发现问题所在,并加以解决。杜邦分析图如图10.1所示。

从图10.1可以看出,杜邦分析是对企业财务状况的综合分析。它通过几种主要财务指标之间的关系,全面系统地反映出企业的财务状况。通过杜邦分析图,可以了解以下主要的财务信息。

(1)净资产收益率是一个综合性最强的财务比率,它反映的是企业所有者权益的获利能力,表明企业筹资、投资、资产运营的活动效率。净资产收益率受总资产利润率和权益总资产率的影响,净资产收益率越高,企业财富越大,因此,该指标是财务分析的核心。

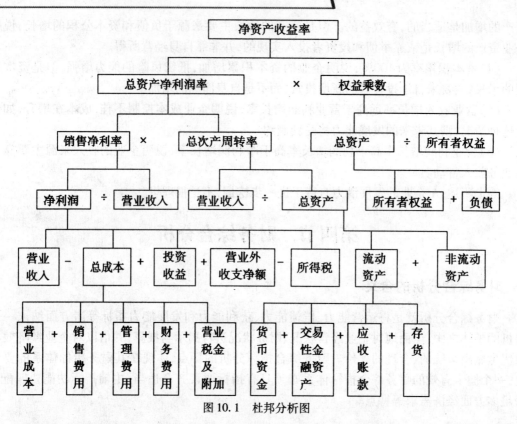

图 10.1 杜邦分析图

(2)销售净利率反映企业利润净额与销售收入的关系,企业盈利能力的高低主要取决于销售利润率的高低,而销售利润率的高低又取决于销售收入、资金周转及成本水平,只有不断地扩大收入,加速资金周转,降低产品成本,才能增强企业的获利能力,从杜邦分析图中所列各因素之间的关系能够了解企业收入及利润的变动情况及变动原因。

(3)企业总资产由流动资产和非流动资产构成。通过总资产构成和周转情况的分析,可以了解企业资产的营运能力。通过下面的明细项目可以查明影响企业营运能力强弱的原因。

(4)企业总资金由所有者权益和负债两部分构成,通过对总资金结构的分析能了解企业的资金结构是否合理以及财务风险的大小。在总资金一定的情况下,适当提高负债比例,可以提高净资产收益率,可以及时发现企业资产管理中存在的问题与不足,采取措施加以改进。

因此,通过杜邦分析图,可以判断企业筹资结构是否合理,是否有效地利用了财务杠杆,避免了财务风险,使企业财富达到了最大化。

(二)沃尔比重评分法

为了评价企业在市场竞争中的优劣地位,把若干财务比率用线性关系结合起来,并分别给定各自的分数比重,然后通过与标准比率进行比较,确定各项指标得分及总体指标累计分数,从而对企业财务综合水平做出评价的方法被称为"沃尔比重评分法"。

累计分数如高于标准值,说明企业财务状况比较理想,相反,则为不理想。具体计算程序如下:

1. 选择具有代表性的财务指标

由于财务指标繁多,故在计算时应选择那些能够说明问题的重要指标。选择那些能从不同侧面反映企业财务状况的典型指标,如流动比率、投资报酬率、存货周转率等。

2. 按照各项财务指标的重要程度,确定各自分数值

企业应根据不同时期的管理要求及经营状况,按照企业有关各方的意向,来确定选定指标的重要程度,重要的财务指标分数应高些,反之,则应低些,所有指标的分数之和应等于100。

3. 确定各项财务指标的标准值

标准值一般是指公认标准或行业理想标准。

4. 求出关系比率

关系比率是指实际值与标准值的比率,其计算公式为

$$关系比率 = \frac{指标的实际值}{指标的标准值}$$

5. 计算综合分数

综合分数是指各指标的实际得分值的总和。各指标的实际的分值的计算公式为

$$实际得分值 = 指标的标准评分值 \times 关系比率$$

现根据本章所举 A 企业 2009 年的主要财务指标及有关资料,编制综合分析表如表 10.11 所示。

表 10.11 财务比率综合分析表

指标	评分值	标准值	实际值	关系比率	实际得分值
流动比率	10	200%	175%	0.88	8.75
速动比率	12	1	70%	0.70	8.40
负债比率	14	40%	56%	1.39	19.44
应收账款周转率	8	9	7.50	0.83	6.67
存货周转率/次	8	7.7	1.50	0.19	1.56
总资产周转率/次	6	1.2	1.00	0.83	5.00
总资产报酬率	8	9%	8%	0.90	7.23
净资产收益率	8	15%	10%	0.68	5.40
销售净利率	8	8%	5%	0.60	4.80
成本费用利润率	8	10%	6%	0.61	4.91
净利率增长率	5	15%	69%	4.58	22.92
资本积累率	5	120%	100%	0.83	4.17
合计	100				99.24

6. 做出综合评价

一般而言,综合得分值如果为 100 或接近于 100,说明企业财务状况基本符合标准要求,如果与 100 有较大的差距,则表明企业财务状况偏离标准要求。在表 10.11 中各项比率指标的综合分数为 99.24,说明该企业财务状况基本符合标准要求。

【案例 10.1】

国际商业机器公司(IBM)和苹果公司(Apple Corporation)都是美国生产和销售计算机的著名企业。从这两家公司会计报表中的销售和利润情况来看,IBM 要高出苹果公司许多倍。然而,光是笼统地进行总额的比较并无多大意义,因为 IBM 的资产总额要远远大于后者。所以,分析时绝对数的比较应让位于相对数的比较,而财务比率分析就是一种相对关系的分析技巧,它可以被用做评估和比较两家规模相差悬殊的企业经营和财务状况的有效工具。

【案例 10.2】

主营业务收入是一个企业从事其主要生产、经营活动所取得的营业收入,是最具有可持续性和预测性的收入。投资收益则是企业对外投资所取得的利润、股利和债券利息等收入减去投资损失后的净收益。由于投资收益并不是企业主要的日常经营项目,因而不具有可持续性和预测性。对于一个正常的从事产品生产经营的企业来说,主营业务收入通常是要超过投资收益的,这样企业在经营上才有持续发展的潜力,否则,便退化为专门进行投资的投资公司了。

清华同方股份公司在连续三年正是出现了这样的反常现象。2004 年以来,随着公司对外股权投资比重的加大,投资收益占利润总额的比重也在上升,如表 10.12 所示。同方股份旗下子公司的业务比重不到公司整体业务的 40%,但却成为公司利润的最主要来源,公司开始越来越依靠投资收益来赚取利润。

表 10.12 清华同方股份近年来投资收益情况表

单位:万元

年份	2004	2005	2006	2007
投资收益	15 480.10	22 952.70	41 606.56	13 610.70
利润总额	12 132.21	10 395.34	16 070.61	7 088.66
股权投资收益比利润总额	127.60%	220.80%	258.90%	192.01%

根据利润总额的组成部分,忽略一些不具有持续性的项目,可以将利润来源简化为投资收益和营业利润。根据表 10.12 数据,每年投资收益都大于利润总额,说明每年的营业利润为负数,这意味着公司从事的主营业务是在不断损耗股东利益的。从信息产业和能源环境产业的毛利率比较中(表 10.13 和表 10.14),更能看出公司主营业务的质量是存在问题的。

表 10.13　信息产业毛利率比较

年份	2004	2005	2006	2007
母公司	6.15%	5.77%	4.46%	6.37%
合并	11.58%	13.01%	13.70%	13.81%

表 10.14　能源环境业务毛利率比较

年份	2004	2005	2006	2007
母公司	17.46%	12.51%	10.52%	10.96%
合并	22.34%	17.73%	14.68%	17.88%

可以看到，无论是在信息业务还是在能源环境业务上，在同行业内，母公司的毛利率水平均远低于合并的毛利率水平，并且，不断下降的毛利率水平直接导致了同方股份营业利润的下降。

本 章 小 结

1. 财务分析是指以财务报告和其他相关的资料为依据，采用专门的方法，对企业的财务状况和经营成果及其变动趋势进行系统分析和评价的一种方法。

2. 财务分析方法包括趋势分析法、比率分析法和因素分析。趋势分析法是通过对比两期或连续数期财务报告中相同指标，确定其增减变动的方向、数额和幅度，来说明企业财务状况或经营成果的变动趋势的一种方法。比率分析法是通过计算各种比率指标来确定经济活动变动程度的分析方法。因素分析法是依据分析指标与其影响因素的关系，从数量上确定各因素对分析指标影响方向和影响程度的一种方法。

3. 财务分析指标包括偿债能力指标、营运能力指标、盈利能力指标和发展能力指标。偿债能力指标包括短期偿债能力指标和长期偿债能力指标；营运能力指标包括人力资源运营能力指标和生产资料运营能力指标；盈利能力指标主要包括营业利润率、成本费用利润率、盈余现金保障倍数、总资产报酬率、净资产收益率等指标，此外，上市公司经常使用的盈利能力指标还有每股收益、每股股利、市盈率和每股净资产等；发展能力指标主要包括营业收入增长率、资本保值增长率、资本积累率、总资产增长率、营业收入增长率、营业收入三年平均增长率等。

4. 将上述各种指标等诸方面纳入一个有机的整体之中，全面地对企业经营状况、财务状况进行解剖和分析，称之为综合指标分析。综合指标分析方法主要有杜邦财务分析体系和沃尔比重评分法。

自 测 题

一、单选题

1. 如果流动负债小于流动资产,则期末以现金偿付一笔短期借款所导致的结果是（ ）
   A. 营运资金减少   B. 营运资金增加
   C. 流动比率降低   D. 流动比率提高

2. 下列说法中正确的是（ ）
   A. 速动比率很低的企业,其流动负债到期一定不能偿还
   B. 产权比率越低越能够发挥负债的财务杠杆效应
   C. 采用因素分析法时,当有若干因素对分析对象发生影响作用时,应假定其他各个因素都无变化
   D. 固定资产周转率计算公式分母上使用的是平均固定资产原值

3. 某公司某年实现净利润200万元,支付优先股股利10万元,年末普通股股数为100万股,年度内普通股股数没有变化,则该公司的每股收益为（ ）
   A. 2   B. 4
   C. 1.9   D. 2.1

4. 如果企业的速动比率为80%,则能够引起企业的速动比率降低的是（ ）
   A. 用现金归还银行借款   B. 提取现金
   C. 收回前期的应收账款   D. 出售材料(不考虑增值税)

5. 某企业净利润为500万元,所得税费用为234万元,利息支出为300万元,年初和年末所有者权益分别为3 000万元和3 250万元,则净资产收益率为（ ）
   A. 16.67%   B. 15.38%
   C. 16.00%   D. 33.09%

6. 将两期或连续数期财务报告中相同指标进行对比,以说明企业财务状况或经营成果的变动趋势的一种方法是（ ）
   A. 比率分析法   B. 连环替代法
   C. 因素分析法   D. 趋势分析法

二、多选题

1. 影响净资产收益率的因素有（ ）
   A. 资产结构   B. 资金结构
   C. 总资产净利率   D. 主营业务净利率

2. 一个健全有效的企业综合财务指标体系必须具备的基本要素包括（ ）
   A. 指标数量多   B. 指标要素齐全适当

C. 主辅指标功能匹配　　　　　　D. 满足多方信息需要
3. 企业计算稀释每股收益时,应当考虑的稀释性潜在的普通股包括　　（　　）
A. 股票期权　　　　　　　　　　B. 认股权证
C. 可转换公司债券　　　　　　　D. 不可转换公司债券
4. 计算下列各项指标时,其分母需要采用平均数的有　　　　　　　　（　　）
A. 劳动效率　　　　　　　　　　B. 应收账款周转次数
C. 总资产报酬率　　　　　　　　D. 应收账款周转天数
5. 如果企业的流动比率很高可能是由于情况引起的　　　　　　　　　（　　）
A. 存货周转期过长　　　　　　　B. 现金闲置
C. 流动负债过多　　　　　　　　D. 应收账款周转过快
6. 采用因素分析法应当注意的问题包括　　　　　　　　　　　　　　（　　）
A. 因素分解的关联性　　　　　　B. 因素替代的顺序性
C. 顺序替代的连环性　　　　　　D. 计算结果的假定性

三、判断题

1. 市盈率是评价上市公司盈利能力的指标,它反映投资者愿意对公司每股净利润支付的价格。（　　）
2. 在财务分析中,将通过对比两期或连续数期财务报告中的相同指标,以说明企业财务状况或经营成果变动趋势的方法称为水平分析法。（　　）
3. 资本保值增值率是企业年末所有者权益总额与年初所有者权益总额的比值,可以反映企业当年资本的实际增减变动情况。（　　）
4. 负债比率越高,则权益乘数越低,财务风险越大。（　　）
5. 由杜邦财务分析体系可知,权益净利率等于资产净利率乘以权益乘数。因此,企业的负债程度越高,权益净利率就越大。（　　）
6. 企业财务综合评价的主要内容是评价企业的盈利能力、偿债能力和成长能力,其中盈利能力是最重要的方面。（　　）

四、简答题

1. 财务分析的概念是什么?
2. 财务分析指标包括哪几类? 具体指标分别有哪些?
3. 财务综合分析的具体方法有几种?
4. 杜邦分析体系的核心指标是什么?

五、业务分析题

1. 某企业2006年末产权比率为80%,流动资产占总资产的40%。有关负债的资料如下：
资料一：该企业资产负债表中的负债项目如表10.5所示。

表 10.15 资产负债表

负债项目	金 额/万元
流动负债：	
短期借款	2 000
应付账款	3 000
预收账款	2 500
其他应付款	4 500
一年内到期的长期负债	4 000
流动负债合计	16 000
非流动负债：	
长期借款	12 000
应付债券	20 000
非流动负债合计	32 000
负债合计	48 000

资料二：该企业报表附注中的或有负债信息如下：已贴现承兑汇票 500 万元，对外担保 2 000 万元，未决诉讼 200 万元，其他或有负债 300 万元。

计算下列指标：

(1) 所有者权益总额。
(2) 流动资产和流动比率。
(3) 资产负债率。
(4) 或有负债金额和或有负债比率。
(5) 带息负债金额和带息负债比率。

2. 光华公司资料如下：

资料一：

表 10.16 资产负债表

光华公司　　　　　　　　　　　2011 年 12 月 31 日　　　　　　　　　　　单位：万元

资产	年初	年末	负债及所有者权益	年初	年末
流动资产			流动负债合计	450	300
货币资金	100	90	长期负债合计	250	400
应收账款净额	120	180	负债合计	700	700
存货	230	360	所有者权益合计	700	700
流动资产合计	450	630			
固定资产合计	950	770			
总计	1 400	1 400	总计	1 400	1 400

资料二：

光华公司2010年度销售利润率为16%，总资产周转率为0.5次，权益乘数为2.2，净资产收益率为17.6%，光华公司2011年度销售收入为840万元，净利润总额为117.6万元。

要求：

(1)计算2011年年末速动比率、资产负债率和权益乘数。

(2)计算2011年总资产周转率、销售净利率和自有资金利润率。

(3)利用因素分析法分析销售净利率、总资产周转率和权益乘数变动对净资产收益率的影响。

3. 已知东方公司2004年年初所有者权益总额为1 500万元，2004年的资本积累率为12%，年初、年末的权益乘数分别是2.5和2，负债的平均利率是10%，全年固定成本总额为900万元，本年利润总额900万元，优先股股利为60万元，每年的融资租赁租金为20万元，企业所得税税率40%。

要求：

(1)2004年年末所有者权益总额。

(2)2004年年初、年末的资产总额和负债总额。

(3)2004年年末的产权比率。

(4)2004年的总资产报酬率。

(5)2004年的已获利息倍数。

(6)2004年的经营杠杆系数、财务杠杆系数。

【阅读资料一】

新太科技股份有限公司2010年3月25日发布公告，主要内容是关于会计政策与会计估计变更的议案，结合公司业务发展的实际情况，根据会计谨慎性原则，本期对会计坏账准备的计提比例进行了调整，即账龄在一年(含一年，以下类推)以内的，由按应收款项余额的0.3%计提，改为按其余额的0.5%计提；在1~2年内的，由按应收款项余额的0.5%计提，改为按其余额的1%计提；在2~3年内的，由按应收款项余额的1%计提，改为按其余额的3%计提；3年以上的，由按应收款项余额的5%计提改为按其余额的10%计提。由于此项会计估计变更，使本年度净利润减少了2 460 738.23元。企业监事会认为，以上会计政策与会计估计的变更是合理的和稳健的。

在经济业务日益复杂的背景下，企业财务报告的内容和篇幅也越来越多。如何在海量的会计信息中，对企业财务状况、经营成果和业绩做出正确的评价和预测，需要具备专门的知识和方法。

【阅读资料二】

杭萧钢构天价合同案

浙江杭萧钢构股份有限公司，注册地为杭州市萧山经济技术开发区，于2003年11月在上海证券交易所挂牌上市(600477，杭萧钢构)。虽然自称是"国内最早从事建筑钢结构的品牌企业之一"，但浙江杭萧钢构股份有限公司之前并不为多数人所知。

2007年2月12日至14日，杭萧钢构股价连续3个交易日涨停之后，15日发布公告称："截至本公告之日止,公司正与有关业主洽谈一境外建设项目,该意向项目整体涉及总金额折合人民币约300亿元,该意向项目分阶段实施,建设周期大致在两年左右。"同时表示,"若公司参与该意向项目,将会对公司2007年业绩产生较大幅度增长。但截至本公告日止,公司尚未正式签署任何相关合同协议。"这是那个引发争议的天价合同的第一次说明。

同年3月13日,杭萧钢构发布第二份公告称,近日,公司作为卖方及承包方与买方及发包方中国国际基金有限公司(以下简称中基公司)签订了《安哥拉共和国——安哥拉安居家园建设工程——产品销售合同》、《安哥拉共和国——安哥拉安居家园建设工程施工合同》,产品销售合同总价计人民币248.26亿元,施工合同总价计人民币95.75亿元,合同总额达344亿元。当天股票复牌后,又是连续4个涨停。至于中基公司,这个给杭萧钢构带来344亿元巨额合同的"财神爷",在杭萧钢构的公告中,只有寥寥数语的介绍,除了该公司注册地位于中国香港,从事投资和贸易外,其余信息皆无。

同年3月19日,上证所对杭萧钢构实行停牌处理。至此,杭萧钢构10个交易日股价飙升至10.75元,累计涨幅159%。同时,对于344亿元合同的质疑之声充斥整个市场。3月22日,证监会表态,对杭萧钢构的信息披露问题,以及是否存在二级市场操纵、内幕交易行为进行调查。在调查过程中,公司高层反复向记者解释,"合同中涉及大量转包、分包项目,甚至标注有具体施工成本核算内容,因此不便公开","这里面涉及重大商业秘密,我们的底价要是被媒体抖搂出去,那这笔生意基本就没法做了。"4月27日,证监会经调查认定杭萧钢构合同信息披露方面违规,并已将有关证据及线索移交公安机关。5月11日,上证所公开谴责杭萧钢构及董事长等人。5月14日,杭萧钢构披露证监会已向该公司及相关负责人共开出70万元"罚单"。6月11日,浙江省公安机关对涉嫌泄露内幕信息罪的犯罪嫌疑人罗高峰、涉嫌内幕交易罪的犯罪嫌疑人王向东、陈玉兴执行逮捕。

第十一章
Chapter 11

财务评价与财务咨询

【学习要点】

通过本章的学习,要求重点掌握建立责任会计的基本内容,责任中心的划分依据和考核标准,以及对责任的考核和分析。同时还要理解财务咨询的特点与作用,掌握财务咨询的内容及方法。

【案例导入】

HT 保险公司的关键业绩指标管理模式

HT 保险公司和其他企业一样,最初是从做少量团体寿险、财产保险开始,在良好的机遇下,由于分支机构剧增、业务快速发展、内勤员工队伍急剧膨胀,管理的幅度和难度都增加不少,在财务管理、人事管理、稽核检查等方面都透露出一些重大隐患。

1997 年、1998 年这两年对 HT 寿险是一个转折点。1997 年下半年,公司业务从表面上看仍在快速增长,但各项绩效指标已显现危险信号,表明公司已经开始走下坡路了。所幸的是,HT 一直没有停止对能够适应企业核心竞争力的最佳管理模式的探索,一直在寻找最适合 HT 的管理机制。针对市场变化,1998 年 HT 提出"以效益为中心"的经营理念,找到了关键业绩指标(KPI)管理模式。于是,"KPI"成了 HT 公司内使用频率最高的一个词。总公司、专业公司及各分支机构的月度经营检讨会专门围绕 KPI 来展开话题,公司高层讨论问题、制定决策也少不了 KPI。关键业绩指标管理模式已经深入到了经营管理的各个方面。

HT 在不断更新中科学、系统地设计 KPI。一个公司内不同时期有不同的主要矛盾,KPI 指标的设计要根据经营管理的不同需要和客观情况来设置,随着条件的变化不断更新。例如,由于企业经营状况不理想,市场竞争的不规范,代理人市场管理不严等因素的作用使得近年来保费应收率居高不下,给公司造成较大损失,而且也隐含了极大风险,因此"保费应收率"就要列入目前产险 KPI 指标体系;而在国外,这一矛盾并不突出,"保费应收率"不列为 KPI 指标。

HT 深入分析 KPI,力争对工作有指导性。要求在知道 KPI 状况的同时,还要弄清形成这种状况的原因,从而对症下药去改善它。例如,若某一段时间产险的整体赔付率上升了,接下来就分析是哪几家机构的赔付率高、哪类客户的赔付率高、哪几个险种的赔付率高、哪类风险使赔付率升高、哪个年度所签保单的赔付率高等,从而提出有针对性的控制办法和改善策略。

HT还将KPI管理方式推广到全系统。只有各机构的KPI状况好了,总公司的KPI状况才好,总公司的KPI状况不好必须到各个机构查明原因,所以HT的KPI管理着重强调在分支机构有更直接、更重要的作用。KPI的考核结果与奖惩紧密挂钩。通过对KPI的监测、分析,把形成KPI各种状态的责任与有关人员的考核奖惩紧密挂钩,更有效地促进各级、各类人员真正关心KPI状态,并想办法加以改善。

第一节 责任中心及其业绩考评

责任中心是企业内部责权利相结合的基本责任单位,是责任会计的主体。责任中心的建立是履行责任会计的前提。责任中心按照控制范围来划分,一般分为成本中心、利润中心和投资中心。这种划分方法可以使各责任中心的责任范围和责任程度一目了然,能够突出重点控制目标。

责任会计的分析与考评是保证责任会计体系能够贯彻实施的重要条件,也是调动各责任中心及全体职工的积极性,不断提高企业经济效益的重要保证。

责任会计的考评就是对各个责任中心的责任预算实施结果的考评。考评工作包括利用责任中心编制的责任报告,对责任中心各项责任预算执行结果进行分析与评价,总结成功的经验,揭示存在问题与不足,并给予合理的奖惩,以利于进一步加强管理,提高经济效益。

本章将从各责任中心的职责、分类入手,进而介绍责任中心的业绩考评方法。

一、成本中心及其业绩考评

(一)成本中心的职责

所谓成本中心,是指只发生成本而不取得收入的责任中心。实行责任会计,应将成本划分为可控成本和不可控成本两大类。可控成本和不可控成本都是对某一个特定的成本中心而言的。就一项成本来讲,如果它对于某一个成本中心是可控成本,则其对另外一个同级成本中心必然是不可控成本。

具体而言,可控成本应同时具备如下三个条件:

(1)责任中心能够通过一定的方式了解将要发生的成本。

(2)责任中心能够对发生的成本进行计量。

(3)责任中心能够通过自己的行为对成本加以调节和控制。

凡是不能同时具备上述三个条件的成本通常为不可控成本,一般不在成本中心的责任范围之内。但是,有些成本虽然成本中心无法进行调节和控制,假如能够准确地加以计量,并按此制定责任预算,即实际发生的成本与预算数能够保持一致,不会产生差异,那么这样的成本也可以视为可控成本。例如,从企业的某些劳务部门按预算数转入的固定劳务费等。

成本的可控与不可控是相对而言的,这与责任中心所处管理层次的高低、管理权限的大小以及控制范围的大小有直接关系。成本的可控性是就特定的责任中心、特定的期间和特定权限而言的。责任中心当期发生的各项可控成本之和就是它的责任成本。对成本中心的工作业绩进行考核,主要是通过将成本中心实际发生的责任成本与其责任成本预算进行比较而实现的。成本中心实际发生的责任成本与责任成本预算之间的差异,反映了成本中心对责任成本进行控制的效果,将考核与奖惩结合起来,可以强化对成本中心的责任约束,还可以进一步调动其降低成本的积极性。

(二)成本中心的分类

建立成本中心在责任会计体系中的地位十分重要,因为几乎企业的任何一个部门,都有各自可以控制的费用支出,都可以作为一个成本中心。成本中心的规模在实践中可大可小,大的可以是一个分厂,小的可以是一个班组甚至是个人。一般来说,成本中心可按以下标准进行分类。

1. 按管理范围划分

企业内部的各个单位负责不同的业务,因而拥有各自的管理范围,成本中心可以据此分为以下几种:

(1)生产车间或分厂。生产车间包括基本生产车间和辅助生产车间。在不同的企业中,生产车间的设置原则可能有所不同,管理权限也会有所差别,因此生产车间定为何种责任中心,应根据具体情况来确定。不过生产车间通常只发生生产耗费,不取得收入,而且不拥有供、产、销等方面的管理权限,因而一般可以定为成本中心,即只对其可控的生产耗费及所占用的资金承担责任。从这个意义上讲,车间可以说是一种"天然的"成本中心,而且在成本中心体系中居于核心地位。有些企业设有分厂,如果分厂的管理权限与生产车间相同,则分厂也应定为成本中心。

(2)仓库。仓库包括材料仓库、半成品仓库和产成品仓库。这些仓库分别负责各自对象的收、发、保管业务。其共同的特点是既要占用一定的资金(包括储备资金、半成品资金及成品资金),也会发生一些费用(如占用资金支付的利息费用、各项仓库经费以及由于保管不善造成的各项存货的盘亏、毁损等)。一般来说,仓库的资金占用量较大,应对其承担责任,但可以通过控制利息费用来控制资金占用量,因此可以将仓库定为成本中心。

(3)管理部门。这里所说的管理部门是指企业的大多数职能部门,包括供应部门、生产部门、会计部门等。其共同特点是既要对职能履行的结果负责,又要为自身的经费支出负责。就供应部门来说,其责任成本包括两方面的内容:一是材料采购成本;二是本部门的可控经费支出。就生产部门来说,其责任成本一般为本部门的各项可控经费支出。此外,生产部门还应对生产计划、调度工作的好坏承担责任。会计部门的责任成本是其可以控制的本部门各项经费开支。至于销售部门,虽然也要对本部门可控经费的支出承担责任,但由于还要对收入承担责任,因此一般不将其定为成本中心。其他职能部门一般没有供、产、销方面的业务,其责任成本就是各自的可控经费支出。从考核的角度讲,对上述职能部门(包括前面的仓库)通常只是考核其费用支出的数额,因而它们往往也被称为费用中心。

2. 按管理层级划分

成本中心只对可控成本负责,按管理层级的大小,成本中心有两种分类。一种是基本成本中心,一种是复合成本中心。基本成本中心没有下属成本中心,如一个班组是一个成本中心,如果该班组不再进一步分解了,那么它就是一个基本成本中心。复合成本中心有若干个下属成本中心,如一个车间是一个成本中心,在它的下面有若干个工段,如果这些工段也都被划定为成本中心,那么该车间就是一个复合成本中心。基本成本中心对其可控成本向上一级责任中心负责。复合成本中心不仅就本中心的可控成本向上一级责任中心负责,而且还就其下属成本中心的可控成本向上一级责任中心负责。由成本中心负责的成本叫做责任成本。基本成本中心的责任成本就是其可控成本;复合成本中心的责任成本既包括本中心的可控成本,也包括下属成本中心的责任成本。对于复合成本中心而言,按管理层级划分是在横向划分的基础上,对成本中心进行纵向的划分。可以划分为以下几种类型:

(1)车间—班组(工段)—个人三级成本中心。如前所述,车间一般应定为成本中心,企业在成本方面的目标能否完成,主要取决于企业内部各车间的工作情况。由于车间与车间、车间与有关职能科室之间往往存在着一定的衔接或协作关系,因此在建立车间成本中心时,必须划清车间与车间、车间与有关职能科室之间的经济责任。需要注意的是,车间在计算转来的材料成本和半成品成本时,必须按计划成本计算。材料价格的变化以及其他车间半成品成本的升降等因素不应影响本车间责任成本的计算。

班组是车间的基层组织机构,客观上存在着可控成本,因而一般也应作为成本中心。建立班组成本中心可以弥补车间成本核算的不足,从而建立起完整的成本核算体系。班组作为工业企业的基层生产环节,产品产量的高低、质量的好坏、消耗的大小等都是其从事生产的直接结果。从成本管理的角度讲,班组工作的效能对产品成本的高低有着最直接、最为重要的影响。因此,车间成本中心应该将其责任成本按纵向分解落实到所属的各个班组,使之成为下一级的成本中心。

各个生产班组所承担的责任成本可以进一步分解落实到每一个生产工人,建立以个人为单位的成本中心。一般来说,只要生产工人个人的工作成果能够单独地进行确认和计算,就可以将其作为一个成本中心。如果生产工人个人的工作成果无法单独核算,但能够单独核算某一生产机台若干个工人的工作成果,也可以将生产机台定为一个成本中心。

(2)仓库—保管人员两级成本中心。企业的各种仓库分别从属于不同的管理系统:材料仓库属于供应管理系统;半成品仓库属于生产管理系统;产成品仓库属于销售管理系统。从责任会计的角度来看,各类仓库在核算与考核上的特点相近:既要占用大量的资金,也要发生一些费用,还可能由于种种原因而导致存货账实不符。一般来说,仓库应对自身资金占用量以及所发生的费用和由于保管不善而导致的各项财产物资的盘亏、毁损承担责任。

仓库保管人员个人的工作成果如果能够单独确认,也应该作为一个成本中心。一般来说,仓库保管人员个人主要是要对所负责的财产物资的保全承担责任。对仓库保管人员工作情况进行考核的主要手段是对存货进行盘点。对于盘点中出现的问题应区别情况进行处理:存货的盘盈如果是量具、衡具等出现偏误所致,应责成仓库管理人员及时进行修理;对存货的盘亏应及时查明原因,除定额内损耗或自然灾害所致以外,应由有关仓库保管人员负责赔偿。从责任会计的角度讲,盘盈与盘亏均属仓库管理人员的工作失误,仓库管理人员均应承担责任。

(3)管理部门—管理人员两级成本中心。如前所述,除了销售部门以外,职能管理部门一般不对外提供产品,不取得收入,而只是发生一些管理性费用。这些职能管理部门只在各自的管理权限内对发生的可控费用承担责任。建立成本中心是解决职能管理部门量化考核问题的一种较好方法,也是责任会计中采用较多的一种方法。具体来说,就是要根据各职能部门的具体情况和不同特点,建立采用不同方法进行管理控制的成本中心。一般的职能管理部门应采用费用总额控制的方法。期初根据各职能部门的工作目标制定各自的费用预算总额,期末考核费用预算总额的执行情况并以此作为奖惩的主要依据。对于那些创造性强的职能科室(如产品开发部、技术革新办公室等)以及其他一些费用发生额的大小与其工作量的大小、工作质量的高低有明显相关性的职能部门,则应采用以弹性费用预算考核为主、以费用预算总额作为参考的考核办法,以促使其完成和超额完成任务。

对管理部门成本中心的管理人员来说,只要能划清其各自的责任成本,也可以定为一个成本中心。以供应部门为例,供应部门是企业的材料供应管理职能部门,其材料采购人员负责材料采购业务。如果能够分清采购人员材料采购的成本责任,就应定为成本中心。如果单个材料采购人员的采购成本责任不能明确划分,也可以将若干采购人员组成的材料采购小组定为成本中心。与对职能管理部门进行考核一样,对管理人员除了进行定量考核以外,还应该进行一定的定性考核,以全面评价其工作业绩。

【例11.1】 某企业甲产品是由一车间和二车间加工完成的,两车间分别为企业的两个标准成本中心,甲产品的产品成本和责任中心的责任成本计算结果分别如表11.1和表11.2所示。

表11.1 产品成本表

单位:元

成本项目	金额	成本项目	金额
直接材料	150 000	制造费用	25 000
直接人工	65 000	总成本	240 000

表 11.2 责任成本表

单位:元

成本项目	一车间(成本中心1)	二车间(成本中心2)	合计
直接材料	85 000	65 000	150 000
直接人工	40 000	25 000	65 000
间接费用	15 000	10 000	25 000
总成本	140 000	100 000	240 000

表 11.1 和表 11.2 中的计算结果表明,甲产品的总成本与 A、B 两成本中心的责任成本总额均为 240 000 元。

(三)成本中心的业绩考评

成本中心考核的主要内容是责任成本,即通过成本中心实际发生的责任成本与预算成本进行比较,确定两者差异的性质、数额及形成的原因,并根据差异分析的结果,对各成本中心进行一定的奖惩。成本中心的考核指标主要采用相对指标和比较指标,包括成本降低额和成本降低率,其计算公式为

$$成本降低率 = \frac{成本降低额}{成本预算额} \times 100\%$$

【例11.2】若在【例11.1】中,一车间的标准责任成本为 145 000 元,二车间标准责任成本为 96 000 元,计算一车间和二车间两成本中心的成本降低额和成本降低率。

解:一车间成本中心:

$$成本降低额 = 145\ 000 - 140\ 000 = 5\ 000(元)(有利差)$$

$$成本降低率 = \frac{5\ 000}{145\ 000} \times 100\% = 3.45\%$$

二车间成本中心:

$$成本降低额 = 96\ 000 - 100\ 000 = -4\ 000(元)(不利差)$$

$$成本降低率 = \frac{-4\ 000}{96\ 000} \times 100\% = -4.17\%$$

成本降低额和降低率指标是成本中心业绩考核的基本指标,但对标准成本中心来说,如果产品未达到规定的质量标准,或者未按时完成生产任务,将会对其他责任中心产出不利的影响。因此,标准成本中心还有必要确定质量标准和时间标准,作为考核实际生产产品的质量和按时完成生产任务的情况。对费用中心来说,由于投入和产出的关系不明确,通常使用费用预算来评价其业绩。一般来说,费用中心的实际成本低于预算水平,说明成本控制得较好;反之,说明成本控制得较差。业绩报告可以采用报表、数据分析和文字说明等形式反映责任预算实际执行情况的财务报告。对于业绩报告揭示的差异,各部门的负责人应做出分析说明,提出改进措施,提高业绩水平。

二、利润中心及其业绩考评

(一)利润中心的职责

利润中心是其责任人既能控制成本,又能控制收入的责任中心,是层次较高的责任中心。一个利润中心通常包含若干个不同层次的下属成本中心。利润中心要对收入和成本负责。其中成本是指其责任成本,既包括利润中心发生的可控成本,也包括利润中心的下属成本中心发生的责任成本。这里所说的不论是成本还是收入,对利润中心来说都必须是可控的。以可控收入减去可控成本后的可控净收入就是利润中心的可控利润,亦即责任利润。一般来说,企业内部的各个单位都有自己的可控成本(费用),因而建立利润中心的关键在于是否存在可控收入。从责任会计的角度讲,可控收入可以有以下三种含义。

(1)对外销售产品而取得的实际收入。

(2)按照包含利润的内部结算价格转出本中心的完工产品而取得的内部销售收入。

(3)按照成本型内部结算价格转出本中心的完工产品而取得的收入。

建立利润中心,其主要目的是通过授予必要的经营权和确立利润这一综合性指标来推动和促进各责任中心扩大销售、节约成本,努力实现自己的利润目标,使企业有限的资金得到最有效的利用。同时,通过利润这一综合性指标的考核,将各利润中心的经营业绩与其经济利益紧密挂钩,有效地调动全体职工的积极性,从而形成从上到下,群策群力,为实现企业目标而共同努力的风气。

(二)利润中心的分类

利润中心有自然的利润中心和人为的利润中心两种类型。向市场销售产品、提供劳务的利润中心是自然的利润中心;企业内部各责任中心之间,按照企业内部的转移价格相互提供产品和劳务所形成的利润中心是人为的利润中心。事实上,一般的成本中心都可以根据管理的需要划定为人为的利润中心。

1. 自然利润中心

为了保证自然利润中心对其实现利润的可控性,应赋予其相应的价格制定权、材料采购权和生产决策权,按照利润中心拥有的上述权利的大小,自然利润中心又可以进一步分为完全的和不完全的自然利润中心。

首先,自然利润中心必须拥有产品销售权,能够根据市场需求决定销售什么产品,销售多少产品,在哪个地区销售以及以什么方式进行销售,等等。自然利润中心拥有价格制定权,就可以对所售产品的市场供求状况做出灵敏反应,通过调节产品价格的作用,从一个方面确保利润计划的实现。具有完全的价格制定权的自然利润中心称为完全的自然利润中心;只有部分价格制定权或只有价格执行权的自然利润中心称为不完全的自然利润中心。必须强调的是,这里所说的自然利润中心价格制定权的大小是以企业内部职能如何划分为转移的,而对一个企业来说,理应完全拥有价格制定权。

其次,完全的自然利润中心还应拥有材料采购权,它可以根据材料的市场价格进行选择,从而降低材料的采购成本,增加利润;反之,如果材料只能由供应部门提供,则无法控制材料采购成本,这样的自然利润中心就只能属于不完全的自然利润中心。

再次,完全的自然利润中心还应具有生产决策权,这样它就可以根据自己对市场的判断来决定生产什么产品,生产多少产品,以保证产品销售收入的取得。否则,就只能销售根据他人的指令而生产的产品,这样的自然利润中心也只能属于不完全的自然利润中心。

综上所述,企业的内部单位只要具有产品销售权,能够直接对外销售产品,通常即可定为自然利润中心。但是,只有兼有产品定价权、材料采购权和生产决策权的自然利润中心才是完全的自然利润中心,否则就是不完全的自然利润中心。一般来说,只有独立核算的企业才具备作为完全的自然利润中心的条件,企业内部的自然利润中心应属于不完全的自然利润中心。

2. 人为利润中心

人为利润中心的特点是其产品只在企业内部流转,因而只能取得"企业内部收入"。人为利润中心有两种,它们在收入的计算上采用了不同的计价基础:一种是包含利润在内的内部结算价格(即前述可控收入的第二种含义),另一种是成本型内部结算价格(即前述可控收入的第三种含义)。这两类人为利润中心的差别是明显的,前者的利润是在生产过程中业已创造但尚未实现的利润;后者的利润其实只是产品成本差异。为使责任中心能够更明确地体现其特点,我们只把前者称为人为利润中心,而把后者仍称为成本中心。

一个部门是否能成为人为利润中心,应根据该部门是否拥有独立进行经营管理的权力来确定。人为利润中心的负责人应拥有决定本利润中心的产品品种、产品产量、作业方法、人员调配、资金使用、与其他责任中心签订"供销合同"以及向上级部门提出建议或正当要求等权力。这样才可以保证利润中心内部利润计划的完成,同时也是为企业利润计划的完成提供保证。如果该部门完全是根据企业安排的生产计划进行生产,并无决策权,核算内部利润也就没有实际意义,这样的部门就应定义为成本中心。

(三) 利润中心的业绩考评

利润中心的责任预算包括销售收入、成本和利润三部分,重点是对利润负责。利润中心的责任成本当中,大部分是下属成本中心的责任成本,只有管理费用和销售费用是其可控成本。利润中心业绩考核的重点是边际贡献和利润。利润中心有如下业绩评价指标。

1. 贡献毛益

贡献毛益的计算公式为

$$贡献毛益 = 销售收入 - 变动成本$$

式中的变动成本是指该利润中心的负责人可以控制的成本。一般情况下,变动成本都是可控成本,但并不是说,固定成本一定是不可控成本。事实上,有一部分固定成本是属于负责人的可控成本,也应该作为考核内容;否则,会造成利润中心的负责人将某变动成本划入固定成本,虚增贡献毛益,歪曲经营业绩。

2. 可控贡献毛益

可控贡献毛益的计算公式为

$$可控贡献毛益 = 贡献毛益 - 可控固定成本$$

式中的可控固定成本是指责任中心负责人可以控制的固定成本。

可控贡献毛益反映了利润中心负责人在其权限范围内有效使用资源的能力,遵循了可控性原则,能够合理评价部门负责人的经营业绩,是一个较理想的评价指标。正确使用该指标的关键是合理识别可控固定成本和不可控固定成本。例如,固定资产折旧费、修理费等,究竟属于哪一类的固定资产,应视该中心的负责人是否对其有处置权而定。若责任中心的负责人对该项固定资产有权处理,则相应的固定成本应是可控固定成本;反之,为不可控固定成本。

3. 部门贡献毛益

部门贡献毛益的计算公式为

$$部门贡献毛益 = 可控贡献毛益 - 不可控固定成本$$

式中的不可控固定成本是指责任中心负责人不能控制的固定成本,反映的是部门的毛利,以此作为责任人的考评依据,显得不太合理。因为,如果将不可控的因素强加于责任人,会挫伤其工作积极性,影响责任会计制度激励作用的真正发挥。

4. 税前部门利润

税前部门利润的计算公式为

$$税前部门利润 = 部门贡献毛益 - 分配的公司行政管理费用$$

由于部门贡献毛益评价指标存在一定的缺陷,如果在此基础上,再将责任中心负责人不能控制的公司行政管理费用等作为考核的内容,会使考核指标失去意义。另外,由于公司行政管理费用是一项共同费用,对此项费用的分配标准具有很大的主观随意性,它使企业内部各部门之间的各自的利益产生不必要的摩擦,影响责任中心的工作效率和积极性。

【例11.3】 某公司一车间人为利润中心,有关资料如下:销售收入550 000元,已销售产品变动成本280 000元,车间可控固定成本70 000元,车间不可控固定成本40 000元,分配来的公司管理费用25 000元。该车间利润考核的有关指标计算为

$$贡献毛益 = 550\ 000 - 280\ 000 = 270\ 000(元)$$
$$可控贡献毛益 = 270\ 000 - 70\ 000 = 200\ 000(元)$$
$$车间贡献毛益 = 200\ 000 - 40\ 000 = 160\ 000(元)$$
$$车间营业利润 = 160\ 000 - 25\ 000 = 135\ 000(元)$$

三、投资中心及其业绩考评

(一)投资中心的职责

所谓投资中心,是指既要发生成本又能取得收入、获得利润,并且具有投资权利的责任中

心。该种责任中心不仅要对责任成本、责任利润负责,还要对投资的收益负责。一般来说,投资中心具有以下几个显著的特点:

1. 投资中心在责任中心体系中处于最高层次

投资中心在责任中心体系中处于最高层次,它具有最大的决策权,也承担最大的责任。投资中心拥有投资决策权,即当总公司或企业总部将一部分资金或技术等形式的资源交给投资中心后,该中心有权利决定将这些资源投资于什么行业、哪个地区生产什么样的产品、投资多长时间等。总公司一般不直接干涉其投资取向,也不对其投资进行直接的管理和监控,而只是提供一些技术和信息方面的支持。但是投资中心必须对其投资的收益负责,即对其使用公司的这部分资源的效果负责。

2. 投资中心是拥有投资权利的利润中心

基于谁负责谁承担的原则,投资中心对整个投资的决策和执行过程负责,因而投资的成本和收益必然纳入其可控范围之内,而企业投资的目的就是为了最大限度地获得利润,因而投资中心必然是利润中心,但是利润中心却不一定是投资中心。二者差别的关键之处在于利润中心没有投资决策权,它只是在企业决定投资方向后对企业投资决策的具体执行过程。

3. 在组织形式上,投资中心也有其自身的特色

一般而言,成本中心和利润中心既不是独立的法人主体,也不是财务会计主体。而投资中心可能是独立的法人,也是财务会计主体。在当今世界各国,大型集团公司下面的子公司、分公司和拥有较大自主权的事业部往往都是投资中心,在跨国集团中,投资中心尤其普遍。

投资中心、利润中心和成本中心之间的关系是:基本成本中心对其可控成本向复合成本中心或利润中心负责;复合成本中心就其责任成本向利润中心或投资中心负责;利润中心就其利润向投资中心负责。同时,投资中心就其投资和利润向董事会负责。

(二)投资中心的分类

随着现代企业经营领域和经营范围的扩展,大型企业集团往往需要跨行业、跨地区甚至跨国家经营,由此产生了企业组织形式上的重大变革,出现了子公司、分公司和事业部等大型企业集团下的二级单位。这些企业内部单位拥有极大的自主权,可以被确立为投资中心。

1. 事业部

所谓的事业部,就是按照企业所经营的事业,包括按照产品、按地区、按顾客和市场等标准来划分和设立的二级经营单位。事业部拥有自己的产品和独立的市场,拥有极大的经营自主权,实行独立经营、独立核算,既有生产和管理的职能,又是产品责任单位或市场责任单位,对产品设计、生产制造及销售活动负有统一领导的职能。因此,企业集团内的各个事业部至少都可以建立利润中心。但是对于其中一部分事业部而言,不仅拥有上述生产经营决策权,可以自主决定产、供、销,还拥有一定的投资决策权,可以自主决定一部分资金的投放领域、投放时间和投放方式。因此,这种情况下的事业部也应该建立起投资中心,以使其更好地对其所使用的资源承担起责任,从而有利于整个企业的资源配置和使用达到最优。

2. 分公司

分公司是从事业部发展而来,其权限比事业部要大得多,同属一家公司的各个业务领域都能像一个独立的公司那样去运营。除充分的生产经营决策权之外,分公司还分得了一部分资金,可以自主决定其投放与回收,因此分公司不仅对责任利润负责,同时也承担了提高资本收益的责任。按各个不同行业或地区分别设立为分公司,可以根据各个行业或地区的不同情况和特点进行投资决策和生产经营决策,易于在其下属单位根据收入或是成本的接近程度划分为不同的利润中心和成本中心,同时也便于根据特定行业或地区的情况制定收入和成本以及投资预算。

需要说明的是,投资中心的出现是现代企业管理中分权思想产生和发展并运用于实践的直接产物。从集权管理思想发展到分权在很大程度上是由于技术层面的限制而导致的。地理空间的局限、通信技术的局限等,使企业总部很难在需要立刻决策的时点适时地做出决策,因而不得不将一部分权限下放,以求在第一时刻对外部环境及自身状况的改变做出反应。一旦技术层面的问题解决了,多数企业还是会愿意将权力再集中到总部,从而更有利于企业的决策统一性和在整体层面上的长远战略规划。

(三) 投资中心的业绩考评

对投资中心的业绩的评价包括单个投资项目本身效果的评价和投资中心的经营业绩的评价两个方面。就单个项目而言,由于是考虑一些新的投资项目或是新的投资中心,因而在决策时需要对投资项目本身的投资效果进行预测与评价,以确定其可行性。对单个投资项目的评价一般采用投资回收期、净现值、内含报酬率以及获利指数等指标。由于我们在此讨论的主要是投资中心作为一个责任中心其整体责任的履行程度如何,因而主要对投资中心经营业绩进行评价与考核。对于投资中心的业绩评价,主要采用投资报酬率和剩余利润两个指标。

1. 投资报酬率

所谓投资报酬率,是投资中心所获得的利润与投资额之间的比率,其计算公式为

$$投资报酬率 = \frac{利润}{投资额} \times 100\%$$

式中,投资额及其对应的利润额可以有两种理解:一种是指投资者权益,它包括投入资本加上经营过程中形成的留存收益。这种情况下,由于投资中心举债经营的职责和收益都属投资中心,所以考核的利润是扣除贷款利息的税后净利润。另外一种是指投资总额,它包括投资者投入的资本和借入的资本,它反映了企业的生产规模,往往由企业的资产总额来反映。这种情况下,主要是考核资产的利用效率,因而在利润的计算中,不能扣除贷款的利息,也就是说,要用税后净利润加上利息费用。

从公式可看出,为了提高投资报酬率,企业不仅要尽可能降低成本、增加销售额,同时也要经济有效地利用现有经营资产,努力提高资产周转率。投资报酬率是广泛用来评价投资中心业绩的综合性指标,通过这个指标可以在同一企业不同投资中心之间或者在同一行业不同企业之间进行比较,从而做出最优投资决策。但这一指标也有严重的缺陷。有的企业为了单

纯追求提高投资报酬率,可能坚持不进行或少进行新投资,会损害企业整体长远利益,造成投资中心近期目标与远期目标相偏离。

2. 剩余利润

为了避免投资报酬率的某些不足,评价投资中心时,还可以同时采用剩余利润指标。

剩余利润也叫剩余收益,是指投资中心利润减去按规定的最低报酬率计算的经营资产收益额之后的余额,最低报酬率一般等于或大于资金成本。其计算公式为

$$剩余利润 = 净利润 - 所有者权益 \times 资本成本率$$

剩余利润指标基于经济利润而不是会计利润。剩余收益作为业绩度量指标,它与其他业绩度量指标的不同之处在于剩余收益考虑了资金的成本。

投资中心的业绩报告如表11.3所示。

表11.3 投资中心业绩报告

20××年7月　　　　　　　　　　　　　　　　　　　　　　　　　单位:元

项目	预算	实际	差异
销售收入	488 750	495 000	6 250(有利差异)
减:变动成本			
变动制造成本	158 750	156 250	2 500(有利差异)
变动销售费用	85 000	87 500	2 500(不利差异)
变动管理费用	6 250	7 500	1 250(不利差异)
边际贡献	218 750	223 750	5 000(有利差异)
减:固定成本			
固定制造费用	92 500	95 000	2 500(不利差异)
固定销售费用	17 500	18 750	1 250(不利差异)
固定管理费用	15 000	13 750	1 250(有利差异)
经营净收益	93 750	96 250	2 500(有利差异)
经营资产平均占用额	625 000	625 000	0
经营资产周转率	0.782	0.792	0.01
销售利润率	19.1%	19.44%	0.34%
投资报酬率	14.9%	15.39%	0.49%
剩余利润(最低报酬率10%)	31 250	3 750	2 500

从比较投资报酬率和剩余收益两个指标可以看出,若采用投资报酬率作为业绩评价的标准,则可能导致企业下属投资中心由于追求高的投资报酬率而放弃那些虽然低于本中心投资报酬率但却高于资本成本的投资项目,从而使企业集团整体的资源优势没有得到充分的发挥,企业整体价值未能达到最优。而采用剩余收益,就可以避免这种情况的出现。但是剩余

收益是一个绝对数指标,不利于不同规模投资中心的比较,从而也大大削弱了其作为业绩评价指标的功能。总之,不同的指标各有利弊,企业在实践中应根据实际情况慎重选择。

第二节 财务咨询

一、财务咨询的特点与作用

财务咨询是指企业以外的机构和人员,接受企业邀请,对相关企业所要求解决的财务问题提供管理咨询服务的业务工作。本企业管理人员解决本企业的财务问题不属于财务咨询的范畴。

(一)财务咨询的特点

1. 财务咨询的主题是企业以外的机构和人员

提供财务工作的机构应当是获得政府批准而建立的相关服务机构,一般有:各类金融机构所设立的财务咨询部门、财务咨询公司、会计师事务所、资信评定机构等;提供财务咨询的个人可以是企业聘请的财务专家和顾问。

2. 财务咨询往往是有偿服务工作

与企业内部管理人员解决企业本身问题不同,企业向社会中介机构寻求财务咨询服务,往往需要支付一定的费用。

3. 财务咨询仅仅对服务对象负责

财务咨询不同于企业外部的财务监督和审计,财务咨询的目的在于提高企业财务活动的效率,改善企业内部管理机制,因此,这仅仅是对服务对象负责,而不对其他方面负责。

(二)财务咨询的作用

(1)财务咨询活动的开展,使企业能够有效利用社会人才资源,解决企业高级财务管理人才的匮乏,借鉴先进的管理理念和管理手段,提高企业的财务管理水平。

(2)财务咨询活动的开展,有利于企业利用"来自外部的声音",解决企业内部管理的深层次问题。由于企业经营者处于企业各方面利益关系的制约之中,往往不便于直接表达正确的管理意见。"来自外部的声音"可以不受企业内部利益关系的左右,从而使正确的管理意见更容易被企业接受。

(3)财务咨询活动的开展,有利于企业规划适应市场环境的战略目标,扩大企业管理者的视野。

二、财务咨询的内容

财务咨询的内容主要包括以下三部分。

(一)战略性财务咨询

战略性财务咨询是针对企业长远战略目标的财务咨询。其具体内容如下:

(1)企业所处行业的总体特征(行业的发展前景)。

(2)企业自身的特征(企业在本行业中的地位、竞争优势和财务管理目标的规划)。

(3)企业所从事或可能从事经营领域的态势(合理的发展速度、最佳投资规模、实体投资风险、最新技术的应用等)。

(4)企业所面对的市场环境挑战(供求形势、筹资条件、同行业竞争者的财务实力和经营能力等)。

(二)执行性财务咨询

执行性财务咨询是针对建立企业财务管理运行系统的财务咨询。具体内容如下:

(1)财务管理体制和制度的评价(合理的财务管理体制和健全的财务制度)。

(2)资金周转及财务成果的评价(资金周转与财务成果的关系)。

(3)财务管理各个环节的工作质量评价(财务预测、财务决策、财务预算、财务控制、财务分析)。

(4)成本费用的控制效果评价(标准成本控制、预算成本控制、定额成本控制等)。

(三)改善性财务咨询

改善性财务咨询是针对企业整体财务管理系统提出改善方案的咨询工作,包括调整改善企业的财务战略和调整改善企业的财务管理运行系统。改善性财务咨询需要在掌握大量企业经营管理信息的基础上,分析主要矛盾,找出矛盾的主要方面,从而做出符合实情的判断并提出有效的改进建议。

三、财务咨询的程序

财务咨询的程序一般包括六个阶段,即一个完整的财务咨询业务通常包括介入阶段、启动阶段、调查诊断阶段、解决方案设计阶段、实施培训阶段和后续服务阶段。

(一)介入阶段

财务咨询的介入阶段,是指接受委托的咨询公司与客户讨论咨询项目的意向交流阶段。介入阶段的终结可能是签订合同,也可能是客户放弃委托意向。

财务咨询介入阶段的工作程序如表11.4所示。

表11.4 财务咨询的介入阶段工作程序

步骤一	步骤二	步骤三
与客户初步接触	确定财务咨询内容	提出项目建议并签订合同
(1)财务咨询的委托方与受托方进行面对面的交流 (2)了解客户需求,解答了客户问题 (3)介绍双方相关情况,准备相关资料 (4)确定进一步洽谈的内容、时间	(1)客户企业提出财务咨询的要求与希望 (2)研究客户企业提供的资料,分析企业的状况,初步拟定咨询框架 (3)实地考察客户企业 (4)双方确定财务咨询的框架和目标	(1)提出项目建议书 (2)双方就建议书的内容进一步商讨 (3)拟定并签署合同,完成咨询工作启动所需的准备工作

本阶段工作的重点在于确保咨询内容及目标的准确无误。

(二)启动阶段

当咨询合同生效以后,则应尽快进入财务咨询的启动阶段,咨询机构与客户企业都要做好进入企业前的准备工作。

这一阶段的工作程序如表11.5所示。

表11.5 财务咨询的启动阶段工作程序

步骤一	步骤二	步骤三
组建咨询队伍	制订咨询项目计划	建立联合工作组
(1)根据咨询工作要求确定项目领导小组,直接监督管理财务咨询工作的展开 (2)组建咨询工作小组并确定主要负责人 (3)确定咨询工作小组需要外聘的专家、高级顾问	(1)提出初步工作计划 (2)按照初步工作计划选用或设计工作底稿,明确工作底稿编制的内容和质量标准 (3)搜集和整理与客户企业咨询内容相关的法律文件和可借鉴的资料	(1)根据咨询初步工作计划成立由双方相关人员组成的联合工作组,明确具体分工和职责 (2)由联合工作组确定具体工作计划和时间进度 (3)由联合工作组对相关法律文件和资料进行鉴别,以确认借鉴资料的有效性

(三)调查诊断阶段

在做好上述准备工作以后,财务咨询应当进入调查诊断阶段。根据实际需要,财务咨询小组可以进入客户单位进行调查诊断,也可以不进入客户单位进行调查诊断。调查是针对客户的委托,对客户企业进行深入、全面的了解,掌握详细情况,分析研究相关问题与企业财务成果、利益相关者利益之间的关系,摸清问题的实质。

调查诊断阶段的工作程序如表11.6所示。

表11.6　财务咨询的调查诊断阶段工作程序

步骤一	步骤二
全面了解客户企业的情况	开展诊断工作
(1)征得客户同意后,依据需要进行问卷调查和重点访谈 (2)主持开展座谈会、讨论会听取各方工作人员的意见和要求 (3)根据咨询需要调查分析客户企业所处的行业特点、竞争对手情况、政策环境、发展前景等各方面内容	(1)整理分析调查资料,对问题进行分类 (2)对企业存在的问题进行诊断,揭示出现问题的本质属性 (3)编制整理诊断工作底稿,并据此编制财务诊断报告

(四)解决方案设计阶段

解决方案设计阶段是针对财务诊断报告所提出问题和对问题的属性判断,提出解决方案的重要工作阶段。在这个阶段,可能会因为问题的复杂性,形成多种解决问题的思路和方案,由此产生对所提出的若干设计方案的筛选。为了选出最好的方案,并容易被客户所接受,可以提出书面财务咨询报告,以便于客户了解情况,做出慎重的选择。

解决方案设计阶段的工作程序如表11.7所示。

表11.7　财务咨询的解决方案设计阶段工作程序

步骤一	步骤二	步骤三
提交初步方案	初步方案征求意见	方案的确定
(1)在客户对诊断报告和改进建议方案的反馈基础上,进一步分析调查,进而设计实施方案,并根据客户情况及时加以调整 (2)结合客户具体情况,向客户提出满足其要求,具有可操作性的财务改善初步方案	(1)向客户企业详细介绍初步方案的内容,听取修改补充意见 (2)将确定的准备修改与补充的意见与客户企业负责人沟通 (3)对方案调整补充,编制正式的财务咨询报告	(1)向客户提交正式的财务咨询报告 (2)协助客户拟定实施计划

(五)实施培训阶段

培训阶段往往也构成财务咨询过程中的一个重要阶段,因为客户企业在实施中可能会出现技术问题和其他困难,如客户对问题的理解可能不很清楚、实施过程中环境会出现某些变化、需要对实施方案进行调整等。因而这一阶段的工作重点就是方案通过后,为保证实施的顺利进行,咨询方应与客户方讨论实施中可能需要解决的问题,并以各种方式支持客户实施咨询方案。

（六）后续服务阶段

财务咨询工作结束后,往往还可能发生一系列针对咨询方案的改进和完善工作。这些工作只能延续到财务咨询结束的后续服务阶段。这时,财务咨询师还要与客户继续保持联系,帮助评述实施过程,采取必要的纠正措施,并借此提高财务咨询师的业务能力和总结经验教训。

四、财务咨询方法

（一）系统分析法

企业的经营活动是一个系统工程,这个系统是为了实现一种或多种目标而设立的。正如我们所知,企业系统是由一些内部关联的部门,如生产、销售、采购、财务等子系统构成的一个有机整体。当这个有机整体与企业外部市场环境相联动并高效运转时,就会产生盈利;而一旦这个有机整体的某个子系统发生了故障,或者出现有机整体运行与企业外部市场环境相脱离,企业就可能面临亏损。

系统分析法就是针对企业的市场环境和企业系统,分析解决企业系统整体最优化的规划设计问题,使企业的物质资源、管理资源、市场资源得到最优化配置。

例如,某集团公司合并财务报表显示,货币资产占总资产的比重为25%,表现了货币资产的过大倾向。利用系统分析法,咨询人员发现,集团公司下属的12家分公司,有7家保持着稳定的销售收入,因而货币结存量较大;而另外5家分公司正进行固定资产项目投资,因而各自向银行筹借了大量的款项,也形成了巨额货币储备。由于集团内部没有形成有机整体的财务系统,因此造成一方面货币资产储备过大,另一方面企业债台高筑,利息负担加重的结局。

咨询人员提出:解决问题的方法是在集团内部设立财务公司,从而使集团内部的货币资产得以合理调配,从而解决各个分公司作为独立的投资责任中心的筹资问题。

（二）比较分析法

比较分析法广泛应用于企业财务分析工作中,对财务咨询也有比较广泛的应用领域。例如,可以将客户企业的财务指标与同行业先进指标对比,也可以将客户企业的财务指标与历史最好时期的指标对比。通过对比找出差距,再继续分析存在差距的原因,找出解决方案。

（三）矛盾分析法

矛盾分析法最适用于对客户企业所表现的财务状况不良反应的咨询分析。运用这种方法就是要找出形成不良结果的主要矛盾和矛盾的主要方面,从而有的放矢地解决问题。

例如,一家客户企业存在着大量的逾期应收账款,造成资金周转的严重困难。利用矛盾分析法,咨询人员发现,逾期应收账款的形成是由于企业产品失去了市场竞争能力,企业只能采取赊销的被动销售方式,而且因害怕得罪购买客户,不敢轻易采取法律手段维护自身的权益。于是,咨询人员得出结论:主要矛盾是企业的产品不适销对路,矛盾的主要方面是企业领导没有驾驭市场经济的能力。咨询人员提出：解决问题的途径是引进人才，设计出适销对路的产品，从而摆脱市场上的被动地位。

本章小结

1. 责任会计体系中，责任中心是企业整体的有机组成部分，责任中心建立的原则有总体性原则、适应性原则、责权利匹配原则、可控性原则与反馈性原则；责任中心按照控制范围来划分，一般分为成本中心、利润中心和投资中心。责任中心的责任预算是企业预算的有机组成部分，是企业总预算的合理分解。实行责任会计，就是要充分调动各责任中心的积极性，保证各责任中心的责任预算的顺利完成，从而保证企业总预算的顺利完成。

2. 财务咨询是指企业以外的机构和人员，接受企业邀请，对相关企业所要求解决的财务问题提供管理咨询服务的业务工作。财务咨询的内容主要包括战略性财务咨询、执行性财务咨询、改善性财务咨询三部分。财务咨询方法包括系统分析法、比较分析法及矛盾分析法。

自 测 题

一、单项选择题

1. 在以下论述中，符合责任中心年终业绩评价的是 （ ）
   A. 预算年度终了对责任预算执行结果的考评
   B. 预算年度期间对责任预算执行过程的考评
   C. 预算年度期初对责任预算质量的考评
   D. 预算年度任何时间、任何指标的考评

2. 在以下有关生产型企业责任中心的表述中，数量最多的是 （ ）
   A. 投资责任中心   B. 利润责任中心
   C. 收入责任中心   D. 成本责任中心

3. 在以下论述中，符合财务咨询程序介入阶段的是 （ ）
   A. 确保咨询内容及目标的准确无误
   B. 确保咨询工作所需要的详细情况信息
   C. 确保设计出最有效的解决方案
   D. 确保所有技术性问题都能够尽快解决

4. 在以下论述中，符合财务咨询程序的解决方案设计阶段工作的是 （ ）
   A. 解决方案设计阶段的工作应当严格保密
   B. 解决方案设计阶段的工作应当与客户及时沟通
   C. 解决方案设计阶段的工作应当由专家独立完成
   D. 解决方案设计阶段的工作应当在调查诊断阶段之前进行

5. 在以下论述中，关于财务咨询工作程序正确的是 （ ）
   A. 提交财务咨询报告之后财务咨询工作结束

B. 提交财务咨询报告之后还需要对客户实施培训

C. 提交财务咨询报告之后还需要对客户实施培训和提供后续服务

D. 提交财务咨询报告之后还需要向当地政府提交工作汇报

6. 在以下论述中,不符合财务咨询人员职业道德的是 （　　）

A. 在财务咨询的介入阶段与客户签订咨询合同

B. 在咨询合同生效以后才进入财务咨询的启动阶段

C. 在调查诊断阶段不进入客户单位进行调查诊断

D. 将客户的财务信息作为培训案例透露给其他企业

二、多项选择题

1. 在以下各项中,构成企业责任中心的有 （　　）

A. 成本责任中心　　　　　　B. 收入责任中心

C. 利润责任中心　　　　　　D. 投资责任中心

2. 在以下论述中,符合对利润责任中心的有 （　　）

A. 利润责任中心是具有生产经营决策权的部门

B. 利润责任中心是具有投资决策权的部门

C. 利润责任中心既要对成本负责,还要对收入负责

D. 利润责任中心分为自然利润中心和人为利润中心

3. 在以下论述中,符合投资责任中心的有 （　　）

A. 投资责任中心具有投资决策权

B. 投资责任中心是处于企业最高层次的责任中心

C. 投资责任中心要对投资效果负责

D. 投资责任中心一般是独立法人

4. 在以下论述中,符合剩余收益指标的有 （　　）

A. 剩余收益是投资中心获得的利润扣减其最低投资收益后的余额

B. 剩余收益指标体现了投入与产出之间的关系

C. 考核剩余收益指标有利于避免企业内部的本位主义

D. 剩余收益是一个绝对数指标

5. 在以下论述中,符合财务咨询特点的有 （　　）

A. 财务咨询的主体是本企业高级管理人员

B. 财务咨询往往是有偿服务的

C. 财务咨询的主体是企业以外的机构和人员

D. 财务咨询是对服务对象负责

6. 在以下各项财务咨询内容的阐述中,可以作为战略性财务咨询的有 （　　）

A. 企业所处行业发展前景

B. 企业可能从事的经济领域的态势

C. 企业自身特征和面临的市场环境挑战

D. 企业成本费用的控制效果评价

三、判断题

1. 责任中心是承担一定经济责任,并拥有相应管理权限的企业内部责任单位的统称。（　）

2. 日常业绩评价是指在预算年度内对责任预算执行过程的考评,通过信息反馈、控制和调节责任预算的执行偏差,确保责任预算的最终实现。（　）

3. 企业在确定各个成本责任中心的成本责任时,应尽可能使各个成本责任中心发生的成本成为不可控成本。（　）

4. 财务咨询解决方案设计阶段的工作以向客户提交正式的财务咨询报告为终结,不包括协助客户拟订实施计划。（　）

四、简答题

1. 简述成本中心、利润中心、投资中心的含义。

2. 简述成本中心、利润中心、投资中心的评价指标。

3. 简述财务咨询的特点与作用。

五、业务分析题

1. 某公司下属的生产车间属于成本责任中心,并仅生产一种产品。年度预算产量为1 000 件,单位标准原材料成本为500 元/件(50 元/千克×10 千克/件);年度实际产量为950件,单位实际原材料成本为528 元/件(55 元/千克×9.6 千克/件)。企业原材料采购由生产车间以为的采购部门完成。其他成本假定忽略不计。

要求：

(1)如果原材料成本是该生产车间的责任成本,请计算该生产车间责任成本变动额和变动率。

(2)分析评价该成本中心的成本控制情况。

2. 某公司将实际拥有的所有资产都投放到 A、B 两个下属公司,并采用投资利润率指标对下属 A、B 两个投资责任中心进行业绩考核,A 单位的当年实现利润为 100 万元,资产平均占用额为 1 000 万元;B 单位的当年实现利润为 300 万元,资产平均占用额为 2 000 万元。

要求：

(1)计算 A、B 两个单位的投资利润率和总公司投资利润率。

(2)如果总公司让 B 公司承接投资额为 1 000 万元、投资利润率为 14% 的新增投资项目,并对 B 公司新增投资项目采用剩余收益考核指标。请按照 A 公司投资利润率作为最低投资利润率计算 B 公司新增投资项目的剩余收益指标。

【阅读资料】

泰德·穆森的烦恼

泰德·穆森是一家大型集团公司的总经理,最近为公司的发展他有了新的担忧。他于 20 世纪 80 年代中期创立了泰格诺克公司,专门生产清除工业烟囱污染物的净化器。当时,这家公司的人员仅有泰德和其他几位年轻的工程师。他们对这种净化器的前景充满了希望,为了让希望成为现实,他们夜以继日地工作。几分付出,几分收获。他们研制的净化器高效实用,而公司的利润也逐年倍增。后来,泰德和他的伙伴们陆续收购了一些与污染治理有关的公司并发展成为一家跨国公司。现在,泰德作为公司的总经理,正面临着新的问题。他找来了史蒂夫·斯科里,美国分部的经理。

"史蒂夫,你瞧瞧这些预算财务报表,我们的净利润勉强增长,而投资报酬率实际上自去年起已开始下降,分部的经理们本应相互合作,而现在却在为转移价格争论不休。究竟是怎么回事?我还记得以前那段十分有意义的日子。我们都有一个共同的信念。我们不仅仅为自己而工作,还为了大家都能有一个更好的生活环境。这听起来像老掉牙的故事,可我们确实是靠着那个信念才熬过了最苦的日子。"

史蒂夫轻声笑道,"苦日子是不能忘。可是,想想吧,泰德,我们都老了,公司也大了。当你是集团公司的总经理时,要保持那种精神就不容易了。我连一些新任的经理都不认识,更不能确定他们与我们的价值观是否一样。你能怎么做呢?我们只能接受最终不可避免的事实,降低成本或削减一些开支。"

"其实,我们可以制定一套激励方案,促使经理们目标一致。而且,我想这件事会比较有趣。我想让你来做些这方面的研究。看看这方面的资料,也许某些别的公司也遇上了类似问题并解决了。我们过两周再碰面讨论这件事。"

两周以后。

"泰德,我有一个办法可能管用。我和一个朋友谈了我们的问题,他在热电子公司工作。他们生产的是高技术产品,比如高灵敏度的地雷探测器和毒品探测仪,还有专门清除渗入土壤中的汽油的设备等。他们的情况与我们十分相像,也是从小公司迅速发展起来的。同样,他们也面临着如何保持创业精神的问题。他们为此给经理们认股权——但似乎不起作用。他们的研究开发投入直接关系到公司的长远发展,但却拖了利润的后腿。不管怎么说,他们试着将公司的股份分散化。1983 年,他们将一个分部——热电仪器公司的股份出售了 16%。该分部的经理们获得了 3% 的股份。这样一来,这些经理真正体验到了创业精神。同时,该公司的利润增加了 500 万美元以上。"

"不错,挺不错。但投资报酬率怎样呢?还有其他分部的情况呢?它们对热电仪器公司得到的优惠是否感到不满呢?"

"不,其他分部的经理同样有机会。他们要竞争,才能获得股份。前提条件是他们的公司要有潜力每年增长 30%。目前热电子公司已分散股权的分部的年平均投资回报率是 20%。"

"听起来是不错。让我们研究一下这些分部的财务报表,看看我们的情况。也许我们能采用热电子公司的办法来解决自己的问题。"

附 表

附表1 复利终值系数表

期数	1%	2%	3%	4%	5%	6%	7%	8%
1	1.010 0	1.020 0	1.030 0	1.040 0	1.050 0	1.060 0	1.070 0	1.080 0
2	1.020 1	1.040 4	1.060 9	1.081 6	1.102 5	1.123 6	1.144 9	1.166 4
3	1.030 3	1.061 2	1.092 7	1.124 9	1.157 6	1.191 0	1.225 0	1.259 7
4	1.040 6	1.082 4	1.125 5	1.169 9	1.215 5	1.262 5	1.310 8	1.360 5
5	1.051 0	1.104 1	1.159 3	1.216 7	1.276 3	1.338 2	1.402 6	1.469 3
6	1.061 5	1.126 2	1.194 1	1.265 3	1.340 1	1.418 5	1.500 7	1.586 9
7	1.072 1	1.148 7	1.229 9	1.315 9	1.407 1	1.503 6	1.605 8	1.713 8
8	1.082 9	1.171 7	1.266 8	1.368 6	1.477 5	1.593 8	1.718 2	1.850 9
9	1.093 7	1.195 1	1.304 8	1.423 3	1.551 3	1.689 5	1.838 5	1.999 0
10	1.104 6	1.219 0	1.343 9	1.480 2	1.628 9	1.790 8	1.967 2	2.158 9
11	1.115 7	1.243 4	1.384 2	1.539 5	1.710 3	1.898 3	2.104 9	2.331 6
12	1.126 8	1.268 2	1.425 8	1.601 0	1.795 9	2.012 2	2.252 2	2.518 2
13	1.138 1	1.293 6	1.468 5	1.665 1	1.885 6	2.132 9	2.409 8	2.719 6
14	1.149 5	1.319 5	1.512 6	1.731 7	1.979 9	2.260 9	2.578 5	2.937 2
15	1.161 0	1.345 9	1.558 0	1.800 9	2.078 9	2.396 6	2.759 0	3.172 2
16	1.172 6	1.372 8	1.604 7	1.873 0	2.182 9	2.540 4	2.952 2	3.425 9
17	1.184 3	1.400 2	1.652 8	1.947 9	2.292 0	2.692 8	3.158 8	3.700 0
18	1.196 1	1.428 2	1.702 4	2.025 8	2.406 6	2.854 3	3.379 9	3.996 0
19	1.208 1	1.456 8	1.753 5	2.106 8	2.527 0	3.025 6	3.616 5	4.315 7
20	1.220 2	1.485 9	1.806 1	2.191 1	2.653 3	3.207 1	3.869 7	4.661 0
21	1.232 4	1.515 7	1.860 3	2.278 8	2.786 0	3.399 6	4.140 6	5.033 8
22	1.244 7	1.546 0	1.916 1	2.369 9	2.925 3	3.603 5	4.430 4	5.436 5
23	1.257 2	1.576 9	1.973 6	2.464 7	3.071 5	3.819 7	4.740 5	5.871 5
24	1.269 7	1.608 4	2.032 8	2.563 3	3.225 1	4.048 9	5.072 4	6.341 2
25	1.282 4	1.640 6	2.093 8	2.665 8	3.386 4	4.291 9	5.427 4	6.848 5
26	1.295 3	1.673 4	2.156 6	2.772 5	3.555 7	4.549 4	5.807 4	7.396 4
27	1.308 2	1.706 9	2.221 3	2.883 4	3.733 5	4.822 3	6.213 9	7.988 1
28	1.321 3	1.741 0	2.287 9	2.998 7	3.920 1	5.111 7	6.648 8	8.627 1
29	1.334 5	1.775 8	2.356 6	3.118 7	4.116 1	5.418 4	7.114 3	9.317 3
30	1.347 8	1.811 4	2.427 3	3.243 4	4.321 9	5.743 5	7.612 3	10.062 7

附 表

续附表1

期数	9%	10%	11%	12%	13%	14%	15%	16%
1	1.090 0	1.100 0	1.110 0	1.120 0	1.130 0	1.140 0	1.150 0	1.160 0
2	1.188 1	1.210 0	1.232 1	1.254 4	1.276 9	1.299 6	1.322 5	1.345 6
3	1.295 0	1.331 0	1.367 6	1.404 9	1.442 9	1.481 5	1.520 9	1.560 9
4	1.411 6	1.464 1	1.518 1	1.573 5	1.630 5	1.689 0	1.749 0	1.810 6
5	1.538 6	1.610 5	1.685 1	1.762 3	1.842 4	1.925 4	2.011 4	2.100 3
6	1.677 1	1.771 6	1.870 4	1.973 8	2.082 0	2.195 0	2.313 1	2.436 4
7	1.828 0	1.948 7	2.076 2	2.210 7	2.352 6	2.502 3	2.660 0	2.826 2
8	1.992 6	2.143 6	2.304 5	2.476 0	2.658 4	2.852 6	3.059 0	3.278 4
9	2.171 9	2.357 9	2.558 0	2.773 1	3.004 0	3.251 9	3.517 9	3.803 0
10	2.367 4	2.593 7	2.839 4	3.105 8	3.394 6	3.707 2	4.045 6	4.411 4
11	2.580 4	2.853 1	3.151 8	3.478 6	3.835 9	4.226 2	4.652 4	5.117 3
12	2.812 7	3.138 4	3.498 5	3.896 0	4.334 5	4.817 9	5.350 3	5.936 0
13	3.065 8	3.452 3	3.883 3	4.363 5	4.898 0	5.492 4	6.152 8	6.885 8
14	3.341 7	3.797 5	4.310 4	4.887 1	5.534 8	6.261 3	7.075 7	7.987 5
15	3.642 5	4.177 2	4.784 6	5.473 6	6.254 3	7.137 9	8.137 1	9.265 5
16	3.970 3	4.595 0	5.310 9	6.130 4	7.067 3	8.137 2	9.357 6	10.748 0
17	4.327 6	5.054 5	5.895 1	6.866 0	7.986 1	9.276 5	10.761 3	12.467 7
18	4.717 1	5.559 9	6.543 6	7.690 0	9.024 3	10.575 2	12.375 5	14.462 5
19	5.141 7	6.115 9	7.263 3	8.612 8	10.197 4	12.055 7	14.231 8	16.776 5
20	5.604 4	6.727 5	8.062 3	9.646 3	11.523 1	13.743 5	16.366 5	19.460 8
21	6.108 8	7.400 2	8.949 2	10.803 8	13.021 1	15.667 6	18.821 5	22.574 5
22	6.658 6	8.140 3	9.933 6	12.100 3	14.713 8	17.861 0	21.644 7	26.186 4
23	7.257 9	8.954 3	11.026 3	13.552 3	16.626 6	20.361 6	24.891 5	30.376 2
24	7.911 1	9.849 7	12.239 2	15.178 6	18.788 1	23.212 2	28.625 2	35.236 4
25	8.623 1	10.834 7	13.585 5	17.000 1	21.230 5	26.461 9	32.919 0	40.874 2
26	9.399 2	11.918 2	15.079 9	19.040 1	23.990 5	30.166 6	37.856 8	47.414 1
27	10.245 1	13.110 0	16.738 7	21.324 9	27.109 3	34.389 9	43.535 3	55.000 4
28	11.167 1	14.421 0	18.579 9	23.883 9	30.633 5	39.204 5	50.065 6	63.800 4
29	12.172 2	15.863 1	20.623 7	26.749 9	34.615 8	44.693 1	57.575 5	74.008 5
30	13.267 7	17.449 4	22.892 3	29.959 9	39.115 9	50.950 2	66.211 8	85.849 9

续附表 1

期数	17%	18%	19%	20%	21%	22%	23%	24%
1	1.1700	1.1800	1.1900	1.2000	1.2100	1.2200	1.2300	1.2400
2	1.3689	1.3924	1.4161	1.4400	1.4641	1.4884	1.5129	1.5376
3	1.6016	1.6430	1.6852	1.7280	1.7716	1.8158	1.8609	1.9066
4	1.8739	1.9388	2.0053	2.0736	2.1436	2.2153	2.2889	2.3642
5	2.1924	2.2878	2.3864	2.4883	2.5937	2.7027	2.8153	2.9316
6	2.5652	2.6996	2.8398	2.9860	3.1384	3.2973	3.4628	3.6352
7	3.0012	3.1855	3.3793	3.5832	3.7975	4.0227	4.2593	4.5077
8	3.5115	3.7589	4.0214	4.2998	4.5950	4.9077	5.2389	5.5895
9	4.1084	4.4355	4.7854	5.1598	5.5599	5.9874	6.4439	6.9310
10	4.8068	5.2338	5.6947	6.1917	6.7275	7.3046	7.9259	8.5944
11	5.6240	6.1759	6.7767	7.4301	8.1403	8.9117	9.7489	10.6571
12	6.5801	7.2876	8.0642	8.9161	9.8497	10.8722	11.9912	13.2148
13	7.6987	8.5994	9.5964	10.6993	11.9182	13.2641	14.7491	16.3863
14	9.0075	10.1472	11.4198	12.8392	14.4210	16.1822	18.1414	20.3191
15	10.5387	11.9737	13.5895	15.4070	17.4494	19.7423	22.3140	25.1956
16	12.3303	14.1290	16.1715	18.4884	21.1138	24.0856	27.4462	31.2426
17	14.4265	16.6722	19.2441	22.1861	25.5477	29.3844	33.7588	38.7408
18	16.8790	19.6733	22.9005	26.6233	30.9127	35.8490	41.5233	48.0386
19	19.7484	23.2144	27.2516	31.9480	37.4043	43.7358	51.0737	59.5679
20	23.1056	27.3930	32.4294	38.3376	45.2593	53.3576	62.8206	73.8641
21	27.0336	32.3238	38.5910	46.0051	54.7637	65.0963	77.2694	91.5915
22	31.6293	38.1421	45.9233	55.2061	66.2641	79.4175	95.0413	113.5735
23	37.0062	45.0076	54.6487	66.2474	80.1795	96.8894	116.9008	140.8312
24	43.2973	53.1090	65.0320	79.4968	97.0172	118.2050	143.7880	174.6306
25	50.6578	62.6686	77.3881	95.3962	117.3909	144.2101	176.8593	216.5420
26	59.2697	73.9490	92.0918	114.4755	142.0429	175.9364	217.5369	268.5121
27	69.3455	87.2598	109.5893	137.3706	171.8719	214.6424	267.5704	332.9550
28	81.1342	102.9666	130.4112	164.8447	207.9651	261.8637	329.1115	412.8642
29	94.9271	121.5005	155.1893	197.8136	251.6377	319.4737	404.8072	511.9516
30	111.0647	143.3706	184.6753	237.3763	304.4816	389.7579	497.9129	634.8199

续附表1

期数	25%	26%	27%	28%	29%	30%
1	1.250 0	1.260 0	1.270 0	1.280 0	1.290 0	1.300 0
2	1.562 5	1.587 6	1.612 9	1.638 4	1.664 1	1.690 0
3	1.953 1	2.000 4	2.048 4	2.097 2	2.146 7	2.197 0
4	2.441 4	2.520 5	2.601 4	2.684 4	2.769 2	2.856 1
5	3.051 8	3.175 8	3.303 8	3.436 0	3.572 3	3.712 9
6	3.814 7	4.001 5	4.195 9	4.398 0	4.608 3	4.826 8
7	4.768 4	5.041 9	5.328 8	5.629 5	5.944 7	6.274 9
8	5.960 5	6.352 8	6.767 5	7.205 8	7.668 6	8.157 3
9	7.450 6	8.004 5	8.594 8	9.223 4	9.892 5	10.604 5
10	9.313 2	10.085 7	10.915 3	11.805 9	12.761 4	13.785 8
11	11.641 5	12.708 0	13.862 5	15.111 6	16.462 2	17.921 6
12	14.551 9	16.012 0	17.605 3	19.342 8	21.236 2	23.298 1
13	18.189 9	20.175 2	22.358 8	24.758 8	27.394 7	30.287 5
14	22.737 4	25.420 7	28.395 7	31.691 3	35.339 1	39.373 8
15	28.421 7	32.030 1	36.062 5	40.564 8	45.587 5	51.185 9
16	35.527 1	40.357 9	45.799 4	51.923 0	58.807 9	66.541 7
17	44.408 9	50.851 0	58.165 2	66.461 4	75.862 1	86.504 2
18	55.511 2	64.072 2	73.869 8	85.070 6	97.862 2	112.455 4
19	69.388 9	80.731 0	93.814 7	108.890 4	126.242 2	146.192 0
20	86.736 2	101.721 1	119.144 6	139.379 7	162.852 4	190.049 6
21	108.420 2	128.168 5	151.313 7	178.406 0	210.079 6	247.064 5
22	135.525 3	161.492 4	192.168 3	228.359 6	271.002 7	321.183 9
23	169.406 6	203.480 4	244.053 8	292.300 3	349.593 5	417.539 1
24	211.758 2	256.385 3	309.948 3	374.144 4	450.975 6	542.800 8
25	264.697 8	323.045 4	393.634 4	478.904 9	581.758 5	705.641 0
26	330.872 2	407.037 3	499.915 7	612.998 2	750.468 5	917.333 3
27	413.590 3	512.867 0	634.892 9	784.637 7	968.104 4	1 192.533 3
28	516.987 9	646.212 4	806.314 0	1 004.336 3	1248.854 6	1 550.293 3
29	646.234 9	814.227 6	1 024.018 7	1 285.550 4	1 611.022 5	2 015.381 3
30	807.793 6	1 025.926 7	1 300.503 8	1 645.504 6	2 078.219 0	2 619.995 6

附表2 复利现值系数表

期数	1%	2%	3%	4%	5%	6%	7%	8%
1	0.990 1	0.980 4	0.970 9	0.961 5	0.952 4	0.943 4	0.934 6	0.925 9
2	0.980 3	0.961 2	0.942 6	0.924 6	0.907 0	0.890 0	0.873 4	0.857 3
3	0.970 6	0.942 3	0.915 1	0.889 0	0.863 8	0.839 6	0.816 3	0.793 8
4	0.961 0	0.923 8	0.888 5	0.854 8	0.822 7	0.792 1	0.762 9	0.735 0
5	0.951 5	0.905 7	0.862 6	0.821 9	0.783 5	0.747 3	0.713 0	0.680 6
6	0.942 0	0.888 0	0.837 5	0.790 3	0.746 2	0.705 0	0.666 3	0.630 2
7	0.932 7	0.870 6	0.813 1	0.759 9	0.710 7	0.665 1	0.622 7	0.583 5
8	0.923 5	0.853 5	0.789 4	0.730 7	0.676 8	0.627 4	0.582 0	0.540 3
9	0.914 3	0.836 8	0.766 4	0.702 6	0.644 6	0.591 9	0.543 9	0.500 2
10	0.905 3	0.820 3	0.744 1	0.675 6	0.613 9	0.558 4	0.508 3	0.463 2
11	0.896 3	0.804 3	0.722 4	0.649 6	0.584 7	0.526 8	0.475 1	0.428 9
12	0.887 4	0.788 5	0.701 4	0.624 6	0.556 8	0.497 0	0.444 0	0.397 1
13	0.878 7	0.773 0	0.681 0	0.600 6	0.530 3	0.468 8	0.415 0	0.367 7
14	0.870 0	0.757 9	0.661 1	0.577 5	0.505 1	0.442 3	0.387 8	0.340 5
15	0.861 3	0.743 0	0.641 9	0.555 3	0.481 0	0.417 3	0.362 4	0.315 2
16	0.852 8	0.728 4	0.623 2	0.533 9	0.458 1	0.393 6	0.338 7	0.291 9
17	0.844 4	0.714 2	0.605 0	0.513 4	0.436 3	0.371 4	0.316 6	0.270 3
18	0.836 0	0.700 2	0.587 4	0.493 6	0.415 5	0.350 3	0.295 9	0.250 2
19	0.827 7	0.686 4	0.570 3	0.474 6	0.395 7	0.330 5	0.276 5	0.231 7
20	0.819 5	0.673 0	0.553 7	0.456 4	0.376 9	0.311 8	0.258 4	0.214 5
21	0.811 4	0.659 8	0.537 5	0.438 8	0.358 9	0.294 2	0.241 5	0.198 7
22	0.803 4	0.646 8	0.521 9	0.422 0	0.341 8	0.277 5	0.225 7	0.183 9
23	0.795 4	0.634 2	0.506 7	0.405 7	0.325 6	0.261 8	0.210 9	0.170 3
24	0.787 6	0.621 7	0.491 9	0.390 1	0.310 1	0.247 0	0.197 1	0.157 7
25	0.779 8	0.609 5	0.477 6	0.375 1	0.295 3	0.233 0	0.184 2	0.146 0
26	0.772 0	0.597 6	0.463 7	0.360 7	0.281 2	0.219 8	0.172 2	0.135 2
27	0.764 4	0.585 9	0.450 2	0.346 8	0.267 8	0.207 4	0.160 9	0.125 2
28	0.756 8	0.574 4	0.437 1	0.333 5	0.255 1	0.195 6	0.150 4	0.115 9
29	0.749 3	0.563 1	0.424 3	0.320 7	0.242 9	0.184 6	0.140 6	0.107 3
30	0.741 9	0.552 1	0.412 0	0.308 3	0.231 4	0.174 1	0.131 4	0.099 4

续附表 2

期数	9%	10%	11%	12%	13%	14%	15%	16%
1	0.917 4	0.909 1	0.900 9	0.892 9	0.885 0	0.877 2	0.869 6	0.862 1
2	0.841 7	0.826 4	0.811 6	0.797 2	0.783 1	0.769 5	0.756 1	0.743 2
3	0.772 2	0.751 3	0.731 2	0.711 8	0.693 1	0.675 0	0.657 0	0.640 7
4	0.708 4	0.683 0	0.658 7	0.635 5	0.613 3	0.592 1	0.571 8	0.552 3
5	0.649 9	0.620 9	0.593 5	0.567 4	0.542 8	0.519 4	0.497 2	0.476 1
6	0.596 3	0.564 5	0.534 6	0.506 6	0.480 3	0.455 6	0.432 3	0.410 4
7	0.547 0	0.513 2	0.481 7	0.452 3	0.425 1	0.399 6	0.375 9	0.353 8
8	0.501 9	0.466 5	0.433 9	0.403 9	0.376 2	0.350 6	0.326 9	0.305 0
9	0.460 4	0.424 1	0.390 9	0.360 6	0.332 9	0.307 5	0.284 3	0.263 0
10	0.422 4	0.385 5	0.352 2	0.322 0	0.294 6	0.269 7	0.247 2	0.226 7
11	0.387 5	0.350 5	0.317 3	0.287 5	0.260 7	0.236 6	0.214 9	0.195 4
12	0.355 5	0.318 6	0.285 8	0.256 7	0.230 7	0.207 6	0.186 9	0.168 5
13	0.326 2	0.289 7	0.257 5	0.229 2	0.204 2	0.182 1	0.162 5	0.145 2
14	0.299 2	0.263 3	0.232 0	0.204 6	0.180 7	0.159 7	0.141 3	0.125 2
15	0.274 5	0.239 4	0.209 0	0.182 7	0.159 9	0.140 1	0.122 9	0.107 9
16	0.251 9	0.217 6	0.188 3	0.163 1	0.141 5	0.122 9	0.106 9	0.093 0
17	0.231 1	0.197 8	0.169 6	0.145 6	0.125 2	0.107 8	0.092 9	0.080 2
18	0.212	0.179 9	0.152 8	0.130 0	0.110 8	0.094 6	0.080 8	0.069 1
19	0.194 5	0.163 5	0.137 7	0.116 1	0.098 1	0.082 9	0.070 3	0.059 6
20	0.178 4	0.148 6	0.124 0	0.103 7	0.086 8	0.072 8	0.061 1	0.051 4
21	0.163 7	0.135 1	0.111 7	0.092 6	0.076 8	0.063 8	0.053 1	0.044 3
22	0.150 2	0.122 8	0.100 7	0.082 6	0.068	0.056	0.046 2	0.038 2
23	0.137 8	0.111 7	0.090 7	0.073 8	0.060 1	0.049 1	0.040 2	0.032 9
24	0.126 4	0.101 5	0.081 7	0.065 9	0.053 2	0.043 1	0.034 9	0.028 4
25	0.116 0	0.092 3	0.073 6	0.058 8	0.047 1	0.037 8	0.030 4	0.024 5
26	0.106 4	0.083 9	0.066 3	0.052 5	0.041 7	0.033 1	0.026 4	0.021 1
27	0.097 6	0.076 3	0.059 7	0.046 9	0.036 9	0.029 1	0.023 0	0.018 2
28	0.089 5	0.069 3	0.053 8	0.041 9	0.032 6	0.025 5	0.020 0	0.015 7
29	0.082 2	0.063	0.048 5	0.037 4	0.028 9	0.022 4	0.017 4	0.013 5
30	0.075 4	0.057 3	0.043 7	0.033 4	0.025 6	0.019 6	0.015 1	0.011 6

续附表 2

期数	17%	18%	19%	20%	21%	22%	23%	24%
1	0.854 7	0.847 5	0.840 3	0.833 3	0.826 4	0.819 7	0.813 0	0.806 5
2	0.730 5	0.718 2	0.706 2	0.694 4	0.683 0	0.671 9	0.661 0	0.650 4
3	0.624 4	0.608 6	0.593 4	0.578 7	0.564 5	0.550 7	0.537 4	0.524 5
4	0.533 7	0.515 8	0.498 7	0.482 3	0.466 5	0.451 4	0.436 9	0.423 0
5	0.456 1	0.437 1	0.419 0	0.401 9	0.385 5	0.370 0	0.355 2	0.341 1
6	0.389 8	0.370 4	0.352 1	0.334 9	0.318 6	0.303 3	0.288 8	0.275 1
7	0.333 2	0.313 9	0.295 9	0.279 1	0.263 3	0.248 6	0.234 8	0.221 8
8	0.284 8	0.266 0	0.248 7	0.232 6	0.217 6	0.203 8	0.190 9	0.178 9
9	0.243 4	0.225 5	0.209 0	0.193 8	0.179 9	0.167 0	0.155 2	0.144 3
10	0.208 0	0.191 1	0.175 6	0.161 5	0.148 6	0.136 9	0.126 2	0.116 4
11	0.177 8	0.161 9	0.147 6	0.134 6	0.122 8	0.112 2	0.102 6	0.093 8
12	0.152 0	0.137 2	0.124 0	0.112 2	0.101 5	0.092 0	0.083 4	0.075 7
13	0.129 9	0.116 3	0.104 2	0.093 5	0.083 9	0.075 4	0.067 8	0.061 0
14	0.111 0	0.098 5	0.087 6	0.077 9	0.069 3	0.061 8	0.055 1	0.049 2
15	0.094 9	0.083 5	0.073 6	0.064 9	0.057 3	0.050 7	0.044 8	0.039 7
16	0.081 1	0.070 8	0.061 8	0.054 1	0.047 4	0.041 5	0.036 4	0.032 0
17	0.069 3	0.060 0	0.052 0	0.045 1	0.039 1	0.034 0	0.029 6	0.025 8
18	0.059 2	0.050 8	0.043 7	0.037 6	0.032 3	0.027 9	0.024 1	0.020 8
19	0.050 6	0.043 1	0.036 7	0.031 3	0.026 7	0.022 9	0.019 6	0.016 8
20	0.043 3	0.036 5	0.030 8	0.026 1	0.022 1	0.018 7	0.015 9	0.013 5
21	0.037 0	0.030 9	0.025 9	0.021 7	0.018 3	0.015 4	0.012 9	0.010 9
22	0.031 6	0.026 2	0.021 8	0.018 1	0.015 1	0.012 6	0.010 5	0.008 8
23	0.027 0	0.022 2	0.018 3	0.015 1	0.012 5	0.010 3	0.008 6	0.007 1
24	0.023 1	0.018 8	0.015 4	0.012 6	0.010 3	0.008 5	0.007 0	0.005 7
25	0.019 7	0.016 0	0.012 9	0.010 5	0.008 5	0.006 9	0.005 7	0.004 6
26	0.016 9	0.013 5	0.010 9	0.008 7	0.007 0	0.005 7	0.004 6	0.003 7
27	0.014 4	0.011 5	0.009 1	0.007 3	0.005 8	0.004 7	0.003 7	0.003 0
28	0.012 3	0.009 7	0.007 7	0.006 1	0.004 8	0.003 8	0.003 0	0.002 4
29	0.010 5	0.008 2	0.006 4	0.005 1	0.004 0	0.003 1	0.002 5	0.002 0
30	0.009 0	0.007 0	0.005 4	0.004 2	0.003 3	0.002 6	0.002 0	0.001 6

续附表2

期数	25%	26%	27%	28%	29%	30%
1	0.800 0	0.793 7	0.787 4	0.781 3	0.775 2	0.769 2
2	0.640 0	0.629 9	0.620 0	0.610 4	0.600 9	0.591 7
3	0.512 0	0.499 9	0.488 2	0.476 8	0.465 8	0.455 2
4	0.409 6	0.396 8	0.384 4	0.372 5	0.361 1	0.350 1
5	0.327 7	0.314 9	0.302 7	0.291 0	0.279 9	0.269 3
6	0.262 1	0.249 9	0.238 3	0.227 4	0.217 0	0.207 2
7	0.209 7	0.198 3	0.187 7	0.177 6	0.168 2	0.159 4
8	0.167 8	0.157 4	0.147 8	0.138 8	0.130 4	0.122 6
9	0.134 2	0.124 9	0.116 4	0.108 4	0.101 1	0.094 3
10	0.107 4	0.099 2	0.091 6	0.084 7	0.078 4	0.072 5
11	0.085 9	0.078 7	0.072 1	0.066 2	0.060 7	0.055 8
12	0.068 7	0.062 5	0.056 8	0.051 7	0.047 1	0.042 9
13	0.055 0	0.049 6	0.044 7	0.040 4	0.036 5	0.033 0
14	0.044 0	0.039 3	0.035 2	0.031 6	0.028 3	0.025 4
15	0.035 2	0.031 2	0.027 7	0.024 7	0.021 9	0.019 5
16	0.028 1	0.024 8	0.021 8	0.019 3	0.017 0	0.015 0
17	0.022 5	0.019 7	0.017 2	0.015 0	0.013 2	0.011 6
18	0.018 0	0.015 6	0.013 5	0.011 8	0.010 2	0.008 9
19	0.014 4	0.012 4	0.010 7	0.009 2	0.007 9	0.006 8
20	0.011 5	0.009 8	0.008 4	0.007 2	0.006 1	0.005 3
21	0.009 2	0.007 8	0.006 6	0.005 6	0.004 8	0.004 0
22	0.007 4	0.006 2	0.005 2	0.004 4	0.003 7	0.003 1
23	0.005 9	0.004 9	0.004 1	0.003 4	0.002 9	0.002 4
24	0.004 7	0.003 9	0.003 2	0.002 7	0.002 2	0.001 8
25	0.003 8	0.003 1	0.002 5	0.002 1	0.001 7	0.001 4
26	0.003 0	0.002 5	0.002 0	0.001 6	0.001 3	0.001 1
27	0.002 4	0.001 9	0.001 6	0.001 3	0.001 0	0.000 8
28	0.001 9	0.001 5	0.001 2	0.001 0	0.000 8	0.000 6
29	0.001 5	0.001 2	0.001 0	0.000 8	0.000 6	0.000 5
30	0.001 2	0.001 0	0.000 8	0.000 6	0.000 5	0.000 4

附表3 年金终值系数表

期数	1%	2%	3%	4%	5%	6%	7%	8%
1	1.0000	1.0000	1.0000	1.0000	1.0000	1.0000	1.0000	1.0000
2	2.0100	2.0200	2.0300	2.0400	2.0500	2.0600	2.0700	2.0800
3	3.0301	3.0604	3.0909	3.1216	3.1525	3.1836	3.2149	3.2464
4	4.0604	4.1216	4.1836	4.2465	4.3101	4.3746	4.4399	4.5061
5	5.1010	5.2040	5.3091	5.4163	5.5256	5.6371	5.7507	5.8666
6	6.1520	6.3081	6.4684	6.6330	6.8019	6.9753	7.1533	7.3359
7	7.2135	7.4343	7.6625	7.8983	8.1420	8.3938	8.6540	8.9228
8	8.2857	8.5830	8.8923	9.2142	9.5491	9.8975	10.2598	10.6366
9	9.3685	9.7546	10.1591	10.5828	11.0266	11.4913	11.9780	12.4876
10	10.4622	10.9497	11.4639	12.0061	12.5779	13.1808	13.8164	14.4866
11	11.5668	12.1687	12.8078	13.4864	14.2068	14.9716	15.7836	16.6455
12	12.6825	13.4121	14.1920	15.0258	15.9171	16.8699	17.8885	18.9771
13	13.8093	14.6803	15.6178	16.6268	17.7130	18.8821	20.1406	21.4953
14	14.9474	15.9739	17.0863	18.2919	19.5986	21.0151	22.5505	24.2149
15	16.0969	17.2934	18.5989	20.0236	21.5786	23.2760	25.1290	27.1521
16	17.2579	18.6393	20.1569	21.8245	23.6575	25.6725	27.8881	30.3243
17	18.4304	20.0121	21.7616	23.6975	25.8404	28.2129	30.8402	33.7502
18	19.6147	21.4123	23.4144	25.6454	28.1324	30.9057	33.9990	37.4502
19	20.8109	22.8406	25.1169	27.6712	30.5390	33.7600	37.3790	41.4463
20	22.0190	24.2974	26.8704	29.7781	33.0660	36.7856	40.9955	45.7620
21	23.2392	25.7833	28.6765	31.9692	35.7193	39.9927	44.8652	50.4229
22	24.4716	27.2990	30.5368	34.2480	38.5052	43.3923	49.0057	55.4568
23	25.7163	28.8450	32.4529	36.6179	41.4305	46.9958	53.4361	60.8933
24	26.9735	30.4219	34.4265	39.0826	44.5020	50.8156	58.1767	66.7648
25	28.2432	32.0303	36.4593	41.6459	47.7271	54.8645	63.2490	73.1059
26	29.5256	33.6709	38.5530	44.3117	51.1135	59.1564	68.6765	79.9544
27	30.8209	35.3443	40.7096	47.0842	54.6691	63.7058	74.4838	87.3508
28	32.1291	37.0512	42.9309	49.9676	58.4026	68.5281	80.6977	95.3388
29	33.4504	38.7922	45.2189	52.9663	62.3227	73.6398	87.3465	103.9659
30	34.7849	40.5681	47.5754	56.0849	66.4388	79.0582	94.4608	113.2832

续附表 3

期数	9%	10%	11%	12%	13%	14%	15%	16%
1	1.000 0	1.000 0	1.000 0	1.000 0	1.000 0	1.000 0	1.000 0	1.000 0
2	2.090 0	2.100 0	2.110 0	2.120 0	2.130 0	2.140 0	2.150 0	2.160 0
3	3.278 1	3.310 0	3.342 1	3.374 4	3.406 9	3.439 6	3.472 5	3.505 6
4	4.573 1	4.641 0	4.709 7	4.779 3	4.849 8	4.921 1	4.993 4	5.066 5
5	5.984 7	6.105 1	6.227 8	6.352 8	6.480 3	6.610 1	6.742 4	6.877 1
6	7.523 3	7.715 6	7.912 9	8.115 2	8.322 7	8.535 5	8.753 7	8.977 5
7	9.200 4	9.487 2	9.783 3	10.089 0	10.404 7	10.730 5	11.066 8	11.413 9
8	11.028 5	11.435 9	11.859 4	12.299 7	12.757 3	13.232 8	13.726 8	14.240 1
9	13.021 0	13.579 5	14.164 0	14.775 7	15.415 7	16.085 3	16.785 8	17.518 5
10	15.192 9	15.937 4	16.722 0	17.548 7	18.419 7	19.337 3	20.303 7	21.321 5
11	17.560 3	18.531 2	19.561 4	20.654 6	21.814 3	23.044 5	24.349 3	25.732 9
12	20.140 7	21.384 3	22.713 2	24.133 1	25.650 2	27.270 7	29.001 7	30.850 2
13	22.953 4	24.522 7	26.211 6	28.029 1	29.984 7	32.088 7	34.351 9	36.786 2
14	26.019 2	27.975 0	30.094 9	32.392 6	34.882 7	37.581 1	40.504 7	43.672 0
15	29.360 9	31.772 5	34.405 4	37.279 7	40.417 5	43.842 4	47.580 4	51.659 5
16	33.003 4	35.949 7	39.189 9	42.753 3	46.671 7	50.980 4	55.717 5	60.925 0
17	36.973 7	40.544 7	44.500 8	48.883 7	53.739 1	59.117 6	65.075 1	71.673 0
18	41.301 3	45.599 2	50.395 9	55.749 7	61.725 1	68.394 1	75.836 4	84.140 7
19	46.018 5	51.159 1	56.939 5	63.439 7	70.749 4	78.969 2	88.211 8	98.603 2
20	51.160 1	57.275 0	64.202 8	72.052 4	80.946 8	91.024 9	102.443 6	115.379 7
21	56.764 5	64.002 5	72.265 1	81.698 7	92.469 9	104.768 4	118.810 1	134.840 5
22	62.873 3	71.402 7	81.214 3	92.502 6	105.491 0	120.436 0	137.631 6	157.415 0
23	69.531 9	79.543 0	91.147 9	104.602 9	120.204 8	138.297 0	159.276 4	183.601 4
24	76.789 8	88.497 3	102.174 2	118.155 2	136.831 5	158.658 6	184.167 8	213.977 6
25	84.700 9	98.347 1	114.413 3	133.333 9	155.619 6	181.870 8	212.793 0	249.214 0
26	93.324 0	109.181 8	127.998 8	150.333 9	176.850 1	208.332 7	245.712 0	290.088 3
27	102.723 1	121.099 9	143.078 6	169.374 0	200.840 6	238.499 3	283.568 8	337.502 4
28	112.968 2	134.209 9	159.817 3	190.698 9	227.949 9	272.889 2	327.104 1	392.502 8
29	124.135 4	148.630 9	178.397 2	214.582 8	258.583 4	312.093 7	377.169 7	456.303 2
30	136.307 5	164.494 0	199.020 9	241.332 7	293.199 2	356.786 8	434.745 1	530.311 7

续附表3

期数	17%	18%	19%	20%	21%	22%	23%	24%
1	1.000 0	1.000 0	1.000 0	1.000 0	1.000 0	1.000 0	1.000 0	1.000 0
2	2.170 0	2.180 0	2.190 0	2.200 0	2.210 0	2.220 0	2.230 0	2.240 0
3	3.538 9	3.572 4	3.606 1	3.640 0	3.674 1	3.708 4	3.742 9	3.777 6
4	5.140 5	5.215 4	5.291 3	5.368 0	5.445 7	5.524 2	5.603 8	5.684 2
5	7.014 4	7.154 2	7.296 6	7.441 6	7.589 2	7.739 6	7.892 6	8.048 4
6	9.206 8	9.442 0	9.683 0	9.929 9	10.183 0	10.442 3	10.707 9	10.980 1
7	11.772 0	12.141 5	12.522 7	12.915 9	13.321 4	13.739 6	14.170 8	14.615 3
8	14.773 3	15.327 0	15.902 0	16.499 1	17.118 9	17.762 3	18.430 0	19.122 9
9	18.284 7	19.085 9	19.923 4	20.798 9	21.713 9	22.670 0	23.669 0	24.712 5
10	22.393 1	23.521 3	24.708 9	25.958 7	27.273 8	28.657 4	30.112 8	31.643 4
11	27.199 9	28.755 1	30.403 5	32.150 4	34.001 3	35.962 0	38.038 8	40.237 9
12	32.823 9	34.931 1	37.180 2	39.580 5	42.141 6	44.873 7	47.787 7	50.895 0
13	39.404 0	42.218 7	45.244 5	48.496 6	51.991 3	55.745 9	59.778 8	64.109 7
14	47.102 7	50.818 0	54.840 9	59.195 9	63.909 5	69.010 0	74.528 0	80.496 1
15	56.110 1	60.965 3	66.260 7	72.035 1	78.330 5	85.192 2	92.669 4	100.815 1
16	66.648 8	72.939 0	79.850 2	87.442 1	95.779 9	104.934 5	114.983 4	126.010 8
17	78.979 2	87.068 0	96.021 8	105.930 6	116.893 7	129.020 1	142.429 5	157.253 4
18	93.405 6	103.740 3	115.265 9	128.116 7	142.441 3	158.404 5	176.188 3	195.994 2
19	110.284 6	123.413 5	138.166 4	154.740 0	173.354 0	194.253 5	217.711 6	244.032 5
20	130.032 9	146.628 0	165.418 0	186.688 0	210.758 4	237.989 3	268.785 3	303.600 6
21	153.138 5	174.021 0	197.847 4	225.025 6	256.017 6	291.346 9	331.605 9	377.464 8
22	180.172 1	206.344 8	236.438 5	271.030 7	310.781 3	356.443 2	408.875 3	469.056 3
23	211.801 3	244.486 8	282.361 8	326.236 9	377.045 4	435.860 7	503.916 6	582.629 8
24	248.807 6	289.494 5	337.010 5	392.484 2	457.224 9	532.750 1	620.817 4	723.461 0
25	292.104 9	342.603 5	402.042 5	471.981 1	554.242 2	650.955 1	764.605 4	898.091 6
26	342.762 7	405.272 1	479.430 6	567.377 3	671.633 0	795.165 3	941.464 7	1 114.633 6
27	402.032 3	479.221 1	571.522 4	681.852 8	813.675 9	971.101 6	1 159.001 6	1 383.145 7
28	471.377 8	566.480 9	681.111 6	819.223 3	985.547 9	1 185.744 0	1 426.571 9	1 716.100 7
29	552.512 1	669.447 5	811.522 8	984.068 0	1 193.512 9	1 447.607 7	1 755.683 5	2 128.964 8
30	647.439 1	790.948 0	966.712 2	1 181.881 6	1 445.150 7	1 767.081 3	2 160.490 7	2 640.916 4

续附表 3

期数	25%	26%	27%	28%	29%	30%
1	1.000 0	1.000 0	1.000 0	1.000 0	1.000 0	1.000 0
2	2.250 0	2.260 0	2.270 0	2.280 0	2.290 0	2.300 0
3	3.812 5	3.847 6	3.882 9	3.918 4	3.954 1	3.990 0
4	5.765 6	5.848	5.931 3	6.015 6	6.100 8	6.187 0
5	8.207 0	8.368 4	8.532 7	8.699 9	8.870 0	9.043 1
6	11.258 8	11.544 2	11.836 6	12.135 9	12.442 3	12.756 0
7	15.073 5	15.545 8	16.032 4	16.533 9	17.050 6	17.582 8
8	19.841 9	20.587 6	21.361 2	22.163 4	22.995 3	23.857 7
9	25.802 3	26.940 4	28.128 7	29.369 2	30.663 9	32.015 0
10	33.252 9	34.944 9	36.723 5	38.592 6	40.556 4	42.619 5
11	42.566 1	45.030 6	47.638 8	50.398 5	53.317 8	56.405 3
12	54.207 7	57.738 6	61.501 3	65.510 0	69.780 0	74.327 0
13	68.759 6	73.750 6	79.106 6	84.852 9	91.016 1	97.625 0
14	86.949 5	93.925 8	101.465 4	109.611 7	118.410 8	127.912 5
15	109.686 8	119.346 5	129.861 1	141.302 9	153.750 0	167.286 3
16	138.108 5	151.376 6	165.923 6	181.867 7	199.337 4	218.472 2
17	173.635 7	191.734 5	211.723 0	233.790 7	258.145 3	285.013 9
18	218.044 6	242.585 5	269.888 2	300.252 1	334.007 4	371.518 0
19	273.555 8	306.657 7	343.758 0	385.322 7	431.869 6	483.973 4
20	342.944 7	387.388 7	437.572 6	494.213 1	558.111 8	630.165 5
21	429.680 9	489.109 8	556.717 3	633.592 7	720.964 2	820.215 1
22	538.101 1	617.278 3	708.030 9	811.998 7	931.043 8	1 067.279 6
23	673.626 4	778.770 7	900.199 3	1 040.358 3	1 202.046 5	1 388.463 5
24	843.032 9	982.251 1	1 144.253 1	1 332.658 6	1 551.640 0	1 806.002 6
25	1 054.791 2	1 238.636 3	1 454.201 4	1 706.803 1	2 002.615 6	2 348.803 3
26	1 319.489 0	1 561.681 8	1 847.835 8	2 185.707 9	2 584.374 1	3 054.444 3
27	1 650.361 2	1 968.719 1	2 347.751 5	2 798.706 1	3 334.842 6	3 971.777 6
28	2 063.951 5	2 481.586 0	2 982.644 4	3 583.343 8	4 302.947 0	5 164.310 9
29	2 580.939 4	3 127.798 4	3 788.958 3	4 587.680 1	5 551.801 6	6 714.604 2
30	3 227.174 3	3 942.026 0	4 812.977 1	5 873.230 6	7 162.824 1	8 729.985 5

附表4　年金现值系数表

期数	1%	2%	3%	4%	5%	6%	7%	8%
1	0.990 1	0.980 4	0.970 9	0.961 5	0.952 4	0.943 4	0.934 6	0.925 9
2	1.970 4	1.941 6	1.913 5	1.886 1	1.859 4	1.833 4	1.808 0	1.783 3
3	2.941 0	2.883 9	2.828 6	2.775 1	2.723 2	2.673 0	2.624 3	2.577 1
4	3.902 0	3.807 7	3.717 1	3.629 9	3.546 0	3.465 1	3.387 2	3.312 1
5	4.853 4	4.713 5	4.579 7	4.451 8	4.329 5	4.212 4	4.100 2	3.992 7
6	5.795 5	5.601 4	5.417 2	5.242 1	5.075 7	4.917 3	4.766 5	4.622 9
7	6.728 2	6.472 0	6.230 3	6.002 1	5.786 4	5.582 4	5.389 3	5.206 4
8	7.651 7	7.325 5	7.019 7	6.732 7	6.463 2	6.209 8	5.971 3	5.746 6
9	8.566 0	8.162 2	7.786 1	7.435 3	7.107 8	6.801 7	6.515 2	6.246 9
10	9.471 3	8.982 6	8.530 2	8.110 9	7.721 7	7.360 1	7.023 6	6.710 1
11	10.367 6	9.786 8	9.252 6	8.760 5	8.306 4	7.886 9	7.498 7	7.139 0
12	11.255 1	10.575 3	9.954 0	9.385 1	8.863 3	8.383 8	7.942 7	7.536 1
13	12.133 7	11.348 4	10.635 0	9.985 6	9.393 6	8.852 7	8.357 7	7.903 8
14	13.003 7	12.106 2	11.296 1	10.563 1	9.898 6	9.295 0	8.745 5	8.244 2
15	13.865 1	12.849 3	11.937 9	11.118 4	10.379 7	9.712 2	9.107 9	8.559 5
16	14.717 9	13.577 7	12.561 1	11.652 3	10.837 8	10.105 9	9.446 6	8.851 4
17	15.562 3	14.291 9	13.166 1	12.165 7	11.274 1	10.477 3	9.763 2	9.121 6
18	16.398 3	14.992 0	13.753 5	12.659 3	11.689 6	10.827 6	10.059 1	9.371 9
19	17.226 0	15.678 5	14.323 8	13.133 9	12.085 3	11.158 1	10.335 6	9.603 6
20	18.045 6	16.351 4	14.877 5	13.590 3	12.462 2	11.469 9	10.594 0	9.818 1
21	18.857 0	17.011 2	15.415 0	14.029 2	12.821 2	11.764 1	10.835 5	10.016 8
22	19.660 4	17.658 0	15.936 9	14.451 1	13.163 0	12.041 6	11.061 2	10.200 7
23	20.455 8	18.292 2	16.443 6	14.856 8	13.488 6	12.303 4	11.272 2	10.371 1
24	21.243 4	18.913 9	16.935 5	15.247 0	13.798 6	12.550 4	11.469 3	10.528 8
25	22.023 2	19.523 5	17.413 1	15.622 1	14.093 9	12.783 4	11.653 6	10.674 8
26	22.795 2	20.121 0	17.876 8	15.982 8	14.375 2	13.003 2	11.825 8	10.810 0
27	23.559 6	20.706 9	18.327 0	16.329 6	14.643 0	13.210 5	11.986 7	10.935 2
28	24.316 4	21.281 3	18.764 1	16.663 1	14.898 1	13.406 2	12.137 1	11.051 1
29	25.065 8	21.844 4	19.188 5	16.983 7	15.141 1	13.590 7	12.277 7	11.158 4
30	25.807 7	22.396 5	19.600 4	17.292 0	15.372 5	13.764 8	12.409 0	11.257 8

续附表 4

期数	9%	10%	11%	12%	13%	14%	15%	16%
1	0.917 4	0.909 1	0.900 9	0.892 9	0.885 0	0.877 2	0.869 6	0.862 1
2	1.759 1	1.735 5	1.712 5	1.690 1	1.668 1	1.646 7	1.625 7	1.605 2
3	2.531 3	2.486 9	2.443 7	2.401 8	2.361 2	2.321 6	2.283 2	2.245 9
4	3.239 7	3.169 9	3.102 4	3.037 3	2.974 5	2.913 7	2.855 0	2.798 2
5	3.889 7	3.790 8	3.695 9	3.604 8	3.517 2	3.433 1	3.352 2	3.274 3
6	4.485 9	4.355 3	4.230 5	4.111 4	3.997 5	3.888 7	3.784 5	3.684 7
7	5.033 0	4.868 4	4.712 2	4.563 8	4.422 6	4.288 3	4.160 4	4.038 6
8	5.534 8	5.334 9	5.146 1	4.967 6	4.798 8	4.638 9	4.487 3	4.343 6
9	5.995 2	5.759 0	5.537 0	5.328 2	5.131 7	4.946 4	4.771 6	4.606 5
10	6.417 7	6.144 6	5.889 2	5.650 2	5.426 2	5.216 1	5.018 8	4.833 2
11	6.805 2	6.495 1	6.206 5	5.937 7	5.686 9	5.452 7	5.233 7	5.028 6
12	7.160 7	6.813 7	6.492 4	6.194 4	5.917 6	5.660 3	5.420 6	5.197 1
13	7.486 9	7.103 4	6.749 9	6.423 5	6.121 8	5.842 4	5.583 1	5.342 3
14	7.786 2	7.366 7	6.981 9	6.628 2	6.302 5	6.002 1	5.724 5	5.467 5
15	8.060 7	7.606 1	7.190 9	6.810 9	6.462 4	6.142 2	5.847 4	5.575 5
16	8.312 6	7.823 7	7.379 2	6.974 0	6.603 9	6.265 1	5.954 2	5.668 5
17	8.543 6	8.021 6	7.548 8	7.119 6	6.729 1	6.372 9	6.047 2	5.748 7
18	8.755 6	8.201 4	7.701 6	7.249 7	6.839 9	6.467 4	6.128 0	5.817 8
19	8.950 1	8.364 9	7.839 3	7.365 8	6.938 0	6.550 4	6.198 2	5.877 5
20	9.128 5	8.513 6	7.963 3	7.469 4	7.024 8	6.623 1	6.259 3	5.928 8
21	9.292 2	8.648 7	8.075 1	7.562 0	7.101 6	6.687 0	6.312 5	5.973 1
22	9.442 4	8.771 5	8.175 7	7.644 6	7.169 5	6.742 9	6.358 7	6.011 3
23	9.580 2	8.883 2	8.266 4	7.718 4	7.229 7	6.792 1	6.398 8	6.044 2
24	9.706 6	8.984 7	8.348 1	7.784 3	7.282 9	6.835 1	6.433 8	6.072 6
25	9.822 6	9.077 0	8.421 7	7.843 1	7.330 0	6.872 9	6.464 1	6.097 1
26	9.929 0	9.160 9	8.488 1	7.895 7	7.371 7	6.906 1	6.490 6	6.118 2
27	10.026 6	9.237 2	8.547 8	7.942 6	7.408 6	6.935 2	6.513 5	6.136 4
28	10.116 1	9.306 6	8.601 6	7.984 4	7.441 2	6.960 7	6.533 5	6.152 0
29	10.198 3	9.369 6	8.650 1	8.021 8	7.470 1	6.983 0	6.550 9	6.165 6
30	10.273 7	9.426 9	8.693 8	8.055 2	7.495 7	7.002 7	6.566 0	6.177 2

续附表4

期数	17%	18%	19%	20%	21%	22%	23%	24%
1	0.8547	0.8475	0.8403	0.8333	0.8264	0.8197	0.8130	0.8065
2	1.5852	1.5656	1.5465	1.5278	1.5095	1.4915	1.4740	1.4568
3	2.2096	2.1743	2.1399	2.1065	2.0739	2.0422	2.0114	1.9813
4	2.7432	2.6901	2.6386	2.5887	2.5404	2.4936	2.4483	2.4043
5	3.1993	3.1272	3.0576	2.9906	2.9260	2.8636	2.8035	2.7454
6	3.5892	3.4976	3.4098	3.3255	3.2446	3.1669	3.0923	3.0205
7	3.9224	3.8115	3.7057	3.6046	3.5079	3.4155	3.3270	3.2423
8	4.2072	4.0776	3.9544	3.8372	3.7256	3.6193	3.5179	3.4212
9	4.4506	4.3030	4.1633	4.0310	3.9054	3.7863	3.6731	3.5655
10	4.6586	4.4941	4.3389	4.1925	4.0541	3.9232	3.7993	3.6819
11	4.8364	4.6560	4.4865	4.3271	4.1769	4.0354	3.9018	3.7757
12	4.9884	4.7932	4.6105	4.4392	4.2784	4.1274	3.9852	3.8514
13	5.1183	4.9095	4.7147	4.5327	4.3624	4.2028	4.0530	3.9124
14	5.2293	5.0081	4.8023	4.6106	4.4317	4.2646	4.1082	3.9616
15	5.3242	5.0916	4.8759	4.6755	4.4890	4.3152	4.1530	4.0013
16	5.4053	5.1624	4.9377	4.7296	4.5364	4.3567	4.1894	4.0333
17	5.4746	5.2223	4.9897	4.7746	4.5755	4.3908	4.2190	4.0591
18	5.5339	5.2732	5.0333	4.8122	4.6079	4.4187	4.2431	4.0799
19	5.5845	5.3162	5.0700	4.8435	4.6346	4.4415	4.2627	4.0967
20	5.6278	5.3527	5.1009	4.8696	4.6567	4.4603	4.2786	4.1103
21	5.6648	5.3837	5.1268	4.8913	4.6750	4.4756	4.2916	4.1212
22	5.6964	5.4099	5.1486	4.9094	4.6900	4.4882	4.3021	4.1300
23	5.7234	5.4321	5.1668	4.9245	4.7025	4.4985	4.3106	4.1371
24	5.7465	5.4509	5.1822	4.9371	4.7128	4.5070	4.3176	4.1428
25	5.7662	5.4669	5.1951	4.9476	4.7213	4.5139	4.3232	4.1474
26	5.7831	5.4804	5.2060	4.9563	4.7284	4.5196	4.3278	4.1511
27	5.7975	5.4919	5.2151	4.9636	4.7342	4.5243	4.3316	4.1542
28	5.8099	5.5016	5.2228	4.9697	4.7390	4.5281	4.3346	4.1566
29	5.8204	5.5098	5.2292	4.9747	4.7430	4.5312	4.3371	4.1585
30	5.8294	5.5168	5.2347	4.9789	4.7463	4.5338	4.3391	4.1601

续附表 4

期数	25%	26%	27%	28%	29%	30%
1	0.800 0	0.793 7	0.787 4	0.781 3	0.775 2	0.769 2
2	1.440 0	1.423 5	1.407 4	1.391 6	1.376 1	1.360 9
3	1.952 0	1.923 4	1.895 6	1.868 4	1.842 0	1.816 1
4	2.361 6	2.320 2	2.280 0	2.241 0	2.203 1	2.166 2
5	2.689 3	2.635 1	2.582 7	2.532 0	2.483 0	2.435 6
6	2.951 4	2.885 0	2.821 0	2.759 4	2.700 0	2.642 7
7	3.161 1	3.083 3	3.008 7	2.937	2.868 2	2.802 1
8	3.328 9	3.240 7	3.156 4	3.075 8	2.998 6	2.924 7
9	3.463 1	3.365 7	3.272 8	3.184 2	3.099 7	3.019 0
10	3.570 5	3.464 8	3.364 4	3.268 9	3.178 1	3.091 5
11	3.656 4	3.543 5	3.436 5	3.335 1	3.238 8	3.147 3
12	3.725 1	3.605 9	3.493 3	3.386 8	3.285 9	3.190 3
13	3.780 1	3.655 5	3.538 1	3.427 2	3.322 4	3.223 3
14	3.824 1	3.694 9	3.573 3	3.458 7	3.350 7	3.248 7
15	3.859 3	3.726 1	3.601 0	3.483 4	3.372 6	3.268 2
16	3.887 4	3.750 9	3.622 8	3.502 6	3.389 6	3.283 2
17	3.909 9	3.770 5	3.640 0	3.517 7	3.402 8	3.294 8
18	3.927 9	3.786 1	3.653 6	3.529 4	3.413 0	3.303 7
19	3.942 4	3.798 5	3.664 2	3.538 6	3.421 0	3.310 5
20	3.953 9	3.808 3	3.672 6	3.545 8	3.427 1	3.315 8
21	3.963 1	3.816 1	3.679 2	3.551 4	3.431 9	3.319 8
22	3.970 5	3.822 3	3.684 4	3.555 8	3.435 6	3.323 0
23	3.976 4	3.827 3	3.688 5	3.559 2	3.438 4	3.325 4
24	3.981 1	3.831 2	3.691 8	3.561 9	3.440 6	3.327 2
25	3.984 9	3.834 2	3.694 3	3.564 0	3.442 3	3.328 6
26	3.987 9	3.836 7	3.696 3	3.565 6	3.443 7	3.329 7
27	3.990 3	3.838 7	3.697 9	3.566 9	3.444 7	3.330 5
28	3.992 3	3.840 2	3.699 1	3.567 9	3.445 5	3.331 2
29	3.993 8	3.841 4	3.700 1	3.568 7	3.446 1	3.331 7
30	3.995 0	3.842 4	3.700 9	3.569 3	3.446 6	3.332 1

参考文献

[1] 董莉平,章礼.财务管理[M].哈尔滨:哈尔滨工业大学出版社,2011.
[2] 曹惠民.财务管理学[M].上海:立信会计出版社,2011.
[3] 徐鹿,邱玉兴.高级财务管理[M].北京:科学出版社,2010.
[4] 财政部会计资格评价中心.财务管理[M].北京:中国财政经济出版社,2011.
[5] 陈丽萍,龙云飞.财务通论[M].北京:科学出版社,2010.
[6] 李忠宝.财务管理概论[M].大连:东北财经大学出版社,2005.
[7] 程文莉.财务管理学[M].上海:立信会计出版社,2010.
[8] 陈文浩.公司财务[M].上海:上海财经大学出版社,2009.
[9] 邵天营,陈复昌.财务管理实务[M].上海:立信会计出版社,2011.
[10] 宋献中,吴思明.中级财务管理[M].大连:东北财经大学出版社,2002.
[11] 刘淑莲,牛彦秀.企业财务管理[M].大连:东北财经大学出版社,2007.
[12] 乔世震,王满.财务管理基础[M].大连:东北财经大学出版社,2006.
[13] 王佩.财务管理教程与案例[M].上海:立信会计出版社,2009.
[14] 周航,宋海涛.管理会计[M].哈尔滨:哈尔滨工业大学出版社,2011.
[15] 杨玉红,赵德芳.管理会计[M].北京:清华大学出版社,北京交通大学出版社,2012.
[16] 顾银宽.管理会计[M].北京:清华大学出版社,2012.
[17] 李永梅,张艳红.财务预测理论与实务[M].上海:立信会计出版社,2005.
[18] 唐现杰,杨志勇.财务管理[M].哈尔滨:哈尔滨工业大学出版社,2011.
[19] 孟惊雷.财务管理[M].北京:电子工业出版社,2011.
[20] 唐现杰,孙长江.财务管理[M].哈尔滨:科学出版社,2010.